LE CHASSEUR FRANÇAIS

LES PETITES ANNONCES

L'AMOUR EN FRANCE DE 1885 À NOS JOURS

LE CHASSEUR FRANÇAIS

LES PETITES ANNONCES

L'AMOUR EN FRANCE DE 1885 À NOS JOURS

Marc Schlicklin • Préface d'Antoine Berton

SOLAR ÉDITIONS

Offres et demandes d'emploi (*suite*).

● Directeur école, retraitable 56, 47 ans, voiture, cherche emploi confiance : écritures, gérance leçons, etc., avec possibilité logement, Midi préférence. Toutes propositions seront examinées. — *Chasseur Français*, n° 2970.

● Ménage trentaine, sans enfant, cherche place stable ; mari ouvrier, entretien, chauffeur P. L. : femme ouvrière usine. — *Chasseur Français*, n° 2971.

● Gendarme, 44 ans, marié, 2 enfants, peintre bâtiment, possédant outillage diverses branches, cherche place entretien général (usine, école, etc.). Logé ou logement assuré. Région parisienne. — *Chasseur Français*, n° 2975.

● Caissier Banque de France retraitable fin 1956 cherche emploi. — *Chasseur Français*, n° 3039.

● Électricien cherche emploi chez artisan ; éventuellement seconderait personne âgée. Pourrait même, par la suite, reprendre fonds. — *Chasseur Français*, n° 3041.

● Ferais copie d'adresses pour maison commerciale. — *Chasseur Français*, n° 3090.

● Monsieur, 29 ans, recherche emploi aide-direction, comptable, bananes, etc., Afrique ou France, références sérieuses. — *Chasseur Français*, n° 3103.

● 35, célibataire, tous permis, connaissances pratiques agriculture, viticulture, œnologie, demande emploi régisseur plantation, comptoir, colonies, Amérique Sud. — *Chasseur Français*, n° 3108.

● 50, fils 16, propre, dévouée, toute confiance, cherche petit logement ville contre entretien immeuble, ménage, soins personnes âgées, enfants ou autres. — *Chasseur Français*, n° 3120.

● Sergent-chef retraité proportionnel, 45 ans, marié, 1 fille 8 ans, fonctionnaire contractuel Algérie démissionnaire 1 mois après demande, très actif, bonne santé, meilleures références, recherche, région Midi rurale préférence, place comptable, surveillant, chargé entretien domaine ou établissement. Si logé, femme possibilité mi-temps élevage sérieux petit cheptel volailles. Réponse à offre, même tardive, assurée. — *Chasseur Français*, n° 3133.

● Régisseur, fils de cultivateur, cherche situation rapport. Sérieuses références. 100 ha. environ. Régions indifférentes. — *Chasseur Français*, n° 3167.

● Ferais tous vêtements tricotés, travail soigné machine 150 la pelote, main 300. — *Chasseur Français*, n° 3247.

● Retraité proportionnel Génie, 42, cherche emploi intéressant ou représentation France, colonies (fixe + commission), préférence domaine technique. Possède voiture (tous permis), habite région lyonnaise. Références. — *Chasseur Fais*, n° 3254.

● Deux jeunes techniciens expérimentés disposant capitaux recherchent important domaine en location à mettre en valeur. — *Chasseur Fais*, n° 3339.

● Veuve, sans famille, très bien tous rapports, désire trouver emploi dame compagnie ou gouvernante chez personne seule, bon milieu. Prétentions modestes, si bien. Midi, Sud-Ouest. Très sérieux. — *Chasseur Français*, n° 3340.

● Retraité, bien, cherche place sans salaire personne âgée, campagne. — *Chasseur Fais*, n° 3350.

● Célibataire, 46, petite santé, connaissant jardinage, apiculture, élevage, bon bricoleur, ferait garde, entretien propriété, ayant adaptation, aiderait commerce, autres, rétribution rapport, vie famille, détails lettre. — *Chasseur Français*, n° 3359.

● Dame, cinquantaine, éducation, désire emploi confiance, dame compagnie, secrétaire, lectrice, voyagerait, accompagnerait personne seule, enfant. — *Chasseur Français*, n° 3379.

● Ménage 2 enfants cherche emploi gardiennage domaine ou garde-chasse, possibilité logement, jardin. — *Chasseur Français*, n° 3382.

● Veuve de guerre, connaissant particulièrement la partie meubles anciens, cherche gérance libre ou appointée. Accepterais province. — *Chasseur Français*, n° 3535.

● Célibataire, 37, présentation, connaissant sylviculture, chasse, pêche, code forestier, pénal, allemand tous travaux, permis conduire, ferait garde forestier, champêtre, hôtel, etc. France, étranger, références. —

MARIAGES

RÉDACTION DES ANNONCES. — *Nous n'acceptons que les annonces dans lesquelles l'intention matrimoniale est clairement exprimée et écartons toutes celles qui ne nous paraissent pas présenter une moralité et une loyauté absolues. Les annonces de mariage ne doivent, en aucun cas, solliciter l'envoi d'une photographie.*

CORRESPONDANCE AVEC LES ANNONCEURS. — Nous prions les intéressés de n'écrire qu'à des annonceurs dont la situation correspond à la leur, faute de quoi ils s'exposent à ne pas recevoir de réponse.

En revanche, nous demandons instamment à nos annonceurs d'avoir la courtoisie de répondre à toutes les lettres sérieuses qu'ils reçoivent.

Nous ne faisons jamais suivre de correspondance à une adresse « poste restante ».

Nous ne communiquons jamais l'adresse des annonceurs désignés par un numéro du Chasseur Français. *Pour leur écrire, procéder de la façon suivante :*

Placer la lettre sous une enveloppe fermée portant simplement au crayon le numéro de l'annonceur. Mettre ensuite le ou les plis ainsi préparés sous une autre enveloppe plus grande que l'on expédiera, **convenablement affranchie,** *à notre adresse,* **sans oublier de placer dans cette deuxième enveloppe autant de timbres à 15 fr. qu'elle contient de lettres à transmettre** *(ne pas coller ces timbres, que nous collerons nous-mêmes au moment de la réexpédition).*

Nous ne pouvons faire suivre les plis qui ne remplissent pas les conditions ci-dessus, et nous refusons à l'arrivée les enveloppes qui comportent une surtaxe à payer pour insuffisance d'affranchissement.

Notez bien ceci. — *Nous transmettons seulement les plis destinés à nos annonceurs ; toute personne qui veut correspondre et qui n'a pas elle-même d'annonce doit donc donner une autre adresse que* Le Chasseur Français *pour recevoir les réponses.*

Dames moins de 30 ans.

☛ N° 25 janvier. — Toujours valable. Remercie nombreux correspondants. Discrétion assurée.

☛ N° 1016 février. — Remercie nombreux correspondants. Discrétion.

☛ N° 1608 février. — Remercie nombreux correspondants. Lettres détruites.

☛ Jeune fille, 28, 1m,68, catholique pratiquante, excellent milieu, sachant recevoir, très bonne santé, culture, simple, gaie, maîtresse maison accomplie, épouserait jeune homme, 30 à 40, profession libérale, industriel, catholique. — *Chasseur Français*, n° 2717.

☛ Célibataire, 29, brune, catholique pratiquante, excellent milieu, biens, désire mariage sérieux, catholique, 35 maximum, bourgeoisie, noblesse, épouserait docteur, fonctionnaire, industriel, Bretagne, limitrophes. Discrétion assurée. — *Chasseur Français*, n° 2727.

☛ Normandie. — Vraie jeune fille, 28, blonde vénitienne, 1m,68, parents propriétaires terriens, catholique, épouserait grand, bonne présentation, sobre, courageux, docteur, notaire, etc. Première lettre détaillée. — *Chasseur Français*, n° 2743.

☛ Parents, ingénieur importante situation, désirent entrer en relation pour fille unique, 23 ans, distinguée, affectueuse, catholique pratiquante, femme d'intérieur, belle dot, propriétés agricoles, avec ingénieur, pharmacien, chirurgien-dentiste, notaire, commerçant ou industriel, etc., fortune indifférente si diplômé, et surtout belles qualités morales. Annonce sérieuse. Accepte intermédiaire prêtre ou notaire. — *Chasseur Français*, n° 2767.

☛ Jeune fille, 27, Bretonne, gentille, très sérieuse, affectueuse, très bonne ménagère, épouserait jeune homme sérieux, bon, travail stable. — *Chasseur Français*, n° 2769.

☛ Jeune fille, 24 ans, secrétaire direction sténotypiste discours, 1m,57, svelte, distinguée, sportive sensible, avoir, espérances, parents aisés, désirerai connaitre, vue mariage, jeune homme sérieux, affectueux, profession libérale, ingénieur, industriel fonctionnaire cadre supérieur ou situation aveni proche, pourrait éventuellement aider installation. — *Chasseur Français*, n° 2845.

☛ Ville 150 km. Paris. — Jeune fille distinguée institutrice, 26, 1m,69, châtain, santé, moralité parfaite, catholique, famille aisée, dot, épouserait célibataire, sérieux, fonctionnaire, ingénieur, commerçant cadre ou situation équivalente, maximum 34. — *Chasseur Français*, n° 2873.

☛ Qui désire union très heureuse, catholique 25-30, sérieux, affectueux, éducation, situation, vrai jeune fille, élégante, gaie, douce, santé, femme d'intérieur, voiture, aimant enfants, voyages ? — *Chasseur Français*, n° 2884.

☛ Seine. — Jeune fille, catholique, 27, 1m,65 physique agréable, douce, sentimentale, goût simples, fonctionnaire cadres, correspondrait, vu mariage, 28-37, grand, moralement bien, santé, situation rapport. — *Chasseur Français*, n° 2889.

☛ Paris. — Célibataire, 28, jolie secrétair milieu élevé, épouserait et accepterait collaboratio monsieur, célibataire, 30-40, sérieux, affectueux situation aisée, profession libérale, homme d'affaires commerçant. — *Chasseur Français*, n° 2915.

☛ Fille de fonctionnaires, 22, bien, correspondrait mariage. — *Chasseur Français*, n° 2925.

☛ Côte d'Azur. — Diplômée pharmacie, fill unique, 29, physique agréable, milieu élevé, avoi important, épouserait médecin, industriel, ingénieur — *Chasseur Français*, n° 2934.

☛ Institutrice, 27, petite, épouserait instituteur bachelier. — *Chasseur Français*, n° 2964.

☛ Jeune fille, 28, physique agréable, bonn santé, 1m,60, affectueuse, femme intérieur, épouserai célibataire, 28-34, actif, travailleur, bonne santé, situation sérieuse, Paris-banlieue. — *Chasseur Français*, n° 2992.

☛ Jeune fille, 29, brune, 1m,55, secrétaire fille commerçant, aimant commerce, épouserait jeun homme. — *Chasseur Français*, n° 3044.

☛ Paris, banlieue Est. — Jeune fille, 28 ans 1m,67, blonde, bien physiquement, distinguée, affectueuse, très bonne situation, famille aisée, désir rencontrer monsieur, 30-40, vue mariage, brun grand, distingué, aimant vie familiale, bonne situation Annonce sérieuse. — *Chasseur Français*, n° 3060.

☛ Infirmière, 23, 1m,62, physique, caractèr agréables, catholique pratiquante, sans fortune, cor respondrait, vue mariage, officier, médecin, vétéri naire. — *Chasseur Français*, n° 3070.

☛ Jeune fille, 25 ans, brune, 1m,75, famill aisée, physique agréable, secrétaire médicale, correspondrait mariage jeune homme, 35 ans maximum cultivé, situation stable, éducation, santé. — *Chasseur Français*, n° 3099.

☛ Jeune fille, 23, 1m,66, milieu industriel cultivée, catholique, distinguée, correspondrait jeun homme, grand, ingénieur, fonctionnaire, professio libérale. Discrétion. — *Chasseur Français*, n° 3102

☛ Jeune fille, 27, jolie, cultivée, excellen milieu, catholique pratiquante, moralité parfaite santé, femme intérieur, dot, fonctionnaire, épouserai préférence fonctionnaire ou ingénieur, milieu, âge éducation rapport. — *Chasseur Français*, n° 3146.

☛ Industriel veuf, se retirant sous peu de affaires, désire marier sa fille unique, 27 ans, catholique pratiquante, bonne maîtresse de maison, haut moralité, cultivée, bachelière, avoir et espérances ayant grandes connaissances médicales avec docteur — *Chasseur Français*, n° 3154.

☛ Sud-Ouest. — Jeune fille, blonde, 22, 1m,68 famille aisée, bien tous rapports, catholique pratiquante, ancienne guide, employée bureau administration, correspondrait mariage jeune homme, grand âge rapport, très bonne moralité, catholique, militair carrière, employé S. N. C. F., fonctionnaire ou commerçant. Pas sérieux, s'abstenir. —

(Voir suite page 6[illegible].)

SOMMAIRE

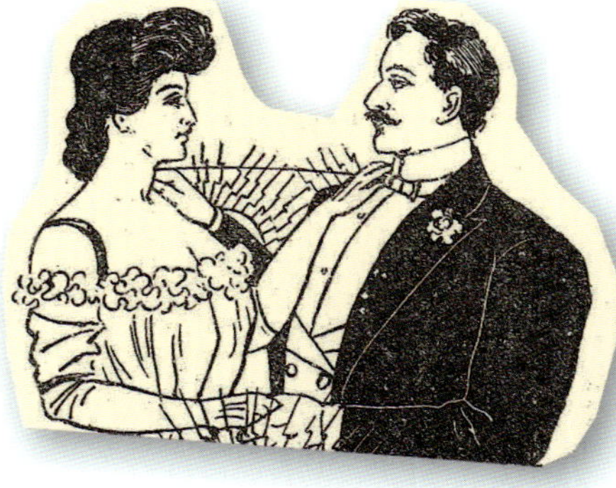

DE L'AMOUR À LA LIGNE

— Connaissez-vous *Le Chasseur Français*?
— Oui, les petites annonces!
Quelque cent trente années après sa naissance, le magazine le plus emblématique de nos campagnes reste toujours un vert galant, un entremetteur d'âmes, un arrangeur de rencontres et un conducteur du transport amoureux.
Comment expliquer une telle célébrité, une aussi grande longévité alors que le magazine se dédiait, au début de son existence, au monde des armes et de la chasse? Inutile de chercher bien loin. Le succès de la formule réside dans la communauté créée autour du *Chasseur Français,* une communauté de valeurs, de passions, qui a dépassé l'espace du temps et raccourci les distances. Habitants des lointaines colonies d'Asie ou d'Afrique, paysans bretons, mineurs cévenols, ouvriers du Nord, vignerons bourguignons, mutilés de guerre, nobliaux bourbonnais, marins basques, bergers savoyards ou pyrénéens, toute la France mâle se passionnait pour le noble sport de la chasse. Cette passion, toujours vivace, a connu son apogée à la fin des années 1970, et les femmes savaient trouver dans *Le Chasseur Français* une communauté de lecteurs solides, aux valeurs bien ancrées de terroir, de travail, de vie au plein air et... d'amour de la lecture. Dès lors, il est facile de comprendre que la gent féminine se soit intéressée à cette communauté d'hommes, «encouragée» qu'elle a été par les deux terribles saignées opérées en 1914-1918 et 1939-1945. En effet, comment trouver l'amour dans une France bouleversée, changée par tant d'années de guerre? Merveilleuse boîte postale, *Le Chasseur Français,* par le biais de ses petites annonces, permettait à tout un chacun de se présenter et de préciser ses critères en matière d'élan amoureux.
Cet ouvrage décrypte plus de cent années de petites annonces, allant au plus intime, au plus révélateur des mœurs sentimentales, afin de sonder le cœur de nos compatriotes au fil des générations. Marc Schlicklin, son auteur, patient scrutateur, s'est plongé d'abord avec opiniâtreté puis avec délice dans ce grand florilège épistolaire de l'amour à la française. Que n'a-t-il pas trouvé... Que n'a-t-il pas perçu de ces âmes éperdues, prêtes à se livrer, à se vendre ou à acheter, grâce à une belle situation sociale ou une dot, un tracteur ou un téléphone en bakélite, un domaine dans les lointaines plantations d'hévéas en Cochinchine ou dans un vignoble en Afrique du Nord. L'auteur recense ainsi les grandeurs et les bassesses humaines, résumées en quelques lignes, parfois remplies de poésie, rythmées ou ardentes, d'autres fois énigmatiques, triviales ou guindées, au fil des colonnes, séparées par sexes, par tranches d'âges et par la volonté d'être remar-

☞ 28, veuve guerre, charmante fillette, 7, avoir 50.000, situation, 14.000 plus pension, catholique pratiquante, gaie, sérieuse, épouserait catholique, âge, situation rapport. — Journal, n° 823.

◆ Wanda, veuve russe, seule, cinquantaine, infatigable, brune dynamique, personnalité, classe, études supérieures, rencontrerait monsieur intelligent, milieu élevé, très raffiné, viril. Région et nationalité indifférentes. — *Chasseur Français,* n° 2286.

◆ Côte Méditerranée — Perle rare, perdue solitude, 50, attend pêcheur émérite. — *Chasseur Français,* n° 2148.

☛ Seule, 36, épouserait monsieur âgé, aisé, désintéressé, seul au monde. — Journal, n° 745.

quées ou dissimulées dans le nombre. Ainsi, en ces temps d'amour pour tous, *Le Chasseur Français* a joué aussi sa partition, en permettant à tout un chacun de se rencontrer, même après un mariage rompu, même au crépuscule de sa vie, même amputé d'une partie de son corps. Oui, tout le monde avait (et a encore) sa chance d'amour à travers ses petites annonces.

Le sentiment amoureux variant au fil des priorités sociétales, cet ouvrage nous invite à en découvrir les curieux méandres à travers douze grandes étapes qui ont marqué la France, des étapes historiques, caractérisées par des façons de penser et d'évoluer dans ses relations à autrui. Certes Blaise Pascal, dans ses *Pensées,* écrivait que « le cœur a ses raisons que la raison ne connaît point », mais force est de reconnaître qu'en matière d'amour *Le Chasseur Français* peut expliquer combien le transport amoureux s'est modifié à chacune de ces étapes… et cela ne semble pas près de s'arrêter.

En ces temps modernes où Internet a pris le dessus, *Le Chasseur Français* a sauté le pas en lançant brindamour.fr, site de rencontres authentiques près de chez soi, dans les régions. Si chaque jour amène son lot de nouveaux sites de rencontres spécialisés, par communautés d'intérêts, brindamour.fr, enfant *in vitro* du *Chasseur Français,* avance à son rythme, sans tambour ni trompette, préparant sur Internet une deuxième vie à ses petites annonces, car les demandes d'amour se réincarnent toujours, même sur ces écrans, vitrines de nos espoirs les plus tendres. J'ai le souvenir d'un commentaire d'Alphonse Karr, écrivain satirique du XIXe siècle, qui fustigeait « l'amour, cette chasse où le chasseur se fait aussi poursuivre par le gibier ». Par ses petites annonces, retracées dans ce formidable ouvrage, *Le Chasseur Français* n'est-il pas ce joyeux Cupidon perçant de ses flèches nos envies d'encourager le destin, et de prolonger la vie. Aujourd'hui encore, naissent des enfants issus de lignées enfantées par l'amour épistolaire, par quelques mots publiés dans une page désormais jaunie. Ils seraient plus de 4,5 millions nés à la suite de ces petites annonces, et c'est ce que nous croyons, en vertu de statistiques bien établies. Sans doute pourrions-nous prétendre à une distinction honorifique de la Nation reconnaissante ou, *a minima,* à la médaille de la famille ! En toute honnêteté, nous préférons continuer notre aventure au service des cœurs, en leur proposant de chasser ou de pêcher l'âme sœur et de cultiver le plaisir de vivre ensemble au pays.

Pour les cent trente ans du *Chasseur Français,* magazine décrypteur de tendances et qui a survécu à toutes les modes, nous adressons au travers de cet ouvrage tous nos vœux de bonheur aux nombreux couples qui se sont mariés grâce à ses petites annonces et qui ont pu célébrer leurs noces, qu'elles soient de coton ou de diamant. Nous adressons aussi un message d'espoir à toutes les personnes qui continuent à chercher l'amour : il est partout, vivant, puissant ou ténu, alors n'hésitez pas à le chercher, à le provoquer… quitte à passer une petite annonce.

À Brinon-sur-Sauldre, le 1er juillet 2014

Antoine Berton
Directeur des rédactions

◆ Paris, Midi. — Rédactrice, 50 ans, attrayante, raffinée, situation, appartement, souhaiterait épouser monsieur cultivé, forte personnalité, évolué, sensible, grand, situation, seconderait éventuellement. — *Chasseur Français,* n° 3244.

AMOURS
1885-2014
ET STATISTIQUES

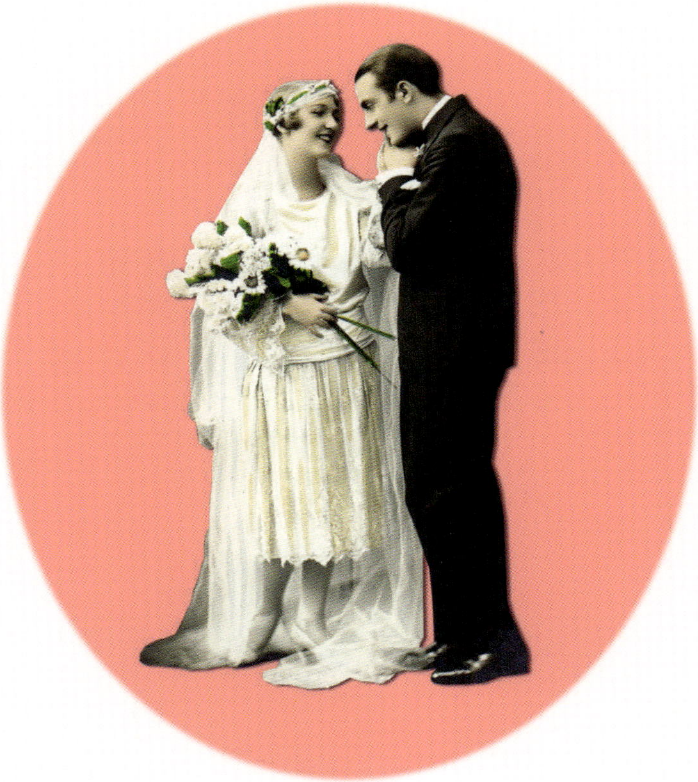

ILS SE MARIÈRENT
GRÂCE AU *CHASSEUR FRANÇAIS*
ET EURENT DES MILLIONS D'ENFANTS...

☛ Jeune fille, vingt-cinq ans, affectueuse, distinguée, élégante, dot, trousseau et espérances, cherche mari intelligent, bonne situation, de préférence officier. Irait aux colonies. — Journal, n° 833.

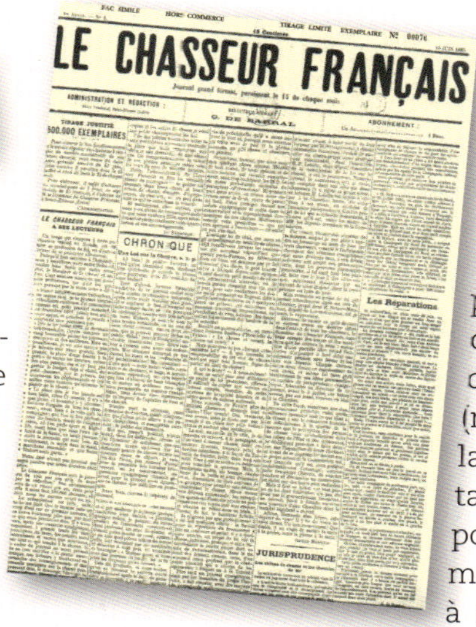

Cent vingt-neuf ans !

Ce qui frappe d'abord l'explorateur qui se plonge dans la grande histoire des petites annonces du *Chasseur Français*, c'est leur succès dans le temps. Pendant une période de cent vingt-neuf ans qui s'étale sur trois siècles, et qui n'aura été interrompue que par deux guerres mondiales et une grève nationale, excusez du peu, le *Chasseur* aura été fidèle au poste ! Le fil des parutions a été rompu une première fois entre 1914 et 1919, sur ordre des pouvoirs publics, le papier étant devenu denrée rare, puis pendant la Seconde Guerre mondiale (même si le magazine a fait, après la débâcle de 1940, une brève tentative de reparution). Ajoutons, pour être précis, un trou de quatre mois dans la collection fin 1937, à cause des grèves très dures qui ont alors paralysé le pays. Celles de 1968, pourtant longues elles aussi, ne l'auront pas affecté. Combien de publications françaises peuvent se vanter d'une pareille constance ?

AVEC PLUS DE 1400 NUMÉROS FIDÈLES AU RENDEZ-VOUS DEPUIS 1885, C'EST UNE LONGUE ET BELLE HISTOIRE D'AMOUR QUE *LE CHASSEUR FRANÇAIS* A ÉCRITE AVEC SES LECTEURS, ET NOTAMMENT À TRAVERS SES PETITES ANNONCES, LES PLUS CÉLÈBRES DE LA PRESSE FRANÇAISE !

Pour toutes et pour tous

Entre 1896 et nos jours, 450 000 Françaises et Français ont confié aux colonnes du magazine une pincée d'espérance résumée en quelques lignes, et à travers elles une part souvent déterminante de leur destin. Pour donner un ordre d'idées, 450 000 personnes, c'est un peu plus que la population de Toulouse, quatrième ville de France, un peu moins que celle de Lyon, la troisième. Ce n'est donc pas rien. Deuxième constat frappant, après immersion dans une collection d'émouvants magazines, qui, s'ils tenaient sagement en pile, constitueraient une colonne de papier de plus de 8 mètres de hauteur, c'est l'extrême variété à la fois sociologique et géographique des annonceuses et des annonceurs. Tordons le cou tout de suite à l'image d'Épinal qui voudrait cantonner *Le Chasseur Français* aux nemrods tricolores en particulier et au strict monde des campagnes en général. Depuis le début de sa longue histoire, le magazine inspire confiance au polytechnicien comme à l'agriculteur, au commerçant, petit ou grand, au médecin à l'avocat, à l'ouvrier, au notaire, au civil comme au militaire.

☛ Algérie. — Sous-officier, 32 ans, désire correspondre avec jeune fille, 24-30 ans, simple, douce, affectueuse, en vue fonder foyer. Lettre détaillée. Discrétion. — *Chasseur Français*, n° 6400.

Est-il une jeune fille aux sentiments élevés qui se marierait avec jeune homme, 28 ans, catholique, épris du bien, du beau et de l'idéal, l'argent ne compte pas. — Journal, n° 1551.

◆ H. 34 1/2, cath. pratiquant, steward à bord des trains, (retourne chaque soir à son domicile), rech. Jeune Fille sérieuse, vue mariage, région Paris. *Chasseur Français*, N° 5829.

Instrument de propagande nationale

L'origine géographique des annonceurs étant mentionnée, il apparaît nettement que le magazine est lu dans toutes les régions de France métropolitaine, et bien au-delà des vastes mers, les annonceurs installés dans les colonies s'étant avérés particulièrement friands de ce moyen de faire des rencontres : les coloniaux ont représenté jusqu'à 20 % des annonceurs dans les années 1930, lorsque les communications avec l'outremer étaient encore lentes et hasardeuses. En 1939, la direction annonce fièrement que le magazine est diffusé dans trente-deux colonies françaises et quatre-vingt-sept pays étrangers. « Un puissant instrument de propagande nationale qui va porter aux quatre coins du monde la pensée et la langue françaises », se félicite l'éditeur du titre.

Le mariage, oui, la photo, non !

En février 1927, paraît en tête des colonnes d'annonces un avertissement dont voici des extraits significatifs : « Nous n'acceptons sous cette rubrique que les annonces dans lesquelles l'intention matrimoniale est clairement exprimée et écartons toutes celles qui ne nous paraissent pas présenter une absolue moralité, loyauté et honnêteté. »

Et de rappeler à la clientèle qu'« on ne publiera plus les annonces demandant une photographie ». Il y a manifestement l'idée sous-jacente qu'une sélection fondée sur la seule beauté physique aurait un caractère en quelque sorte amoral.

Le rayonnement du *Chasseur* est alors tel que des étrangers vivant sous des cieux fort lointains recourent à ses annonces, comme cette Australienne « sans fortune, blonde, jolie » qui cherche un mari en France en 1922 ! En juillet 1923, un optimiste passe cette annonce en anglais : *French gentleman, 34, good looking ex-officer, heavy war losses but good situation wishes to marry a young foreign lady, 22/26, smart, with a perfect english education.* Sa quête a-t-elle eu le succès escompté ? Mystère.

Troisième observation : les femmes ont d'abord été largement minoritaires dans les annonces, en deçà d'une proportion de 30 %. À compter d'octobre 1926, dames et messieurs font l'objet d'un classement séparé : il y a alors 35 % d'annonces féminines, proportion qui va croître rapidement à mesure que le déséquilibre démographique dû à la Première Guerre va se faire sentir. En mai 1932, pour la première fois, la proportion d'hommes et de femmes s'inverse. En 1948, les annonces passées par des femmes dépassent en nombre celles passées par les hommes sur l'ensemble de l'année. Progressivement, la proportion de celles-là va s'élever jusqu'à 55 % des annonces, et se maintiendra jusqu'à ce que s'amorce le déclin de la fin des années 1980. On retrouve alors la parité.

Enfin, dernière grande question de cette lecture statistique, combien de petits Français sont des « enfants du *Chasseur* » ? Il est évidemment très délicat de les dénombrer avec précision, aussi convient-il de prendre un certain nombre d'hypothèses pour esquisser une réponse. Le nombre des annonces est connu : 450 000 sur la période considérée. Très majoritairement, selon toute vraisemblance, elles ont débouché sur des mariages. En dépit des efforts des ques-

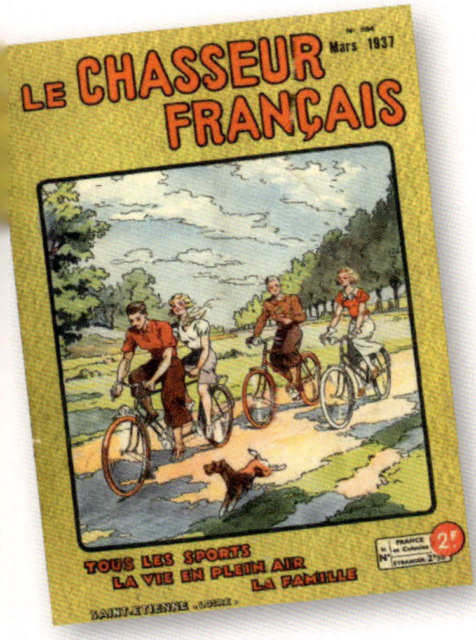

tionnements engagés très tôt par l'éditeur auprès de ses clientes et clients pour connaître ce que l'on pourrait appeler le « taux de transformation » de ces annonces, rien n'a filtré du résultat de ces enquêtes, d'ailleurs rapidement abandonnées. Rien de surprenant à cet échec : la clientèle tenait avant toutes choses à une grande discrétion sur sa démarche. Le magazine servait de discret service de poste restante.

◆ Vous aimeriez être le centre de la vie d'un homme. Vous aimeriez qu'il remplace votre solitude, qu'il prenne votre affection. J'ai un immense désir de bonheur conjugal : comme vous, 45 ans, 1 m 74, athlétique, non fumeur, sobre, divorcé. *Chasseur Français*, Nº 5661.

Huit fois la tour Eiffel

En 1930, la direction du magazine publie quelques amusantes statistiques : les ventes atteignent déjà 410 000 exemplaires. L'édition d'un seul numéro représente une masse de 100 tonnes de papier imprimé. Empilés, les numéros de chaque tirage constitueraient une colonne de 2 400 mètres de papier, soit huit fois la hauteur de la tour Eiffel. Le magazine compte alors 2 millions de lecteurs. Les abonnés ont chaque année 150 000 lignes à lire sur les sujets les plus divers, soit l'équivalent de huit livres.

Docteur Love

Ce que nous savons aussi, c'est que ces annonces déclenchaient parfois de véritables avalanches de courrier, au point de provoquer couramment la publication d'annonces de remerciements (aux frais de l'annonceur, quelle exquise politesse !) de personnes s'excusant de ne pouvoir, face à l'afflux de missives, répondre à tous leurs soupirants et correspondantes, et s'engageant à détruire les lettres mortes en toute discrétion. En mars 1926, un médecin, le docteur Renoult, remercie ainsi les… 2 000 jeunes femmes qui ont répondu à son annonce !

Nous avons donc retenu comme hypothèse que 80 % des annonces, qui, soulignons-le encore, étaient publiées par des candidates et des candidats déclarés au mariage, ont abouti à des unions. En appliquant à ces mariages les taux de fécondité nette établis par l'Insee, c'est-à-dire, génération par génération, le nombre d'enfants vivants nés à chaque femme, compte tenu de la mortalité infantile, de la mortalité des femmes à chaque époque, on arrive à une estimation de 711 500 enfants du *Chasseur*, que nous qualifierons d'enfants de première génération sur la totalité de la période.

◆ **Maman, célibataire, 29, fille 8, rencontrerait célibataire, 30-35, grand, brun, sérieux, milieu militaire, affectueux. — *Chasseur Français*, nº 3262.**

Considérons, pour simplifier, qu'une moitié de ces 711 500 enfants sont des filles, qu'elles se sont elles-mêmes mariées, ce qui a été la règle ultra-majoritaire jusqu'à la fin du XXe siècle, et qu'elles ont elles-mêmes procréé, et on arrive en deuxième génération à 744 000 enfants de plus. Qui eux-mêmes ont eu des enfants… de sorte qu'à la cinquième génération, c'est-à-dire à la période actuelle, ce sont environ 4,5 millions de Françaises et de Français qui, d'une certaine façon, auront vu le jour grâce à quelques milligrammes d'encre sur quelques grammes de papier.

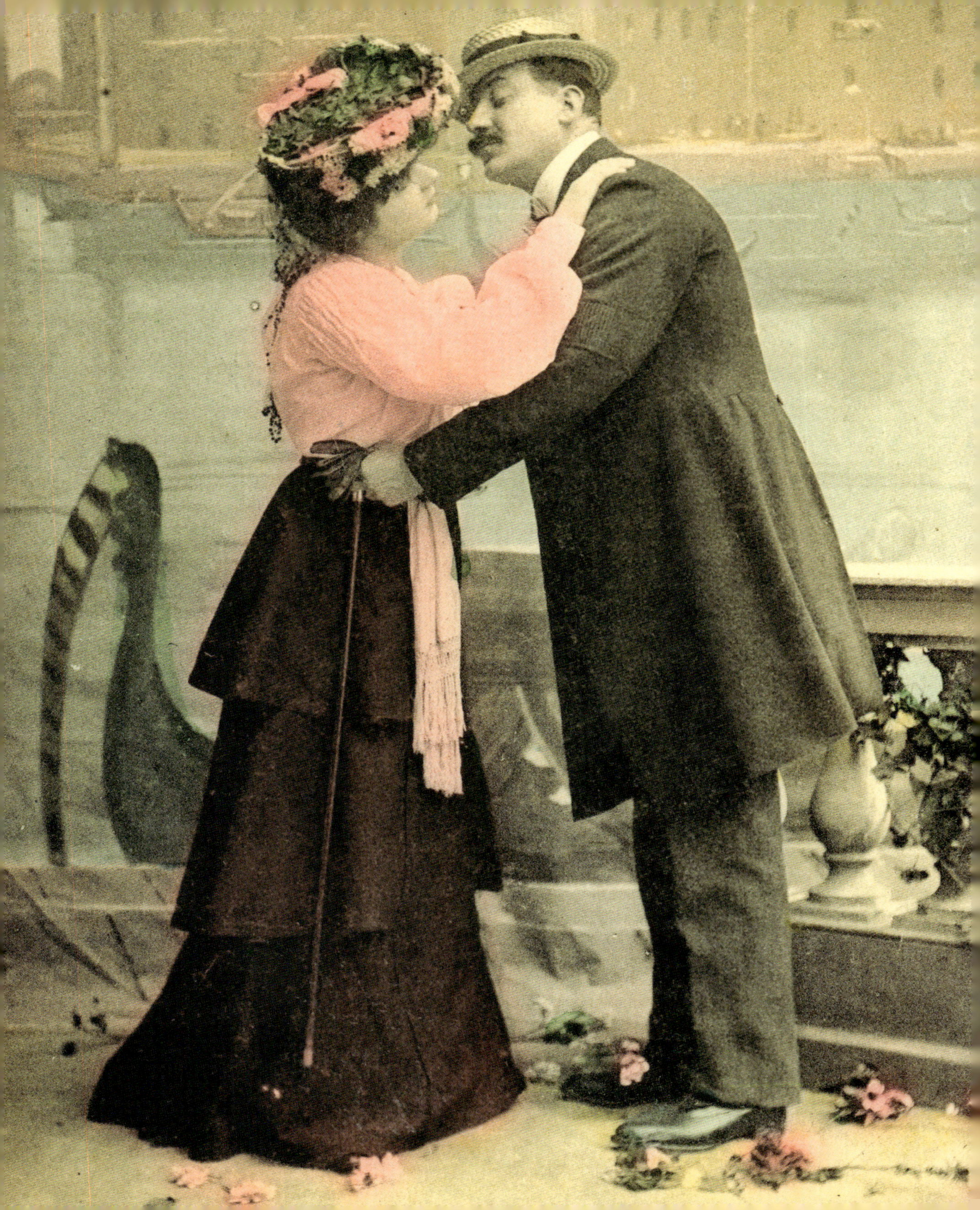

1885-1904

LA NAISSANCE

☛ Célibataire rentier, 38 ans,
désire connaître célibataire, même âge,
ayant rentes, pour vivre ensemble,
frais communs. On ne s'ennuiera pas.
Ecrire Léo, 10 avenue Victoria, Biarritz.
novembre 1898

PETIT *CHASSEUR* DEVIENDRA GRAND

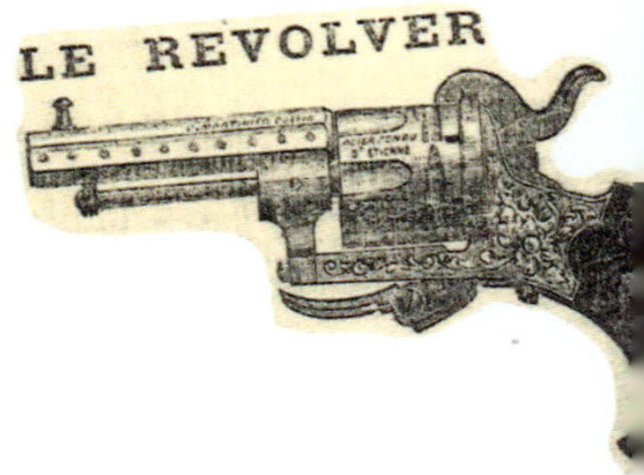

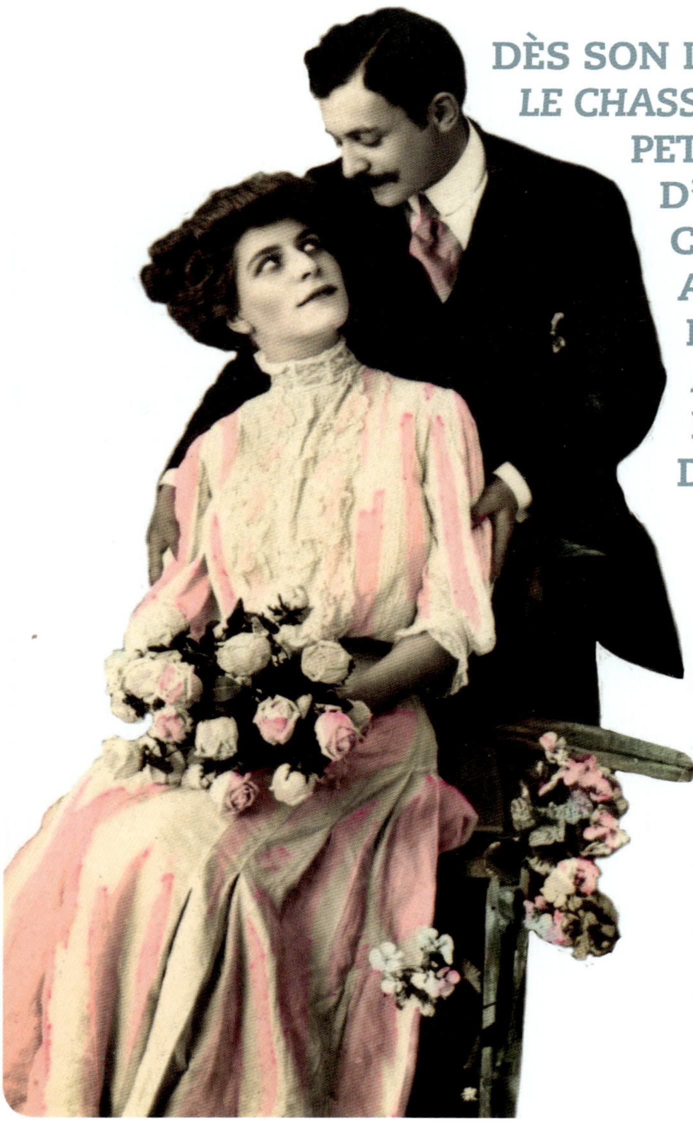

DÈS SON LANCEMENT, LE 15 JUIN 1885, *LE CHASSEUR FRANÇAIS* COMPORTE DES PETITES ANNONCES. ELLES SONT D'ABORD ESSENTIELLEMENT CONSACRÉES AUX FUSILS ET AUX CHIENS, MAIS BIENTÔT PARAÎTRONT QUELQUES ANNONCES MATRIMONIALES. LES TOUTES PREMIÈRES D'UNE TRÈS LONGUE HISTOIRE.

L'ACTUALITÉ EN 1885

- Le 22 mai, Victor Hugo meurt : il sera inhumé au Panthéon, qui redevient à cette occasion un temple laïc. Tout Paris suit le catafalque.
- Le phylloxéra ruine les vignes françaises (on voit alors fleurir dans les annonces des offres d'emploi de spécialistes de la vigne américaine).
- La moissonneuse-lieuse commence à se répandre : tractée par deux chevaux et conduite par un homme, elle permet de récolter 1 hectare en 2 h 30.
- Expérimentation de systèmes de labourage mécanisé, avec des machines à vapeur, des câbles et des poulies…

Chienne briquette beagle, 1 an, de parents excellents, 25 fr. port acheteur. — Ch. de Proffinac, Les Linlauds. Montbron (Charente).

30 lapereaux communs, forte race, 6 semaines, 0 fr. 75 pièce. — Mlle Léonide de Guizelin, Guines (Pas-de-Calais).

Vendre 200 fr., pointer blanc foie, 5 ans, par Don, hors Kate, moitié de sa valeur, ou bon griffon boulet, 200, 2 ans, poils longs et laineux, race pure, ses chiens sont garantis et bons et à l'essai, détail par lettre. — S'adresser à Z. Sénécal, Beuzeville (Eure).

Vendre 100 fr., chienne gordon, 30 mois, sans blanc, peu chassé, rapport parfait, va à l'eau, port acheteur. Timbre. — Bautruche fils, Evreux.

LES PETITES ANNONCES

PRÉCURSEUR

Jeune homme, 26 ans, brun, de très bonne famille, établi petit commerce de luxe, banlieue de Paris, position modeste, épouserait jeune fille, orpheline ou non, honorable, ayant fortune, de préférence brune et musicienne. Juin 1888 *(premières mentions physiques, premiers desiderata en matière de hobbies)*

PUBLICATION LIBRE

À l'été 1885, la France découvre la liberté de la presse, enfin acquise après une bataille dont les prémices sont antérieures à la Révolution. La loi du 19 juillet 1881, qui fait encore autorité à ce jour, vient d'établir le principe de la publication libre d'un journal, sans autorisation préalable ni dépôt de garantie financière. L'idée de financer la presse par la publicité n'est, en revanche, pas neuve. Ce sont les fils de Charles Havas, l'inventeur de l'agence de presse, qui ont fait prospérer dans les années 1850 la première régie publicitaire. Bien plus tôt, Théophraste Renaudot (1586-1653), considéré comme l'un des pères du journalisme, avait lancé à Paris la «Feuille du bureau d'adresses», sur laquelle il imprimait des offres et des demandes d'emploi payantes et des informations.

L'EMPLOI AVANT LE MARIAGE

Bien avant les annonces matrimoniales, qui feront tant pour le rayonnement du *Chasseur*, l'emploi est, entre les armes d'occasion garanties par la Manufacture française d'armes de Saint-Étienne, créatrice du magazine, et les chiens de chasse, la première rubrique «humaine» des annonces du *Chasseur*. On y propose ses services, seul ou en famille, comme régisseur, garde-chasse ou représentant de commerce. Chaque numéro — quatre pages mensuelles format journal — comporte une page complète d'annonces d'armes d'occasion. En page trois, une colonne ouverte aux particuliers propose du gibier de repeuplement, des vaches, des chiens, des chenils et même une «jolie petite guenon très douce et bien acclimatée». La parution coûte 30 centimes en timbres pour cinq lignes.

Dès 1886, les annonces commencent à se diversifier, à se muer en inventaire à la Prévert. Les vins (42 francs la caisse de 8 bouteilles) côtoient les plants de chou-fleur (2,30 francs le cent), les tricycles d'occasion ou même un harmonium à 900 francs en valant 1500 à l'état neuf: *Le Chasseur Français*, c'est déjà eBay.

DIVERS

9041. Une canne, cal. 12 m/m, à broche, poignée corne, avec crosse d'épaulement, cédée à .... **16** fr.

9042. Un revolver de l'armée, canon acier fondu, cal. 12, toutes pièces bronzées, complètement neuf, dans sa boîte-nécessaire, cédé à .... **58** fr.

● Un homme marié, 45 ans, ancien sous-officier de cuirassiers, connaissant bien la chasse, désire trouver une place de garde chasse, ou d'une propriété, peut fournir de très bons renseignements. — S'adresser aux initiales A. D., rue Gambetta, 19, Epinal (Vosges).

● Jeune homme marié, 25 ans, sans enfants, désire place régisseur, garde particulier ou chef d'exploitation, bonnes références. — Ecrire aux initiales M. A., poste restante. — Sennecey-le-Grand (Saône-et-Loire).

L'ACTUALITÉ EN 1886

- Simplification de la procédure de divorce.

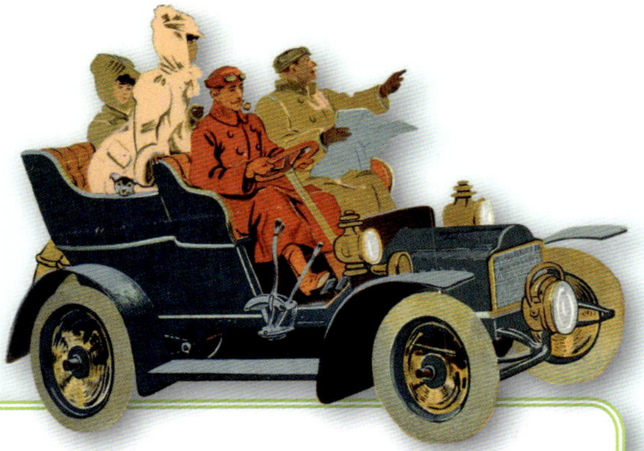

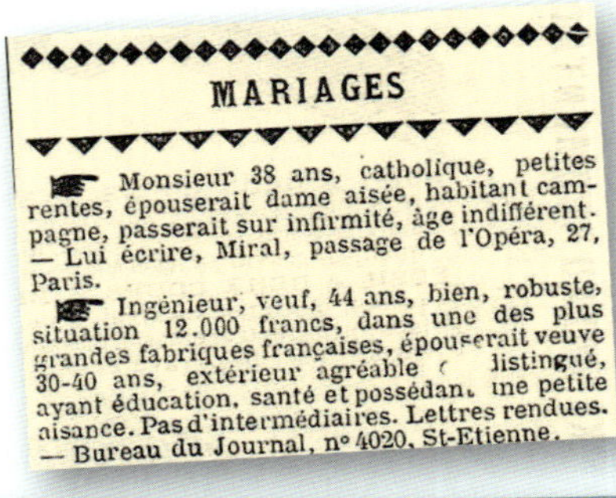

MARIAGES

☛ Monsieur 38 ans, catholique, petites rentes, épouserait dame aisée, habitant campagne, passerait sur infirmité, âge indifférent. — Lui écrire, Miral, passage de l'Opéra, 27, Paris.

☛ Ingénieur, veuf, 44 ans, bien, robuste, situation 12.000 francs, dans une des plus grandes fabriques françaises, épouserait veuve 30-40 ans, extérieur agréable (distingué, ayant éducation, santé et possédan. une petite aisance. Pas d'intermédiaires. Lettres rendues. — Bureau du Journal, n° 4020, St-Etienne.

Paris-Marseille à 24,53 km/h

La vie, elle, se modernise bon train: en 1896, une Panhard et Levassor remporte la course automobile Paris-Marseille-Paris en 67 h 40 min, à 24,53 km/h de moyenne! C'est déjà bien plus rapide et plus simple qu'en véhicule hippomobile. Rapidement, l'automobile, cette bête de somme qui ne mange pas quand elle reste au garage et qui est capable de franchir de longues distances, devient la concurrente redoutable du cheval, à tel point que, dès 1896, les calculs du *Chasseur* montrent qu'elle revient moins cher, ce qui expliquera son succès rapide. Contrairement à une légende tenace, ce n'est pas l'automobile qui est réservée aux riches, mais la faculté de se déplacer de façon autonome. Pour les moins fortunés, la mobilité, c'est le vélo. En 1900, le parc automobile français compte déjà 5 000 « quatre-roues motorisés », et les motocycles sont au nombre de 10 000. L'impôt prélevé par l'État sur la locomotion à moteur (eh oui, déjà!) rapporte environ 500 000 francs. On livrera 4 500 voitures en 1900… un quasi-doublement du parc en un an. À compter d'avril 1901, les gendarmes troquent leurs bons vieux chevaux contre des bicyclettes!

1896 : PREMIÈRES ANNONCES MATRIMONIALES

À l'âge de 10 ans, devenu « organe universel de tous les sports et de la vie en plein air » sur une pagination toujours plus dodue, *Le Chasseur Français* offre maintenant un contenu diversifié et toujours très attaché à la modernité: on y parle chasse et jardin, bien sûr, mais aussi vélo, photographie, médecine, voyages… et bientôt automobile, avec des essais comparatifs entre automobiles à essence et à vapeur, qui, à l'époque, sont encore capables de gagner des courses contre les véhicules dotés d'un moteur à explosion!

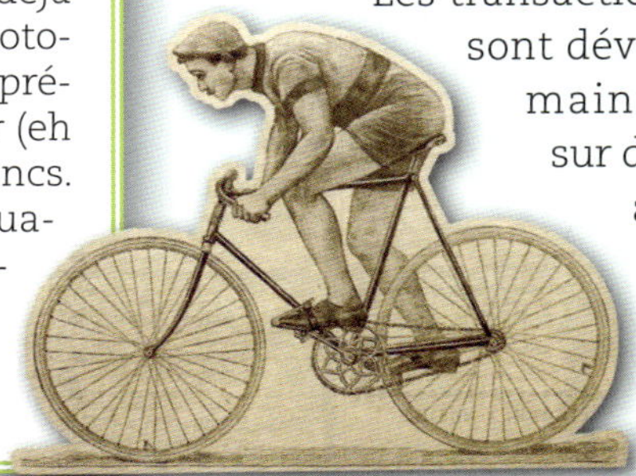

Les transactions entre particuliers se sont développées. On s'échange maintenant des actions et, sur des dizaines de pages, des armes, des chiens, du gibier, des fonds de commerce et toutes sortes de machines et de matériels.

L'ACTUALITÉ EN 1888

- Kodak met au point son appareil photo portatif.
- Mort de l'empereur d'Allemagne Guillaume Ier. Son petit-fils Guillaume II lui succède après un bref interrègne.

L'ACTUALITÉ EN 1889

- Construction de la tour Eiffel pour l'Exposition universelle.
- Edison invente le phonographe.
- Création des premières assurances retraite en Allemagne.

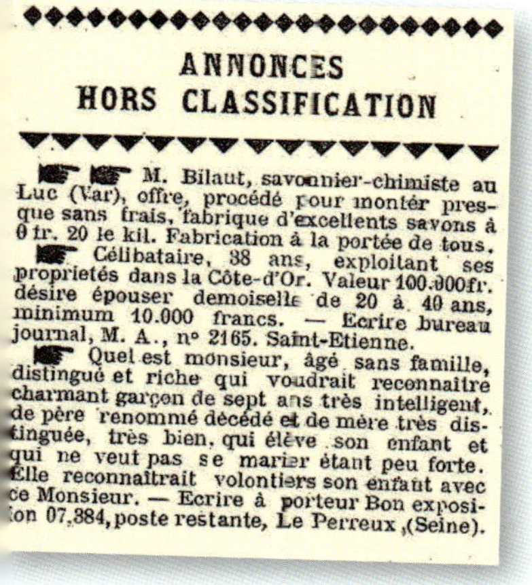
ANNONCES
HORS CLASSIFICATION

M. Bilaut, savonnier-chimiste au Luc (Var), offre, procédé pour monter presque sans frais, fabrique d'excellents savons à 0 fr. 20 le kil. Fabrication à la portée de tous.

Célibataire, 38 ans, exploitant ses propriétés dans la Côte-d'Or. Valeur 100.000 fr. désire épouser demoiselle de 20 à 40 ans, minimum 10.000 francs. — Ecrire bureau journal, M. A., nº 2165. Saint-Etienne.

Quel est monsieur, âgé sans famille, distingué et riche qui voudrait reconnaître charmant garçon de sept ans très intelligent, de père renommé décédé et de mère très distinguée, très bien, qui élève son enfant et qui ne veut pas se marier étant peu forte. Elle reconnaîtrait volontiers son enfant avec ce Monsieur. — Ecrire à porteur Bon exposition 07,384, poste restante, Le Perreux (Seine).

Les annonces d'emploi précisent presque toujours le statut marital du demandeur : les femmes sont, à de très rares exceptions près, absentes. Il faut attendre le 15 juillet 1896, page 40, colonne de gauche, pour que paraissent les premières annonces de rencontre, dites « annonces spéciales », à la sauvette ou presque, entre un produit de traitement du bois et une annonce de placement de capitaux.

C'est un Toulousain de 35 ans, « belle situation et fortune personnelle », qui ouvre le bal : il recherche « demoiselle ou veuve avec dot aimant la campagne et les voyages. Très sérieux. » Les lettres, qu'on lui adressera poste restante seront restituées, promet-il.

Un veuf de 40 ans « sans enfant recherche demoiselle ou veuve aimable ayant petit avoir. Accepterait tache. » Tache ? Bigre ! L'expression, qui surprend aujourd'hui, est alors monnaie courante pour désigner une jeune fille ayant eu une aventure avant le mariage. À en juger par le nombre d'annonces de ce genre, la chose ne devait pas être exceptionnelle !

LES PETITES ANNONCES

VEUVE AUDACIEUSE

☞ Veuve, 85 000 francs, bien sous tous rapports, 50 ans (fils 12), désire mariage homme distingué, aisé, généreux. Pas d'intermédiaire. Ecrire pour le 6, Mme Henery, poste restante, Chaville (Seine et Oise). Août 1898

(première annonce passée par une femme)

MATURE

☞ Monsieur de 47 à 48 ans, bien conservé, belle fortune valeurs et jolie propriété agrément et produits, épouserait demoiselle blonde, jolie, excellent caractère, 34 ans au moins, aimant campagne, famille et éducation irréprochables, avec très modeste fortune de 60 à 80 mille francs, minima. Inutile d'écrire sans conditions ci-dessus. Août 1889

L'ACTUALITÉ EN 1891

- L'Allemand Otto Lilienthal effectue le premier de ses 2 000 vols en planeur, dont le dernier lui sera fatal.
- Métallurgie : la tôle d'acier, souple, remplace la tôle de fer.

L'ACTUALITÉ EN 1892

- Apparition du prototype de tracteur agricole à essence aux États-Unis.
- Invention du pétrolier doté de cuves pour le transport en vrac.
- Interdiction du travail de nuit pour les femmes.

LES PETITES ANNONCES

ROBE AVEC TACHE

Jeune homme, 31 ans, sérieux, épouserait jeune demoiselle, ouvrière en robe ou modiste, ou demoiselle avec dot, même avec tache. Décembre 1898

TIENS VOILÀ LE DÉSIR

Jeune homme, 28 ans, grand, brun, physique bien, ayant économies et belle position dans commerce désire mariage avec demoiselle, femme d'intérieur, irréprochable sous tout rapport, grande et physiquement bien, ayant maximum 20 ans, dot minimum 50 000 francs, références hors ligne offertes et requises. Janvier 1899 *(apparition du mot désir)*

CHERCHE DAME SYMPATHIQUE

Célibataire 47 ans, ex-officier territorial cuirassiers, 4 000 francs rentes, fonction très distinguée, 2 heures de Paris, épouserait dame sympathique, rentière. Janvier 1899

AU DÉBUT ÉTAIT L'ARGENT, LE BEL ARGENT…

Les rares annonces de mariage disséminées dans le magazine — quatre ou cinq par numéro, sur plusieurs centaines d'autres annonces — parlent surtout d'argent. Sans détour ni fausse pudeur. Rappelons que les assurances sociales en cas de maladie ou en vue de la retraite n'existent encore que pour quelques très rares salariés des grosses entreprises qui procurent une mutuelle privée : un « bon » mariage constitue une parade efficace à cette carence. On convole dans sa classe sociale, avec qui sera susceptible d'augmenter son patrimoine ou, à tout le moins, de garantir un certain niveau de vie. Entre agriculteurs possédants, entre industriels, entre artisans, entre commerçants ou entre gens dépourvus de

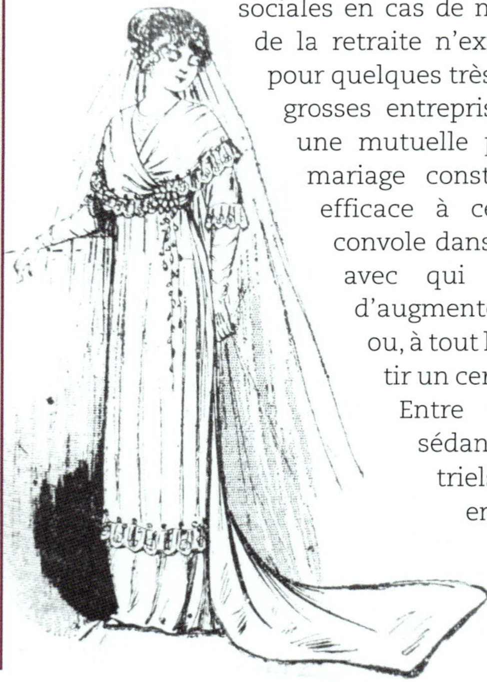

L'ACTUALITÉ EN 1893

- Rudolf Diesel met au point son moteur à huile lourde.
- Création d'une assistance médicale gratuite pour les Français démunis.
- La femme divorcée recouvre l'intégralité de sa capacité juridique.

L'ACTUALITÉ EN 1894

- Importation en France du premier tracteur agricole américain à moteur.
- Coubertin réunit à Paris le comité fondateur de l'olympisme moderne… qui exclut les femmes.

Vive l'Alsace libre

La première créature féminine du *Chasseur Français* paraît en une le 15 avril 1886 sous les traits d'une Alsacienne à la triste mine, coiffée du célèbre nœud noir : l'Alsace est alors prussienne. La presse française cultive une fibre patriotique et revancharde, l'œil sur la ligne bleue des Vosges. La chose est à ce point évidente que cette illustration patriotique paraît sans un mot de légende ou d'explication.

fortune. La fonction publique apparaît, déjà, comme un enviable havre de sécurité. Les professions libérales, beaucoup moins : avant l'invention de la Sécurité sociale, les médecins ne roulent pas sur l'or !
Quant aux sentiments, aux qualités et même à l'aspect physique des futurs époux, ils jouent tout d'abord un rôle parfaitement secondaire, à en juger par le peu de cas qui en est fait. Le mariage, en tout cas tel qu'il apparaît dans le *Chasseur*, est en premier lieu un arrangement économique.

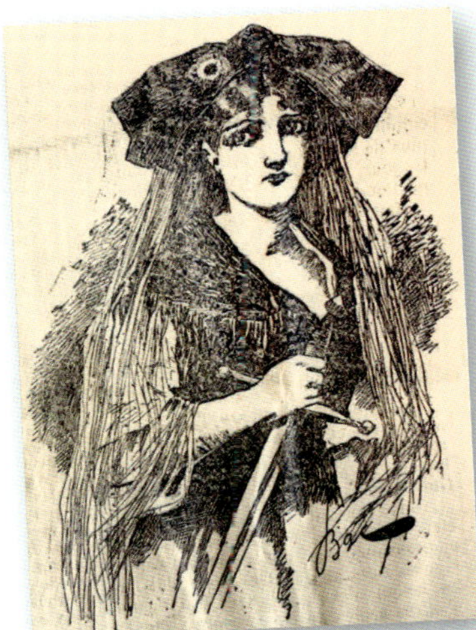

LES PETITES ANNONCES

PETITE TACHE, GROSSE FORTUNE…

Ingénieur possédant propriétés désire épouse 26 à 32 ans, bien fortunée, tolérerait petite tache. Juillet 1900

UNE ANNONCE FÉMININE

Mariage sérieux : jeune fille 23 ans, brune, intelligente, bien faite, bonne éducation, connaissant ménage parfaitement, aptitudes commerce, référence, discrétion. Août 1900

DIVORCÉ : UNE, PREMIÈRE !

Un divorcé de 36 ans, 50 000 F, se remarierait. Août 1900
(première annonce faisant mention du statut de divorcé)

SUPERBE CRÉATURE

Belle et jolie demoiselle, 20 ans, instruite, sans fortune, épouserait monsieur ayant position. Septembre 1900

L'ACTUALITÉ EN 1895

- La colonisation bat son plein : l'annexion de Madagascar s'inscrit à la suite de la colonisation de la Cochinchine (1874), de la Tunisie (1881) de l'Annam et du Tonkin (1883).

L'ACTUALITÉ EN 1896

- Le président Félix Faure succède à l'éphémère Jean Casimir-Périer.
- Inculpation du capitaine Dreyfus : l'affaire divise la France.
- Premières projections du film des frères Lumière.
- Roentgen met au point la radiographie par rayons X.

L'ACTUALITÉ EN 1897

- Premier vol de l'Avion III à vapeur de Clément Ader devant une commission militaire, qui juge son invention… peu porteuse.

MADAME CORSET, MONSIEUR FAUX-COL

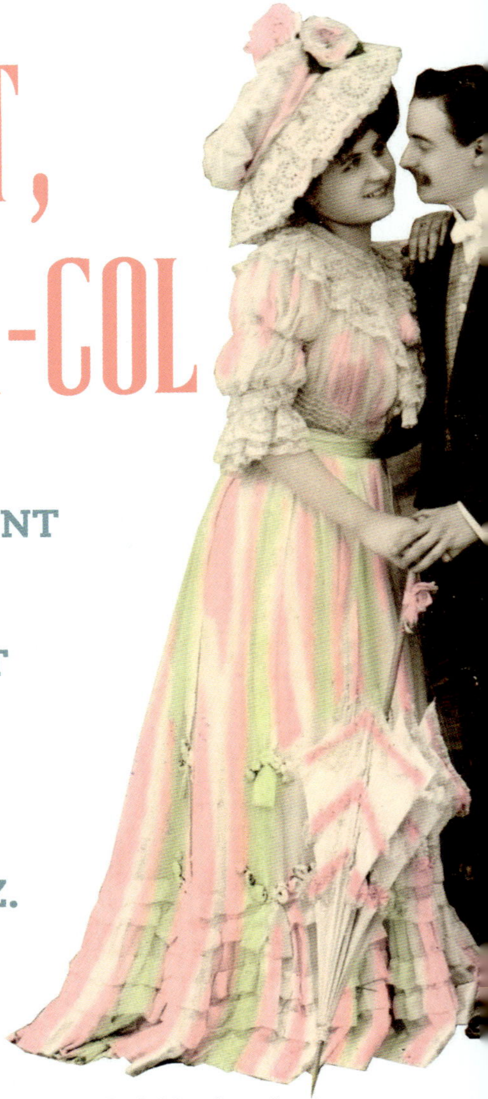

À L'IMAGE DES CORSETS QUI ENSERRENT CES DAMES ET DES FAUX-COLS QUI GARROTENT CES MESSIEURS, LA FRANCE DE LA FIN DU XIXe SIÈCLE EST UNE SOCIÉTÉ DE CLASSES, RIGIDE ET PÉTRIE DE CONVENTIONS, PESANT NOTAMMENT SUR LA CONDITION FÉMININE. MAIS LE CHANGEMENT MONTRE LE BOUT DE SON GRAND NEZ.

DES TENUES CODIFIÉES

Les dames du monde vivent lacées dans un corset ou une guêpière, empêtrées dans d'inconfortables robes sous-tendues par une crinoline ou par une tournure, plus connue sous le nom de « faux-cul ». Ces messieurs, qui portent le haut-de-forme et un costume trois pièces sombre, sont engoncés dans un gilet serré et ont le cou pris dans un faux col rigide dont la fermeture constitue leur première bataille matinale. Ces tenues codifiées, si elles sont l'apanage de la bonne société, traduisent assez bien les rigidités d'une société de classes où l'on ne se mélange pas. La mixité sociale ? Pouah ! Mais vous n'y pensez pas !

L'ACTUALITÉ EN 1898

- Émile Zola publie son célèbre « J'accuse ».
- Décembre : 1er salon de l'Auto à Paris.
- Marie et Pierre Curie découvrent le radium.
- Mort du chancelier de fer, Otto von Bismarck.
- En France, la Charte de la mutualité ouvre légalement à tous l'adhésion payante aux assurances mutualistes.
- Loi sur l'indemnisation des accidents du travail.

LES PETITES ANNONCES

AU PAS DES CHEVAUX

Le temps s'écoule lentement ! Les voyages sont chers, pénibles, et donc rares, même si le chemin de fer, en forte expansion, est devenu une réalité. Cette France, tranquillisée après les soubresauts de la chute du Second Empire, de la défaite de Sedan, de l'occupation de Paris et des violences sanglantes de la Commune, a repris le chemin de la prospérité, au pas lent des chevaux : 18 kilomètres à l'heure au galop, pour quelques kilomètres, bien moins en véhicule hippomobile.

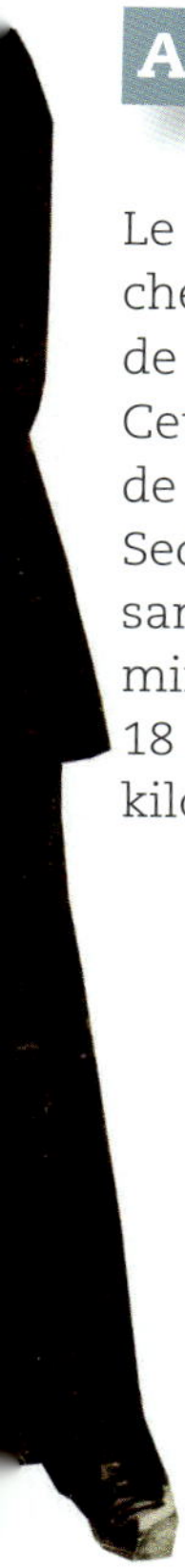

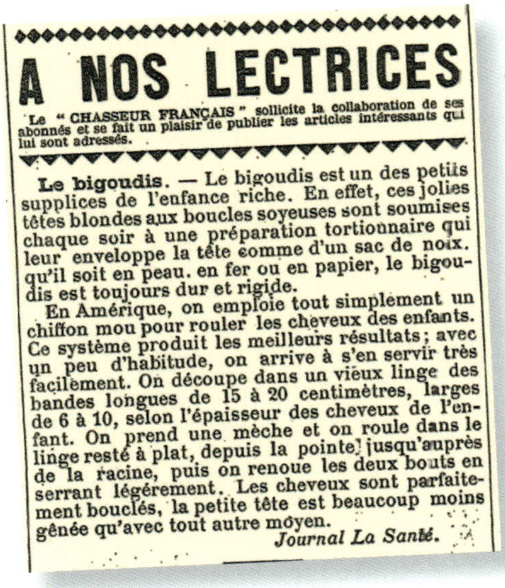

A NOS LECTRICES

Le « CHASSEUR FRANÇAIS » sollicite la collaboration de ses abonnés et se fait un plaisir de publier les articles intéressants qui lui sont adressés.

Le bigoudis. — Le bigoudis est un des petits supplices de l'enfance riche. En effet, ces jolies têtes blondes aux boucles soyeuses sont soumises chaque soir à une préparation tortionnaire qui leur enveloppe la tête comme d'un sac de noix. qu'il soit en peau. en fer ou en papier, le bigoudis est toujours dur et rigide.

En Amérique, on emploie tout simplement un chiffon mou pour rouler les cheveux des enfants. Ce système produit les meilleurs résultats ; avec un peu d'habitude, on arrive à s'en servir très facilement. On découpe dans un vieux linge des bandes longues de 15 à 20 centimètres, larges de 6 à 10, selon l'épaisseur des cheveux de l'enfant. On prend une mèche et on roule dans le linge resté à plat, depuis la pointe jusqu'auprès de la racine, puis on renoue les deux bouts en serrant légèrement. Les cheveux sont parfaitement bouclés, la petite tête est beaucoup moins gênée qu'avec tout autre moyen.

Journal La Santé.

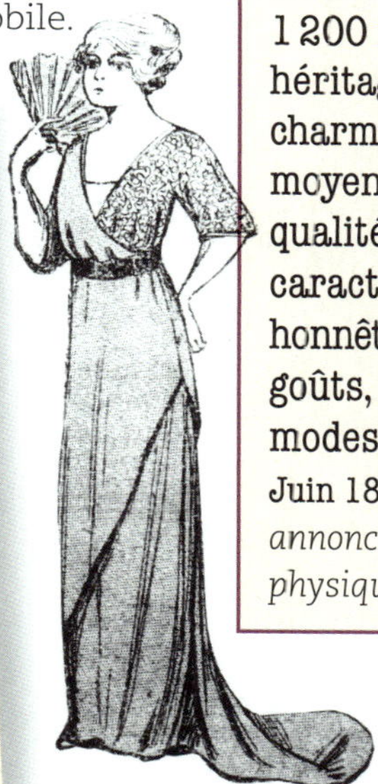

PRINCIPES RELIGIEUX ET FINANCIERS

Jeune homme 29 ans, distingué, appartenant à famille très honorable, maison de commerce d'avenir, épouserait demoiselle, principes religieux. Dot au moins 30 000 francs. Décembre 1898

QUI VOUS PARLE D'ARGENT ?

Monsieur jeune, rente 1 200 francs, 100 000 francs héritage, demande orpheline charmante, assez forte, grandeur moyenne, santé excellente, qualités, douce, aimable, bon caractère, vaillante, économe, honnêteté, conduite irréprochable, goûts, manières simples et modestes. Photographie.

Juin 1899 *(une des toutes premières annonces avec une description physique détaillée)*

L'ACTUALITÉ EN 1899

- Fondation des usines Renault.
- Le chimiste allemand Bayer synthétise l'aspirine.
- Fondation de la société de machines agricoles Braud.
- L'Italien Guglielmo Marconi réalise la première liaison radio au-dessus de la Manche, complétant les travaux d'Édouard Branly. La radio grand public se développera après la guerre.
- Le 16 février, Félix Faure meurt dans les bras de sa maîtresse à l'Élysée. Émile Loubet lui succède.
- Le 29 avril, le Belge Camille Jenatzy accroche pour la première fois les 100 km/h en automobile sur sa « Jamais Contente » à moteur électrique.
- À compter du 13 août et pendant trente-six jours, Jules Guérin et ses amis de la Ligue antisémite, retranchés dans un immeuble parisien rue de Chabrol, tiennent tête à la police.

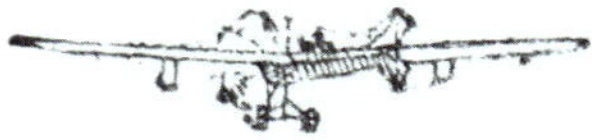

LES PETITES ANNONCES

ACCOUCHEMENT CLANDESTIN

On recevrait pour couches discrètes, on se chargerait enfant ou orphelin. Marseille. Mai 1900

MAMAN S'EN OCCUPE

Mère désire marier son fils, 32 ans, bien, bonne situation et avenir, administration chemin de fer, avec demoiselle ayant dot. Mars 1901

BONHEUR… CONFUS

Demande pour être heureuse une compagne, bonne ménagère, fille ou veuve, n'importe quelles puissances. Avril 1901 *(une des première fois, sinon la première, où il est question de bonheur… il est vrai en termes bien confus)*

VEUVE ENTREPRENANTE

Veuve 38 ans, aimante, femme d'intérieur, habitant charmante propriété, épouserait veuf ou célibataire de 45 à 60 ans ayant fortune. Septembre 1901

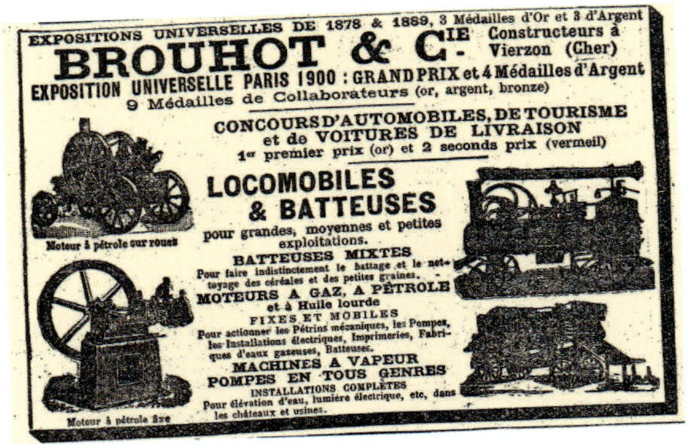

FRÉNÉSIE DE NOUVEAUTÉS

En cette fin de siècle, voici la France prise d'une sorte de frénésie technologique, dont on peine aujourd'hui à imaginer la vitesse et l'impact. En quelques années, vont naître le cinéma, le télégraphe électrique, le téléphone, la radio et le moteur à explosion, bientôt suivi de ses applications, l'automobile, la motocyclette, l'avion et le dirigeable. Nation moderne, la France est à la pointe de ces techniques qui bouleversent la vie. Vaccins, photographie, agronomie, premiers engrais chimiques, machinisme agricole… tout s'accélère soudain. À de rares exceptions près, ce progrès émerveille et suscite une vaste espérance : tout le monde comprend qu'il va faciliter, embellir et allonger la vie, raccourcir les distances et le temps. *Le Chasseur Français*, émanation d'une grande société industrielle, accompagne ce mouvement avec d'autant plus d'enthousiasme qu'il construit et vend toutes sortes d'engins modernes, à commencer par des vélos…

L'ACTUALITÉ EN 1900

- La loi Millerand limite à 11 heures la durée quotidienne du travail.
- Le 14 avril, inauguration de l'Exposition universelle.
- Les deuxièmes jeux Olympiques se tiennent à Paris et voient, pour la première fois, des femmes participer (22 sur 997 athlètes).
- Inauguration du métro à Paris.
- Le comte Zeppelin fait voler son premier dirigeable rigide.
- Naissance du Parti travailliste en Angleterre.
- Le nombre de tracteurs en France est estimé à 200.
- La Manufacture française d'armes de Saint-Étienne se dote d'une caisse mutuelle et d'un dispensaire.

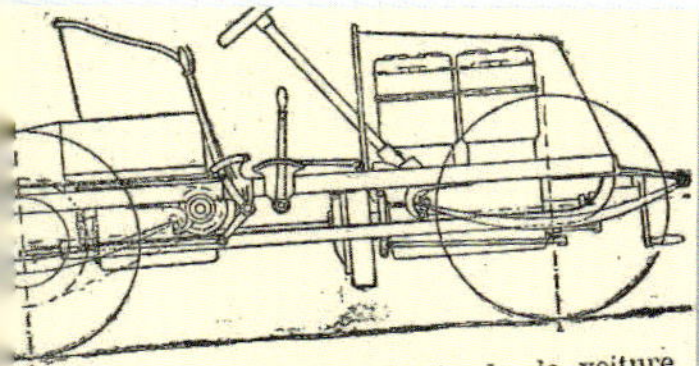

Vue en élévation du châssis de la voiture Rochet-Schneider.

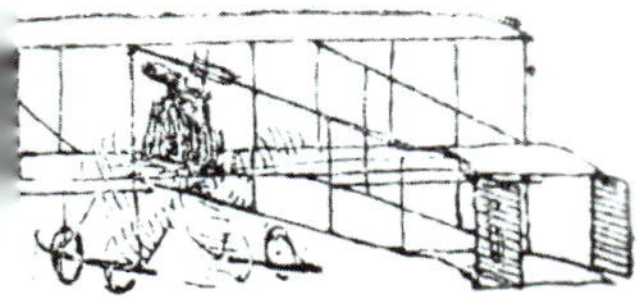

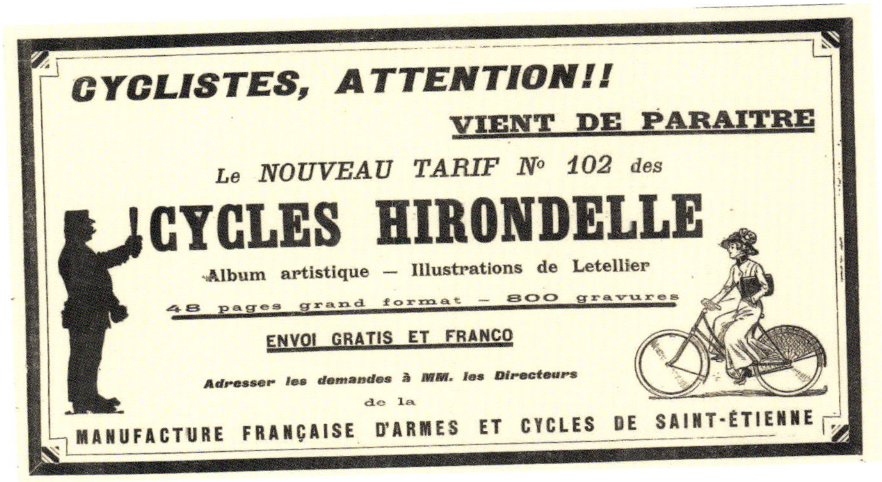

Société : le divorce est rétabli

Après une période d'interdiction qui remontait à 1816, le divorce est rétabli en 1884 : on en comptera 4 000 dans toute la France l'année suivante. L'Église, pas encore séparée de l'État, combat cette réforme pied à pied.

Le Code Napoléon, formidable retour en arrière par rapport à la loi antérieure sur le mariage, qui avait institué dès 1792 un mariage civil et un divorce par consentement mutuel, fait depuis 1804 de la femme mariée une véritable enfant.

Sortie de la mairie, la voici soudain dépourvue de toute capacité juridique : sans l'autorisation de son mari, elle ne peut plus ni percevoir de salaire, ni ouvrir un compte en banque, ni signer un contrat, ni vendre ou acheter un bien…

Il faudra attendre 1893 pour que la divorcée recouvre l'intégralité de ses droits et capacités juridiques, mais deux ans seulement après le jugement de divorce. Il faudra patienter jusqu'en 1907 pour qu'une femme mariée puisse disposer librement de son salaire, et 1920 pour qu'elle puisse, sans l'aval de son conjoint, adhérer à un syndicat.

Par ses articles, favorables au sport féminin, à la pratique du vélo, par ses conseils d'hygiène, par son hostilité au corset, *Le Chasseur Français* va contribuer à la naissance d'une nouvelle condition féminine, plus moderne.

Deux frères sans relations, 28 et 30 ans, désirent se marier, profession libérale et commerçant. — Demander renseignements à Madame Dorbec, chez Madame Pruot, 33, rue Victor Hugo, Rouen.

L'ACTUALITÉ EN 1901

• Fondation du parti radical.

• Mort de la reine Victoria, qui régnait depuis 1837. Edouard VII lui succède.

• Aux États-Unis, Théodore « Teddy » Roosevelt devient président. Grand chasseur, il est aussi le créateur de plusieurs parcs nationaux.

L'ACTUALITÉ EN 1902

• L'ingénieur français Claude crée l'éclairage au néon.

• Le 29 septembre, mort d'Émile Zola.

L'ACTUALITÉ EN 1903

• Premier Tour de France cycliste.

• Premières manifestations des suffragettes en Angleterre.

• Premier vol motorisé des Américains Wilbur et Orville Wright : 284 m en 59 secondes.

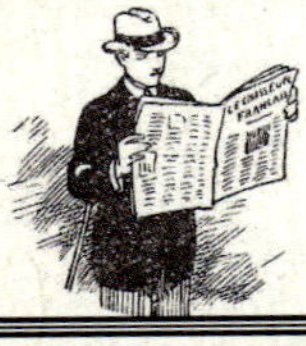

ANNONCES
1885-1904

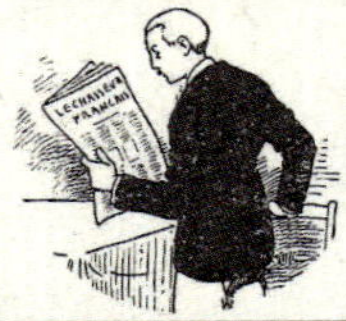

LES MOTS POUR LE DIRE

Enfant naturel : à une époque où la contraception est fort dépourvue de moyens, et les amours extraconjugales d'autant plus fréquentes que les mariages sont volontiers des arrangements économiques, l'enfant naturel s'invite souvent dans la vie des familles. Les gens fortunés confient alors ces enfants à des familles d'accueil rétribuées à cet effet, assez loin de leur domicile pour que l'affaire demeure discrète.

Espérances : terme qui désigne pudiquement la part d'héritage potentiel qui reviendra à la candidate ou au candidat au mariage après le décès de ses parents.

Tache : la notion de tache familiale, courante dans les annonces, désigne pudiquement tout événement considéré comme portant atteinte à l'honneur ou à la considération d'une famille. Au premier rang de ces taches, la perte de la virginité chez une jeune fille, ainsi évoquée à mots couverts. Une telle situation était volontiers jugée sévèrement dans les milieux croyants. Le contraire, en somme, de la chère honorabilité parfaite souvent requise et mise en avant.

☞ **Prise de la jeune fille**
Jeune homme très sérieux, fortuné, prendrait jeune fille aux goûts simples, sans fortune, ayant même tache. Joindre photographie. Belle résidence. Septembre 1896

☞ **Dame de compagnie ou institutrice**
Une dame veuve, parlant bien le français et l'allemand, désirerait une place d'institutrice ou de dame de compagnie dans une famille. Elle a déjà été dans ces conditions auprès d'une jeune fille américaine dont les parents ont voyagé plusieurs années en Europe. Novembre 1896 *(l'une des premières offres d'emploi féminines)*

☞ **Lyonnais intéressé**
Jeune homme, 26 ans, position commerciale de 3000 francs qui pourrait quadrupler par petit apport, épouserait demoiselle ou jeune veuve ayant dot. Lyon. Novembre 1896

☞ **Perle rare, disponible 15 jours**
On désire marier jeune fille, 19 ans, très bonne famille, grande, blonde, jolie, distinguée, tournure élégante, intelligente, gaie, aimable. Ecrire au bureau de Nantes. Pendant 15 jours. Décembre 1897

☞ **Enfant avec capital**
Sud-Ouest : ménage sans enfant, très honorable, élèverait et adopterait enfant naturel avec capital. Discrétion absolue. Décembre 1897

☞ **Si la photo est bonne**
Célibataire, 33 ans, sérieux, honorabilité parfaite, pouvant gagner 7000 francs annuellement, épouserait demoiselle ou veuve, habitant la Bretagne, ayant une petite propriété, quelques hectares ou une valeur de 6000 francs et voulant habiter la campagne. Envoyer photographie et écrire au journal. Novembre 1898

☞ **Fille ou veuve avec fortune**
Jeune homme, 40 ans, bien, bonne santé, ayant petit avoir, épouserait fille ou veuve sans enfant, ayant fortune. Novembre 1898

☞ **Vrai gentleman cherche sportive**
Gentleman, 34 ans, ancien officier de cavalerie, grand, blond, distingué, fortune modeste, gagne 4500 francs annuellement, épouserait jeune fille ou veuve, aimant campagne et sports. Sérieux. Octobre 1899

☞ **Alice cherche pays des merveilles**
Dame serait reconnaissante à qui lui indiquerait pays sain, climat doux, logement, vie à bon marché. Janvier 1900

☞ **Le graal de la fonction publique**
Parents marieraient jeune fille, 20 ans, dot 30000 francs, avec fonctionnaire, négociant ou industriel. Mars 1900

Revoir la Normandie
Institutrice, près du Havre, 38 ans, position 1 800 francs, recherche en mariage monsieur de 40 ans à 50 ans, ayant petite rente. Ecrire M. Jules, 1 rue de l'Hospice, Elbeuf. Mars 1900 *(une des premières annonces passées par une femme)*

Exploiteur cherche exploitante
Industriel célibataire, 35 ans, désire associée ou commanditaire, veuve ou demoiselle, 40 000 francs, pour exploiter industries brevetées. Avril 1900 *(tout nouveau : homme cherche associée féminine pour business)*

Vantardise
Monsieur, 32 ans, distingué, très belle situation, épouserait demoiselle ou veuve ayant fortune. Bonheur assuré. Avril 1900

Ne pas confondre…
Demoiselle 38 ans, riche, distinguée, aimable, grand cœur, très casanière, n'aimant pas beaucoup le monde, désirerait prendre comme pensionnaire un monsieur âgé, riche, absolument sans famille, désirant s'assurer une vieillesse heureuse, toute de dévouement. Surtout ne pas confondre avec un ménage. Ecrire au journal. Mai 1900

Plutôt belle et riche
Jeune homme 34 ans, beau garçon, revenu 7 000 francs, belle habitation, épouserait demoiselle ou veuve, fortune équivalente, jolie, aimant campagne. Tolérerait tache. Sérieux. Mai 1900

Citoyen du monde
Monsieur honnête désire correspondre, connaître personnes honorables, toutes villes et pays. Poste restante, Bordeaux. Décembre 1900

Cherche maîtresse femme
Demande jeune homme 23 ans, bien-exerçant propriétaire, désire mariage avec demoiselle capable de commander une servante de campagne. Janvier 1901

Cheftaine
Monsieur, 38 ans, propriétaire près de Toulouse, 70 000, épouserait demoiselle, veuve, apport 12 000 francs minimum, pouvant commander à servante, occupation basse-cour, volaille, etc. Tolérerait tache. Juin 1901

Chasseur récompense rabatteur
Indiquez grande, jolie, belle brune, vingt ans environ, goûts simples, rustiques, aimant chasse, y allant, femme d'intérieur, orpheline comme moi, dot 5 000 à 20 000 francs de rentes. Pour récompense : fusil 500 francs au choix. Ecrire au journal. Septembre 1901

Cherche assistante au poulailler
Jeune homme, 30 ans, bien, dirigeant près Rouen exploitation d'aviculture, désire épouser jeune fille pour le seconder. Juin 1902

Terni cherche lustre
Monsieur, 45 ans, très honorable, distingué, autrefois brillante situation, 2 enfants fortuné, épouserait dame très riche. Juin 1902

Façon Libé avant l'heure
Marinette ! Quel dommage, vraiment. Prière de donner indications pour répondre plus longuement lettre personnelle. Ecrire au journal. Octobre 1902

Pas de temps à perdre
Jeune homme, 17 ans, désirerait correspondre avec jeune fille du même âge. Octobre 1902

Dom Juan
Fonctionnaire, 30 ans, dans les Deux-Sèvres, traitement 4 000 francs, plus dot 150 000 francs et espérances doubles, épouserait jeune fille ayant dot et très femme de ménage. Octobre 1902

Mini-marquis
Absolument sérieux : marquis, grand nom historique, 30 ans, épouserait demoiselle ou veuve ayant grande fortune. Décembre 1902

Initiative féminine
Demoiselle, 35 ans, 45 000 francs, épouserait militaire ou fonctionnaire. Janvier 1903

Tir groupé
Officier supérieur retraité désirerait marier nièce 22 ans et belle-sœur veuve, 29 ans, toutes deux très belle dot, avec officiers, fonctionnaires ou profession aisée. Janvier 1903

Même âgé, même loin
Jeune fille sérieuse, sans fortune, très gentille, brune, 20 ans, famille noble, épouserait monsieur, même âgé, habitant France ou colonies. Février 1903

Triste
On trouverait hors frontières famille pour enfant naturel ou autre. Apprendrait français, allemand, anglais, musique, peinture. Février 1903

Curieusement tourné
Mariage. Garçon, 42 ans, cultivateur, 600 francs, revenu 10 000 francs, argent, désire fille position quelconque irait. Conduite absolue. Choix. Février 1903

Novatrice
Jolie jeune fille ayant maison de campagne, beau pays de chasse et de pêche, épouserait monsieur bon chrétien possédant quelques rentes. Mars 1903

Se créer intérieur
Demoiselle, 32 ans, bonne famille, catholique, petit avoir, épouserait veuf même avec enfant, même monsieur âgé, petite situation, pour se créer intérieur. Mars 1903

Sans sou, mais sans voracité
Célibataire 35 ans, sans fortune, épouserait jeune fille sérieuse et gentille, de 20 à 25 ans. Mars 1903

Premières promesses de bonheur
Jeune homme, 25 ans, sérieux, caractère doux, instruit, sur le point d'obtenir belle situation, désire mariage jeune fille de campagne ayant dot. Assure vie heureuse et agréable. Juin 1903

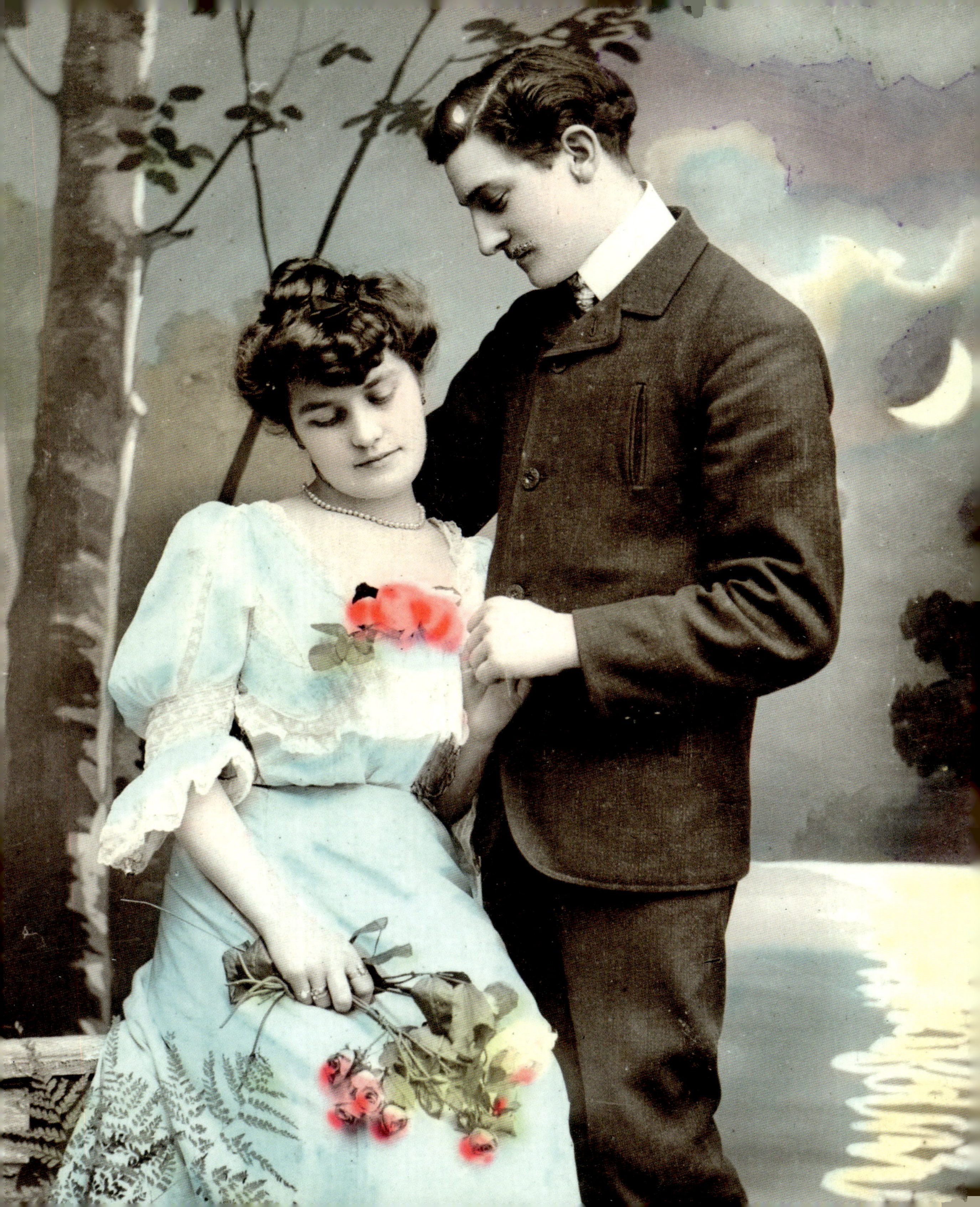

1904-1914

LA BELLE ÉPOQUE

☛ Jeune fille charmante,
dotée, épouserait médecin,
clientèle merveilleuse autour d'elle.
septembre 1913

LES DÉLICES FUGACES DE LA BELLE ÉPOQUE

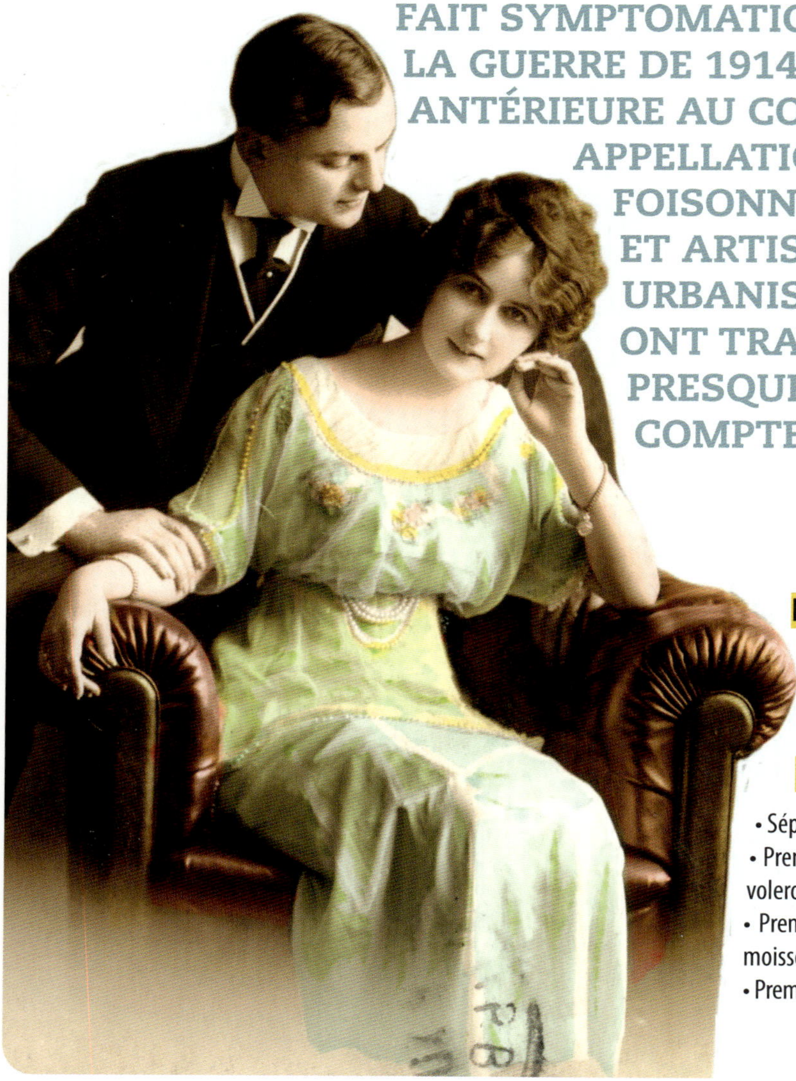

FAIT SYMPTOMATIQUE, CE N'EST QU'APRÈS LA GUERRE DE 1914 QUE LA PÉRIODE ANTÉRIEURE AU CONFLIT PRENDRA SON APPELLATION DE « BELLE ÉPOQUE ». FOISONNEMENT TECHNIQUE ET ARTISTIQUE, CROISSANCE, URBANISATION… LES FRANÇAIS ONT TRAVERSÉ CET ÂGE D'OR PRESQUE SANS S'EN RENDRE COMPTE.

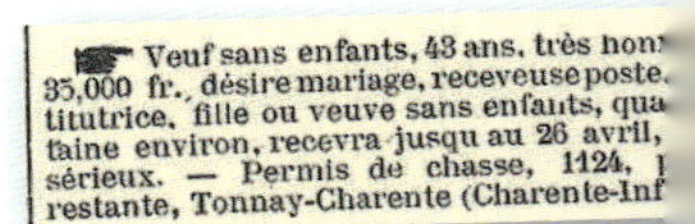

Veuf sans enfants, 43 ans, très hon
35,000 fr., désire mariage, receveuse poste,
titutrice, fille ou veuve sans enfants, qua
taine environ, recevra jusqu au 26 avril,
sérieux. — Permis de chasse, 1124,
restante, Tonnay-Charente (Charente-Inf

L'ACTUALITÉ EN 1904

- Création de l'aide à l'enfance.
- La loi autorise le mariage de l'adultère avec son complice et règle le sort des enfants adultérins.

L'ACTUALITÉ EN 1905

- Séparation de l'Église et de l'État.
- Premier vol contrôlé des frères Wright aux États-Unis ; ils voleront aussi en France.
- Première apparition d'une prise de force actionnant une moissonneuse-lieuse sur le tracteur français Gougis.
- Première expérience de moissonnage-battage, en Mayenne.

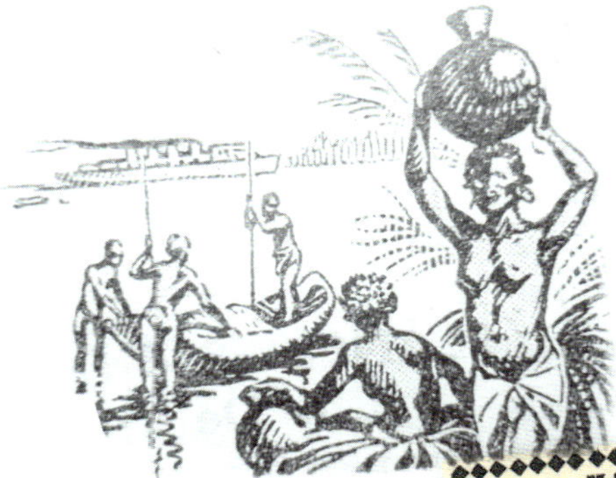

LES PETITES ANNONCES

COULEUR CAFÉ

Européen riche, bien, désire mariage avec jeune fille de couleur, très riche, gentille, bien élevée. Avril 1905

EN DUO

Jeunes filles bien élevées, jolies, brunes, sans tare, 26, 23, beau talent faisant vivre peinture, piano, épouseraient ouvriers sérieux, employés. Octobre 1905

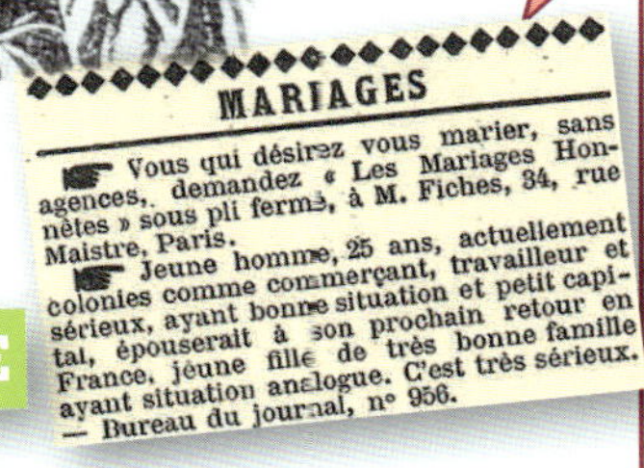

MARIAGES

Vous qui désirez vous marier, sans agences, demandez « Les Mariages Honnêtes » sous pli fermé, à M. Fiches, 34, rue Maistre, Paris.

Jeune homme, 25 ans, actuellement colonies comme commerçant, travailleur et sérieux, ayant bonne situation et petit capital, épouserait à son prochain retour en France, jeune fille de très bonne famille ayant situation analogue. C'est très sérieux. — Bureau du journal, n° 956.

UNE PÉRIODE ENTHOUSIASMANTE

« Le monde a plus changé entre 1880 et 1914 que depuis les Romains », écrira Charles Péguy, avec une lucidité qui ne le protégera pas des balles allemandes : il sera, le 5 septembre 1914, en pantalon garance et vareuse bleu nuit, l'un des premiers officiers français tués au cours de ce qui n'était pas encore la Grande Guerre. Mais avant le déclenchement du massacre, qui verra d'ailleurs *Le Chasseur Français* interrompre sa parution en septembre 1914 pour ne renaître qu'en 1919, l'Occident vit une période extraordinairement enthousiasmante. Le monde passe à la vitesse supérieure, et la France dispute encore la course en tête dans le peloton des nations, dans tous les domaines.

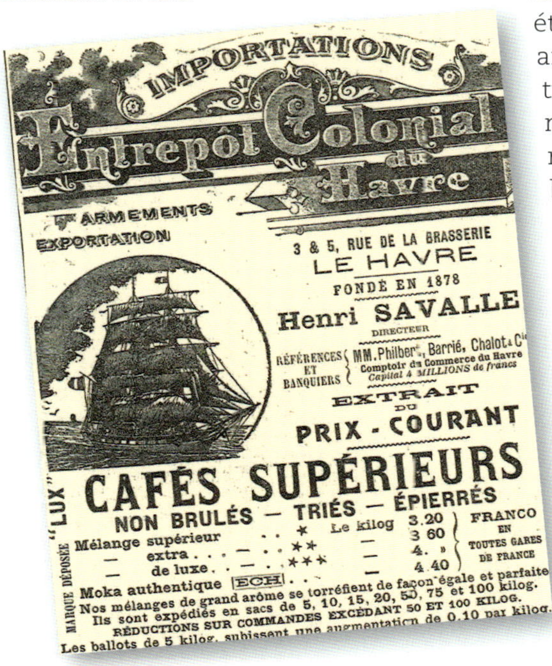

La République est maintenant solidement établie, et si entre dreyfusards, de gauche, et antidreyfusards, de droite, les Français s'invectivent et se déchirent, les nostalgiques de la monarchie ont manifestement perdu du terrain : la « Gueuse », comme ils l'appellent, est bien là. Les journaux, imprimés et distribués en masse, nourrissent des débats qui passionnent le village gaulois, comme celui qui aboutit, en 1905, à la séparation de l'Église et de l'État.

Appuyée par la gauche, combattue par la droite, la colonisation bat son plein : de l'autre côté de la Méditerranée, on fait « suer le burnous », tandis que les colonies asiatiques se couvrent d'hévéas : il faut bien produire le caoutchouc indispensable à l'industrie et aux pneus, qui chaussent des automobiles toujours plus nombreuses.

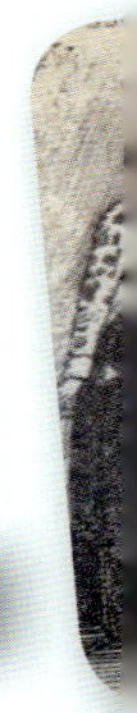

La France s'urbanise

En 1914, la population métropolitaine vit pour moitié en ville. Paris a beaucoup grandi : 45 hectares ont été rasés en son centre pour laisser place aux grands boulevards : elle est devenue la Ville Lumière ! L'éclairage électrique, inventé en 1879 par Edison, remplace les becs de gaz, en attendant les premiers néons, nés en 1902, en France. La ligne 1 du métro, toute neuve, traverse la ville.

Paris compte son million d'ouvriers, qui travaillent dans 100 000 entreprises. Depuis 1906, le jour de congé hebdomadaire est institué, la journée de travail diminue. Les dimanches d'été, en route pour les guinguettes des bords de la Seine ou de la Marne, pour des parties de canotage. On va au Luna Park, cet ancêtre du parc de loisirs, ouvert en 1900 face au pont de l'Alma.

☛ **Messieurs honorables, riches, qui désirent se marier, en faisant belles alliances dans noblesse, doivent écrire Permis de Chasse, n° 2984, poste restante, Tarbes. Aucune gratification. Rien des agences. Marquis philantrope.**

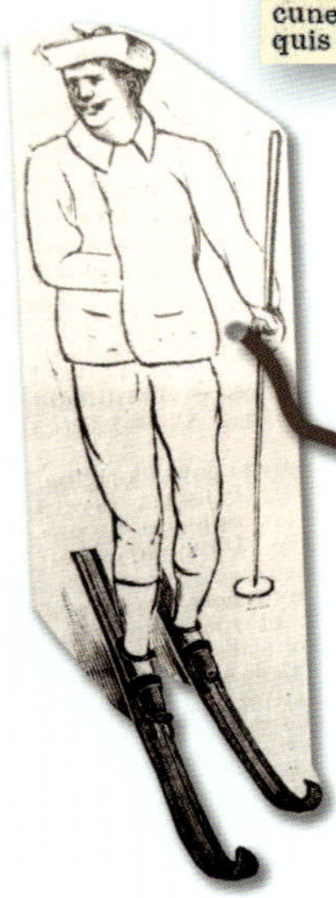

Combien ça coûte en 1914 ?
1 franc de 1914 vaudrait aujourd'hui environ 3,33 €

DES SKIS DE 2,2 M AVEC FIXATIONS
20,50 F

PROSPÉRITÉ ET MONDIALISATION CULTURELLE

C'est pour la France une période de prospérité économique et de développement : la construction industrielle en série contribue à la hausse du niveau de vie.

Les riches citadins édifient des hôtels particuliers : l'été, ils migrent à la mer, et partent occuper en famille leur villa de Biarritz, de Deauville, de Dinard ou d'Arcachon. À Vichy, on prend les eaux. Le soleil n'est pas encore à la mode, et la Côte d'Azur attire surtout des Anglais.

Dans le domaine artistique, une école nouvelle qui célèbre les formes souples et les volutes de la nature s'épanouit simultanément dans le monde entier. L'Art nouveau touche toutes les formes d'expression : peinture, sculpture, graphisme, architecture, bijouterie, arts de la table, décoration. Les bouches du Métropolitain, signées Hector Guimard, en sont un flamboyant témoignage.

Distraction novatrice et fascinante, le cinéma se développe à grande vitesse : entre 1900 et 1913, cent soixante-quinze salles ouvrent à Paris, où l'on se délecte de films muets au son du piano ou de l'orgue d'accompagnement.

L'ACTUALITÉ EN 1906

- Armand Fallières succède à Émile Loubet à l'Élysée.
- Le député libéral Paul Dussaussoy échoue à faire adopter une loi sur le vote des femmes.
- Le couturier Paul Poiret supprime le corset dans sa collection.
- Marie Curie devient la première femme professeur à la Sorbonne.

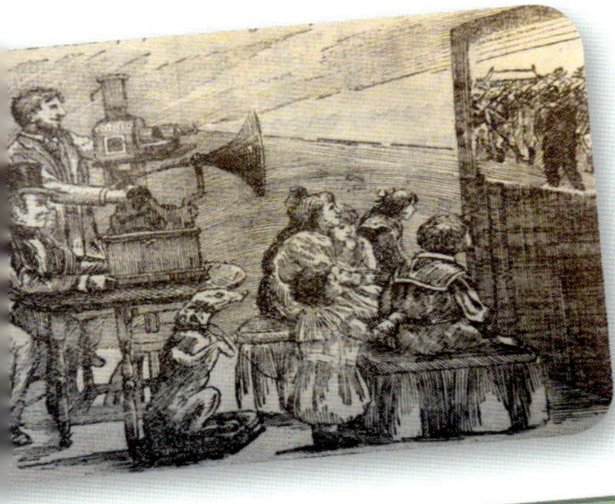

Combien ça coûte en 1914 ?
1 franc de 1914 vaudrait aujourd'hui environ 3,33 €

UNE MACHINE À COUDRE OMNIA DE BASE
85 F

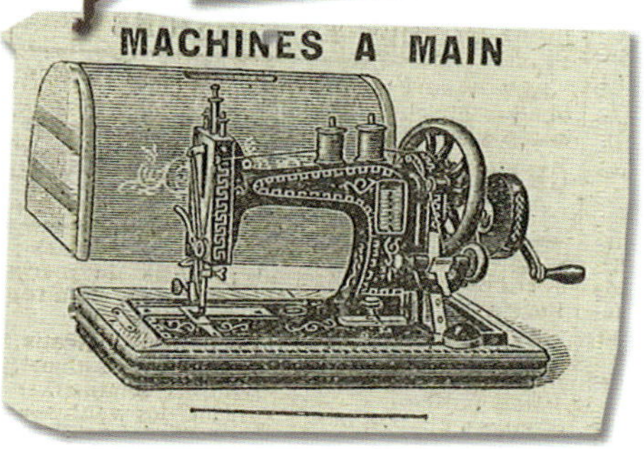

Le monde est épris de gigantisme et de vitesse : d'immenses bâtiments de verre et d'acier jaillissent du sol, comme le Grand Palais. On pose des câbles sous les mers pour se parler de continent à continent. L'Allemagne, l'Angleterre et la France rivalisent de luxueux paquebots qui poussent leurs machines à fond pour décrocher coûte que coûte le prestigieux Ruban bleu, trophée de la plus courte traversée transatlantique. En 1912, le *Titanic* sera la plus illustre victime de ce culte nouveau, et l'un des premiers sujets d'interrogation sur le sens du progrès : *Le Chasseur Français* propose alors à ses lecteurs des montres à aiguilles lumineuses garnies de véritable radium, qui déclencheraient assurément aujourd'hui un début d'alerte atomique.

LES PETITES ANNONCES

PIANISTE

Jolie brune, 25 ans, petite dot, joli talent pianiste faisant vivre, épouserait ouvrier sérieux, employé, fonctionnaire.
Mars 1906

DONNANT DONNANT

Garçon indigent, 23 ans, désire épouser fille indigente, même ayant taches, 25 ans au plus.
Septembre 1906

L'AMOUR ARRIVE

Fonctionnaire veuf, jeune, honorable, affectueux, caressant, délicat, bon, sincère, épouserait par amour femme d'intérieur, mêmes qualités, ayant grâce, distinction, jolie chevelure, gentille voix. Brevet ou revenus. Pas abstenir par délicatesse exagérée.
Janvier 1907 *(pour la première fois, le mot « amour » paraît dans une annonce où il est vraiment question d'une relation amoureuse)*

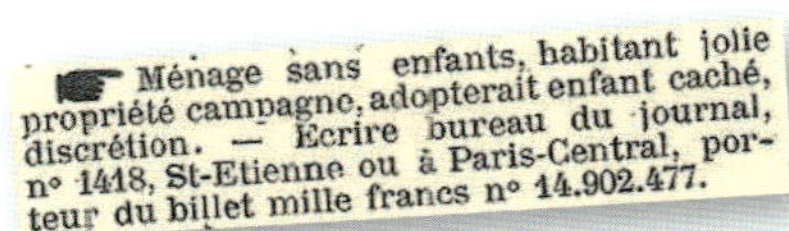
☛ Ménage sans enfants, habitant jolie propriété campagne, adopterait enfant caché, discrétion. — Ecrire bureau du journal, n° 1418, St-Etienne ou à Paris-Central, porteur du billet mille francs n° 14.902.477.

L'ACTUALITÉ EN 1907

- Révolte des viticulteurs de Montpellier, rejoints par la troupe.
- Picasso présente ses *Demoiselles d'Avignon*, fondatrices du cubisme.
- Les femmes mariées peuvent disposer librement de leur salaire.

LES PETITES ANNONCES

MÊME ÉTRANGÈRE… MAIS FORTUNÉE !

Monsieur titré comte, physique bien, moralité et honorabilité parfaites, belle situation, pas exigeant, désire se marier avec demoiselle, veuve ou divorcée âge de 35 à 48 ans, ayant fortune. Epouserait même dame puissance étrangère fortunée.

Octobre 1907

VIEUX COMTE

Comte, 49 ans, très bien, 8 000 francs de revenus, épouserait jeune fille ou veuve sans enfants de 24 à 32 ans, grande, forte, jolie, santé, honorabilité, photographie.

Juillet 1909

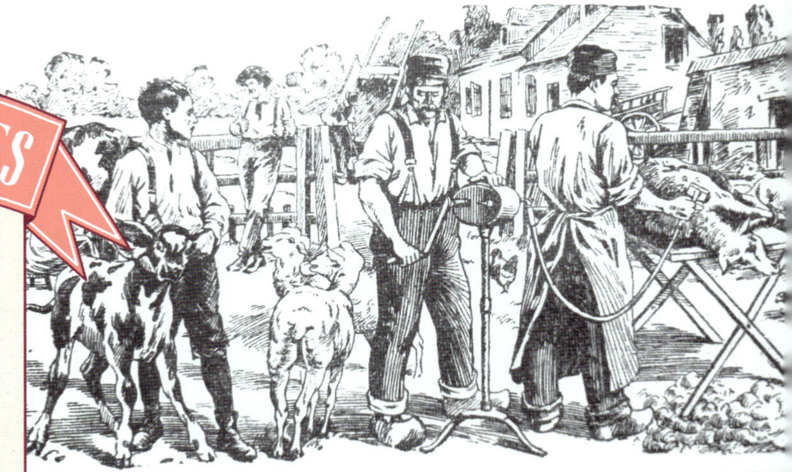

Jeune homme, 30 ans, très bonnes références, désire mariage avec demoiselle ayant petite dot. — S'adresser aux initiales L. F., poste restante, Saint-Philbert de Grandlieu (Loire-Inférieure).

LA FRANCE CONFIANTE ET FORTE

Toujours plus gros et plus puissants, avions et hydravions prennent le ciel d'assaut. Encore un domaine où les Français, Farman, Breguet, Blériot, Voisin ou Deperdussin, se disputent les trophées, coupe aéronautique Gordon Bennett ou coupe Schneider.

Dans les campagnes, la mécanisation progresse, plus lentement en France qu'ailleurs, mais elle progresse : les exploitations sont trop morcelées pour que les agriculteurs puissent consentir au gros investissement que réclament les nouvelles machines, mais on voit se développer les coopératives, qui les mutualisent et répandent des engrais ou des traitements chimiques nouveaux contre les insectes et les maladies. La sélection et la génétique naissante permettent

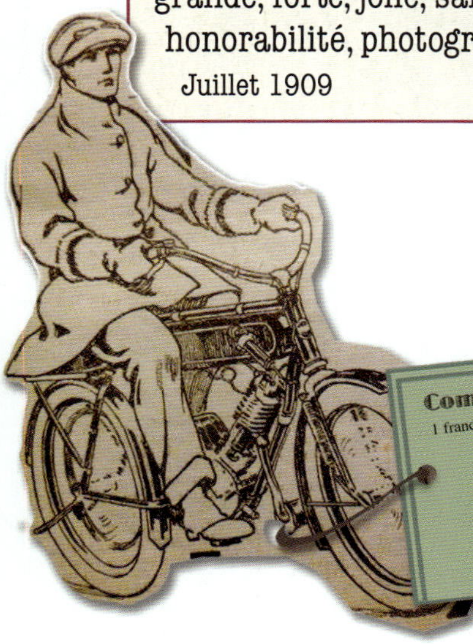

Combien ça coûte en 1914 ?
1 franc de 1914 vaudrait aujourd'hui environ 3,33 €

UNE MOTO RUPTA 2,5 CH
785 F

L'ACTUALITÉ EN 1908

- Le salon de l'Auto de Paris accueille pour la première fois des avions.

Vous qui désirez vous marier, sans agences, demandez « Les Mariages Honnêtes » sous pli fermé, à M. Fiches, 34, rue Maistre, Paris.

Combien ça coûte en 1914 ?
1 franc de 1914 vaudrait aujourd'hui environ 3,33 €

UN PHONOGRAPHE DE LUXE GRAND PAVILLON
69 F

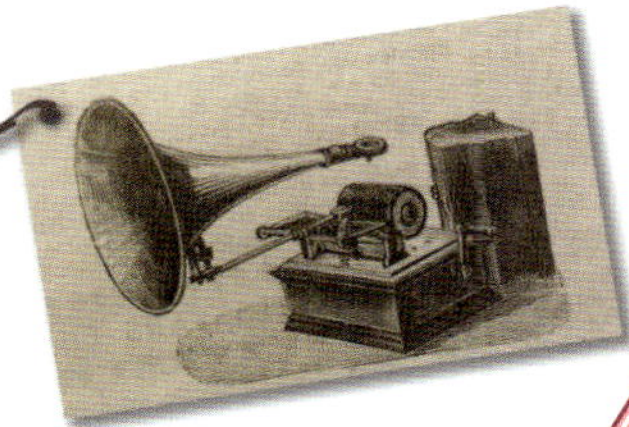

de multiplier les rendements. Les lumières de la ville séduisent, l'exode rural s'accélère.
Les nouvelles techniques se combinent et se potentialisent, accélérant la cadence dans tous les domaines. La France est alors à la pointe de ces progrès et de ces recherches. En août 1914, elle se sent confiante et forte. La guerre ? Ce sera une formalité. Quelques semaines aux champs, la fleur au fusil.

LES PETITES ANNONCES

CURÉ TRANSATLANTIQUE
Abbé faciliterait mariage américaines millionnaires avec titrés. Ecrire au journal.
Novembre 1909

BELLE OU RICHE ?
Jeune homme belge, 36 ans, 20 000 francs, épouserait demoiselle de 18 à 30 ans, jolie ou fortunée. Décembre 1909

APPELLATION
Un comte, de grande famille authentique, vieux garçon, adopterait jeune homme qui aurait besoin d'un nom pour se marier. Octobre 1910

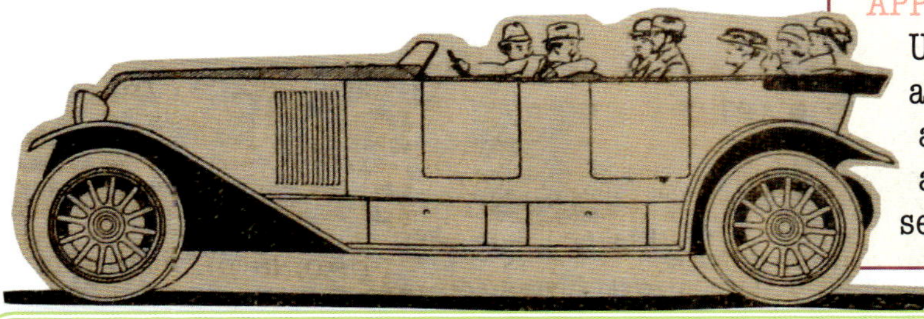

La France numéro un mondial de l'automobile

Premier constructeur mondial, la France produit 100 000 automobiles par an en 1914. En 1899, les 100 kilomètres à l'heure ont été atteints par une voiture électrique belge. Les constructeurs tricolores, Chenard & Walcker, Panhard et Levassor, Turcat-Méry, Mors, Lorraine-Dietrich, Delahaye, Delage, Renault, Peugeot… et tant d'autres, rivalisent d'ingéniosité et de stratégies marketing pour étendre leur clientèle.

La bourgeoisie industrielle prend le pas sur l'aristocratie terrienne. De nouvelles dynasties s'imposent : Schneider au Creusot, De Wendel en Lorraine, Louis Renault, Peugeot, Michelin… L'industrie change d'échelle. Dans des usines de plus en plus grandes se multiplient les machines-outils perfectionnées, électriques, qui autorisent des cadences rapides, des ajustements de qualité : le travail à la chaîne induit des baisses de prix pour les produits manufacturés. L'économie, financée hier encore par les seules banques d'affaires, bénéficie du développement de la Bourse, où s'échangent actions et obligations, dans lesquelles les épargnants placent leur argent, collecté par les nouvelles banques de dépôt, Crédit industriel et commercial, Crédit lyonnais et Société générale, pour ne citer que ces doyennes. La société anonyme, forme d'entreprise créée en 1867, draine maintenant efficacement l'épargne vers l'économie.

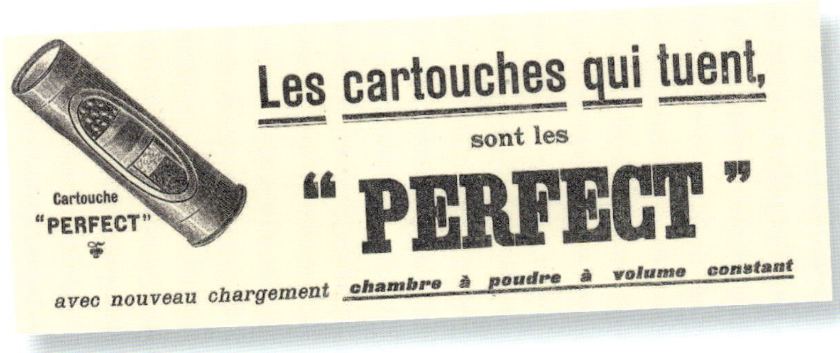

Bruits de bottes...

En janvier 1914, *Le Chasseur Français* fait la publicité de la carabine de loisirs Buffalo-Lebel, réplique à moindre échelle du fusil que les poilus vont bientôt pointer vers les Mauser allemands. Manifestement, nul ne voit encore la guerre autrement que comme une promenade de santé.

Le 5 janvier 1913, un aviateur français a, pour la première fois, laissé tomber sur la localité turque de Janina des projectiles qui ont incendié une caserne et jeté l'effroi parmi les soldats turcs. « Voilà l'aéroplane qui s'est affirmé, définitivement cette fois, comme un engin de guerre effectif », écrit le spécialiste aéronautique du *Chasseur.*

Pendant ce temps, l'armée allemande reçoit le premier d'une série de 20 zeppelins de 150 mètres de long, qui volent à 82 kilomètres à l'heure jusqu'à 2000 mètres d'altitude, capables de tenir l'air quatre jours en emportant 800 kilos d'armes, et de tirer avec précision, en vol stationnaire. Mais le dirigeable est jugé, à juste titre, vulnérable et cher. Il coûte 2 millions de francs, alors qu'un avion français vaut de 25 000 à 30 000 francs : 20 zeppelins équivalent donc à environ 1 500 avions.

En juillet 1913 paraît ce prophétique article sur « ce qu'il faut de balles pour tuer un soldat ». Un général allemand a calculé qu'à la bataille de Port-Arthur, pendant la guerre russo-japonaise, il a fallu aux Japonais 15,1 coups de canon et 3300 cartouches de fusil pour tuer chaque Russe. À l'inverse, les Russes ont tiré 10,5 coups de canon et 214 cartouches en moyenne pour chaque Japonais tué. « Pour écrabouiller un seul Russe, les Japonais ont été obligés de dépenser 1 000 kilos d'acier et de plomb passant par l'âme du canon et environ 32 kilos de plomb sous forme de cartouches d'infanterie. Au prix où est le beurre, c'est un peu cher, et les deux ennemis auraient mieux fait de s'entendre au lieu de se mettre réciproquement un peu de plomb dans la tête. »

En janvier 1914, il est constaté, d'après le budget militaire, qu'il y a 169 officiers et 200 sous-officiers dans l'aéronautique militaire française, pilotes de dirigeable compris, contre 629 pilotes brevetés dans l'armée de l'air allemande. C'est le moment d'ouvrir l'œil, conclut l'auteur. En effet...

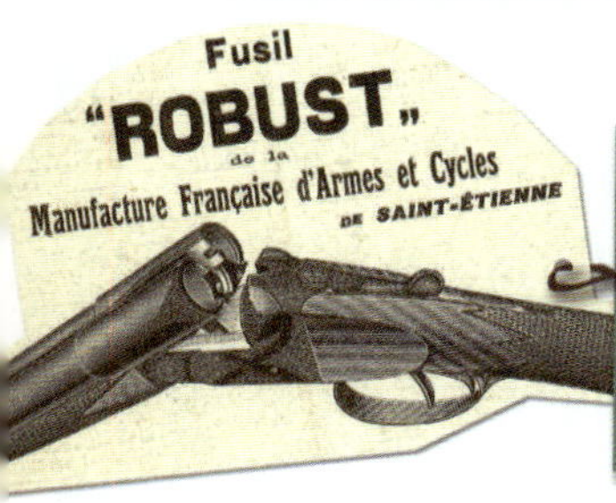

Combien ça coûte en 1914 ?

1 franc de 1914 vaudrait aujourd'hui environ 3,33 €

UN FUSIL ROBUST

95 F

L'ACTUALITÉ EN 1909

- Le 25 juillet, Blériot traverse la Manche avec un monomoteur de 25 ch.
- Apparition de la première moissonneuse automotrice Holt à essence en Californie (Holt deviendra Caterpillar).
- Création d'un congé de maternité de 8 semaines sans rupture du contrat de travail.

PORTEZ LA CULOTTE HARDIMENT, MESDAMES !

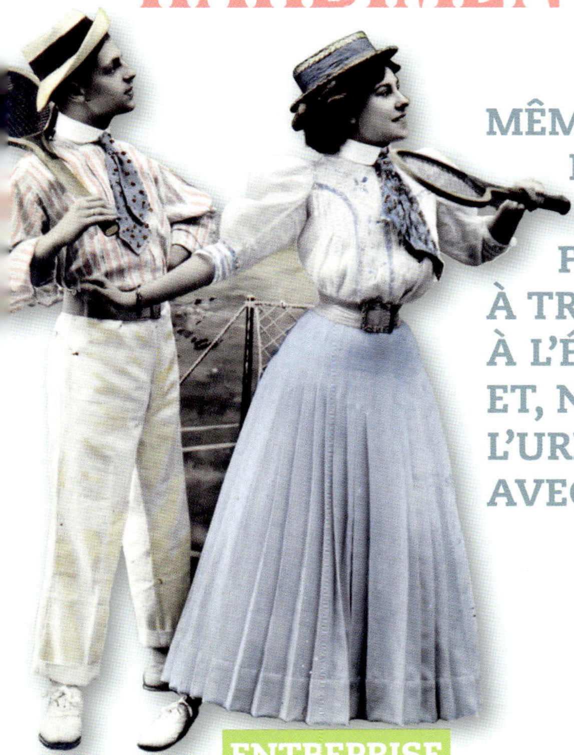

MÊME SI TOUT EST ENCORE LOIN D'ÊTRE ROSE, LA CONDITION FÉMININE ÉVOLUE, AU RYTHME FOU DE LA BELLE ÉPOQUE : À TRAVERS LE SPORT, AU VOLANT, À L'ÉCOLE, LES FEMMES S'AFFIRMENT, ET, NOTAMMENT SOUS L'EFFET DE L'URBANISATION, LEURS RAPPORTS AVEC LES HOMMES CHANGENT.

ENTREPRISE DE LONGUE HALEINE

Signe extérieur d'un mode de vie en pleine mutation, la tenue des femmes se modernise. Il était temps. Entreprenons de déshabiller une élégante de 1900 : c'est une entreprise de longue haleine. Sous la robe, très longue, à manches bouffantes, un jupon. En haut, un cache-corset. Sous le jupon est accrochée la tournure, qui confère aux fessiers — même aux plus plats — une illusion d'ampleur, d'où son appellation de « faux-cul ».
À même la peau, un pantalon de toile fine, légèrement bouffant, bordé de dentelles. Sous le cache-corset, le corset, bien sûr, ou la guêpière, serrés par des lacets, armés de baleines. Et parce que cette pièce maîtresse des dessous est difficile à laver, Madame la porte sur une chemise. Soit au bas mot quatre couches de tissus : froufrous, froufrous !
Ajoutez à cette tenue les gants, l'éventail, l'ombrelle pour garder la peau blanche, car le bronzage est la marque des pauvresses, et les bottines lacées, et voilà un cérémonial qui prend, a minima, une demi-heure.

« V. Fais en sorte que de temps en temps, mais pas trop souvent, ton mari ait le dernier mot, cela lui fera plaisir et ne te nuira pas.
« VI. Lis tout le journal, et non seulement les histoires à scandale. Ton mari sera content de s'entretenir avec toi sur les événements du jour et même sur la politique.

LES PETITES ANNONCES

EXPERTE ÈS ENFANTS

Demoiselle 36 ans, sage-femme, belle clientèle, désire mariage avec personne sérieuse.
Septembre 1905

CHARMANT PROGRAMME

Célibataire 43 ans, honnête famille, un peu rhumatisant, propriétaire, désirerait mariage avec demoiselle ou dame veuve sans enfant, même maladie, partagerait souffrances, rentière ou propriétaire dans pays giboyeux. Septembre 1905

DROIT AU BUT

Rentier désire fortunée.
Septembre 1905

Combien ça coûte en 1914 ?
1 franc de 1914 vaudrait aujourd'hui environ 3,33 €

UNE MAISON DE 15 PIÈCES À MEAUX SUR 8 000 M² DE TERRAIN
28 000 F

LE COQUET MARTYROLOGUE

À partir de 1900, progressivement, ce cérémonial s'allège. La tournure disparaît. Les manches se font plus proches du corps. Le couturier avant-gardiste Paul Poiret bannit le corset en 1906. Ouf! On respire. La robe raccourcit, la ligne se rapproche de la vérité des corps. *Le Chasseur Français* applaudit: « Nos élégantes parisiennes ne paraissent plus aussi convaincues qu'il faille absolument souffrir pour être belles », écrit-il en janvier 1901. Et de rappeler le calvaire des filles du temps de Charlemagne, qui « s'espatrouillaient si étroitement pour paraître plus minces qu'elles ne pouvaient souffler [...] Il serait long à détailler, ce coquet martyrologue des belles. Quand donc comprendront-elles que la figure n'est jamais si plaisante et si gracieuse que lorsque aucune souffrance ni gêne ne viennent tirer les traits et raidir les attitudes. » Et l'auteur de détailler les méfaits du corset: excoriations, gêne de la circulation, aplatissement et froissement des seins. « Après dix ou quinze ans de passivité absolue des muscles pectoraux, ce sera la débandade la plus complète. Si, dès l'âge le plus tendre, la femme exerce ses muscles, elle n'aura pas besoin plus tard de les remplacer par des baleines. Elle considérera le corset comme un instrument aussi inutile que barbare et indigne de femmes intelligentes et libérées [le mot est lâché en 1900]. Personne n'admirerait la Vénus de Milo si elle eut été faite d'après une femme déformée par un corset. »

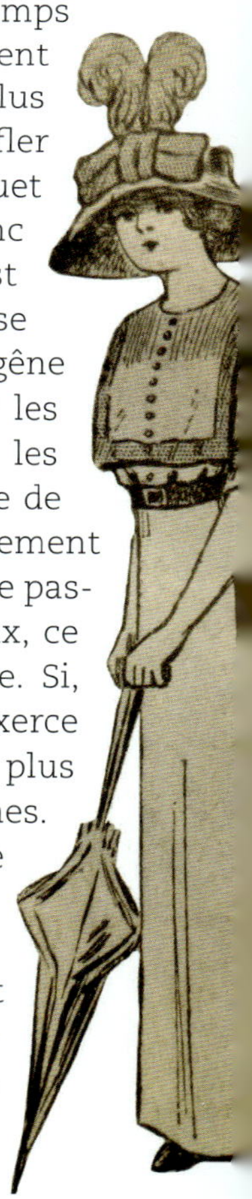

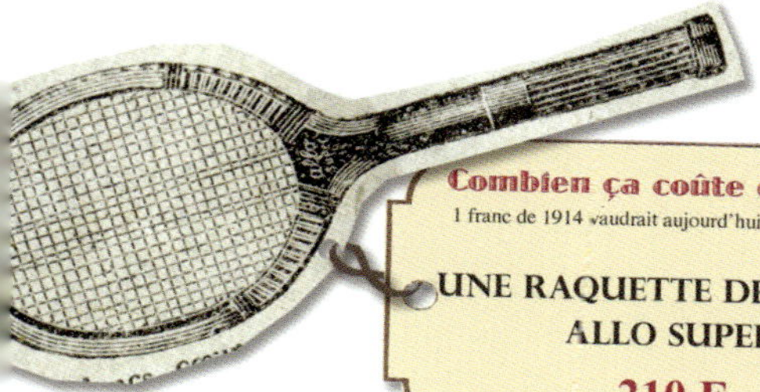

Combien ça coûte en 1914 ?
1 franc de 1914 vaudrait aujourd'hui environ 3,33 €

UNE RAQUETTE DE MATCH ALLO SUPER
210 F

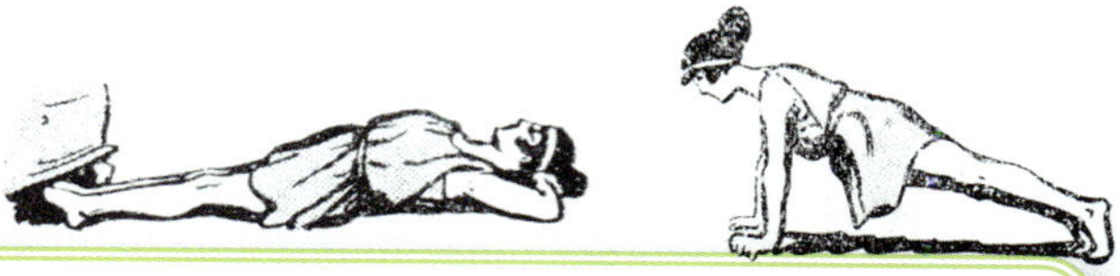

Et tant pis pour monsieur de Coubertin !

La pratique féminine du sport, nouvelle elle aussi, accélère le changement. Le *Chasseur* encourage cette évolution, contrairement à Pierre de Coubertin, ce vieux misogyne, qui tentera, mais en vain, d'exclure les femmes de l'olympisme renaissant : en 1900, aux jeux de Paris, il y aura tout de même 22 athlètes féminines sur 997 concurrents. Un début…

En 1912, Suzanne Lenglen devient à 13 ans la première star mondiale du tennis.

Si le principe de l'usage féminin d'une bicyclette paraît maintenant acquis, la tenue vestimentaire idoine continue de faire débat. En août 1899 paraissent ces lignes : « Sans vous préoccuper de quelques criailleries, portez hardiment la culotte, Mesdames, lorsque vous possédez le galbe voulu pour cela. »

En janvier 1900, avec la première publicité pour la vente de skis, est publié un vibrant plaidoyer pour le sport féminin : « […] l'exercice physique est une nécessité imposée par la nature, et tous les gens sensés commencent à s'en rendre compte. Il serait parfaitement égoïste et maladroit que l'homme ne fit pas profiter sa compagne des avantages qui résultent de la pratique des sports. Car en somme, le sort des générations futures dépend aussi en grande part de la bonne santé et de la belle conformation de la femme que celle de l'homme… Et dire qu'il en est encore qui se révoltent à l'idée de voir des jeunes filles faire de la gymnastique, monter à bicyclette, jouer au tennis, tirer de l'aviron… »

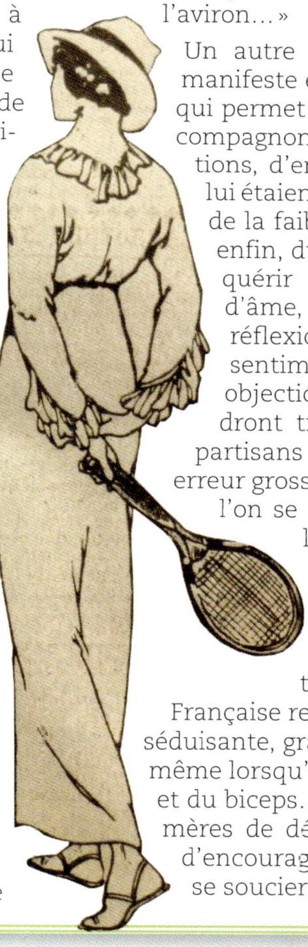

Un autre auteur, toujours en 1900, manifeste en faveur du sport féminin, qui permet à la femme « de suivre son compagnon dans toutes ses pérégrinations, d'embrasser des carrières qui lui étaient jusque-là fermées à cause de la faiblesse de sa complexion, et enfin, du point de vue moral, d'acquérir une plus grande fermeté d'âme, moins de nervosité et d'irréflexion dans l'expression des sentiments. Je prévois la grande objection : nos compagnes deviendront trop masculines, disent les partisans du statu quo. C'est une erreur grossière. Elle provient de ce que l'on se figure que les Anglaises et les Américaines, qui, pour la plupart, sont dépourvues de grâce féminine, doivent leurs manières et leur aspect à la pratique du sport […] Non, la Française restera française c'est-à-dire séduisante, gracieuse, femme en un mot, même lorsqu'elle aura acquis de la santé et du biceps… » Et de recommander aux mères de désemmailloter les bébés et d'encourager les fillettes à jouer sans se soucier de salir leur robe…

L'ACTUALITÉ EN 1910

- Inventeur prolixe, l'ingénieur Georges Claude crée l'éclairage au néon, future star de la publicité.
- On circule en barque dans Paris inondé.
- La cotisation aux retraites ouvrière et agricole devient obligatoire.
- Invention du TNT.
- Quatre femmes détiennent un brevet de pilote d'avion en France (sur 110 pilotes).

☛ Jeune dame bonne famille connaissant les chevaux, monte amazone et américaine, conduit tandem mail, demande situation ou association chez particulier ou maison élevage, commerce. — S'adresser journal, n° 1038.

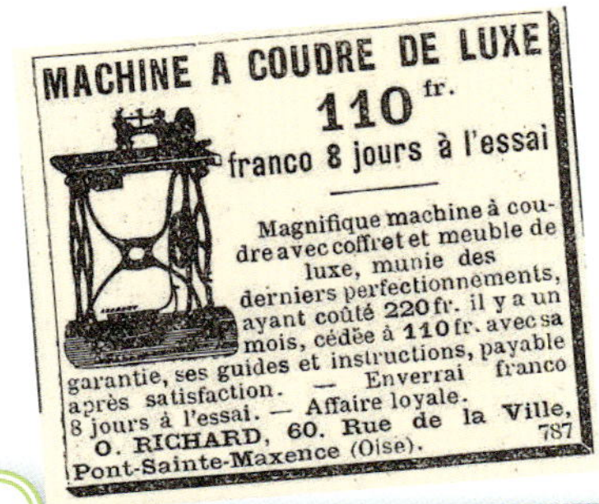

Femme au volant, changement au tournant

En 1897, Marie Adrienne de Rochechouart de Mortemart, duchesse d'Uzès, devient à 50 ans la première titulaire française du permis de conduire. Cette intrépide chasseresse sera aussi la première victime féminine d'une contravention pour excès de vitesse, à… 20 kilomètres à l'heure dans Paris, au volant de sa Delahaye, sur laquelle elle aurait ajouté, dit-on, un miroir pour voir derrière sa machine. Un rétroviseur…

« Faut-il être mécanicien pour conduire une automobile ? s'interroge *Le Chasseur Français*. Nous répondrons par une autre question : faut-il être mécanicienne pour conduire une machine à coudre ? Il est plus facile de conduire une automobile qu'une machine à coudre. » En juin 1901, le magazine rapporte que la « chauffeuse » Vera Butlers vient de faire 2400 kilomètres au volant de sa 5CV Renault. Traversant deux fois les Alpes, elle est arrivée par six pieds de neige à la Grande Chartreuse.

En août, le *Chasseur* conte que l'impératrice d'Allemagne conduit elle-même son automobile à moteur Daimler de 24 chevaux-vapeur, mais aussi que l'armée prussienne se dote de voitures « à une place portant deux canons Maxim, protégée du feu de l'ennemi par des plaques de blindage en acier au nickel », de grandes voitures d'état-major « avec une table permettant de déployer une carte ». Ambiance…

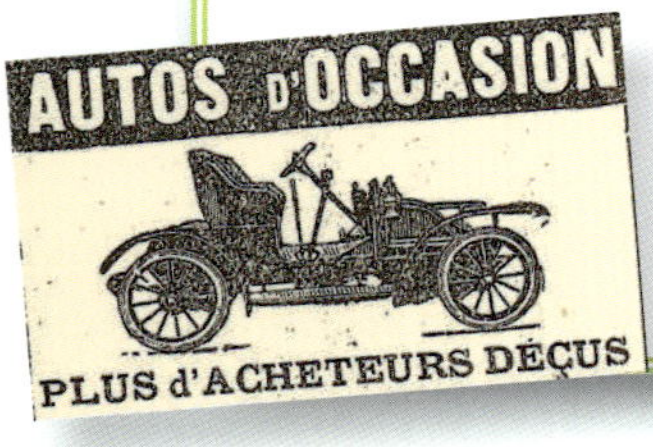

LESSIVEUSES À MANIVELLE ET ASPIRATEURS À BRAS

Autre contribution à la libération des femmes, voici la naissance des premiers appareils ménagers, pas encore « électro », comme la lessiveuse à manivelle, actionnée à la maison et remplie d'eau chauffée. Quel progrès par rapport aux corvées de lavoir, à genoux, les mains dans l'eau glacée des rivières ! Et ces premiers aspirateurs, manuels eux aussi, dotés d'une pompe actionnée à la force du bras, qui captent la poussière au lieu de la déplacer.

L'exode rural, qui s'accélère, fait arriver dans les villes des dizaines de jeunes femmes, qui quittent la terre et, *ipso facto,* la tutelle familiale pour s'employer comme lingères ou comme servantes. Isolées, les voici plus libres. Les amours dites ancillaires deviennent d'ailleurs un classique du théâtre de boulevard.

Plus on avance dans la Belle Époque, plus le ton des annonces change. L'argent, certes encore très présent, n'est plus systématiquement mis

Combien ça coûte en 1914 ?
1 franc de 1914 vaudrait aujourd'hui environ 3,33 €

UN ASPIRATEUR À MAIN
95 F

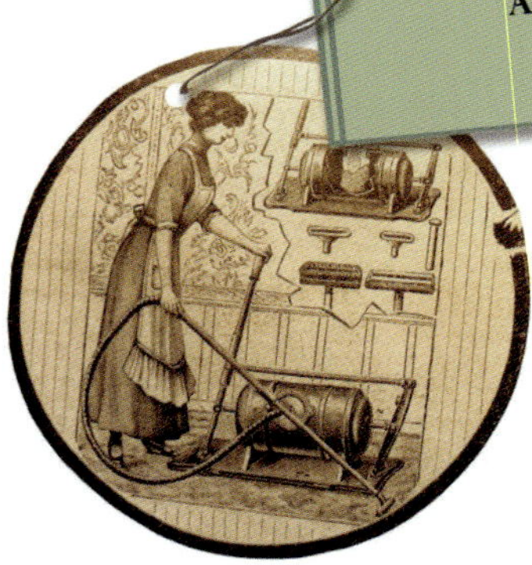

L'ACTUALITÉ EN 1911

- Ouverture du premier studio de cinéma à Hollywood.

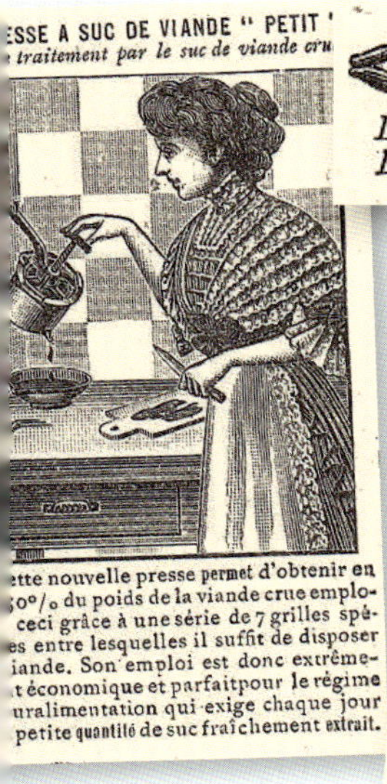
ESSE A SUC DE VIANDE " PETIT "
traitement par le suc de viande cru

ette nouvelle presse permet d'obtenir en
30 % du poids de la viande crue emplo-
ceci grâce à une série de 7 grilles spé-
es entre lesquelles il suffit de disposer
iande. Son emploi est donc extrême-
t économique et parfaitpour le régime
uralimentation qui exige chaque jour
petite quantité de suc fraîchement extrait.

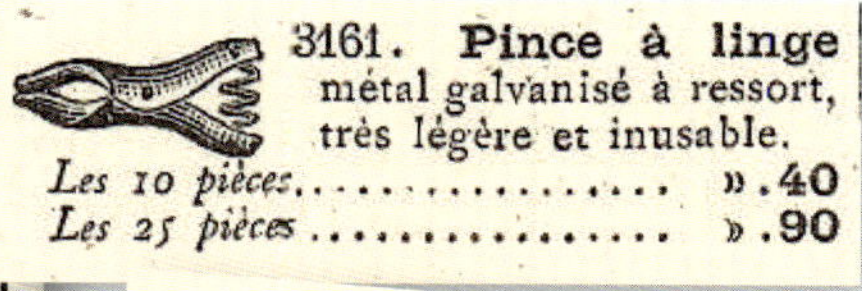
3161. Pince à linge métal galvanisé à ressort, très légère et inusable.

Les 10 pièces .... ».40
Les 25 pièces .... ».90

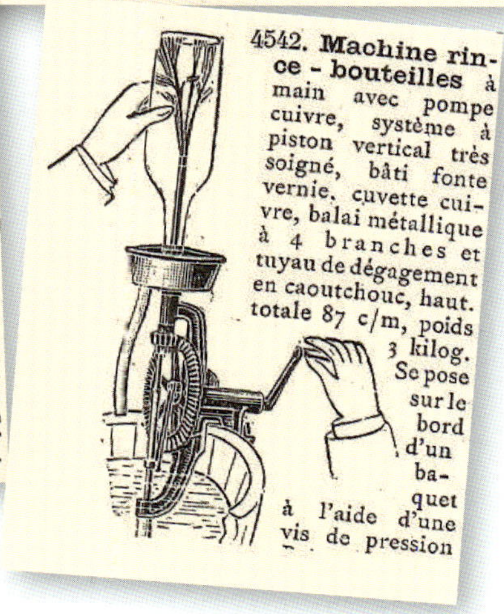
4542. Machine rince-bouteilles à main avec pompe cuivre, système à piston vertical très soigné, bâti fonte vernie, cuvette cuivre, balai métallique à 4 branches et tuyau de dégagement en caoutchouc, haut. totale 87 c/m, poids 3 kilog. Se pose sur le bord d'un baquet à l'aide d'une vis de pression

LES PETITES ANNONCES

CHERCHE FILLE MÈRE

26 ans, dot 5 000, espérances, épouserait fille-mère, tache, fortunée ou situation. Mars 1913

EN INTERNE

Demoiselle noble, 22 ans, 150 000 francs dot, espérances 300 000, épouserait noble. Avril 1913

en avant. À la fortune, critère roi de la première décennie d'annonces, s'ajoutent, d'abord timidement, des critères physiques et des dispositions à la vie sociale : les musiciennes font un véritable tabac. Le pur « mariage business » commence à se teinter de la notion de bonheur à deux. On voit poindre l'idée d'une vie de couple fondée sur des échanges mutuels et non plus sur un simple cumul de ressources, et des annonces où il n'est question que de mariage civil, voire tout simplement « d'union ». Une jeune et jolie veuve, fin 1913, cherche un « compagnon ». Nous n'en sommes pas encore à l'union libre, prônée par les anarchistes, mais l'idée d'une vie commune hors mariage fait publiquement son apparition, alors qu'elle eût fait scandale trente ans plus tôt.

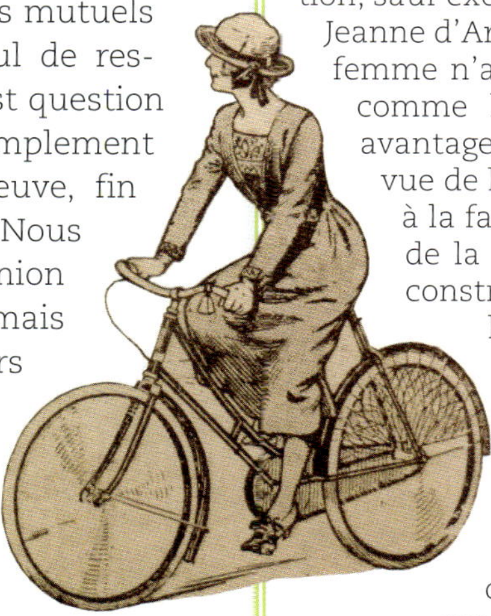

L'ACTUALITÉ EN 1912

- Isadora Duncan danse sur les tables à une fête organisée à Saint-Cloud par Paul Poiret, devant 300 invités.
- Le *Titanic* fait naufrage le 14 avril : entre 1 490 et 1 520 morts et disparus.

Vive les amazones

Le *Chasseur* n'est pas toujours progressiste : en octobre 1901 paraît un long article qui s'élève contre la pratique de l'équitation féminine dans une autre position que celle de l'amazone, sur une selle spécifique. Pas question, sauf exception militaire admise, comme Jeanne d'Arc, de monter à califourchon. « La femme n'a pas été destinée à chevaucher comme l'homme [...]. C'est un grand avantage pour un cavalier, au point de vue de la solidité, d'avoir la cuisse plate à la face interne. Et tel n'est pas le cas de la femme, du moins de la femme construite normalement. » De même le cavalier, pour acquérir un bon équilibre, doit, comme on dit en termes de manège, « chasser l'assiette en avant et chercher le fond de la selle, exercice qui, certes, ne sied guère à la belle personne dont la taille est bien cambrée, avec, au-dessus, un harmonieux ensemble de fermes contours et de lignes bien suivies. Chercher le fond de la selle, c'est absolument anti-féminin. » Rome, on le voit, ne s'est pas construite en un jour.

LES PETITES ANNONCES

DE PRÉFÉRENCE SANS BELLE-MÈRE

Catholique pratiquant, frère prêtre, meilleure éducation, diplômé, officier de réserve, 30 ans, paraissant très jeune, santé et physique agréable, temporairement Allemagne, situation 7 000, quelques économies, épouserait préférence orpheline distinguée, très jeune, dot en rapport. Mars 1913

ENTREPRENEUSE ENTREPRENANTE

Belle jeune fille, 23 ans, bonne éducation, très ordonnée dans ménage, possédant propriétés à la campagne près ville, désirant faire élevage unique, sans concurrence, produits vendus à l'avance, gros bénéfices, demande associé avec 10 000 à 15 000 francs ou épouserait jeune homme travailleur ayant même somme. Mars 1913

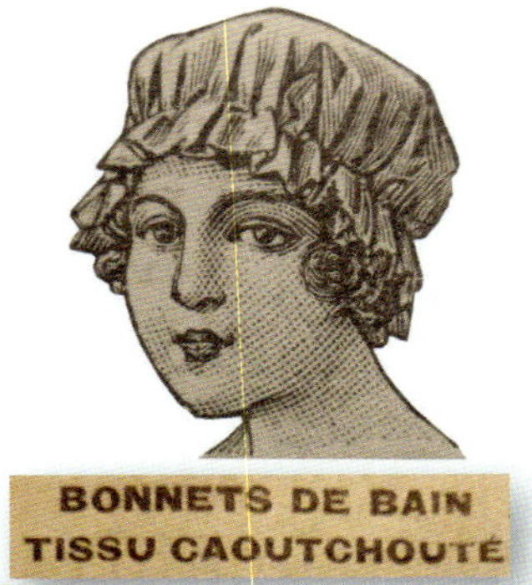

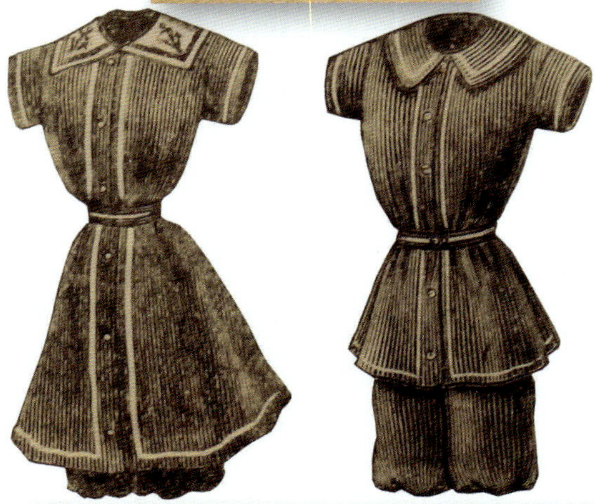

Courage, les baigneuses !

Chemin de fer aidant, les bains de mer se développent. Les publicités du *Chasseur* proposent des maillots de bain très couvrants. En août 1900, paraît ce judicieux conseil aux baigneuses : « Le mieux est de ne pas porter de jupe. En tous cas, les jambes du pantalon doivent être ouvertes en bas. Ce vêtement doit être coupé sur mesure... », précise la chroniqueuse, qui peste contre les maillots composés « d'une jupe descendant plus bas que le genou et d'un pantalon bouffant dont les jambes, en forme de cloche, sont serrées au-dessus des mollets par des élastiques ». La pauvrette « ainsi accoutrée qui voudrait nager aurait donc à déplacer, outre le poids de son corps, un volume d'eau considérable [...] il nous paraît bien absurde, pour se baigner, de porter des chapeaux ou capotes qui ne supportent pas l'eau plus d'une fois, et qu'une vague un peu forte peut vous rabattre sur les yeux en vous aveuglant ». Bon bain, tout de même !

L'ACTUALITÉ EN 1913

- Raymond Poincaré devient président de la République française.
- À New York, le Woolworth Building annonce la ville verticale.
- Igor Stravinsky compose *le Sacre du printemps*.
- Paris compte 175 cinémas.

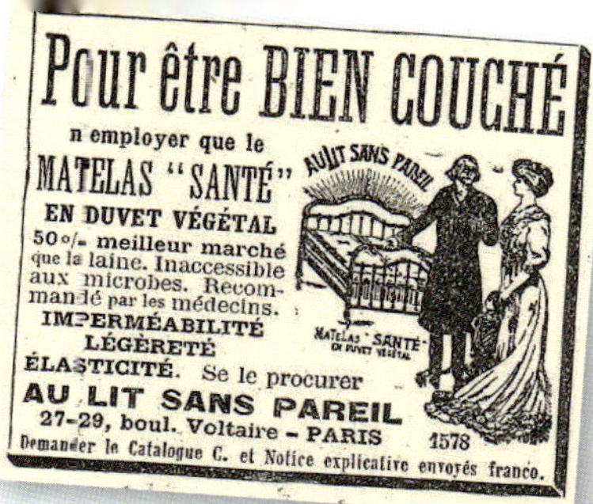

AMOURS SANS MARIAGE

En attendant, le mariage sans amour génère beaucoup d'amours sans mariage, avec leur cortège de drames : avortements clandestins, abandons d'enfants à l'Assistance publique, exil lointain dans une famille avec nourrice pour les plus fortunés. Les enfants illégitimes représentent 9 % des naissances entre 1900 et 1914. La chose est parfois admise sans trop de drames. Dans certaines campagnes, la conception avant mariage est considérée comme une preuve de fertilité. Ailleurs, au gré des influences du curé ou du hobereau local, les filles dites « légères » sont encore conspuées en public. Les problèmes d'enfants illégitimes sont perçus de manière plus aiguë dans les familles aisées, où se posent des questions de transmission de patrimoine. Chez les pauvres, la relation prénuptiale n'est pas totalement banalisée, tant s'en faut, même en 1914, mais elle est de plus en plus fréquente, particulièrement dans l'anonymat de la grande ville, où se développe aussi le concubinage. Ce n'est qu'en 1904 que seront légalement fermées les boîtes d'abandon, où une jeune mère pouvait déposer son enfant. Vichy, bien plus tard, inventera l'accouchement sous X.
La guerre va rapidement propulser les femmes dans des rôles nouveaux et accélérer leur libération.

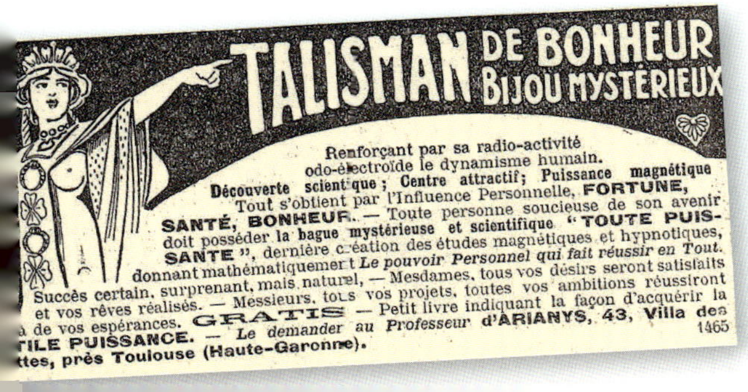

LES PETITES ANNONCES

CHERCHE BOSSEUSE, NI GROSSE NI LAIDE

Garçon des Deux-Sèvres, 40 ans, paraissant jeune, bien, santé, travailleur, belle situation, établi patron, petit capital, désirant arriver dans la vie. Désire connaître demoiselle, 25-30 ans, dans région si possible, honnêteté parfaite, brune, pas grosse ni laide, distinguée, santé métier couture, capable, voulant s'associer au travail pour arriver, passerait sur avoir et sur dot. Octobre 1913

JEUNE ET JOLIE, ET LIBRE

Jeune jolie veuve petites rentes cherche riche compagnon.
Novembre 1913

SYMPATHIQUE, JOLIE SI POSSIBLE

Monsieur 40 ans, distingué, situation libérale, environ 100 000 francs, épouserait dame sympathique, jolie si possible, 25 à 35 ans, fortune équivalente.
Août 1913

☛ Prêtre, grandes relations, faciliterait mariages riches, toutes positions. — Journal, n° 980.

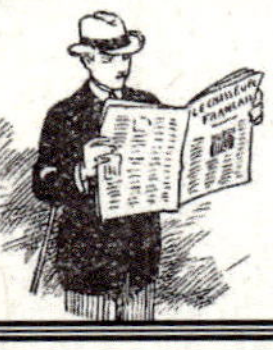

ANNONCES
1904-1914

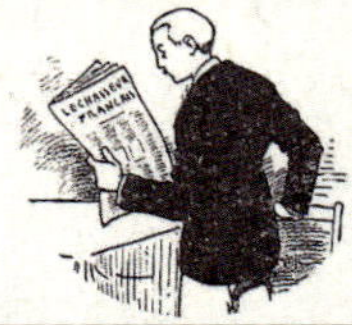

LES MOTS POUR LE DIRE

Homme, femme du monde : la société française est alors divisée en classes sociales plus marquées qu'aujourd'hui, et l'appartenance aux classes favorisées se revendique sans honte. Le **grand monde,** c'est la haute société, un « ensemble de gens distingués par leur position, leur fortune, leur éducation et leur élégance », précisent les dictionnaires de l'époque. Les hommes et les femmes du monde appartiennent à cette classe. D'ailleurs, avoir du savoir-vivre se dit volontiers alors « avoir du monde ». Les gens du commun, eux, appartiennent au **petit monde.**

Demi- ou **semi-mondaine** : par opposition à la femme du monde, la demi-mondaine est une femme galante. Ce qualificatif peu flatteur s'entend d'une femme qui, d'une façon ou d'une autre, convertit ses charmes en avantages matériels. Une prostituée, en somme, mais pas une professionnelle assumée.

Fille-mère : bien avant l'invention du terme « mère célibataire », à la fin des années 1930, la naissance d'un enfant hors mariage veut à une jeune femme cette appellation péjorative, courante dans les annonces.

Tous les défauts

Jeune homme, 25 ans, brun, pouvant passer pour bien, dit-on, cœur d'or et aimant, mais possédant aussi tous les défauts d'un enfant du siècle, amoureux de tous les sports violents… Ledit jeune homme souhaite épouser une jeune fille mais voudrait voir une photo avant ! Mars 1904

Le lieutenant égyptien

Jeune homme, turc, physique agréable, 24 ans, lieutenant armée égyptienne, éduqué, bonne famille, épouserait demoiselle jeune, jolie, riche, instruite. Joindre détails et photographie. Mars 1904

Pas causant

Jeune homme, 25 ans, sans relations, très belle situation, catholique, désire faire connaissance avec sourde et muette de bonne famille. Avril 1904

Sans détour

Officier, 30 ans, noble, titré, épouserait jeune fille très honorable, très riche. Avril 1904

Histoire triste

Quel est le monsieur, très âgé, très riche, n'ayant pas de but dans la vie, simple bonheur, noble, généreux, qui voudrait reconnaître charmant garçon de 9 ans, très aimant, intelligent. La maman, de 44 ans, noble, ayant eu de grands revers, bonne philanthrope, aimant vie calme et douce, simple, n'aimant pas le monde mais pas sauvage, très aimable dit-on, ne voulant pas se séparer de son enfant, se déciderait à épouser ce monsieur. Laideur physique, infirmités, impuissance, passeraient très bien, n'aimerait que davantage, qualités du cœur suffisent. Juin 1904

Impuissant

On demande pour fille-mère de 45 ans, près de Paris, très affectueuse, monsieur âgé, très riche, simple, généreux, même laid, infirme ou impuissant. Juin 1904

Simple rencontre

Dame veuve, 55 ans, distinguée, ne paraissant pas son âge, de très bonne famille et possédant une grande et jolie habitation très bien située à la campagne, se trouvant bien seule, désire rencontre homme sympathique et comme il faut possédant certaine aisance. Septembre 1904

Modeste

Jeune homme du grand monde, parfait sous tous rapports, riche, fortune toute en valeurs, épouserait jeune fille habitant campagne, parfaite sous tous rapports, très riche, ayant terres. Novembre 1904

Impériale misanthrope

Demoiselle 45 ans, descendante de Napoléon Ier, distinguée, honorable, bien sous tous rapports, cœur noble et généreux, ayant eu de grands revers et possédant encore une toute petite fortune, voudrait trouver monsieur très âgé, très riche, je dis très âgé parce que ne voudrais dans mariage qu'un ami, un bon compagnon de ma vie, même informe, peu importe, n'aimant pas le monde, je me consacrerai entièrement à lui. Avril 1905

Marchand de bonheur

Célibataire 28 ans, famille honorable, propriétaire vignobles, rapport 4 000 francs, épouserait demoiselle difforme, infirme, riche, longtemps éprouvant revers, rendrait heureuse. Janvier 1906

Goût exquis

Idéale par ses qualités physiques et morales, très jolie brune, citadine, 27 ans, grande, tournure élégante, goût exquis toilette, ajustements, charmante, pas prétentieuse, instruction, éducation, économe, femme d'intérieur, grandes qualités, parfaitement honnête, aucune tare, famille honorable, 40 000 francs, épouserait citadin 30-35 ans, foncièrement bon, honnête, caractère agréable, instruction, éducation, position au moins 3 000 francs. Renseignements seront pris avant correspondance, pas sérieux s'abstenir. Avril 1906

Jeune fille & vieille noblesse

Jeune homme du vrai monde, belle fortune, dot 300 000 francs, argent, bien sous tous rapports, épouserait jeune fille 18 à 22 ans, très jolie, vieille noblesse, habitant campagne, ayant fortune, même moyenne ou petite, en terres. Avril 1906

Prestige de la cavalerie

Mariages riches, candidatures militaires, on s'intéresserait à l'avenir de commandants de cavalerie de l'âge de 34 à 44 ans. Juin 1906

Quel enthousiasme

Demoiselle noble, gentille, distinguée, excellent caractère, petite dot, épouserait au besoin veuf certain âge, dot moyenne, irait même campagne ou étranger. Juin 1906

Je t'écrirai…

Jeune homme de bonne famille désire correspondre avec demoiselle, veuve ou divorcée, jolie, affectueuse, d'excellente famille. Octobre 1910

Doc' romantic

Est-il possible de rencontrer, ailleurs que dans les romans très romanesques, une jeune fille intelligente, bonne et simple, instruite, sachant surtout réfléchir, très honnête et très droite, idées larges : l'associée, pas nécessairement jolie, visage sympathique, 22 à 27 ans, grande, musicienne si possible, dot malheureusement indispensable, nécessité de la vie. Cette perfection pour un jeune homme qui ne saurait dire qu'il en est une, 29 ans, médecin, non installé, spécialité chirurgicale, titres scientifiques, avenir. Décembre 1910

Girl for girl

Jeune femme du monde, très bien physiquement, intelligente, instruite, bonne musicienne, auto, habitant ville et campagne, ayant éprouvé déception et revers, cherche amie affectueuse, sûre, aisée, âge indifférent. Novembre 1910

Ah ça non !

Dame âgée aimante, affectueuse, petites rentes, épouserait monsieur même bien plus âgé, ayant fortune. Divorcés ou séparés s'abstenir. Janvier 1913

Harold et Maud

Jeune homme très beau, 23 ans, diplômé études supérieures, goûts artistiques, désire mariage avec personne sentimentale, ayant mêmes goûts et disposant fortune permettant de voyager. Age indifférent. Janvier 1913

Old boy

Parents désirent marier monsieur, 40, province, position, 10 000 francs l'an, demoiselle, dame divorcée, petite dot. Janvier 1913

Emancipée

Jolie brune, distinguée, 40 ans, divorcée profit, 50 000 francs, immeubles, demande mariage monsieur âgé, ayant petits capitaux. Janvier 1913

Good boy

Excellent garçon, 25 ans, bien, famille honorable, espérance 16 000 francs, épouserait demoiselle avec tache ou veuve fortunée. Février 1913

Relation pour mariage

Jeune femme d'intérieur, 32 ans, bien, excellente famille, divorcée à son avantage, 2 enfants, petite pension et espérances, cherche relation pour mariage. Février 1913

Comme papa

Demoiselle, fille général, 30 ans, dot 100 000 francs, épouserait monsieur avec situation ou officier. Avril 1913

Dés.mar, en novlangue

Dame 30 ans bonne sit., trav chez elle, dés. mar. avec Mr emp. adminis. Paris, bonne sit. Août 1913

Petite madame

Monsieur 36 ans, belle situation s'ennuyant seul, désire correspondre en vue mariage avec petite madame gentille ayant quelque fortune. Août 1913

Miss pas gaie…

Demoiselle 37 ans, habitant hameau mélancolique, désire correspondre avec monsieur parvenu comme elle automne de la vie. Septembre 1913

Civil, sans plus

Demoiselle 23 ans, très honorable, instruite, grande, belle femme, épouserait civilement fonctionnaire ou employé, dot 10 000 francs. Octobre 1913

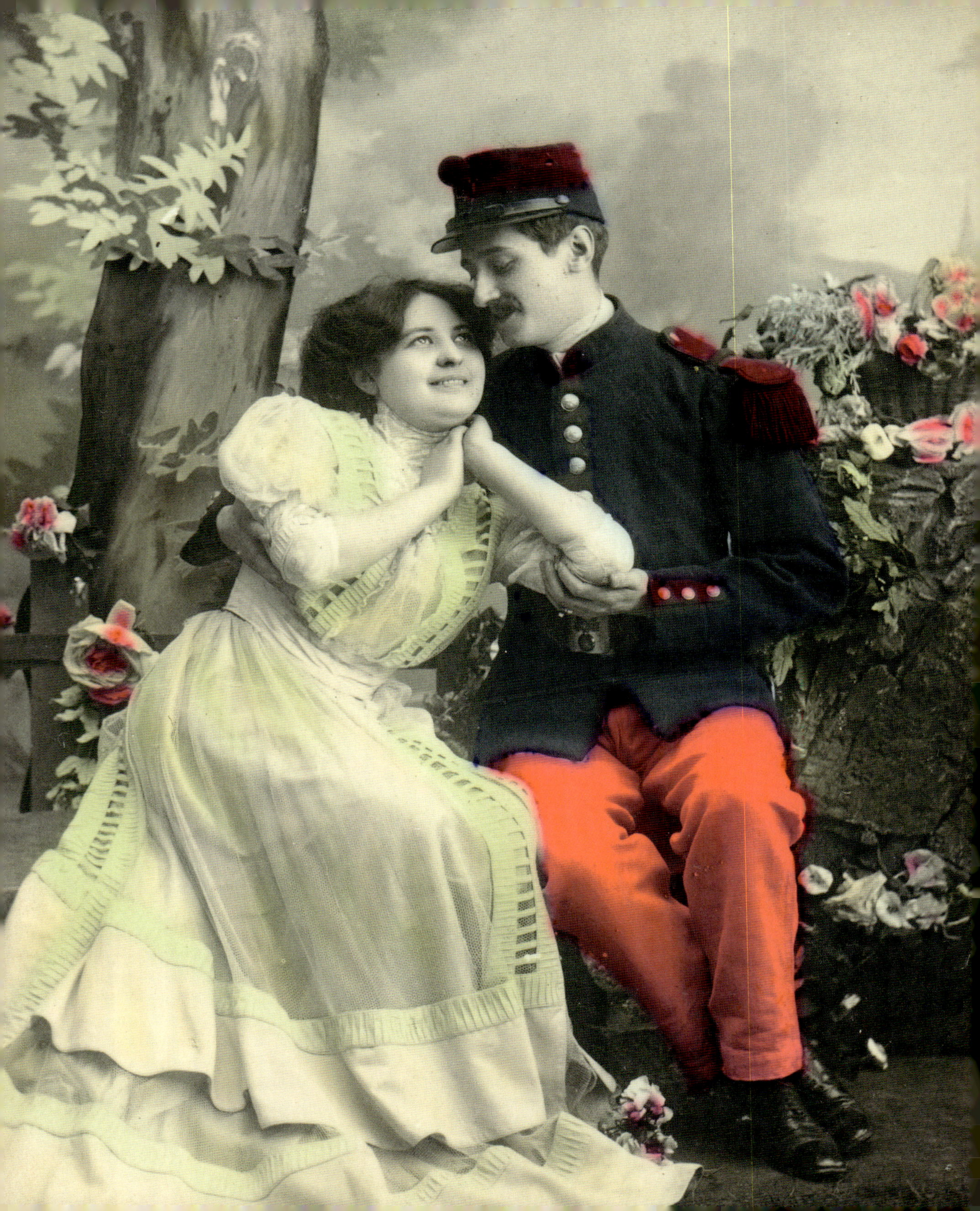

1914-1924

LA GUERRE ET LA PAIX

☛ Officier, 35 ans,
chevalier de la Légion d'honneur,
croix de guerre, petite rente, très bonne famille,
quitterait armée pour épouser jeune fille
habitant campagne (même régions dévastées)
s'occuperait propriétés, exploitation.
mars 1920

LA TOURMENTE ET APRÈS

À FORCE DE CHAUFFER LA FIBRE NATIONALE, LE CONFLIT FLOTTAIT DANS LES ESPRITS. LA LÉGÈRETÉ AVEC LAQUELLE ON PARTIT AU FRONT À L'ÉTÉ 1914 MONTRA COMBIEN LA RÉALITÉ DE LA GUERRE ÉTAIT MÉCONNUE. CELLE DE 1870 AVAIT ÉTÉ COURTE. ON S'EMBARQUAIT POUR LA REVANCHE. UNE AFFAIRE DE QUELQUES JOURS...

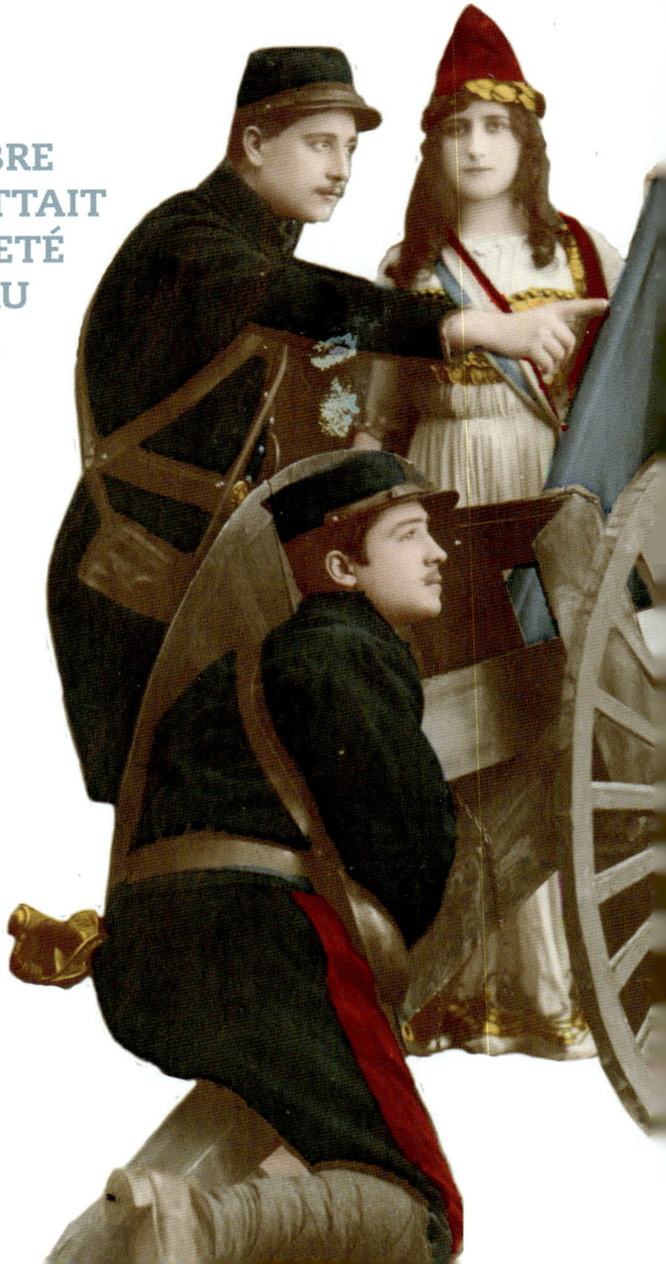

> ☛ Parisien 33 ans, ayant été 12 ans colon en Algérie, épouserait veuve ou demoiselle même avec tâche, possédant petit capital. Se fixerait définitivement en France ou retournerait Algérie suivant volonté. Discrétion d'honneur. — Journal, n° 508.

L'ACTUALITÉ EN 1914

- Création de l'impôt sur le revenu.
- Le 31 juillet, Jean Jaurès est assassiné.
- Le 3 août, l'Allemagne déclare la guerre.
- À Hollywood, Chaplin crée le personnage de Charlot.
- Le 3 août, l'Allemagne déclare la guerre.

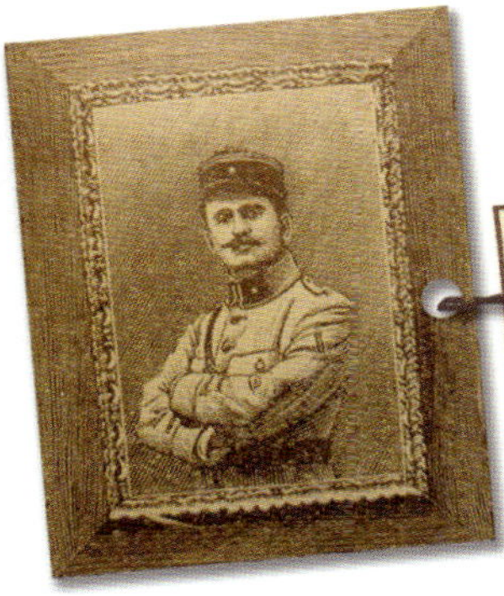

Combien ça coûte en 1920 ?
1 franc de 1920 vaudrait aujourd'hui environ 0,94 €
UNE PENSION MENSUELLE DE VEUVE DE SOLDAT OU DE MARIN
563 F

LES PETITES ANNONCES

DIALOGUE DE SOURDS
Jeune mutilé de l'ouïe, 23 ans, pensionné militaire, épouserait jeune fille même infirmité, famille honorable, âge et situation en rapport. Janvier 1920

DIVORCÉ GUERRE SON PROFIT
Monsieur seul, 34 ans, divorcé guerre son profit, très sérieux, bien sous tous rapports, petit avoir, désire mariage avec demoiselle, veuve, divorcée, 28-38 ans, ayant belle situation commerce ou propriété à la campagne. Février 1920

900 MORTS PAR JOUR

« À Berlin ! » La correction qu'on allait passer à ces Boches, ces Fritz, ces Frisés et autres Fridolins, bref, aux Allemands, devait être une simple formalité. Une grosse battue, et les restes de ces hordes arrogantes allaient être renvoyés dans leurs forêts en trois coups de fusil Lebel et deux obus de 75 sans recul.

La guerre, la vraie, allait durer cinquante-deux mois, et croquer ses 900 morts par jour, en moyenne, du seul côté français : vingt-cinq morts à l'heure, un tué toutes les deux minutes ou presque, vingt-quatre heures sur vingt-quatre, sans relâche, pendant plus de quatre ans. Elle allait aussi blesser des millions d'hommes, réexpédiés au front à peine guéris, quand ils ne mouraient pas dans les salles communes d'hôpitaux de fortune encore dépourvus d'antibiotiques.

Quatre ans de massacre dans la boue, de rats dodus, de poux prolifiques, de cadavres raides de gel ou pourrissant au soleil, de vaines offensives et de conquêtes de tranchées aussitôt reperdues. Quatre ans de peur, de bruit, de bobards, de froid, d'éclats, de balles, de corps-à-corps à la baïonnette ou à la pelle affûtée. Quatre ans de gaz, de chars, d'avions, de bombes, de sous-marins, bref, de toutes sortes d'inventions nouvelles chaque jour plus raffinées pour tuer toujours plus, plus vite et moins cher. Qui, en août 1914, aurait osé imaginer pareille sauvagerie ? Pas même les pacifistes les plus enragés. Suprême ironie, l'assassin de Jaurès finira, en 1919, par être acquitté ! Dans cet enfer allaient mourir 1,45 million de Français, rapidement ou après d'atroces souffrances. Ils seront 1 million, sur 4 millions de blessés, à rester invalides, et 500 000 à vivre le restant de leurs jours sous les regards se détournant de leur gueule cassée.

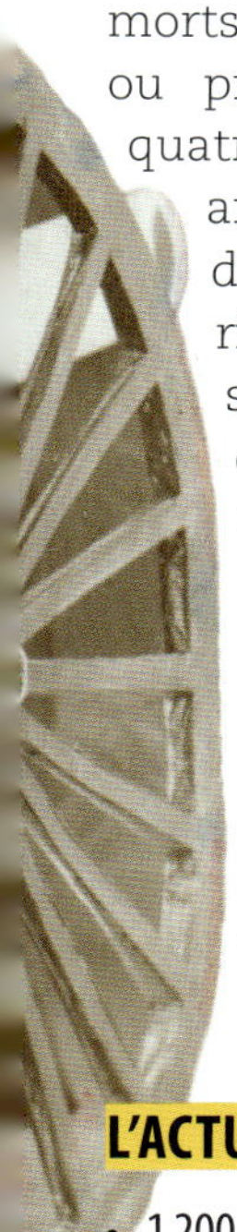

L'ACTUALITÉ EN 1915

- 1 200 tracteurs américains à moteur sont importés pour remplacer les hommes partis au front. Un tracteur laboure 1 hectare en 4 heures, là où il fallait 6 hommes et 20 chevaux.
- Naissance du *Canard enchaîné*.

☛ Demoiselle, 39 ans, ch.-dentiste, gentille situation, désire mariage avec pharmacien ou dentiste, âge et situation en rapport. — Journal, 480.

LES PETITES ANNONCES

SURVIVANT

Jeune célibataire robuste, sérieux, aucune trace de guerre, possédant capital, agriculteur éleveur, exploitation de forêts, épouserait demoiselle ou jeune veuve ayant bonne situation à la campagne. Janvier 1920

GUEULE CASSÉE

Grand cœur, officier défiguré, correspondrait personne douce. Août 1920

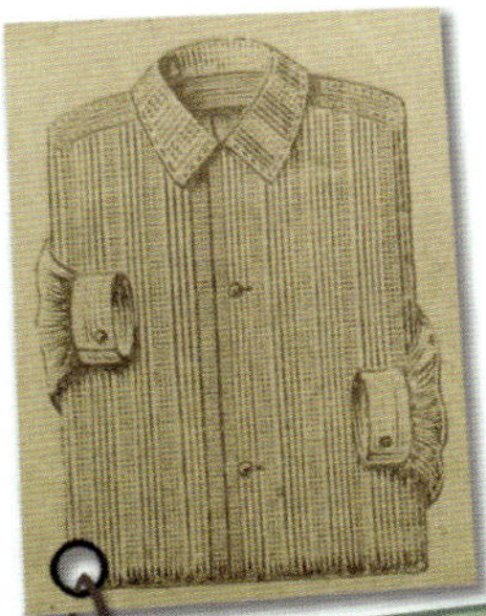

Combien ça coûte en 1920 ?

1 franc de 1920 vaudrait aujourd'hui environ 0,94 €

UNE CHEMISE HOMME EN FLANELLE

16,50 F

1914-1918 : l'étendue du désastre

Entre le 4 août 1914 et le 11 novembre 1918, près de 8 millions de Français ont été mobilisés, sur une population totale de 40 millions : 1,45 million d'entre eux seront tués, ce qui représente 10,5 % des actifs en France, et 4 millions seront blessés, dont 1 million resteront invalides, 60 000 seront amputés et 500 000 vivront avec une gueule cassée.

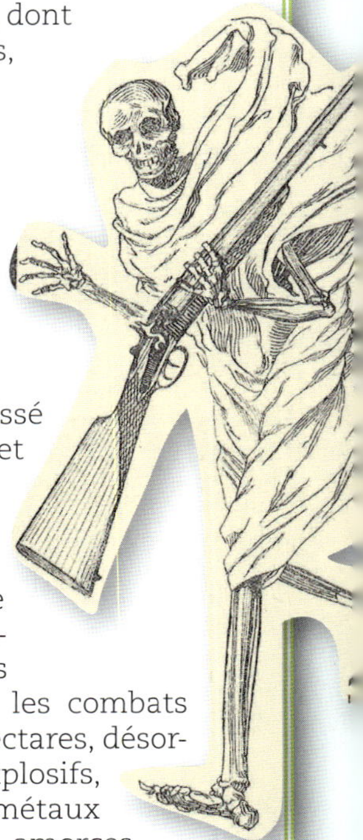

Sur les champs de bataille, 250 000 corps ont disparu et 100 000 sont inidentifiables, générant autant d'espérances sans fin et de deuils impossibles.

À l'arrière, le massacre a laissé 680 000 veuves de guerre et 750 000 orphelins.

Dans les zones de combat, 60 000 kilomètres de routes, 5 000 kilomètres de rails, des centaines de milliers de maisons et des puits de mine ont été détruits : les combats ont ravagé 2,5 millions d'hectares, désormais farcis de ferraille, d'explosifs, de produits toxiques et de métaux lourds utilisés pour les amorces. Dans nombre d'endroits, la seule solution consistera à planter des forêts.

Dans toutes les communes de France ou presque sera élevé, dans les années 1920, un monument aux morts.

L'ACTUALITÉ EN 1916

- En décembre, l'armée française remporte la victoire à Verdun.

L'ACTUALITÉ EN 1917

- Mort d'Auguste Rodin.
- Marcel Duchamp expose sa *Fontaine* dadaïste, un urinoir en porcelaine.

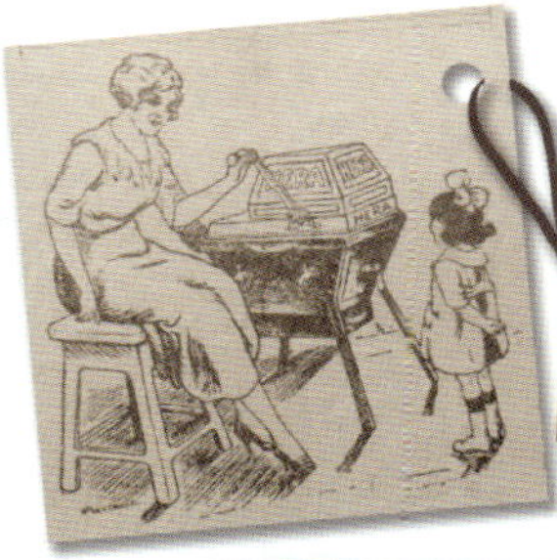

Combien ça coûte en 1920 ?
1 franc de 1920 vaudrait aujourd'hui environ 0,94 €

UNE MACHINE À LAVER À MAIN (20 MIN POUR 18 CHEMISES)
325 F

RETROUVER LA PAIX

Passée l'explosion de joie de la victoire, les rescapés, l'âme mutilée à jamais, constatent vite que l'idéal républicain et démocratique pour lequel ils croyaient s'être battus avait changé, que des industriels avaient amassé d'immenses fortunes dans la fourniture aux armées et que des embusqués avaient sabré le champagne avec des créatures pendant qu'eux se faisaient hacher menu. Combien étaient-ils, véritablement, ces planqués ? Assez peu, mais il y en avait eu suffisamment pour fissurer le mythe de la nation unie contre l'impérialisme du Kaiser.
Incompris par ces civils, à qui la réalité de leur sacrifice avait d'ailleurs été soigneusement cachée par la censure, nombre d'anciens combattants allaient devenir des amis de l'ordre, gardiens sourcilleux et amers du souvenir de leurs camarades tués au front. L'homme y avait fait la démonstration du peu de cas qu'il était capable de faire de la vie. Le vieil humanisme européen s'était montré impuissant. Ordre rouge ou ordre brun, les portes des deux grandes idéologies meurtrières du xxe siècle s'ouvraient, tandis que les mouvements artistiques, du dadaïsme au surréalisme, célébraient l'absurde.

Monsieur 29 ans, célibataire, mutilé actif et intelligent, cherche place régisseur ou garde-chasse, France ou Colonie. — Journal N° 641.

LES PETITES ANNONCES

DÉVOUÉE
Fille d'officier, 34 ans, bien, ayant situation, épouserait monsieur situation en rapport, officier d'active sans fortune, mutilé gravement ou aveugle, correspondrait avec sa famille.
Avril 1920

MÉLOMANE
Lieutenant épouserait jeune fille grande, brune, musicienne. Photo si possible. Septembre 1920

LE RETOUR DU CHASSEUR

Le Chasseur Français, qui avait cessé de paraître sur instruction gouvernementale en août 1914 pour économiser le papier, ressort enfin en juillet 1919, après cinq ans d'absence. Pour payer l'addition de la guerre, l'État fait tourner la planche à billets : l'inflation fait rage. L'abonnement passe de 2 à 5 francs pour la France et les colonies. La guerre est encore au détour de bien des articles. *Le Chasseur Français* part en reportage dans les régions délivrées : des 14 000 maisons du Reims de 1914, il n'en reste plus que 60.

- Création du congé maternité.
- En mars, déclenchement de la révolution russe à Saint-Pétersbourg.
- En octobre, la minorité bolchevik s'empare du pouvoir.
- Mata Hari est fusillée à Vincennes.
- Premier enregistrement, à Chicago, de jazz dixieland par des musiciens blancs.
- Le 21 octobre, engagement des troupes américaines sur le front.

LES PETITES ANNONCES

VIVE LA FRANCE

Jeune homme 24 ans, né île Maurice, appartenant à bonne famille origine française, aimant France, désire correspondre avec jeune Française, de 17 à 23 ans, qui lui parlerait de choses ayant trait à la France.

Février 1924

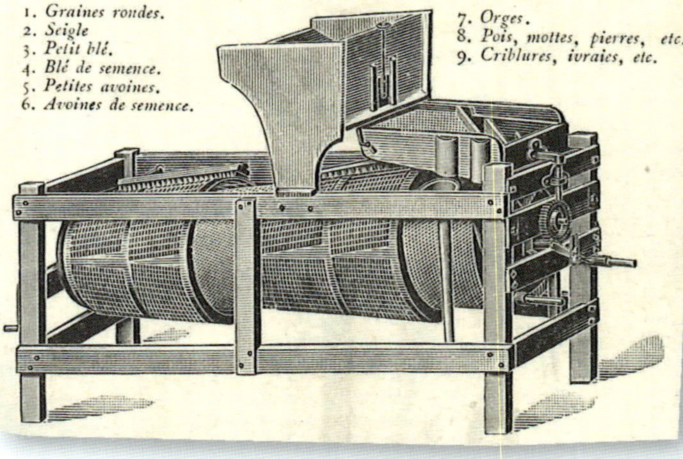

Les **trieurs MAROT**, indispensables à tout cultivateur soucieux de préparer une récolte abondante en confiant au sol des semences choisies, permettent de recueillir séparément :

1. *Graines rondes.*
2. *Seigle*
3. *Petit blé.*
4. *Blé de semence.*
5. *Petites avoines.*
6. *Avoines de semence.*
7. *Orges.*
8. *Pois, mottes, pierres, etc.*
9. *Criblures, ivraies, etc.*

FUSIL "IDÉAL"

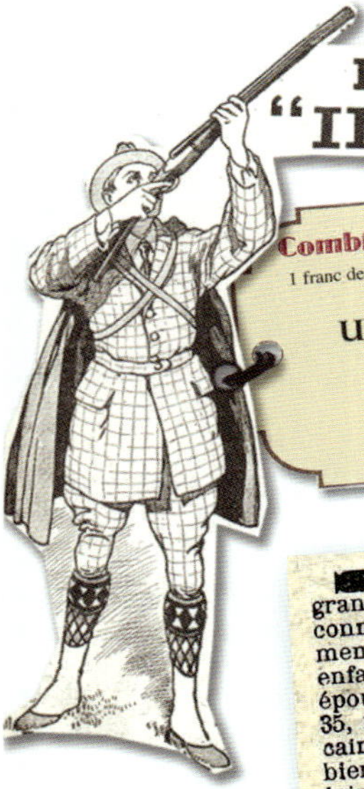

Combien ça coûte en 1920 ?

1 franc de 1920 vaudrait aujourd'hui environ 0,94 €

UN FUSIL DE CHASSE IDÉAL

1 000 F

☛ Propriétaire, veuf sérieux, quarantaine, grand, châtain, bien sous tous rapports, connaissant plusieurs métiers vu par la guerre, menuiserie, mécanique et photographie, un enfant, fortune 35.000 à avoir 52.000 environ, épouserait Demoiselle ou jeune veuve, 28 à 35, taille élégante, brune préférence, républicaine, connaissant bien l'intérieur, instruction, bien sous tous rapports, fortunée à proximité, joindre photographie, ne répondra qu'à lettre signée et détaillée. — S'adresser au bureau du Journal n° 617,

UNE RECONVERSION DIFFICILE

En dépit de la réintégration de l'Alsace et de la Lorraine dans le territoire de la République, il n'y a plus que 4,3 millions d'hectares cultivés en 1918, contre 6,5 millions en 1914. Tous les rendements sont en baisse : – 15 % pour le blé, – 16 % pour l'orge.

En ville, ce n'est guère plus brillant : « Depuis l'armistice, la plupart des usines ont essayé de reprendre leur fabrication traditionnelle, mais elles se heurtent à des difficultés de tous ordres : outillage à transformer, matières premières à obtenir, main-d'œuvre à remettre au point. » Les prix flambent, les routes sont défoncées, les chemins de fer, usés, l'industrie automobile, désorganisée… « Rien ne va mais tout espère », écrit l'éditorialiste du *Chasseur*.

L'ACTUALITÉ EN 1918

- 11 novembre : capitulation de l'Allemagne à Rethondes.
- L'épidémie de grippe espagnole fait 30 millions de morts dans le monde.
- Naissance de la République de Weimar en Allemagne, qui disparaîtra avec Hitler en 1933.
- Création en France des institutions de soutien à la natalité, les futures Allocations familiales.
- Dislocation de l'Empire austro-hongrois.
- Philippe Pétain est fait maréchal de France.
- Parution des *Calligrammes* d'Apollinaire.

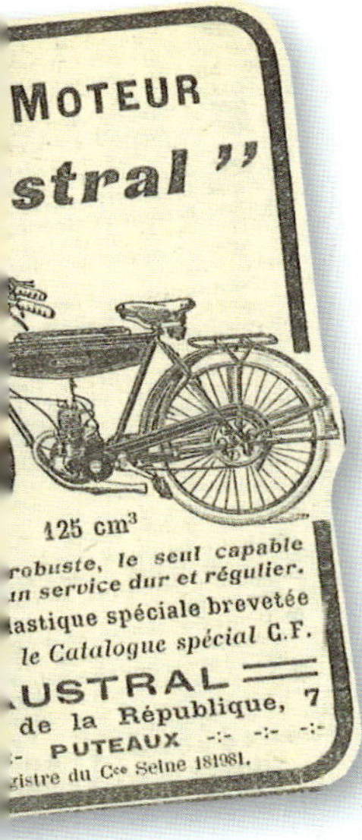

GUERRE ET PROGRÈS TECHNIQUE

Pendant la guerre, les bureaux d'étude ont travaillé presque sans contrainte budgétaire, et les champs de bataille ont servi de terrain d'expérimentation. Les progrès ont été foudroyants. Les voitures vont plus vite, sont plus fiables. En quatre ans, les fragiles cages à poules volantes sont devenues des avions, plus rapides, moins frêles, plus maniables. Les lignes du groupe Latécoère, la future Aéropostale, naissent en 1918 avec des avions de combat Breguet réformés et des pilotes de guerre. Ils volent maintenant à plus de 200 kilomètres à l'heure. L'avion efface les distances. Après avoir espionné, tué et bombardé, il va maintenant permettre de vivre plus intensément en gagnant du temps : Paris est à quatre heures de Marseille. Le temps n'est plus très loin où un seul jour suffira à sauter l'Atlantique, contre huit en paquebot. « C'est toujours le bien qui, au fond, finit par renaître du mal, et il faut voir l'avenir non pas en noir, mais en bleu. Et en bleu horizon », conclut, optimiste et patriote, l'éditorialiste du *Chasseur*.

LES PETITES ANNONCES

« INTELLECTUALITÉ » AGRÉABLE

Veuve de guerre officier supérieur, 37 ans, physique et esprit jeune, fille unique, parents possédant grande propriété rapport Midi, correspondrait avec officier de carrière, 40-50, sans enfant, bien, doux, affectueux, éducation et intellectualité agréables. Agence, divorcés s'abstenir. Avril 1920

SOLIDARITÉ AU GRAND AIR

Officier 26 ans, souffrant des nerfs suite blessure de guerre, belle propriété campagne, bons revenus, épouserait personne fortunée, même affection, désirant le grand air et voulant réellement trouver la guérison. Août 1921

☛ Ménage sans enfants, situation indépendante, Touraine, prendrait enfant naturel, orphelin ou autre, pension ou capital, le garderait même très longtemps ou l'adopterait. Soins très dévoués. — Journal, n° 499.

L'ACTUALITÉ EN 1919

- Mort de Pierre Auguste Renoir.
- Première liaison aérienne Toulouse-Casablanca.
- Loi sur les pensions de guerre.
- Naissance de la Société des Nations.
- Création du bac féminin.
- Révolte spartakiste à Berlin.
- Signature par l'Allemagne du traité de Versailles, qui la divise territorialement et la condamne aux réparations.
- En octobre, levée de la censure et de l'état de siège en France.
- En France, le Bloc national, conservateur, remporte les élections : Chambre bleu horizon.
- Création des Automobiles Citroën.
- Le clarinettiste Sydney Bechet joue pour la première fois en Europe.

LES PETITES ANNONCES

DENTISTE OU MAÇON

On désire marier demoiselle 34 ans, française, catholique, ayant économies et mobilier, à monsieur 40 ans, du bâtiment ou dentiste déjà établi. Avril 1920

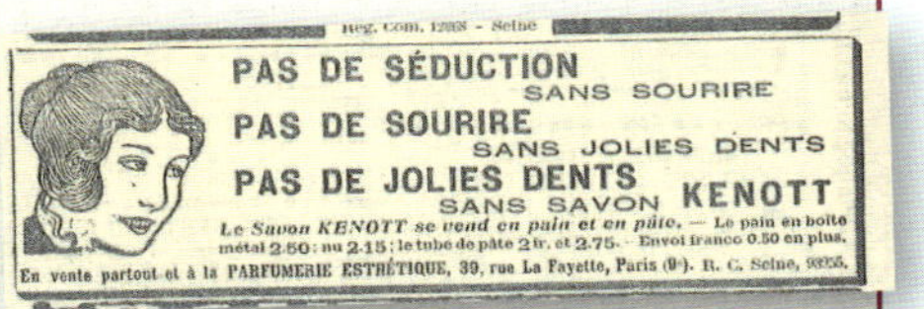

BELLES DENTS

Médecin, 39 ans, divorcé guerre, enfant 9 ans, belle situation Est, désire échanger correspondance pour mariage avec demoiselle veuve, divorcée, 30 à 35 ans, honnête, élégante, belles dents.
Décembre 1920

☛ Œuvre Saint-Raphaël. Mariages entre personnes catholiques pratiquantes. — Abbé Babaut-Rosier, directeur, avenue Thiers, 124, Bordeaux. Envoie circulaire toutes régions.

☛ Divorcée avantage peut contracter mariage religieux, 31 ans, un enfant, désire union sous-officier-employé, pour reprendre suite parents. Affaire superbe. — Journal, n° 653.

PREMIER ESSOR DES PETITES ANNONCES

Le nombre des annonces s'accroît rapidement après guerre, excellent baromètre de l'appétit de vie retrouvé. De vingt-neuf annonces de mariage mensuelles en 1919, on passe à cinquante-cinq en 1922, puis, très vite, les chiffres s'envolent: soixante-quinze en 1923, cent quinze en 1924. Même si ce n'est pas encore un afflux massif, le mouvement est lancé.

Pourtant, la vie est dure: le charbon manque, les Allemands ayant dynamité les mines du Nord, les récoltes sont maigres, les prix flambent. Grèves dans les usines, batailles syndicales très dures, réprimées par l'armée, nouveaux bruits de bottes avec l'occupation de la Ruhr, dont on croit naïvement — l'Allemagne paiera! — qu'elle résoudra les problèmes, alors qu'elle va offrir sur un plateau au parti nazi naissant sa première vraie cause populaire.

La paix s'avère aussi difficile à gagner que la guerre. Pour oublier tous ces ennuis, et les tranchées, on fait la fête, une bamboche à tout casser, comme jamais on n'en avait vu, au son des orchestres de jazz que les soldats du corps expéditionnaire américain ont importé. Fuyant la ségrégation américaine, nombre de jazzmen noirs s'installent en France. Bienvenue dans les Années folles…

L'ACTUALITÉ EN 1920

- L'Assemblée adopte une loi nataliste qui pénalise l'avortement et la contraception.
- L'armée réprime les grèves des cheminots.
- L'Allemand Otto Dix expose ses *Joueurs de cartes,* des gueules cassées.
- Congrès de Tours: éclatement du parti socialiste SFIO, naissance de la SFIC, le futur PCF.
- Une femme peut adhérer à un syndicat sans le consentement de son mari.
- L'administration de la Syrie et du Liban est confiée à la France.

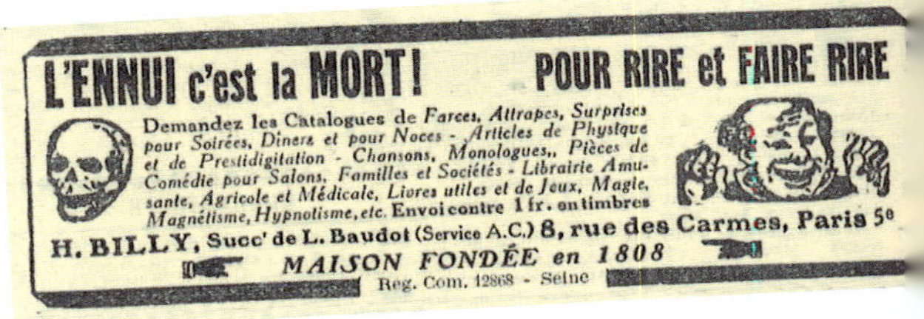

CHEVEUX COURTS, IDÉES NEUVES

LA GUERRE A RÉVOLUTIONNÉ LA VIE DE NOMBREUSES FEMMES : ELLES ONT POUSSÉ LA PORTE DE LEUR FOYER ET LES MURS DE LEURS POSSIBILITÉS. UNE (R)ÉVOLUTION QUI N'A PAS FAIT QUE DES HEUREUX : L'ÉMANCIPATION EST EN MARCHE.

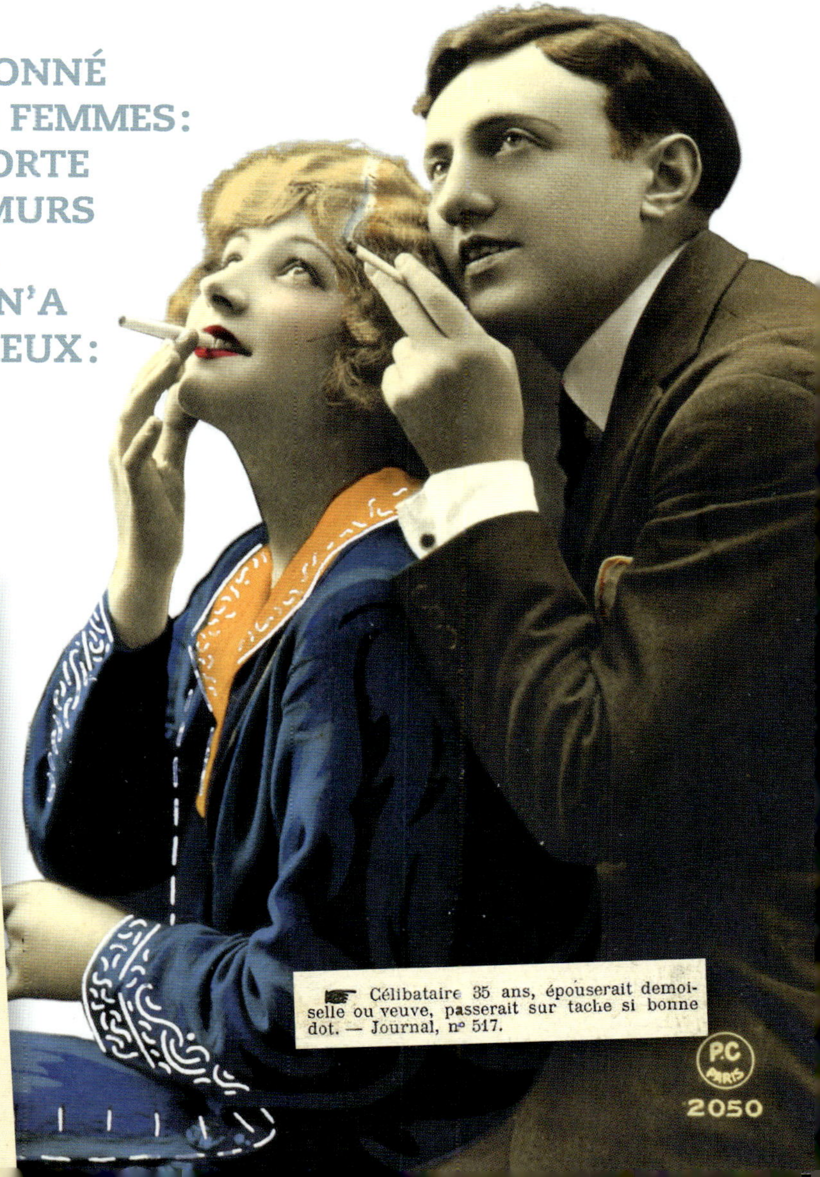

☛ Célibataire 35 ans, épouserait demoiselle ou veuve, passerait sur tache si bonne dot. — Journal, nº 517.

A NOS LECTRICES

Le " CHASSEUR FRANÇAIS " sollicite la collaboration de ses abonnés et se fait un plaisir de publier les articles intéressants qui lui sont adressés.

CONSEILS PRATIQUES

Le bonheur est dans un mariage assorti. — Tous les grands écrivains, tous les artistes célèbres, tous les conquérants : militaires, inventeurs, explorateurs, savants, qui ont marché seuls vers un but sans souci du temps, ni de l'espace, qui ont réalisé leurs ambitions et satisfait leurs convoitises, qui sont couverts d'honneurs et de gloire, finissent par s'aviser qu'ils sont trop en solitude dans un monde étranger. Il vient un temps où ils ont la peur du vide, l'angoisse de vieillir, l'effroi de tout ce que l'avenir peut apporter de misères et de maladies, de déboires et de désenchantements.

On les félicite, on les congratule, on recherche leur société, mais ils ne sont pas heureux. Ils ont compris trop tard que le bonheur ne se rencontre que dans un rêve d'amour définitif ; qu'on ne trouve dans sa vie qu'une femme qui soit apte à donner ce bonheur absolu. Si elle partage le pain noir qu'on mange toujours en premier, dans une carrière difficile, la femme intelligente s'associe à la lutte ; elle est le témoin des efforts vers la perfection ; elle inspire chaque jour des vaillances nouvelles et des pensées élevées ; elle rectifie le jugement et éclaire la conscience.

Les jeunes gens hésitent à se marier ; ils considèrent la femme et la famille comme une charge, comme une entrave qui retarde leur marche en avant, jusqu'au jour où, ne pouvant plus contracter le mariage assorti, ils s'aperçoivent qu'ils ont fait [illegible] manqué leur vie.

LES PETITES ANNONCES

ENVOYER PHOTO
Demoiselle, 22 ans, dot 20 000 F, jolie, caractère agréable, désire correspondre jeune homme, distingué, bonne situation, envoyer photo. Avril 1920

AMÉRICAIN
Dame affectueuse, distinguée, désire connaître Américain pour union. Octobre 1921

LANGUES VIVANTES
Institutrice intelligente, physique agréable, préparant professorat anglais, désire correspondre avec instituteur ou professeur de langues. Janvier 1923

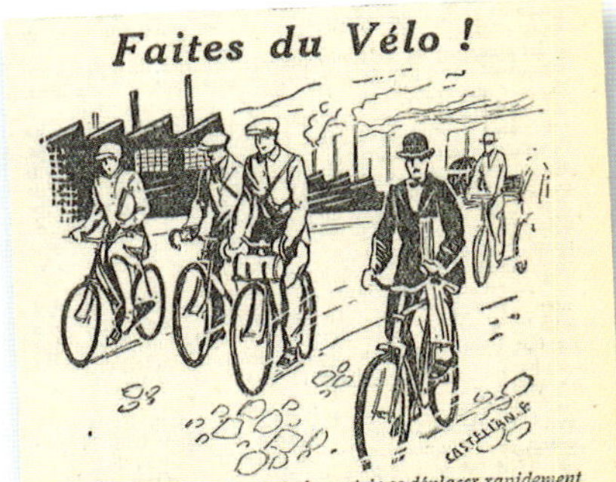

La bicyclette permet non seulement de se déplacer rapidement et à bon compte, mais elle est aussi le moyen le plus hygiénique de faire de l'exercice en plein air.

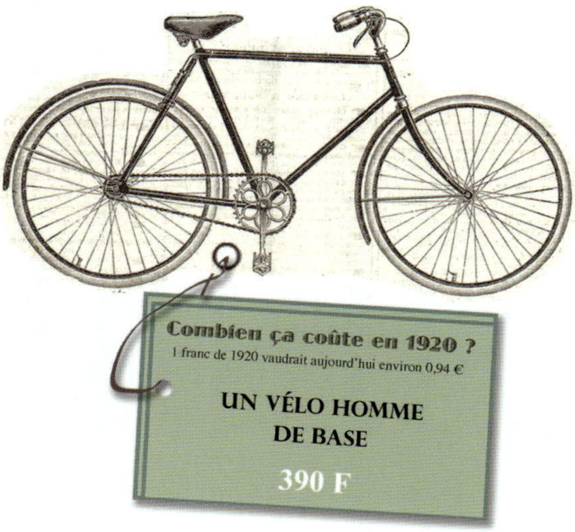

Combien ça coûte en 1920 ?
1 franc de 1920 vaudrait aujourd'hui environ 0,94 €

UN VÉLO HOMME DE BASE

390 F

MUNITIONNETTES ET FEMMES AU VOLANT

Ils sont un peu plus de 8 millions de Français à porter l'uniforme entre 1914 et 1918, délaissant pour des mois foyers, fermes et usines, reconverties à la hâte à la production d'armements et qu'il faut faire tourner. Les Françaises se retrouvent donc en première ligne sur le front du travail, un monde largement inconnu pour elles, dont elles sont contraintes de prendre très vite la mesure. Aux champs, elles sauvent le pays de la famine. À l'usine, elles assurent l'approvisionnement des canons. Dès 1914, rapporte le *Chasseur*, des femmes conduisent les bus parisiens en remplacement des chauffeurs, mobilisés dans l'urgence pour convoyer les troupes sur la Marne. Ce « commerce avec l'automobile, note une chroniqueuse du *Chasseur*, a profité à la femme. Cela lui a conféré je ne sais quelle audace raisonnée, qui, aujourd'hui, l'empêche de s'évanouir à la vue d'une souris. Le voisinage presque constant du danger a trempé sa nature craintive de ce que l'on pourrait appeler le courage du moment. Et ce n'est plus le privilège de la faiblesse qui l'a servie devant le monstre qu'elle s'était promis d'apprivoiser, mais bien la force cachée dans ses petits muscles nerveux et surtout son extrême adresse. Dans le trouble mondial qui déjà un peu avant la guerre se pressentait, la femme a pris possession de sa personnalité en réalisant du même coup l'obligation de pouvoir, quoi qu'il arrive, se tirer d'affaire seule. » Joli résumé.

☛ Dame veuve quarantaine, bien, intelligente, pratiquant sports, arts d'agrément, élégante, demande union avec pharmacien même âge, susceptible s'expatrier dans colonie très saine pour reprendre bonne pharmacie et disposant fonds nécessaires pour acheter. Très sérieux. — Journal, n° 668.

☛ Demi orpheline, 26 ans, bien tous rapports, 1.500.000 francs, plus tard au moins 3.000.000, épouserait monsieur ayant au moins 50.000 fr. de revenus. — Ecrire : Boîte postale 344, Paris.

Crosswomen et, pourquoi pas, boxeuses !

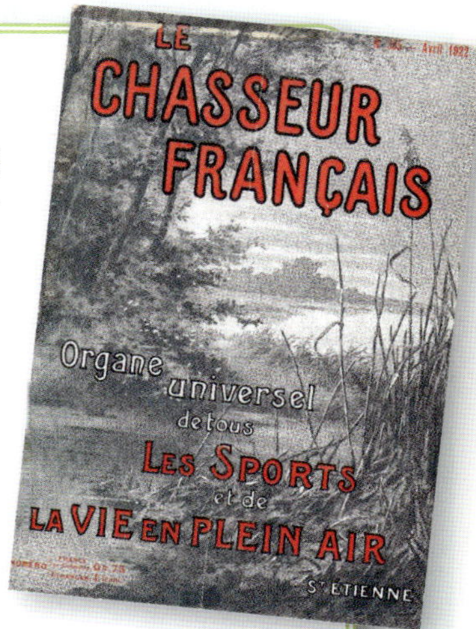

La guerre n'a pas modifié comme par miracle le sort de toutes les femmes en France, notamment dans les campagnes, mais elle a desserré bien des carcans, battu en brèche bien des idées préconçues, tout particulièrement sur la pratique du sport.

« Tous les exercices, quels qu'ils soient, peuvent convenir à la femme s'ils sont pratiqués modérément et sagement. Si nos jeunes filles modernes excellent parfois dans certaines branches qui demeurèrent longtemps l'apanage du sexe fort, il y a de quoi se réjouir. D'ailleurs le temps est passé où les vieux messieurs se scandalisaient en voyant courir une gentille *crosswoman* dans les bois de Saint-Cloud ! » Athlétisme, marche et, pourquoi pas, boxe française car, comme l'ajoute en novembre 1921 l'auteure Ennemonde Diard, « je sais telles gracieuses sportives qui fréquentent assidûment les salles et qui donnent publiquement des démonstrations de boxe française. De là à préconiser l'usage de ce sport, il n'y a pas loin. Je me permets de ne pas donner mon avis car je craindrais d'être accusée de vouloir introduire la boxe comme système de défense… conjugale. »

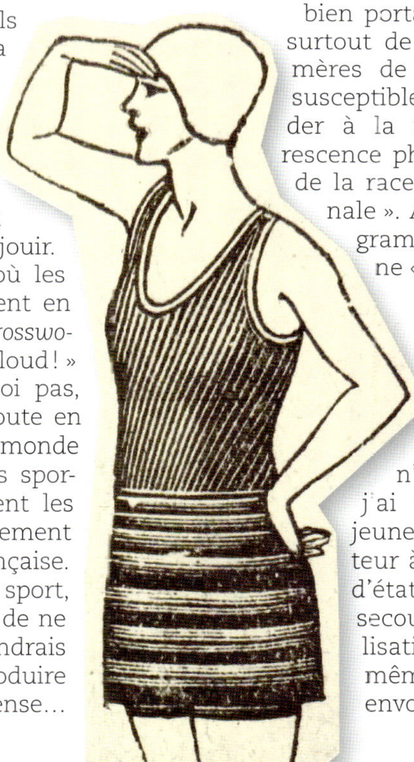

En avril 1915 naît la société Academia pour la promotion du sport féminin, qui « entend faire des jeunes filles françaises des femmes robustes, courageuses, belles, bien portantes, et surtout de bonnes mères de famille susceptibles d'aider à la régénérescence physique de la race nationale ». Au programme, des sports qui ne « masculinisent pas ».

Ennemonde Diard, toujours, incite en novembre 1922 les jeunes filles à la pratique de sports de défense : « Une femme doit savoir se défendre. Aucun d'entre nous n'est à l'abri d'une attaque, et j'ai toujours admiré les hardies jeunes filles qui obligent un malfaiteur à fuir ou mettent celui-ci hors d'état de nuire jusqu'à l'arrivée des secours […]. À notre époque de civilisation, il est parfois indispensable, même pour une femme, de savoir envoyer un bon coup de poing. »

L'ACTUALITÉ EN 1921

- Le 21 janvier, un soldat inconnu est inhumé sous l'Arc de triomphe, symbole des 350 000 soldats disparus ou non identifiables et des 1,45 million de tués.
- Disparition, à Naples, du grand ténor Enrico Caruso.
- Ier Congrès du Parti communiste français.
- Coco Chanel lance son célèbre parfum N° 5 et sa maison de couture rue Cambon, à Paris.
- Piet Mondrian présente ses tableaux géométriques.
- Au cinéma, Chaplin triomphe avec *The Kid.*
- Sortie du *Cheik,* avec Rudolf Valentino, le prototype du *latin lover.*

☛ 2 amies, 23-24 ans, affectueuses, goûts simples, situation modeste, correspondraient pour mariage avec jeunes gens bonne éducation. — Journal, n° 492.

LES PETITES ANNONCES

MODERNE

Veuve médecin, 28 ans, moralité irréprochable, grande, châtain, très bien physiquement, distinguée, cultivée, musicienne, femme intérieur, pension 2 400 francs, un enfant, épouserait monsieur honorabilité éducation parfaites, sympathique, affectueux, de préférence situation libérale. Février 1921

PATRIOTE

Orpheline distinguée, jolie, parfaite femme d'intérieur, qualités morales, épouserait gentleman fortuné, éducation impeccable, 35 à 55 ans. Mutilé de guerre allié ou veuf serait accepté. Joindre photo. Juin 1922

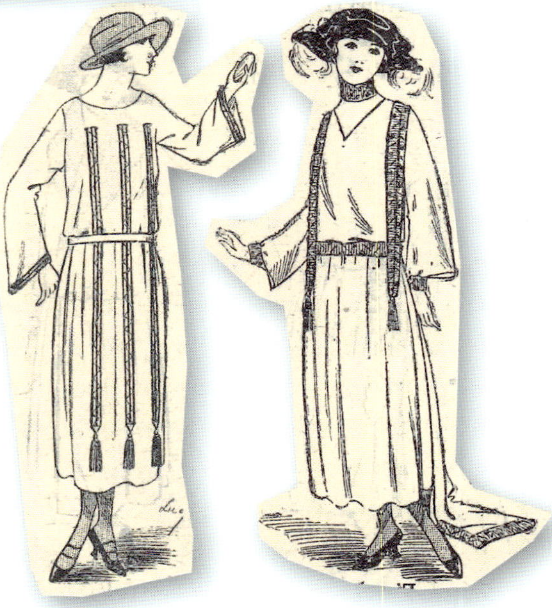

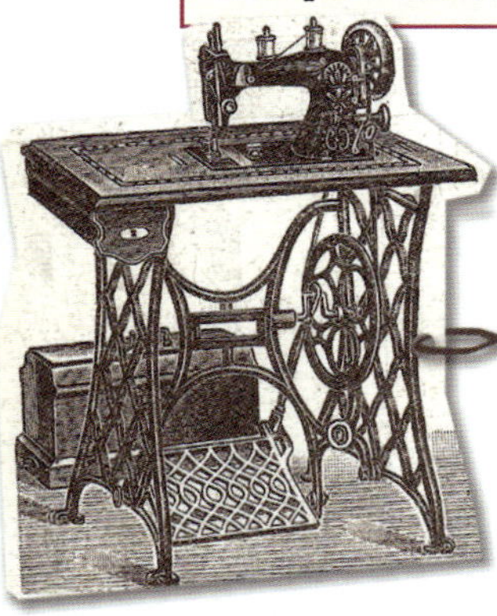

Combien ça coûte en 1920 ?

1 franc de 1920 vaudrait aujourd'hui environ 0,94 €

UNE MACHINE À COUDRE DE BASE

450 F

MODERNISATION VESTIMENTAIRE

Jetées massivement dans la vie active, les femmes adaptent rapidement leur tenue à cette existence nouvelle : les robes se raccourcissent, s'allègent, se simplifient, comme les chevelures, du reste. Adieu, petites choses étiolées, corsetées, craignant le grand air et le soleil, condamnées à passer des heures à la coiffeuse pour ordonnancer des cascades de froufrous. Après guerre, les femmes arborent des robes de plus en plus courtes et légères, près du corps, des cheveux coupés à la garçonne, comme l'héroïne du sulfureux roman de Victor Margueritte. Le phénomène est assez parisien, bien sûr, mais pas seulement. À compter de 1925, Joséphine Baker fait frétiller les bananes de sa jupette

L'ACTUALITÉ EN 1922

- Publication, par Victor Margueritte, du roman *La Garçonne*, dont l'héroïne, très libre de ses mœurs, fait un énorme scandale.
- Joseph Staline devient secrétaire général du Parti communiste de l'Union soviétique.
- Mussolini s'empare du pouvoir en Italie après la Marche sur Rome.

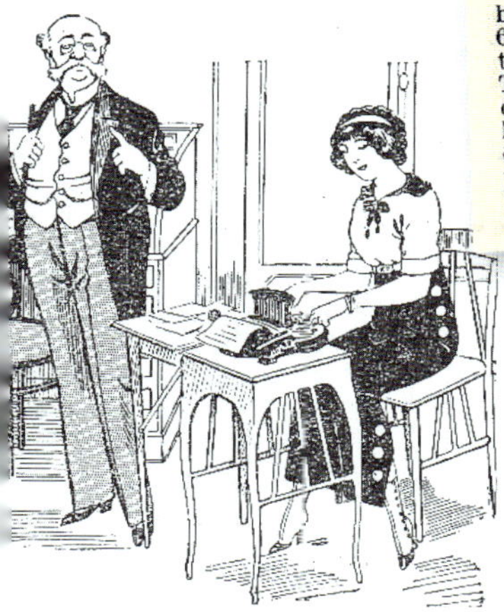

☛ Veuve guerre, habitant campagne, 39 ans, bien physiquement, honorable, sérieuse, avoir 60.000 francs, deux enfants, aîné ayant situation. Nature fière et délicate, très aimante. Trop jeune pour accepter solitude, serait une compagne intelligente et sure pour l'homme honorable, distingué, loyal et bon, non divorcé, qui pourrait lui offrir dans le mariage, une vie aisée, heureuse. France, Colonies. Absolument sérieux. Ne répond qu'à lettres signées. Discrétion d'honneur. — Journal n° 607.

dans la *Revue nègre,* aux sons endiablés de la clarinette de Sydney Bechet. Elle fait tourner bien des têtes.

C'est donc une femme moderne que le poilu retrouve en revenant du front, et cela ne se fait pas toujours avec joie quand, du fond de sa tranchée, il n'avait aspiré qu'à une chose : retrouver la petite femme dévouée d'antan.

LES PETITES ANNONCES

PETITE CHERCHE GRAND

Dactylo, 24 ans, petite, physique plaisant, gaie, franche, affectueuse, correspondrait en vue mariage avec monsieur ayant bon métier, loyal, bon, intelligent, assez grand, habitant Paris ou région. Septembre 1924

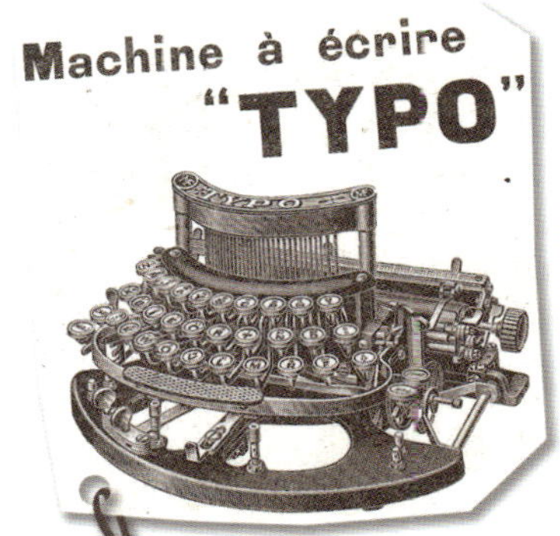

Combien ça coûte en 1920 ?
1 franc de 1920 vaudrait aujourd'hui environ 0,94 €

UNE MACHINE À ÉCRIRE

900 F

Maigres pensions

Il y a 680 000 veuves de guerre, qui touchent de bien maigres pensions au regard du sacrifice consenti : 563 francs par mois pour un matelot ou un simple soldat tué au combat, 825 francs pour un sergent, 5 250 francs pour un général de division. La guerre a aussi laissé 750 000 orphelins.

Rapidement, les veuves de guerre, auxquelles on concède le droit de se remarier, mais du bout des lèvres, sont jugées sévèrement par les associations de vétérans, qui les verraient plutôt attendre seules que le jugement dernier les réunisse avec leur mari disparu.

Il y eut des drames, des vengeances de maris trompés, des « divorces de guerre » au bénéfice du malheureux qui parvenait à démontrer l'inconduite de son épouse.

L'ACTUALITÉ EN 1923

- L'armée française occupe la Ruhr pour obliger l'Allemagne à payer les réparations de guerre.
- Le service militaire est réduit à 18 mois.

L'ACTUALITÉ EN 1924

- Mort de Lénine.
- Création d'un programme secondaire et d'un bac unique pour garçons et filles.
- Le cartel des gauches remporte les législatives en France.
- Publication du *Manifeste du surréalisme* d'André Breton.
- Sortie du *Voleur de Bagdad,* avec Douglas Fairbanks.

Veuve guerre, 30 ans, sans enfant, fonctionnaire, correspondrait mariage monsieur instruit et éduqué ayant bonne situation. —

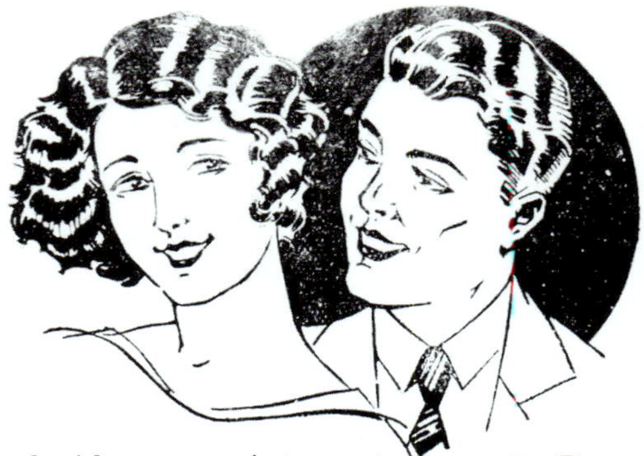

LES PETITES ANNONCES

MON P'TIT NOM !

Germaine, 33, Claire 30, employées, sans relations, correspondraient en vue mariage avec monsieur sérieux. Avril 1924 *(c'est la première fois qu'apparaissent des prénoms)*

TOUTE MA VIE…

Jeune fille très distinguée, jolie fortune, accepterait correspondance avec jeune homme de 28 à 40 ans, bonne famille et très brave, ancien aviateur ou autre, ayant bonne situation. Janvier 1920

LES FEMMES S'AFFIRMENT AUSSI DANS LES ANNONCES

Les annonces matrimoniales du *Chasseur Français* se développent à compter de la fin 1920. Le nombre des annonces passées par des femmes augmente et finit par représenter un tiers du volume global. À mesure que la guerre s'éloigne, leur style change. Les considérations financières, toujours présentes, commencent néanmoins à passer au second plan.

Dans les annonces masculines, les caractéristiques physiques souhaitées pour la future épouse prennent de l'ampleur : belles dents, svelte, forte, blonde ou brune, très bien faite, voilà des desiderata maintenant courants. Des descriptifs nouveaux apparaissent : mignonne, blondinette, brunette…

L'idée qu'il serait bon de faire plus ample connaissance avant de se marier fait son chemin. Tel jeune Parisien désire, en 1923, mais « après échange de sympathies », épouser une jeune fille ou une jeune femme très affectueuse. La virginité comme condition *sine qua non* du mariage perd du terrain. Le ton des annonces change. On voit timidement apparaître un « je souhaite », moins impersonnel. Certaines se présentent par leur prénom. Un homme cherche « une âme sœur » : en juin 1924, l'expression fait son apparition.

Quant aux femmes, celles qui exercent un métier voient leur avenir autrement qu'en « épouse de… ». Le futur ne passe plus forcément par le mariage, mais par des formes différentes de la vie commune, discrètement suggérées.

Avec l'ouverture de l'éducation supérieure aux jeunes filles, celles-ci s'attaquent à de nouveaux secteurs d'activité. « Parmi les métiers nouveaux, autrefois réservés aux seuls hommes et où les femmes se distinguent maintenant, écrit en 1924 Ennemonde Diard, j'aime surtout ceux où notre psychologie et nos aptitudes spéciales peuvent se faire valoir pour la communauté. L'institutrice, l'avocate, l'infirmière, la doctoresse, la journaliste et d'autres encore n'ont pas uniquement en tête, je me plais à le croire, leur profit personnel. »

Veuve, belle et jolie personne, très sympathique, femme du monde et d'intérieur, 90.000 frs. de revenu, épouserait monsieur 46-55 ans, possédant au moins moitié. — Écrire boîte postale 344, Paris.

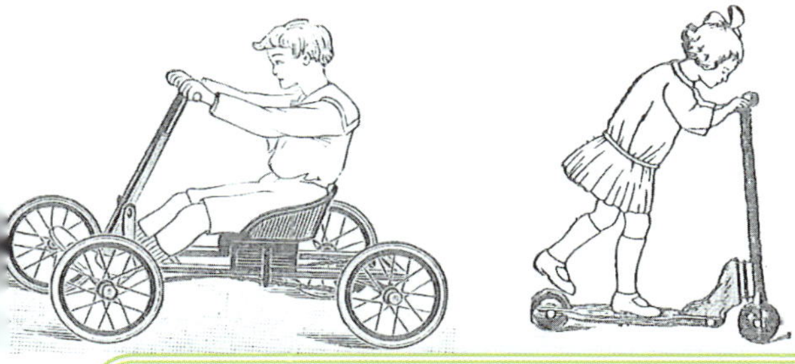

Vaincre le petit tyran !

Assez éloignés de l'idée de la mère dévouée corps et âme à son marmot, ces surprenants conseils d'éducation paraissent dans les années 1920 : « Dès la première heure de sa naissance, il s'agit de vaincre ce petit tyran, écrit l'auteure, Gabrielle Cavellier. Son intelligence, mal débrouillée des obscurités du néant, discerne tout de suite cette vérité : qu'il lui suffit de crier pour qu'on le prenne. Quand il pleure, laissez-le crier, quoi que vous soufflent les grands-parents attendris [...]. Le pire qui puisse arriver à bébé, quand il s'est égosillé et n'a plus de souffle, c'est de s'endormir comme un petit paquet. »

LES PETITES ANNONCES

LÈCHE-BOTTES

Monsieur bonne situation, sérieux, désire correspondre avec demoiselle ou veuve instruite, pratiquant masochisme ou goûts semblables en vue mariage. Mars 1920

RICHE OU PAUVRE

Demoiselle 30 ans, jolie femme paraît-il, caractère gai, excellente famille, très aisée, 25 000 francs dot, espérances 80 000, épouserait monsieur distingué, riche ou pauvre, mais loyal et bon, désirant fonder foyer heureux.
Octobre 1921

NAISSANCE DE LA POLITIQUE NATALISTE

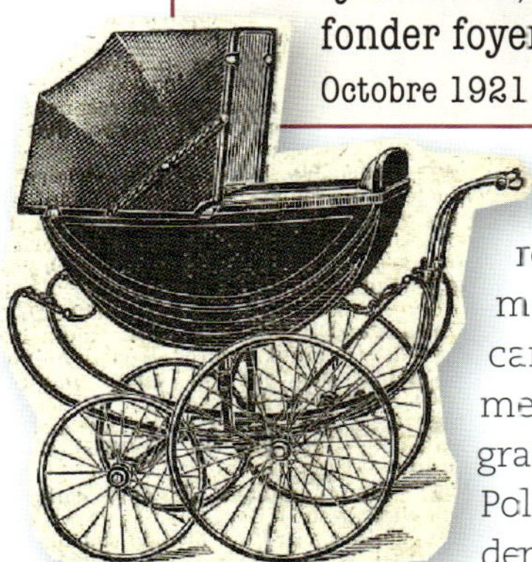

Effrayés par une démographie en berne, les pouvoirs publics cherchent à convaincre les Françaises de s'employer à perpétuer l'espèce. De multiples mesures natalistes sont prises : congés maternité, acquis dès 1917, primes à l'allaitement, accroissement du tout nouvel impôt sur le revenu pour les couples sans enfant, privilèges accordés aux familles nombreuses et création, en 1926, de la fête des Mères.
Comme l'accroissement naturel de la population est insuffisant — nombre de couples sont réticents à mettre au monde de la « chair à canon » —, le gouvernement favorise l'immigration : Italiens, Belges, Polonais, Tchèques et, depuis les départements d'Algérie, les premiers Algériens. En 1926, il y a officiellement 2,5 millions d'immigrés en France.

L'ACTUALITÉ EN 1925

- La *Revue nègre*, à Paris, avec Sydney Bechet et Joséphine Baker en pagne de bananes, incarne la soif de vivre et de s'amuser.
- Sortie de *La Ruée vers l'or*, de Chaplin.
- Premiers enregistrements de Louis Armstrong et de son Hot Five.
- L'exposition internationale des Arts décoratifs et modernes, à Paris, fixe les canons d'un style novateur, l'Art déco.
- Premiers travaux de Le Corbusier.
- Début, en décembre, de l'évacuation de la Ruhr.

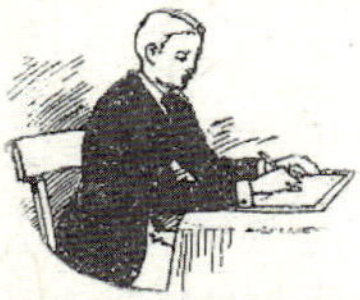

ANNONCES
1914-1924

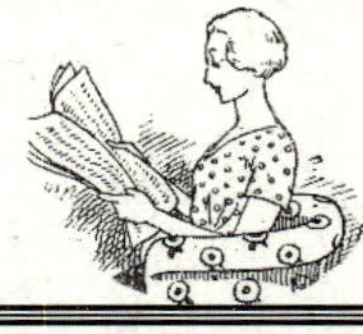

LES MOTS POUR LE DIRE

On voit apparaître, au compte-gouttes, des abréviations « spécial annonces » : **BSTR**, par exemple, pour « bien sous tous rapports », ou **JF**, pour jeune fille. Cette évolution, réaction à la hausse du prix du lignage, montre que les lecteurs décryptaient parfaitement ce sabir.

Divorcé de guerre : toutes les épouses de combattant n'ayant pas eu la vertu de Pénélope, il y eut un certain nombre de « divorces de guerre ».

Divorcé(e) à son profit : dans la séparation, c'est l'ancien conjoint qui a été reconnu fautif. Le divorce pour faute est alors courant.

Oh monsieur le curé !

Prêtre désire marier sa nièce, 24 ans, très bien physiquement, femme d'intérieur, musicienne, dot 20 000 francs, à revenir 40 000 avec monsieur bien élevé, bonne situation stable. Janvier 1920

Grande blonde

Jeune homme fortuné, 30 ans, conduite exemplaire, éducation parfaite, musicien, situation libérale, 30 000 francs par an, désire connaître pour mariage jeune fille grande beauté, préfère blonde, douce, affectueuse, même sans fortune pourvue famille honorable. Février 1920

Modern lady

Jeune femme, 30 ans, profession libérale, 25 000 francs par an, bien physiquement, caractère agréable, famille et honorabilité parfaites, divorcée à son profit, correspondrait en vue mariage avec monsieur 32 à 38 ans, situation même genre, Paris de préférence. Attacherait grande importance à éducation, distinction, délicatesse de goûts et de sentiments. Avril 1920

En avoir pour deux

Jeune homme, 25 ans, bien physiquement, de vieille et très bonne famille, cherche pour correspondre en vue mariage jeune fille bonne famille. N'attache pas d'importance à fortune, en ayant pour deux. Avril 1920

Tout… sauf des yeux noirs !

Agriculteur, 40 ans, catholique pratiquant, propriétaire, épouserait jeune fille 27-30 ans, catholique, excellente famille, santé, éducation, très distinguée, sans prétention, jolie, affectueuse, gaie, sérieuse, caractère souple, franchise absolue, femme d'intérieur mais aimant assez voyages, goûts simples, esprit pratique, sentiments élevés, très bien physiquement, beaux grands yeux, noirs exclus. Dévouement absolu réciproque, sachant comprendre vie avec aléas, changements, revers, idées larges. Dot minima espèces 150 000 francs. Indispensable pour réponse : joindre photo. Juin 1920

Triste

Demoiselle 23 ans, joli physique, sentimentale, affectueuse, affligée accidentellement, accepterait mari affligé, mutilé. Juin 1920

Code secret

Guerre terminée. AM 28 p.r. Provins ou à C… désire toujours pour mariage réponse à Lonnay. Très pressé. Août 1920

Vétéran cherche veuve de guerre

Célibataire, orphelin, ancien combattant, 36 ans, santé, physique honorable, bon, habitant campagne, situation 1 400, épouserait jeune fille ou veuve de guerre catholique, famille honorable, situation industrie ou commerce, 25-30 ans, sérieuse. Décembre 1920

Le million

25 ans, fille industriel millionnaire, épouserait monsieur fortuné, associerait industrie. Décembre 1920

Duo cherche duo

Deux frères célibataires, trentaine, agriculteurs aisés, physique agréable, épouseraient sœurs ou amies, sérieuses, gentilles, distinguées, élevées campagne. Février 1921

Bonheur assuré

Demoiselle 28 ans, bien physiquement, épouserait monsieur, même veuf, distingué, intérieur installé, situation. Bonheur assuré. Novembre 1921

Copines
Deux jeunes filles désireraient échanger correspondance avec jeunes gens sérieux, éducation parfaite. Novembre 1921

Elle te plaît ma sœur ?
Pour sa sœur, 26 ans, gentille, distinguée, douce, goûts simples aimant vie intérieure, dot 10 000 francs et espérances, frère désirerait créer relations en vue mariage avec monsieur de famille honorable, de préférence commerçant ou susceptible de s'établir. Novembre 1921

Petit grand chasseur
Jeune homme châtain, 32 ans, petite taille, situation industrielle Paris, désire mariage avec jeune fille ou jeune femme gentille possédant propriété de chasse. Décembre 1921

Dialogue compliqué
On cherche sourd-muet de très bonne famille pour mariage avec sourde parlante, 37 ans, noble, fortunée, distinguée, catholique. Décembre 1921

Mutilé
Mutilé de guerre, 27 ans, 2 760 francs pension, épouserait fille-mère ayant fortune. Discrétion. Janvier 1922

Forte cultivatrice
Noble très fortuné, 800 000 francs, bien, cinquantaine, épouserait demoiselle, cultivatrice, excellente catholique, grande, forte et jolie. Photo. Janvier 1922

Cherche bonheur
Quelle jeune fille ou jeune femme serait décidée à épouser et rendre heureux monsieur 32 ans, possédant gentil intérieur, bonne situation à Paris dans banque, actif aimant intérieur. Février 1922

Révolution russe
Vicomte français, 25 ans, bien généralement, sans fortune, parents Russie sans nouvelles depuis 1916, recherche orpheline ou autre, 18-24 ans, ayant forte situation. Photo. Juillet 1922

Veuve en trois jours
Veuve de guerre sans enfant après trois jours de mariage, 30 ans, famille honorable, catholique, femme intérieur, caractère enjoué, 4 000 francs revenus, 40 000 francs capital et espérances, désire mariage. Juillet 1922

Évaporée
Mlle Liliane Boisroger remercie les lettres reçues, toutes photographies sont renvoyées ainsi que lettres redemandées. Elle a quitté le pays sans laisser d'adresse. Février 1923

So sexy
Vieille fille sans fortune, beauté, ni talent cherche mari. Avril 1923

Fils de l'air
Orphelin, fils unique, 23 ans, bien tous rapports, situation de fortune 3 millions (3 000 000) assurés, cherche jeune fille, jolie, avenante, aimant auto et aéro, situation et dot peu importe. Très sérieux. Septembre 1923

Par ici les photos
Candidates, adressez photos en vue mariage, qui seront rendues, à industriel parisien, 38 ans, éducation parfaite, doux, affectueux, 20 000 francs annuels, espérances. Octobre 1923

Si la photo est bonne
40 ans, veuve de guerre, sérieuse, travailleuse, bonne ménagère, désirerait mariage avec monsieur très affectueux, sérieux travailleur, banlieue parisienne. Envoyer photo. Décembre 1923

Working girl
Demoiselle. 35 ans, profession, correspondrait en vue mariage. Décembre 1923

Tout mais pas mince
Brun, 35 ans, ancien officier active, épouserait jeune fille blonde, yeux clairs, taille moyenne, pas mince, trentaine, employée, ouvrière, paysanne, sans un sou. Joindre photo. Janvier 1924

Vrai foyer de bonheur
Y a-t-il un homme de cœur loyal, d'excellente éducation, désirant mariage avec divorcée à son profit, 40 ans, bien physiquement, ayant eu revers, pour fonder vrai foyer de bonheur ? Février 1924

Sentiment
Cœur meurtri, jeune, épouserait demoiselle, veuve, divorcée, même affliction, riche ou pauvre. Mars 1924

Homme de cœur
Est-il un homme de cœur qui consentirait par mariage à refaire foyer à veuve et orphelins de guerre : la maman, 35 ans, grande, distinguée, les enfants 7 et 8 ans, plus de cœur que d'argent. Avril 1924

Inclination
Capitaine, 32 ans, désire mariage d'inclination avec demoiselle distinguée, instruite désintéressée. Avril 1924

Fils mort guerre
Monsieur, 60 ans, 100 000, fils mort guerre, épouserait dame affectueuse, dévouée, ferait héritière. Juillet 1924

Alsacienne, Auvergnate, etc.
Aisé, grosses espérances, distingué, honorable, cultivé, épouserait Alsacienne, Auvergnate, etc., pays boisé, agréable, 20-30 ans, affectueuse, fortunée. Juillet 1924

Dans les dents
Veuve de dentiste, 50 ans, distinguée, au courant de la profession, épouserait dentiste âge et situation en rapport. Juillet 1924

Castafiore
44 ans, très bien physiquement, bien faite, divorcée mon profit, musicienne, belle voix, très distinguée, revenus 14 000, sérieuse, désire mariage assorti. Septembre 1924

Club des quatre
Quatre demoiselles fonctionnaires, 29 à 35 ans, bonne éducation, désirent correspondre en vue mariage. Novembre 1924

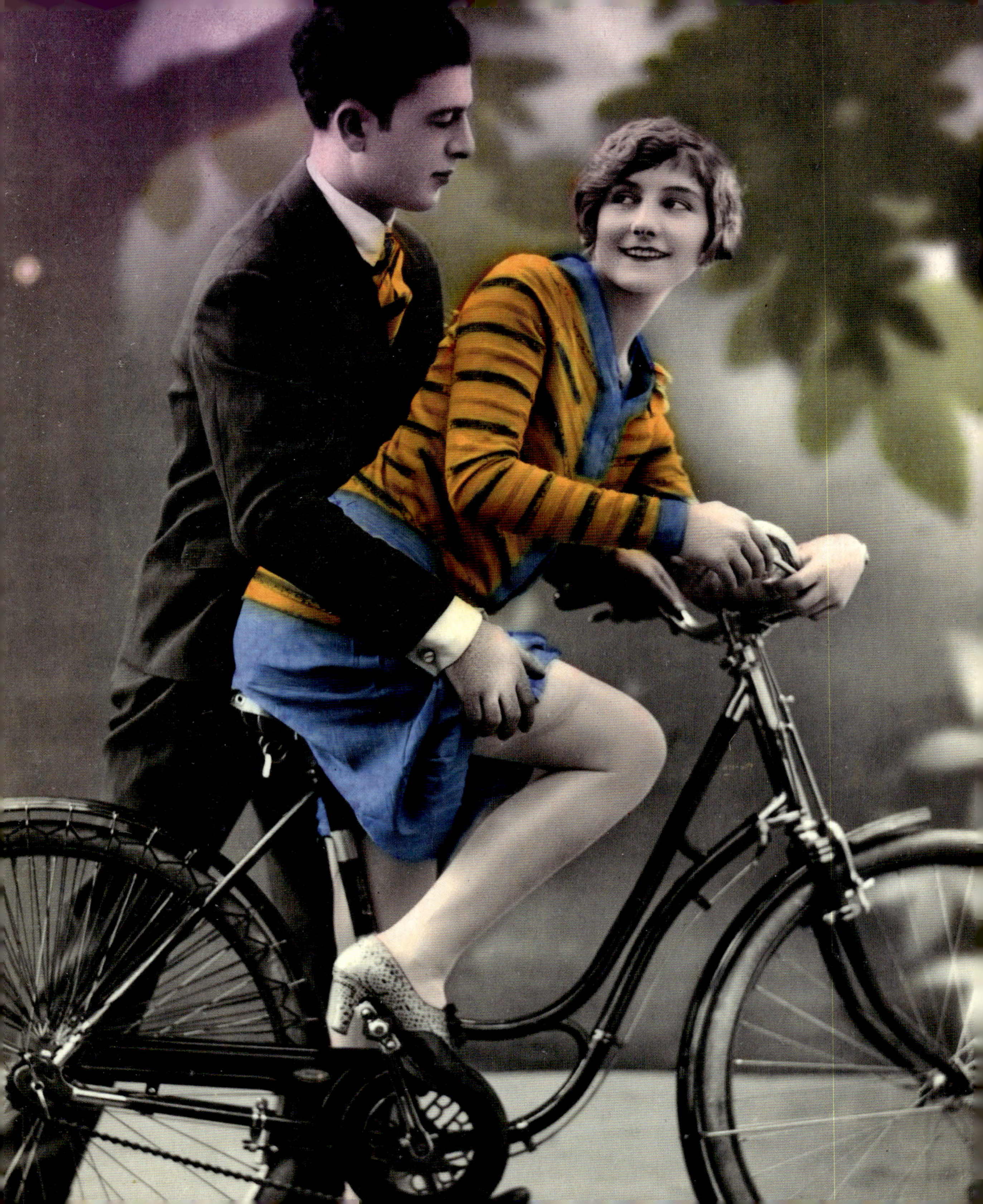

1925-1930

LES ANNÉES FOLLES

☞ Oise. Institutrice, 25 ans, sympathique,
désire correspondre avec célibataire, grand,
excellente santé, idées larges,
situation indépendante campagne
(industriel de préférence), heureux de rencontrer
compagne sensée et affectueuse,
photo demandée.
mars 1926

PARIS, REINE DU MONDE !

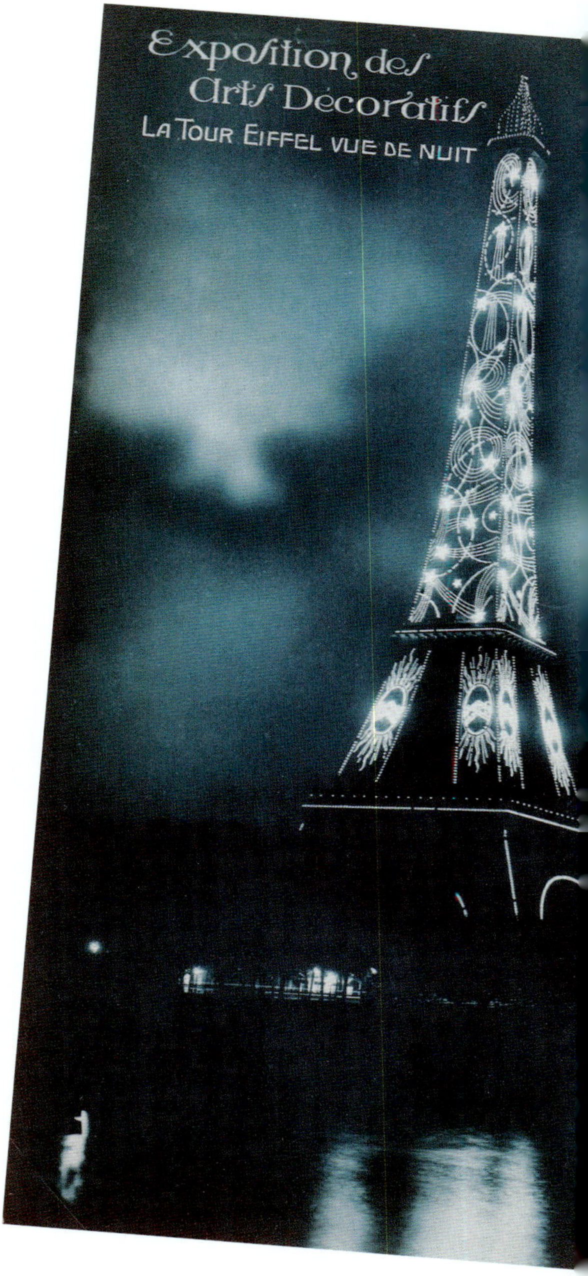

LA GUERRE ET SES SPECTRES S'ÉLOIGNENT. LA VIE A REPRIS AVEC D'AUTANT PLUS DE FRÉNÉSIE ET D'ÉCLAT, NOTAMMENT À PARIS, CAPITALE MONDIALE DES ANNÉES FOLLES.

LES PREMIERS PAS DE LA TSF

Tandis que l'économie se modernise, les Français, découvrent les joies du progrès à un rythme enlevé. Les libertés publiques, mises sous le boisseau durant le conflit, sont rétablies, et notamment celle d'émettre par transmission sans fil, ou TSF, le petit nom de la radio. Passé les premières interrogations sur cette nouvelle machine mystérieuse, on s'émerveille de ses multiples talents : elle permet de s'informer, de se cultiver et de se distraire, à peu de frais.

☛ Qui épouserait jolie brune distinguée, moralité irréprochable, 25, fille négociant. Divorcés s'abstenir. — Journal, n° 1022.

L'ACTUALITÉ EN 1925

- Premiers essais de photo couleur.
- Fou de jalousie, Max Linder se suicide après avoir tué sa femme.
- Blaise Cendrars publie *L'Or*.
- Commercialisation des premiers réfrigérateurs grand public.

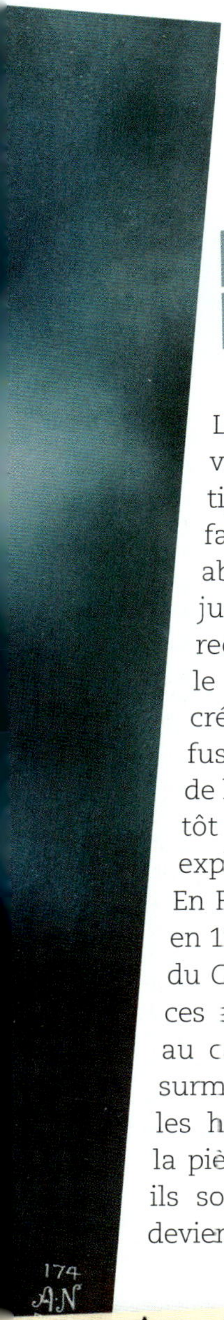

UN INSTRUMENT DE POUVOIR CONVOITÉ

Les tentatives de mainmise des pouvoirs sur le nouveau média se multiplient : depuis 1922, Mussolini en fait un usage intensif et novateur, aboyant ses harangues sur les ondes jusque dans les campagnes les plus reculées, les poings sur les hanches, le menton au ciel. Les démocraties créent des services publics de radiodiffusion, comme la BBC. De l'autre côté de l'Atlantique, Roosevelt lancera bientôt ses causeries au coin du feu pour expliciter sa politique.

En France, il y aura 4 millions de postes en 1937, un pour dix habitants. Les pages du *Chasseur* regorgent de publicités pour ces appareils. Au début, la TSF s'écoute au casque, à côté d'un poste imposant surmonté d'une énorme antenne. Bientôt, les haut-parleurs diffusent le son dans la pièce, la taille des récepteurs diminue, ils sont intégrés dans des meubles qui deviennent le must des salons modernes.

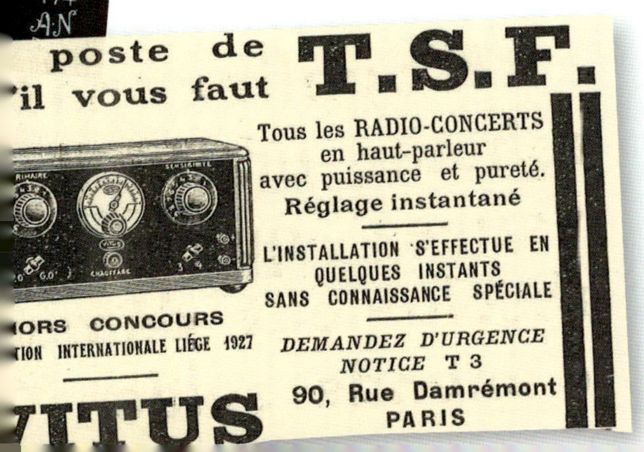

LES PETITES ANNONCES

FOLKLORE

Quelle femme, 25 à quarantaine, portant costume régional, travailleuse, affectueuse, épouserait homme, 35 ans, affectueux, modeste, sobre, bonne situation. Mars 1925

VEUVE D'AVOCAT DÉSINVOLTE

Veuve d'avocat, quarantaine, ruinée, instruite, très désinvolte, petite, grasse, désire union monsieur supérieurement instruit, délicat, qui rendrait tendresse et aisance perdues. Paris ou environs. Octobre 1925

On se réunit pour écouter les émissions chez les heureux possesseurs d'un poste.

En France, le pouvoir choisit le développement simultané d'émetteurs publics et privés : ces derniers sont logiquement créés par les sociétés qui vendent aussi… des postes, comme Vitus ou SFR. Radio-Vitus Poste de Montmartre émet quotidiennement à compter de 1928 : concerts, spectacles de cabaret et nouvelles, proclamées par son illustre speaker Radiolus, débauché de chez Radiola, la station concurrente, où il se nommait Radiolo. La guerre des animateurs, déjà…

PROPOSITIONS D'ECHANGES

☛ Appareil T. S. F. neuf contre utilités. — Louis Guinet, Charolles (Saône-et-Loire).

☛ Contre photo, vélo, T. S. F. ou autre, échangerais trois stéréoscopes monétaires, valeur 1.200. — Henri Besson, Lapalisse (Allier).

Demoiselle, 38 ans, ayant emploi, goûts simples, avoir, épouserait fonctionnaire, employé retraitable, ville, campagne. Ecrire lettre détaillée. — Normand P. O. P., 26, avenue Wagram, Paris.

LES PETITES ANNONCES

MISS « JE PRENDS MA VIE EN MAINS »

Demoiselle, 25 ans, blonde, au courant comptabilité industrielle et commerciale, petites économies, désirerait correspondre en vue mariage avec jeune homme travailleur, désirant se créer une situation dans petite industrie appelée à prospérer. Juillet 1925

SOBRE

Jeune homme potable sous tous rapports à marier. Décembre 1925

LES MŒURS S'ASSOUPLISSENT…

Il y a aussi Radio Tour Eiffel, dont le « journal parlé » est capté dans toute la France, ainsi que les voix de Sacha Guitry et de son (infidèle) épouse, Yvonne Printemps. Les mésaventures conjugales de ces deux-là font les gorges chaudes.

— Sur votre tombe, je ferai écrire « enfin froide », avait lancé Sacha furieux à Yvonne.

— Sur la vôtre, je ferai graver « enfin raide », avait-elle répliqué avant de filer pour une nouvelle et non moins tumultueuse idylle avec Pierre Fresnay. C'est dire si les mœurs se sont assouplies !

Le tube de l'époque, c'est *Valentine,* dont Maurice Chevalier célèbre, en 1928, les petons et les tétons. Mistinguett, impériale dans ses fourrures,

Une industrie rayonnante

En 1925, l'économie française a tourné la page de la guerre. Il y a peu de chômage, les déficits publics sont maîtrisés, la reconstruction bat son plein. L'industrie, reconvertie, a adopté de nouveaux outillages et de nouvelles méthodes. Tailleur d'engrenages et tourneur d'obus, André Citroën a repris, en 1919, les usines Mors du 15e arrondissement parisien. Il s'essaie à l'automobile, avec brio. C'est un génie de la publicité, qui illumine la tour Eiffel de son nom en 1926. Il admire et copie Henry Ford, le roi du travail à la chaîne.

Louis Renault, grand inventeur, contrairement à Citroën, est encore fêté comme le sauveur de la patrie pour avoir produit quantité de matériel militaire en concertation étroite avec le ministre socialiste de l'Armement Albert Thomas. Il dirige avec fougue un empire qu'il a créé entièrement de ses mains, et qui sait tout faire : automobiles, moteurs d'avion, poids lourds, blindés…

L'automobile française a un rayonnement planétaire : de fameux carrossiers, comme Saoutchik, Letourneur & Marchand ou encore Figoni & Falaschi, habillent des châssis Bugatti, Hispano-Suiza, Delage ou Delahaye de véritables robes haute couture, en faisant des pièces uniques que s'arrachent les millionnaires du monde entier. La France domine alors les productions anglaises et rivalise avec l'Allemagne. Même tableau dans l'aéronautique : Dewoitine, Breguet, Latécoère, Caudron, Morane-Saulnier, Blériot, Farman ou Voisin comptent parmi les champions. En 1928, Marcel Bloch crée sa société d'aviation : elle portera un jour le nom de Dassault. Depuis l'exploit transatlantique de Lindbergh, en 1927, plus personne ne doute que l'aviation commerciale deviendra bientôt une réalité.

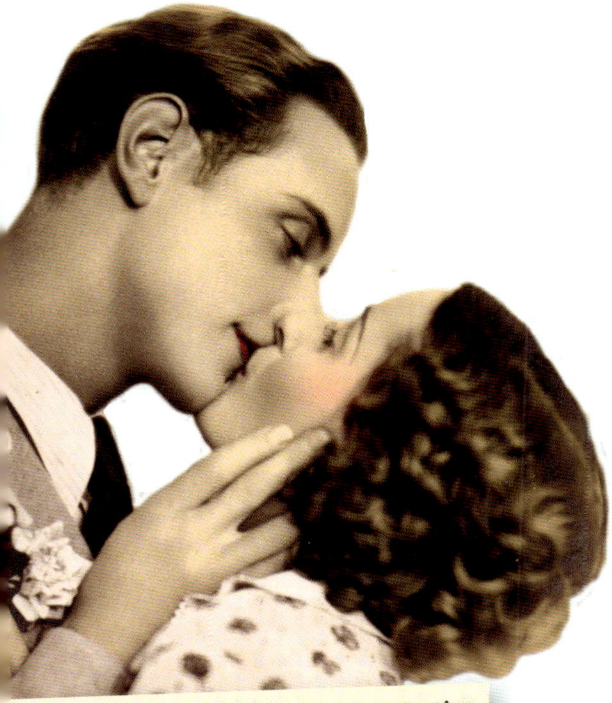

☛ Le hasard réalisera-t-il mon rêve, alors qu'on me prétend trop difficile ! Favorisée par la nature et par la fortune, j'épouserais un homme intelligent, loyal, cœur généreux, gai, aimant voyages, belle fortune ou grosse situation. Pas fonctionnaire, 35 à 45. — Journal, n° 1026.

Paris, capitale du monde

Paris mérite plus que jamais son surnom de Ville Lumière. De Montmartre à Montparnasse, tous les talents de l'univers s'y côtoient dans une fête permanente.

Dans les boîtes, on danse bientôt le charleston, en robe courte à bretelles, en croisant les genoux bien haut. Au cinéma, Max Linder, Greta Garbo, Charlot et Buster Keaton tiennent l'affiche. L'essentiel des films vient d'Amérique, même si le cinéma français couve un vigoureux développement, dont les créations éclateront à la fin des années 1930. Au théâtre, on applaudit Louis Jouvet, Yvonne Printemps et Pierre Fresnay. Peintres, sculpteurs, musiciens, écrivains, jazzmen, dans un joyeux mélange de luxe et de bohème, se retrouvent au Dôme, à la Coupole ou à la Closerie des Lilas. On fait la java au Bœuf sur le Toit, et on la danse. Voici Ernest Hemingway, John Dos Passos, Pablo Picasso, Salvador Dali, Georges Braque, Max Ernst, Juan Miro, Moïse Kisling… André Breton, Paul Éluard et tant d'autres.

chante la gloire de Paris, cette « blonde, qui plaît à tout le monde ». Son secrétaire, Pierre Lazareff, deviendra le plus grand patron de presse du moment, avec *Paris-Soir*. Les grands reporters, Albert Londres ou Joseph Kessel en tête, parcourent le monde et rapportent des reportages dont on dévore les lignes. Toute cette effervescence, d'abord très parisienne, s'exporte bientôt, radio aidant, dans toutes les provinces, où les villes attirent toujours plus d'habitants.

Les campagnes se dépeuplent, régulièrement. On y utilise encore beaucoup de chevaux de trait, de machines à bras. *Le Chasseur Français* publie en 1926 les premières pubs pour les tracteurs américains International Harvester. Leur incroyable efficacité en fait rapidement un investissement désirable, malgré les réticences que les paysans, habitués à cultiver l'autarcie, éprouvent à acheter du carburant. Le cheval, lui, mange à la ferme, et il résiste encore bien, surtout dans les petites exploitations. Le tracteur lui fait pourtant une implacable concurrence : il permet, avec un seul homme en 1 heure, d'effectuer le travail de six laboureurs aidés de vingt percherons.

L'ACTUALITÉ EN 1926

- Coco Chanel lance sa célèbre petite robe noire.
- Création de la fête des Mères.
- L'Allemagne entre dans la SDN.
- *Le Torrent* fait de Greta Garbo un sex-symbol mondial.

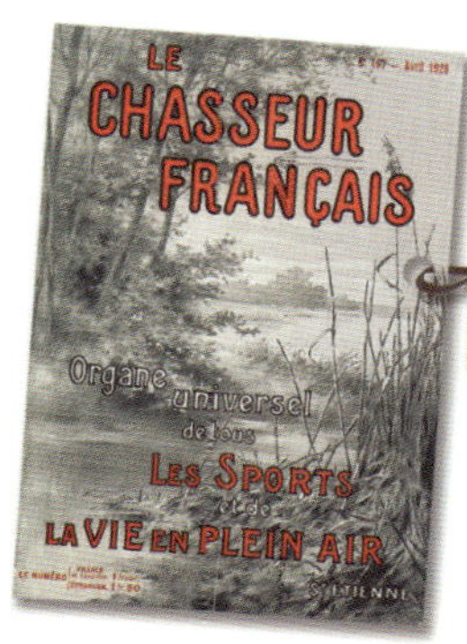

Combien ça coûte en 1928 ?
1 franc de 1928 vaudrait aujourd'hui environ 0,61 €

UN NUMÉRO DU CHASSEUR FRANÇAIS
1 F

☛ Bourgogne. — Parents marieraient sœur, 21, catholique, physique agréable, sérieuses qualités, femme d'intérieur, musicienne, petite dot, espérances, avec jeune homme maximum 29, grand, physiquement moralement bien, situation libérale. Répondront à lettres détaillées. Sérieux. — Journal, n° 848.

LES PETITES ANNONCES

ROMAN D'AMOUR

Ingénieur, 30 ans, Parisien, belle situation par lui-même, ayant villa, auto, gentil, fin, vif, spirituel, très sensible, de sentiment et d'action, intrépide, qualités rares, cherche jeune fille irréprochable, intelligente, bien élevée, mais simple, petite taille préférence, mais très jolie, fine, bien faite, gracieuse, ayant du cœur, grande sensibilité sentimentale pour mariage d'amour. Envoyer description détaillée avec photo. Avril 1925

RIEN QUE DU MALHEUR

Demoiselle affligée, 24 ans, enfant 6 ans, épouserait malheureux comme elle. Janvier 1926

HARCÈLEMENT

N° 3021 serait heureuse de savoir si MFE, ingénieur Cherbourg – Toulon, a reçu sa lettre. Octobre 1929

Tout jeune PCF

Encore jeune, le Parti communiste français séduit. Staline, idole naissante, n'a encore montré que le bout de ses moustaches et cache ses sinistres talents, que de rares initiés au sein du PCF dissimulent avec soin.

Personne ne veut croire les rares esprits éclairés qui mettent en doute la nouvelle doxa, ses promesses de lendemains qui chantent et qui, bien sûr, ne sauraient éclore sans une belle omelette. Elle sera monstrueuse : mais ceux qui en devinent l'ampleur, comme André Gide, sont impitoyablement excommuniés par la nouvelle secte.

LA FÉE ÉLECTRICITÉ

L'eau courante et l'électricité montrent leur nez dans les campagnes. En 1930, l'eau courante à la maison n'est encore le fait que de 23 % des communes de France. Ailleurs, on va au puits, on pompe dans la cour. Fin 1945, l'eau courante existera dans 70 % des foyers. L'électrification va plus vite : on passe de 7 000 communes électrifiées en 1919 à la quasi-totalité en 1938. Le réseau, privé, techniquement disparate, tombe en panne souvent. Les années 1930 verront la construction de grands barrages, mais aussi l'édification d'un grand réseau haute tension qui crée une solidarité technique de fait entre les usagers. EDF, entreprise nationale, regroupera l'essentiel des fournisseurs et des distributeurs, mais pas avant 1946.

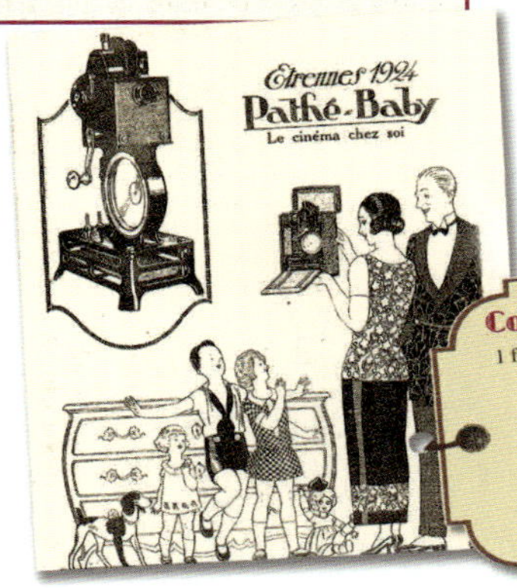

Combien ça coûte en 1928 ?
1 franc de 1928 vaudrait aujourd'hui environ 0,61 €

UN APPAREIL DE PROJECTION PATHÉ-BABY
325 F

Combien ça coûte en 1928 ?
1 franc de 1928 vaudrait aujourd'hui environ 0,61 €

UNE MOTO
250 CM³
4 600 F

☛ Divorcée profit, 44 ans, sans enfant, 10.000 rentes, distinguée, sympathique, blonde, goûts simples, toutes qualités, intérieur, désire mariage assorti. Education. — Journal, n° 1717.

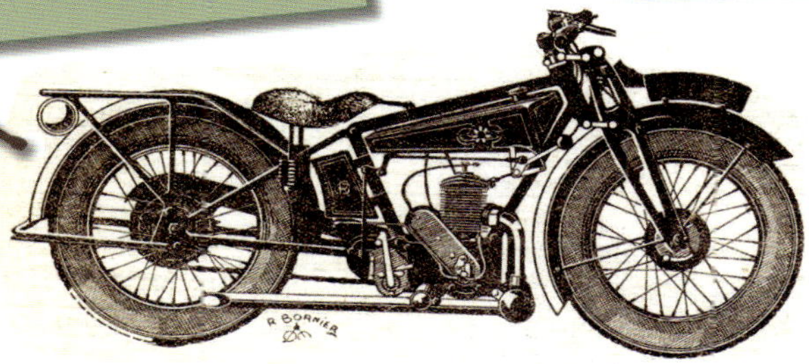

L'électricité apporte partout des solutions nouvelles. Inventé à la fin du siècle précédent, le réfrigérateur grand public apparaît vers 1925. À la cuisine, à la ferme ou à l'atelier, la force du courant commence à supplanter les bras.

Ce progrès n'est pas encore général, mais il se répand et fait rêver : la vie et les déplacements sont plus faciles, l'information circule. Et si les voyages d'agrément sont encore le privilège des riches, l'idée fait son chemin. Le monde est encore loin d'être un village, mais l'isolement recule.

LES PETITES ANNONCES

MASSEUSE AUX CHEVEUX D'OR

Sage-femme masseuse, 25 ans, bien physiquement, jolie (cheveux d'or), sérieuse, cultivée affectueuse, désire connaître pour mariage monsieur belle situation, grande ville, France ou colonies. Juillet 1926

DEUXIÈME MANCHE, MATCH OPEN

Française épouserait secondement Français, Américain, toute nationalité, sérieux, distingué : 30, bien, musicienne, revenus. Fillette. Juillet 1926

Après l'Art nouveau, l'Art déco

Une grande exposition internationale des Arts décoratifs et industriels modernes s'ouvre à Paris en 1925 : elle va fixer les canons du style Art déco, qui envoie illico au musée l'Art nouveau et ses volutes. Il caractérisera les années 1930, tous domaines confondus.

Les lignes se simplifient, deviennent géométriques, fonctionnelles. On cultive le monumental et on construit beaucoup : mairies, postes, écoles, gares, terminaux maritimes et aérogares. Beaucoup de ces bâtiments nous sont parvenus.

Les architectes s'appellent Patout, Sauvage, Mallet-Stevens ou Süe. Lempicka peint. Ruhlmann crée des meubles en ébène, en bois de Macassar, en ivoire et en galuchat. Grand maître du verre moulé, Lalique incarne cette symbiose entre art et industrie.

L'éclairage électrique démontre sa capacité à modeler l'architecture, voire à en créer une de toutes pièces nuitamment. Chez les totalitaires, les lumières encadrent les grands-messes du parti. Chez les démocrates, elles servent la publicité ou le simple plaisir de l'œil : Granet illumine merveilleusement le Grand Palais, pour le salon de l'Auto ou celui de l'Aviation.

L'ACTUALITÉ EN 1927

- Avec *Le Chanteur de jazz* naît le cinéma parlant.
- Le 21 mai, Charles Lindbergh traverse l'Atlantique.
- Création des Croix-de-Feu du colonel de La Rocque.
- Fritz Lang présente *Metropolis*.
- Buster Keaton tourne *Le Mécano de la « General »*.
- Mistinguett interprète *Ça, c'est Paris*.

LE BOOM DU *CHASSEUR*

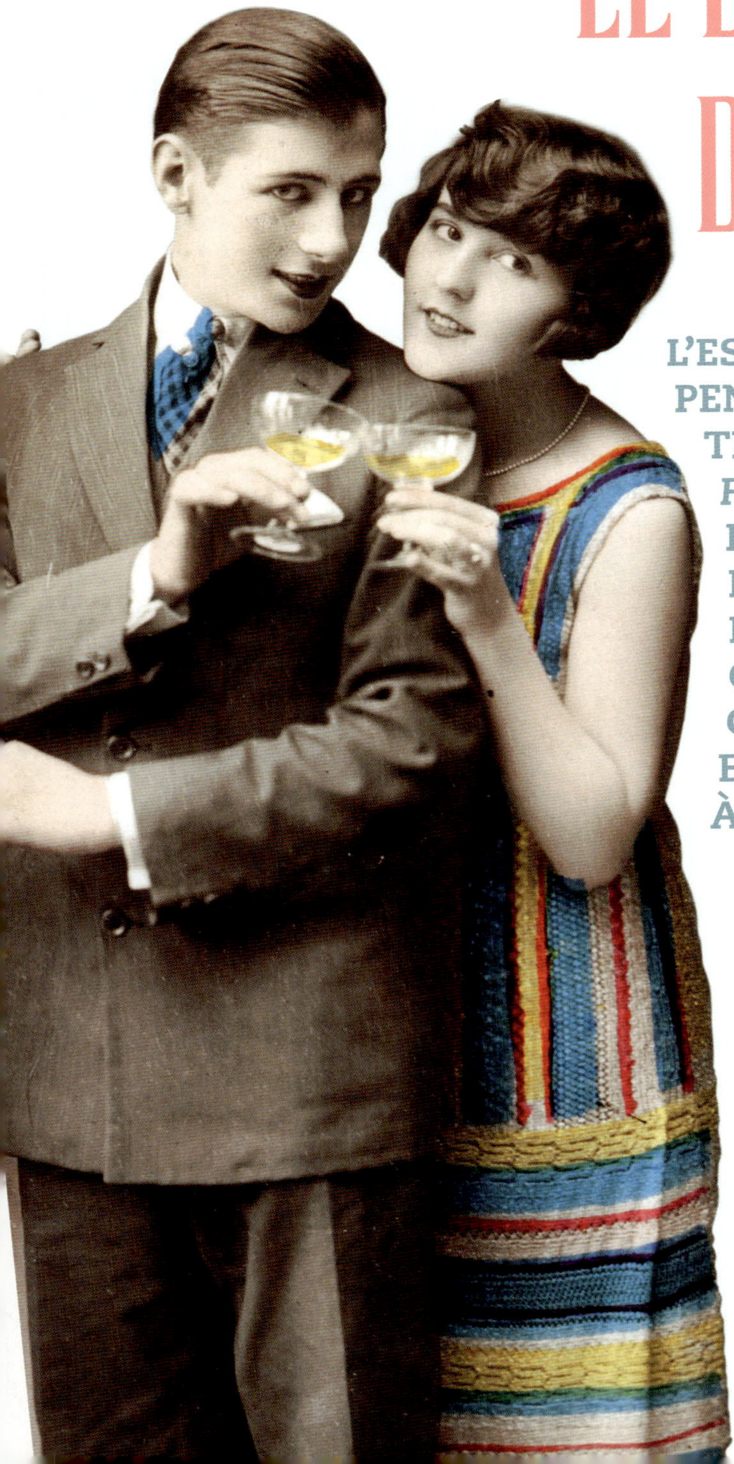

L'ESSOR DES ANNONCES PENDANT LES ANNÉES FOLLES TRANSFORME LE *CHASSEUR FRANÇAIS* EN CARREFOUR DES RENCONTRES PAR EXCELLENCE. QUANT AUX FEMMES, LEUR POIDS DANS CE FLUX NE CESSE DE GRANDIR : LA MODE, ELLE, EST RÉSOLUMENT… À LA LIANE.

☞ Qui sait ? Ce moyen laisse peut-être
la place à un certain charme romanesque.
J'en fais l'expérience. Mademoiselle qui me
lisez et vous dites aussi : pourquoi pas ?
qui êtes grande, svelte, distinguée, de phy-
sionomie agréable, de bonne éducation, de
goûts modernes mais aimant surtout votre
intérieur et la gaîté dans la vie familiale, de
famille catholique, honorable, aisée et si pos-
sible de milieu industriel ou d'affaires, veuil-
lez vous faire connaître, pour mariage si
toutefois est susceptible de vous plaire, ingé-
nieur trentaine, grand, brun, honorabilité
parfaite, situation de 50.000 à Paris, très
désireux de fonder foyer heureux et durable.
Pas sérieux ou ne remplissant pas condi-
tions s'abstenir. Rien des agences. — Jour-
nal, n° 1733.

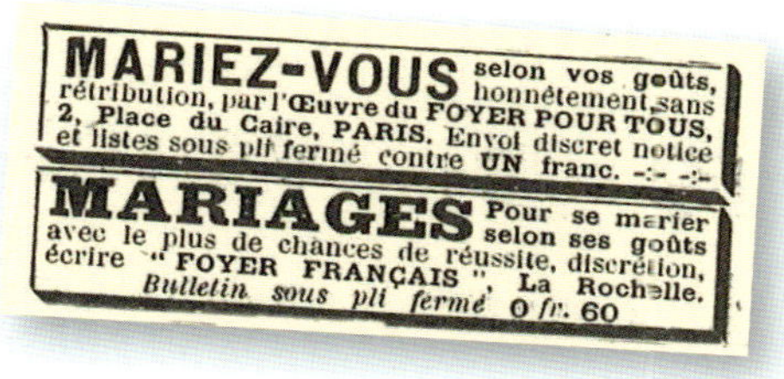

LE MARIAGE OU RIEN

Entre 1925 et 1930, le nombre des annonces du *Chasseur Français* triple : de 115 en moyenne mensuelle, on passe à 340, avec une proportion de femmes en légère croissance, mais qui demeure globalement inférieure à 50 %. Cette multiplication des annonceuses se manifeste logiquement dès 1926, quand arrivent en âge de se marier les jeunes filles dont les prétendants naturels sont morts dans les tranchées. Pourtant, cet accroissement de la part féminine dans les annonces n'est pas seulement lié à l'apparition des classes creuses : les femmes, dont beaucoup ont goûté à la vie professionnelle pendant la guerre, ne veulent plus être et ne se perçoivent plus comme des êtres inférieurs, mais comme des égales, au moins en devenir, car le droit civil est encore en contradiction flagrante avec ces aspirations.

LES PETITES ANNONCES

VITE, DES CARESSES

Grand, brun, rasé, 38 ans, divorcé profit, caressant, sobre, doux, pension de guerre 1 440, gain mensuel 248, espérances 10 000, marierait veuve de guerre, très caressante, douce, affectueuse. Pressé. Avril 1925

GAZÉ EN BON ÉTAT

Quel lecteur isolé, grand brun, instruit, quarantaine, gazé, excellent état général, voudrait correspondre avec demoiselle 33 ans, brune, même santé ?
Novembre 1926

QUAND MÊME ?

J'ai 43 ans et je suis divorcée. Puis-je espérer quand même un foyer agréable sur base estime, affection, tendresse réciproque ? J'ai quelques qualités et quelques défauts, une solide instruction, pas de fortune et gagne honorablement ma vie.
Février 1928

De la sobriété

L'alcoolisme ressort des annonces du *Chasseur* comme un problème essentiellement masculin, et un véritable fléau en France. Malgré les efforts des ligues vertueuses, la consommation d'alcool y est alors totalement banalisée, comme en témoignent la plupart des publicités. Nombre d'hommes éprouvent donc le besoin de se décrire comme « sobres », qualificatif qui n'apparaît jamais chez les femmes. De temps en temps néanmoins, un homme se définit comme « épicurien ».

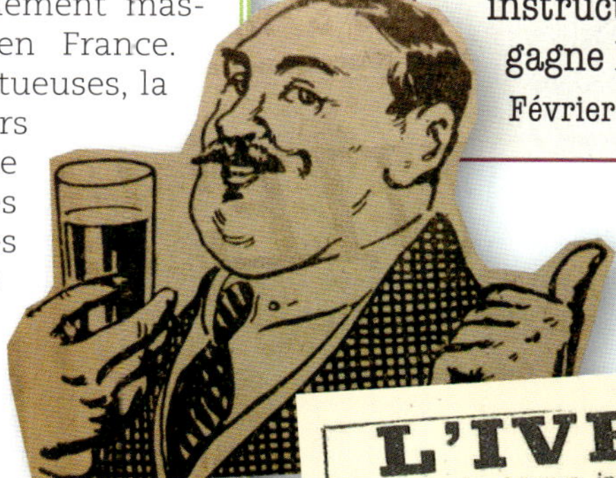

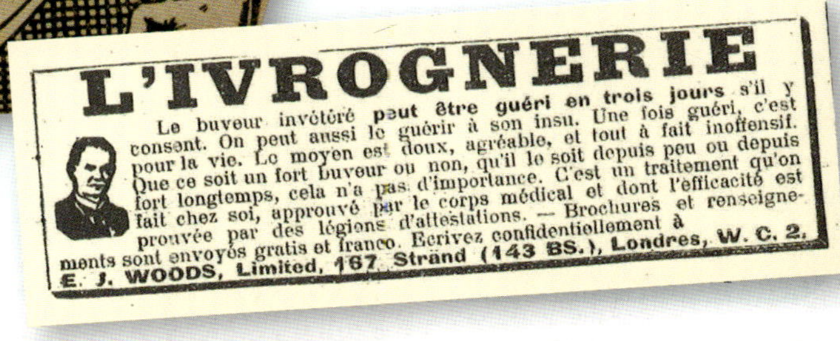

LES PETITES ANNONCES

Combien ça coûte en 1929 ?
1 franc de 1929 vaudrait aujourd'hui environ 0,57 €

UN NUMÉRO DU CHASSEUR FRANÇAIS
1,25 F

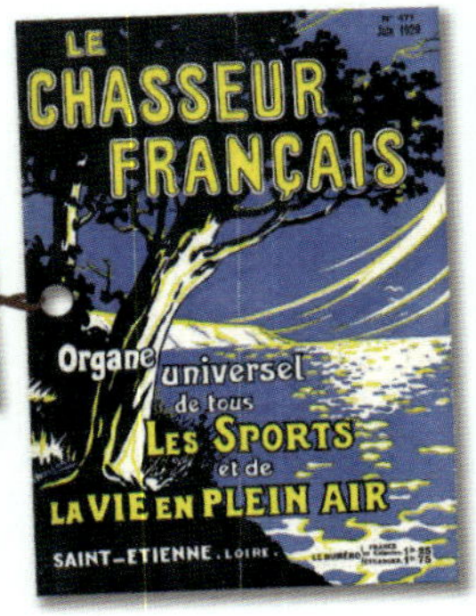

BIEN PRISE

Blonde foncée, 21 ans, jolie, bien prise, taille moyenne, pianiste, peintre, excellente femme d'intérieur, instruction, éducation, caractère, frère ingénieur, beau-frère architecte, petite dot et espérances, recherche pour mariage monsieur sérieux. Décembre 1925

FILS NATUREL, ET FIER DE L'ÊTRE

Officier, quarantaine, fils naturel, divorce profit, une fillette vivant avec sa mère, épouserait personne physiquement bien, goûts simples, femme d'intérieur, qualités de cœur et moralité exigées. Juillet 1925

LIBRE-PENSEUSE

Parisien artiste et colonial, très intelligent, cultivé, prochainement 200 000 et pension, épouserait belle jeune femme, libre-penseuse, 35 ans environ, simple et distinguée. Novembre 1929

UNE NOUVELLE PERCEPTION DE SOI

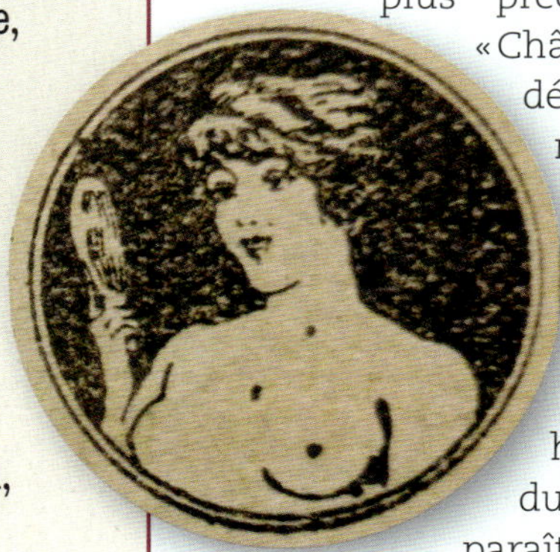

Dans les annonces, les femmes commencent à se décrire différemment: «physionomie expressive», «bien équilibrée», «intellectuelle», «sportwomann» (*sic*). Les autoportraits se font plus précis, publicitaires, voire coquins. «Châtain bouclé, rosée, jolie taille», se décrit une telle. «Caressante», promet telle autre. Impensable avant guerre! «Sait conduire une auto», stipule telle jeune fille moderne.

L'aspect physique et la jeunesse sont de plus en plus valorisés, chez les femmes comme chez les hommes: «Sans les porter le moins du monde, j'ai 34 ans…», «Veuve, 42, paraît beaucoup moins», «Monsieur, 36 ans, paraît 30», «Sans les paraître, j'ai 33 ans, bien physiquement»… Ces coquetteries, inconnues hier, deviennent monnaie courante.

Le ton et le mode de rédaction changent aussi énormément. Voici des annonces signées d'un

L'ACTUALITÉ EN 1928

- La loi (complétée en 1930) rend obligatoire l'assurance maladie, maternité, vieillesse, invalidité et décès pour les salariés et les agriculteurs.
- Le service militaire en France est ramené à un an.
- L'Aéropostale ouvre sa ligne vers l'Amérique du Sud via Dakar et Recife.
- Le pacte Briand-Kellog, signé par soixante pays, met la guerre… hors la loi.

Combien ça coûte en 1928 ?
1 franc de 1928 vaudrait aujourd'hui environ 0,61 €

UNE CAMIONETTE FORD VERNEUIL

9 600 F

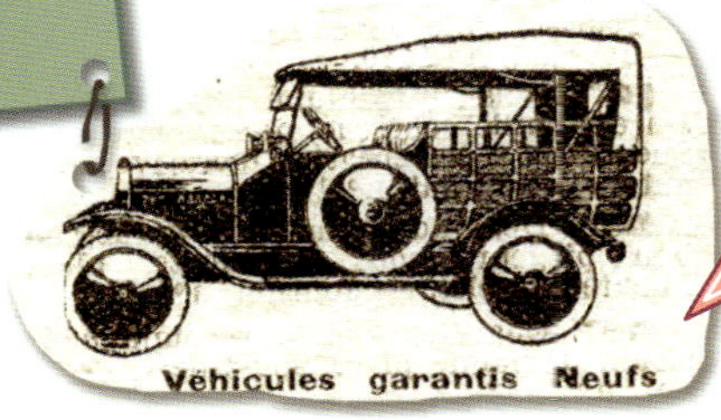

Sud-Ouest. — Père marierait fille unique, 23, bien, moralité parfaite, dot 25.000, espérances directes 300.000, avec fonctionnaire, instituteur ou jeune homme sérieux ayant situation. — Journal, n° 844.

prénom, voire d'un nom et d'une adresse personnelle. Le mode sec et impersonnel, où l'on parle de soi à la troisième personne, comme d'un étranger, commence à faire place au « je » : des personnalités s'affirment.

L'audace apparaît : « 27 ans, bonne famille, bonne santé, etc. Compléterais la liste à celui qui serait choisi », écrit en mars 1925 une jeune fille manifestement lassée du vocabulaire trop convenu des annonces. On s'adresse maintenant à l'autre, à l'attendu, à l'espéré. « Qui sait ? écrit un jeune homme en juillet 1926. Ce moyen laisse peut-être la place à un certain charme romanesque ? Je fais l'expérience. Mademoiselle qui me lisez, vous vous dites aussi, pourquoi pas ? » Une jeune brune se verrait bien dans les bras d'un « marin cherchant affection sincère et durable [et serait] très heureuse de partir à l'étranger ». Un ex-poilu, 33 ans, explique « Suis très difficile, car je veux être très heureux. » On se livre plus volontiers, on partage ses malheurs : « Très éprouvée, divorcée à son profit d'un malade persécution. » Les hommes se mettent à parler sentiments : « Fonctionnaire, 37 ans, instance de divorce, incompris, manque d'affection. »

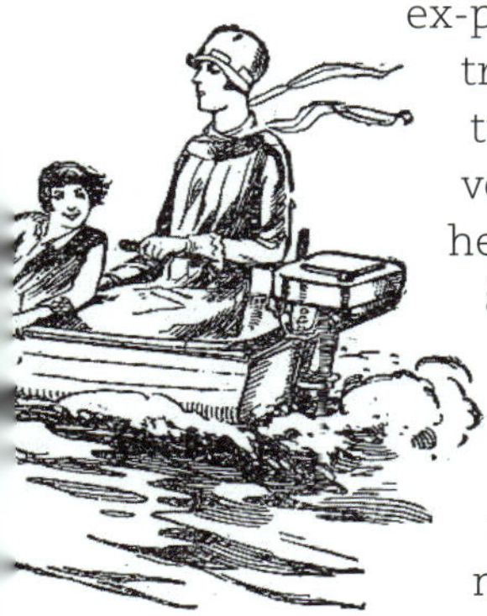

LES PETITES ANNONCES

JE SUIS SEULE AUSSI…

Isolé ou délaissé qui rêvez compagne aimante, je suis seule aussi et, comme vous, je rêve joies du foyer avec mutuelle tendresse. Célibataire au-dessus des préjugés et conventions, j'aimerais chez mon mari mêmes idées larges, bonté virile, situation aisée, même hors de France. J'ai 44 ans, mince, grande, goûts simples, bonne éducation et instruction, avoir 140 000,00 F. Juin 1926

GEORGES ET ANDRÉ

2 jeunes gens, 24 ans, André et Georges, situation, sans relations, désirent correspondre jeunes filles, âge rapport. Joindre photos, discrétion absolue. Avril 1925

ANNICK T'ATTEND

S'il existe le compagnon dont rêve et qu'attend « Annick », voudra-t-il se faire connaître ? En vue mariage, situation, caractère indépendants. Janvier 1927

- Abandon du franc-or.
- Maurice Chevalier triomphe avec *Valentine*.
- Sortie d'*Un chien andalou*, court-métrage de Luis Buñuel, manifeste du cinéma surréaliste.
- Découverte de la pénicilline par Fleming.
- Invention de la caméra de télévision.
- Débuts de Jean Gabin au cinéma
- *Un Américain à Paris*, de Georges Gershwin, fait un triomphe.

LES PETITES ANNONCES

PAS DE PAYSAN

Mariage d'affection, demoiselle agréable, sérieuse, bon caractère, intérieur, éducation, 50 000 fr, monsieur quarantaine. Cultivateurs s'abstenir. Février 1926

SPÉCIALE…

Belle, romanesque, spéciale, « Elle », vraie jeune fille, demande correspondre vue mariage officier marine, aviation, ingénieur, jeune et spirituel. Novembre 1926

☛ Jeune fille 30 ans, physique agréable, situation, auto, correspondrait mariage monsieur distingué, cultivé, sachant conduire. — Journal, n° 715.

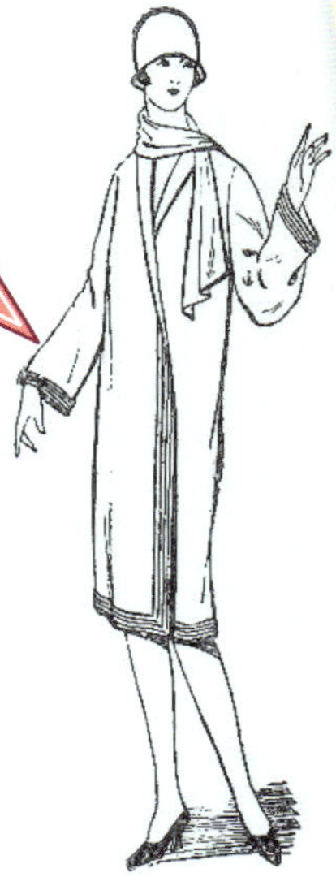

MARIAGES

Nous n'acceptons sous cette rubrique que les annonces dans lesquelles l'intention matrimoniale est clairement exprimée et écartons toutes celles qui ne nous paraissent pas présenter une absolue moralité, loyauté et honnêteté.

Grâce à ces directives, notre rubrique « Mariages » a revêtu un caractère de haute tenue qui la fait particulièrement apprécier de nos lecteurs. Nous n'en voulons pour preuve que les milliers de lettres que nous recevons tous les mois pour être transmises aux auteurs des annonces.

Désirant nous rendre compte, d'une façon permanente, des services que rend cette rubrique, nous serions reconnaissants à ceux de nos lecteurs et lectrices qui, grâce au concours du Chasseur Français, ont contracté mariage, de bien vouloir nous le faire connaître en nous rappelant le numéro de leur annonce. Nous les assurons de notre plus entière discrétion.

CHEVEUX COUPÉS ET DIVORCÉES S'ABSTENIR

Les exigences se font aussi plus nettes : la mode, chez les jeunes femmes, est à la ligne de sylphide, aux robes courtes, aux cheveux taillés court, comme la garçonne du roman éponyme de Victor Margueritte, qui conte les tribulations avec les deux sexes d'une jeune bourgeoise trompée et déçue par son premier amoureux. Les cheveux courts sont alors chez ces dames ce que les cheveux longs deviendront chez les ados des années 1970 : une revendication identitaire autant qu'un manifeste d'indépendance et de rupture avec l'ordre établi. Certains conservateurs masculins excluent d'ailleurs explicitement de prendre langue avec ces créatures. « Cheveux coupés et divorcées s'abstenir », lit-on çà et là. « Oublié sur annonce août », précise en septembre 1926 un certain M. Voisin dans une annonce de complément, « cheveux courts s'abstenir. » C'est dire si l'affaire a de l'importance !

Au fil des colonnes transparaît une querelle des anciens et des modernes entre deux types d'hommes et de femmes. Se dessine un nouveau mode de vie, avec une affirmation des femmes comme des hommes. Voici venir les libres penseuses et les indépendantes, qui ne cherchent pas banalement un mari, mais un compagnon dont elles entendent bien devenir la « compagne sensée », pas l'épouse soumise. Des femmes suggèrent aux hommes de « vivre ensemble » et concluent leur annonce par un significatif « très sérieux ». Ces modernes proclament qu'elles aiment le sport, l'auto, les voyages, qu'elles ont un métier, une indépendance : « Gentille dactylo, brune, élégante, 26 ans… » *A contrario*, d'autres jeunes filles se présentent comme « pas modernes », « pas mondaines », « grande enfant sentimentale, 22 ans », candidates à une vie de femme d'intérieur et de future maman dévouée.

COURS ET LEÇONS

Enseignement commercial par correspondance : sténographie, dactylographie, comptabilité, etc. Progrès rapides, dépense minime.— Douchen, rue Leverrier, Saint-Lô.

TIENS, VOILÀ LES INTELLECTUELS !

Côté messieurs, si l'on trouve encore nombre de profils que nous qualifierions de «fils à papa», mettant en avant la fortune familiale comme argument massue de leur quête, voici l'avènement des *self-made men*, ingénieurs ou artisans inventifs, qui ne doivent leur fortune qu'à leur diligence. Les jeunes gens modernes sont «intellectuels», le concept est tout neuf. Ils ont «beaucoup vécu», affirment avoir «du cran». La femme qu'ils espèrent est «intéressante» avant d'être jolie. Elle est active et sportive, elle travaille, porte le cheveu court, conduit et voyage. La vie commune qui s'esquisse derrière ces requêtes est nouvelle: la place de la femme n'est plus inéluctablement le foyer. Monsieur la rêve comme une compagne de ses propres activités, pas comme un agrégat cuisinière-ménagère-maman, Pénélope sagement recluse dans la cage dorée du domicile conjugal. On cherche dans la vie commune une «affection solide et sincère». Le mariage d'inclination apparaît de plus en plus comme un objectif envié. Le mariage d'argent ou de convenances, s'il n'a pas disparu, tant s'en faut, recule dans les annonces. Le cadre de vie des futurs époux prend aussi, à cette époque, une dimension nouvelle. Le magazine décide d'ailleurs, en même temps qu'il classe les annonces en chapitres «Dames», «Hommes» et «Agences», de faire monter systématiquement en tête de texte la provenance géographique de l'émetteur.

L'ACTUALITÉ EN 1929

- Le 24 octobre, le krach de Wall Street amorce de la Grande Dépression.
- Première batteuse à moteur thermique.
- René Magritte expose son célèbre *Ceci n'est pas une pipe*.
- Première cérémonie des Oscars à Hollywood.

LES PETITES ANNONCES

POUPÉES ULTRA-MODERNES S'ABSTENIR

Industriel parisien. 30 ans, brun, yeux bleus, actif, santé robuste, tous sports, cheval, auto, avion. Avoir immobilier 2 millions, situation 100 000 et invention gros avenir. Peintre, musicien, désire femme instruite, intelligente, adroite, simple, goûts artistiques, aimant nature, excursions, longues marches, chasse, esprit droit et bon. Poupées ultra-modernes, santé fragile s'abstenir. Septembre 1926

ROI FAINÉANT CHERCHE GIRL « TRÈS LIBRE »

Oisif, 32 ans, grosse fortune, correspondrait pour mariage avec jeune fille, jolie, très libre. Envoyer photo et renseignements précis.
Septembre 1926

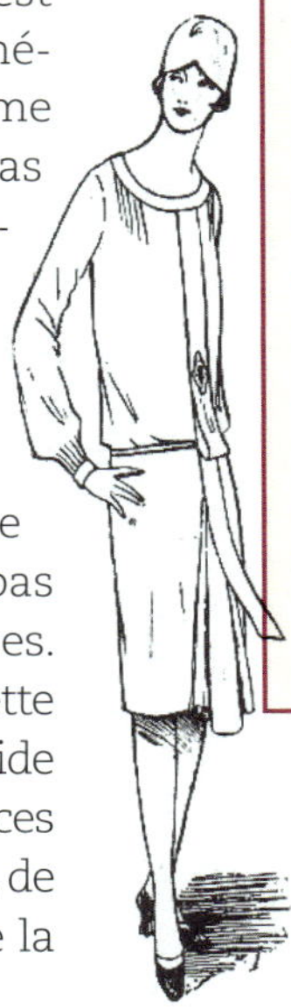

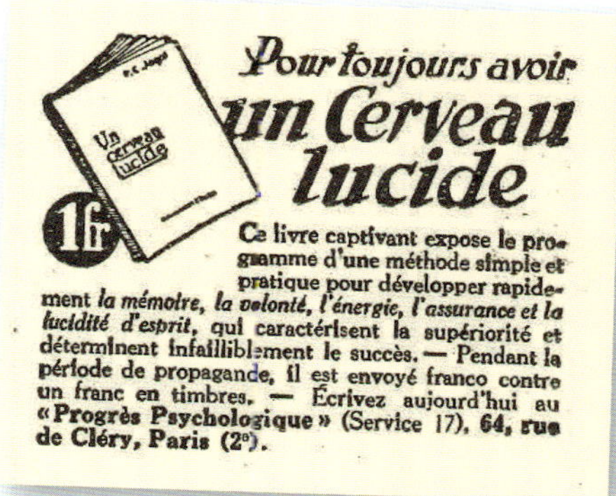

LES PETITES ANNONCES

SUIS TRÈS DIFFICILE

Ancien poilu, 33 ans, décoré, licencié en droit, fils notaire, prendra sous peu très bonne étude, belle dot, espérances, santé, honorabilité, caractère ouvert, très gai, optimiste, recherche pour beau mariage jeune fille très affectueuse, jolie, ardente, musicienne, femme moderne accomplie, sachant diriger intérieur chic où elle sera choyée, mais aimant aussi sports, voyages, auto. Suis très difficile, car je veux être très heureux. La question pécuniaire est secondaire. Répondrai à toutes lettres contenant photos et détails. Décembre 1925

UNION

Simple, affectueuse, 38 ans, désire connaître monsieur 50 à 60 ans, en vue union.
Janvier 1926

Très sérieux. Parisienne sans relations, quarantaine, divorcée, saine, active, visage agréable, moyenne, silhouette très jeune, élégante, intelligente, raffinée, sentiments élevés, goûts modernes et artistiques, ayant commerce, capital 300.000 fr. Souhaite mariage solide et heureux, avec monsieur très affectueux, âge et goûts en rapport, plutôt grand et mince, délicat et cultivé, très distingué, un peu sportsman, intelligent et énergique, industriel, commerçant ou profession libérale. Discrétion absolue, lettre détaillée. — Journal, n° 1017.

Le *Chasseur*, gardien de la moralité

En se réservant le droit de censurer toute annonce qui n'aurait pas pour but explicite le mariage, *Le Chasseur Français* veille scrupuleusement sur le caractère de parfaite moralité de ses clientes et de ses clients. « Nous n'acceptons sous cette rubrique que les annonces dans lesquelles l'intention matrimoniale est clairement exprimée et écartons toutes celles qui ne nous paraissent pas présenter une absolue moralité, loyauté et honnêteté », précise le magazine dans la page destinée aux futurs annonceuses et annonceurs. Ainsi, le mot « union », les rares fois où il est usité en lieu et place de « mariage », peut être considéré comme une velléité de rébellion.

De même, en 1926, le *Chasseur* interdit toute demande de photo dans les annonces, où cette requête avait tendance à se multiplier rapidement à mesure que la photographie se démocratisait. Y a-t-il eu abus ? Les annonces ont-elles servi de terrain de chasse à des demi-mondaines et à des malandrins ? On peut le penser, même si aucune trace d'un tel commerce n'est apparente. Ce rappel à l'ordre a manifestement été appliqué avec vigilance, car les demandes de photo disparaissent.

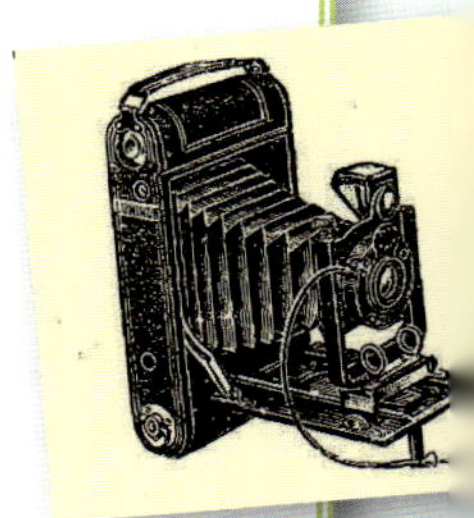

Combien ça coûte en 1930 ?
1 franc de 1930 vaudrait aujourd'hui environ 0,56 €

UN BAROMÈTRE THÉRMOMÈTRE
200 F

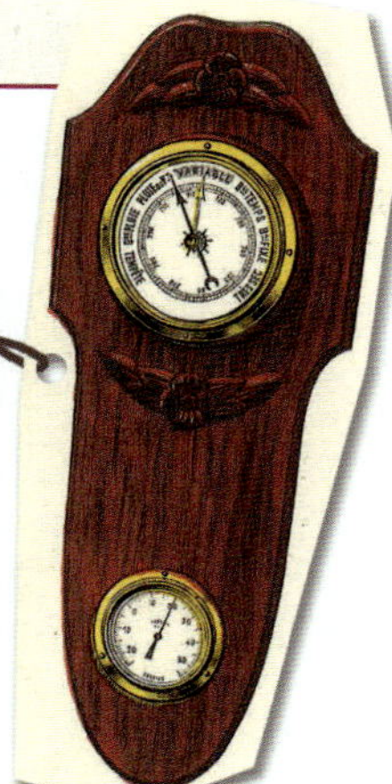

Les annonces relatives aux mariages ne doivent, en aucun cas, demander l'envoi d'une photographie.

L'ACTUALITÉ EN 1930

- Premiers tracteurs sur pneus aux États-Unis ; ils arriveront en France en 1932.
- Arletty débute au cinéma.
- Lancement du paquebot *Normandie*.

☛ Ménage, campagne, bonnes références, prendrait fillette minimum dix ans. — Blanc, Cusy (Haute-Savoie).
☛ Ménage trentaine, habitant campagne, élèverait enfant, même naturel, soins dévoués. — Journal, n° 640.
☛ Dame honorable, élèverait enfant doté naturel, soin parfait, discrétion, Auvergne. — Journal, n° 614.

☛ N° 947 remercie ses correspondants, ne peut répondre à tous.

DES MONCEAUX DE COURRIER

Cette nouvelle présentation montre aussitôt que le *Chasseur* est lu dans toute la France et aussi, bien sûr, aux colonies : les annonces en provenance d'Afrique ou d'Asie représentent environ 10 % du volume. Elles se concluent souvent par cette touchante requête : « Attendre la réponse deux mois. » C'est que l'Aéropostale, si elle va déjà en Amérique du Sud, ne dessert pas encore le monde entier.

Le succès est tel qu'il ne se passe guère de numéro sans que paraisse une annonce d'excuses signée d'un homme ou d'une femme submergés de réponses, qui promettent de détruire discrètement toutes ces demandes qui resteront lettre morte. En mars 1926, le docteur Renoult remercie ses près de 2 000 correspondantes !

Dans les esprits, féminins et masculins, l'image de la femme change. La créature soumise, confinée chez elle, ne tient plus le haut du pavé. Le cinéma, ce précurseur, met d'ailleurs en scène, notamment aux États-Unis, d'où provient encore l'essentiel des bobines, une femme nouvelle. Elle s'appelle Hedy Lamarr, et montre généreusement ses charmes dans *Extase*, un scandale à Venise, ou Greta Garbo, ou Mistinguett, ou encore Mae West, qui laissera son nom aux gilets de sauvetage de l'armée américaine en raison de son buste époustouflant. Mae West, qui n'était pas seulement jolie, est l'auteure de cette jolie formule : « Entre deux maux, je choisis toujours celui que je n'ai pas essayé. »

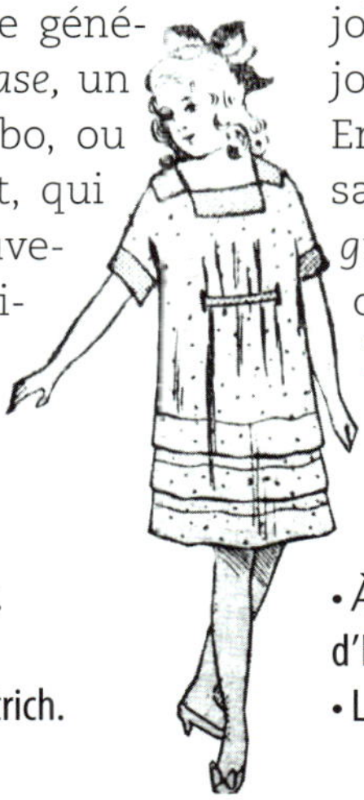

LES PETITES ANNONCES

ESPRIT ET BEAUTÉ D'ABORD

Pourquoi ne la dénicherais-je pas par ce journal ? Je la désirerais âgée de 18 à 28 ans, grande jolie, distinguée, spirituelle, moderne sans extravagance, attaches et quenottes fines, aimant musique et plein air, et surtout rigoureusement sérieuse. Je me présente : la trentaine passée, bien physiquement, instruit, situation actuelle 35 000 augmentant chaque année, espérances directes certaines, 400 000, lieutenant d'artillerie fin de guerre, auto, habitant Paris. Situation et espérances en rapport un avantage, mais pas indispensable si vraiment jolie. Esprit et beauté d'abord.

Octobre 1926

En France, le cinéma à domicile est encore bien sage. Le catalogue Pathé propose *Felix le chat défiguré* ou des documentaires sur la vie de Pasteur ou des termites. La modernité fait son chemin.

Dans chaque numéro paraissent en moyenne une dizaine d'annonces proposant d'élever discrètement des enfants naturels.

- Début de la construction de la ligne Maginot.
- Sortie sur les écrans de *Loulou*, de Pabst.
- *L'Ange bleu*, de Sternberg, lance Marlène Dietrich.
- *À l'ouest, rien de nouveau*, d'après le roman pacifiste allemand d'Erich Maria Remarque, décroche l'oscar du meilleur film.
- Lucienne Boyer chante *Parlez-moi d'amour*.

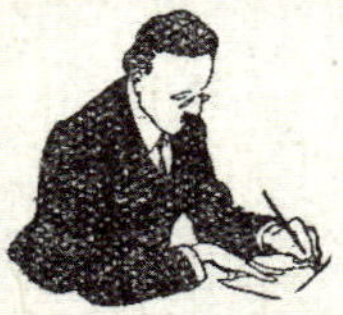

ANNONCES

1925-1930

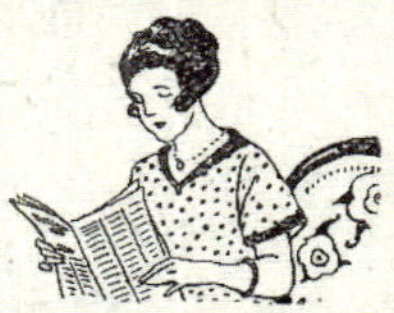

LES MOTS POUR LE DIRE

Divorcé(e) profit : le ou la divorcé(e) à son profit, qui indiquait ainsi au début du siècle avoir été la victime innocente de la séparation, devient, à mesure que le phénomène prend de l'ampleur, **divorcé(e) profit.** Cette abréviation fera sourire (jaune ?) les payeurs et les payeuses modernes de pension alimentaire.

Musicienne : comment peut-on ne pas l'être et trouver un mari en 1925 ? Les croque-notes sont très demandées. Le musicien, lui, est rarissime dans les annonces. Le temps des *rock stars* n'était pas encore venu !

Distingué(e) : le mot, systématique et vaguement associé à l'idée d'une classe sociale supérieure, se raréfie vers 1930.

Joindre photo : jusqu'à ce que la direction interdise toute demande de photo dans les annonces matrimoniales, en 1926, la plupart des annonceurs et annonceuses souhaitaient l'envoi d'un portrait. Quelle mouche a piqué le *Chasseur* ? La conviction que l'amour vrai n'a que faire de la beauté. L'interdiction paraît, accompagnée d'un texte qui rappelle explicitement qu'il ne saurait être question que de mariage, pas de rencontre.

Dlle orph. : demoiselle orpheline. L'espérance de vie des hommes dépassait à peine les 50 ans en 1930 (contre 78,5 aujourd'hui), les orphelins étaient donc nombreux.

Idées larges : elles ont remplacé le sinistre « accepterait tache », notion qui s'estompe.

Money, money
Jeune fille 25 ans très jolie, chic, bien faite, caractère charmant, [...] désire connaître en vue mariage monsieur très riche de 40-60 ans. Serait assuré d'avoir bonheur, fidélité avec un grand cœur. Février 1925

Baroudeur sans vice
Ingénieur automobile, 29 ans, sérieux, gentil, instruit, beaucoup vécu, cultivé, aucun vice, extrêmement fin et sensible, très sentimental, intellectuel et sportif, ayant du cran. Situation solide 45 000 qui augmentera, avoir 80 000, obtenu tout par lui-même, sans aide. Loyauté absolue. Désire mariage avec jeune fille irréprochable, accomplie, intéressante et jolie, ou ayant très belle situation. Février 1925

IngénieurE
Jeunes filles, 32-25 ans, cette dernière ingénieur d'agriculture, hautes références, catholiques, distinguées, désirent union avec messieurs de situation libérale, agricoles, sentiments en rapport. Mars 1925

Même enfants…
Petit fonctionnaire, veuf, jeunes enfants, correspondrait avec demoiselle veuve, même enfants, honorable. Mars 1925

Inventaire
Jeune fille 29 ans, famille honorable, bien physiquement, musicienne, parents donneraient l'ameublement : cuisine, chambre, salle à manger, piano, argenterie plus 5 000 fr épouserait jeune homme 30 à 40 ans, ayant situation ou militaire garnison France. Joindre photo. Mars 1925

Sales Boches ?
Attaché mines Sarre, 29 ans, catholique, belle situation, espérances, bonne famille, épouserait jeune fille bonne éducation, situation équivalente. Mars 1925 *(l'annonce est alors déjà passée au moins trois fois. La peur de l'Allemagne ? Elle repassera une quatrième fois en décembre, mais notre homme aura 30 ans.)*

Du cran, bon sang
Existe-t-il homme du monde, 35-48 ans, assez courageux pour envisager possibilité mariage jeune fille sans fortune, mais bien sous tous rapports ? Aurai-je réponses ? Mars 1925

Bordeaux, Bordeaux, Bordeaux…
Bordelaise veuve, institutrice, 38 ans, brune, épouserait Bordelais, sérieux, ayant situation, ou retraité, 45 à 50 environ. Avril 1925

☞ **Libérée**
Dame 32 ans, affectueuse, musicienne, sachant diriger, vivrait campagne avec monsieur 40-45 ans. Très sérieux. Avril 1925

☞ **Homme exceptionnel**
Ingénieur distingué, 30 ans, qualités exceptionnelles, situation honorable Paris, 50 000, villa, auto, réalisé par seuls mérites. Gentil, vif, franc affectueux, ardent, sensibilité raffinée, éclectique, nombreuses aptitudes, ayant du cran, rien de commun. Difficile avec raison, et ayant peu de relations, cherche jeune fille rigoureusement intègre, situation équivalente ou approchante, petite, mignonne, expressive, bien faite, fine, sentimentale, ardente, intelligente, pour beau mariage réciproque avec considération et amour partagés. Novembre 1925

☞ **Attends offres**
Isolée de 40 ans, avantages physiques moraux, matériels, voudrait mari distingué, catholique. Attends offres. Décembre 1925

☞ **Trio publicitaire**
Mademoiselle, vous lisez ces annonces, vous passez de l'une à l'autre, vous riez, vous rêvez un peu et c'est tout. Arrêtez-vous à celle-ci, elle est sérieuse. [...] Trois jeunes gens, chimiste-propriétaire-agriculteur, banquier, notaire, 27, 29, 32 ans, unis par bonne amitié, recherchent pour mariage jeunes filles jolies, intelligentes, sentimentales, musiciennes, éducation en rapport, aimant et comprenant la vie moderne, sports, voyages. auto. Janvier 1926

☞ **Paul ou Alex ?**
Deux jeunes poilus de Rhénanie cherchent gentilles correspondantes en vue mariage ? écrire séparément, Paul ou Alex. Mars 1926

☞ **Des promesses...**
Jeune fille caressante, jeune, chic, gentille, épouserait monsieur situation sérieuse. Juin 1926

☞ **Demoiselle-mère**
Demoiselle, 26 ans, indignement trompée, fille 3 ans, couturière, économies 12 000, épouserait monsieur sérieux et travailleur. Août 1926

☞ **Surtout pas grincheux**
Sud-Ouest. Jeune fille origine noble, nom, air très aristocratique, belle éducation, aisance, aimant vie campagne et voyages, pas mondaine, jolie, bon cœur, gaie, femme d'intérieur, pas absolument pauvre, mais vie malheureuse, propriété agréable, épouserait marin, industriel, gentilhomme campagnard, grand, éducation, loyal. bon, âge indifférent, même très âgé si très bon, fortuné, surtout pas grincheux. Septembre 1926

☞ **Curiosité**
Demoiselles israélistes (*sic*) riches, épouseraient messieurs israélistes. Octobre 1926

☞ **Sans fioritures**
Mignonne, sentimentale, pauvre, adorerait mari désintéressé. Novembre 1926

☞ **Rêve de tendresse**
Mademoiselle qui rêvez d'amour, de tendresse, avec un rayon d'idéal dans un foyer très uni. Voulez-vous vous marier ? J'ai 30 ans, catholique, sentimental, je rêve d'amour, de mieux, de perfection, d'idéal. Cultivateur, j'aime la terre, avec ses soucis, ses aléas, mais aussi avec ses charmes cachés et sa vie large, indépendante. Janvier 1927

☞ **Bonne santé, aveugle**
Aveugle guerre, 33 ans, Légion d'honneur, pension 12 250, s'habillant seul, bonne santé, très propre, désirerait épouse, âge en rapport, sérieuse. Peut voyager gratuitement avec compagne. Mai 1927

☞ **Signe de la vierge**
Vraie jeune fille, 22 ans, bien sous tous rapports, dotée, épouserait jeune homme sincère, idéaliste, bonne situation. Août 1927

☞ **Débrouillarde**
30 ans, cheveux courts châtains, grande, élégante, bonne santé, intelligente, débrouillarde, petit avoir, catholique, désire mariage avec monsieur 35-45, catholique, bonne santé, bon caractère, propriétaire campagnard, bonne éducation, instruction, région maritime de préférence. Septembre 1927

☞ **Institutrices... non pédagogues !**
Institutrices 39-24, sympathiques, non pédagogues, gaies, sérieuses, épouseraient correspondants 24-50, grands distingués, bonne situation, rien de vulgaire ni de banal. Mars 1928

☞ **Enfant naturel assumé**
Jeune femme avec jeune enfant, gentille, distinguée, 20 000 revenus, cherche mariage heureux avec grand brun de 30 à 40 ans, bonne éducation, situation en rapport. Avril 1928

☞ **Femme à lorgnon**
Elégante jeune fille, 25, réelles qualités, très sérieuse, portant lorgnon, désire mariage. Novembre 1928

☞ **Cartes sur table**
Fille-mère 33 ans, physique agréable, un garçon 10 ans. Situation libérale 11 000 à 12 000 fr, intérieur coquet, épouserait monsieur, âge et situation en rapport même mutilé de guerre. Décembre 1928

☞ **Idéaliste peinée**
Citadine depuis peu, idéaliste peinée de constater égoïsme intérêts presque partout, souffre solitude, épouserait jeune homme instruit, moderne, sans snobisme, sentiments délicats. Suis brune, physique agréable, 25 ans, scribe bureau, sans fortune mais instruite. Mai 1929

☞ **Tiens, le voilà !**
Qui sera mon prince charmant ? J'ai 33 ans, petite taille, famille bourgeoise honorable. dot 50 000, espérances 250 000, épouserait catholique bonne situation, éducation. Septembre 1929

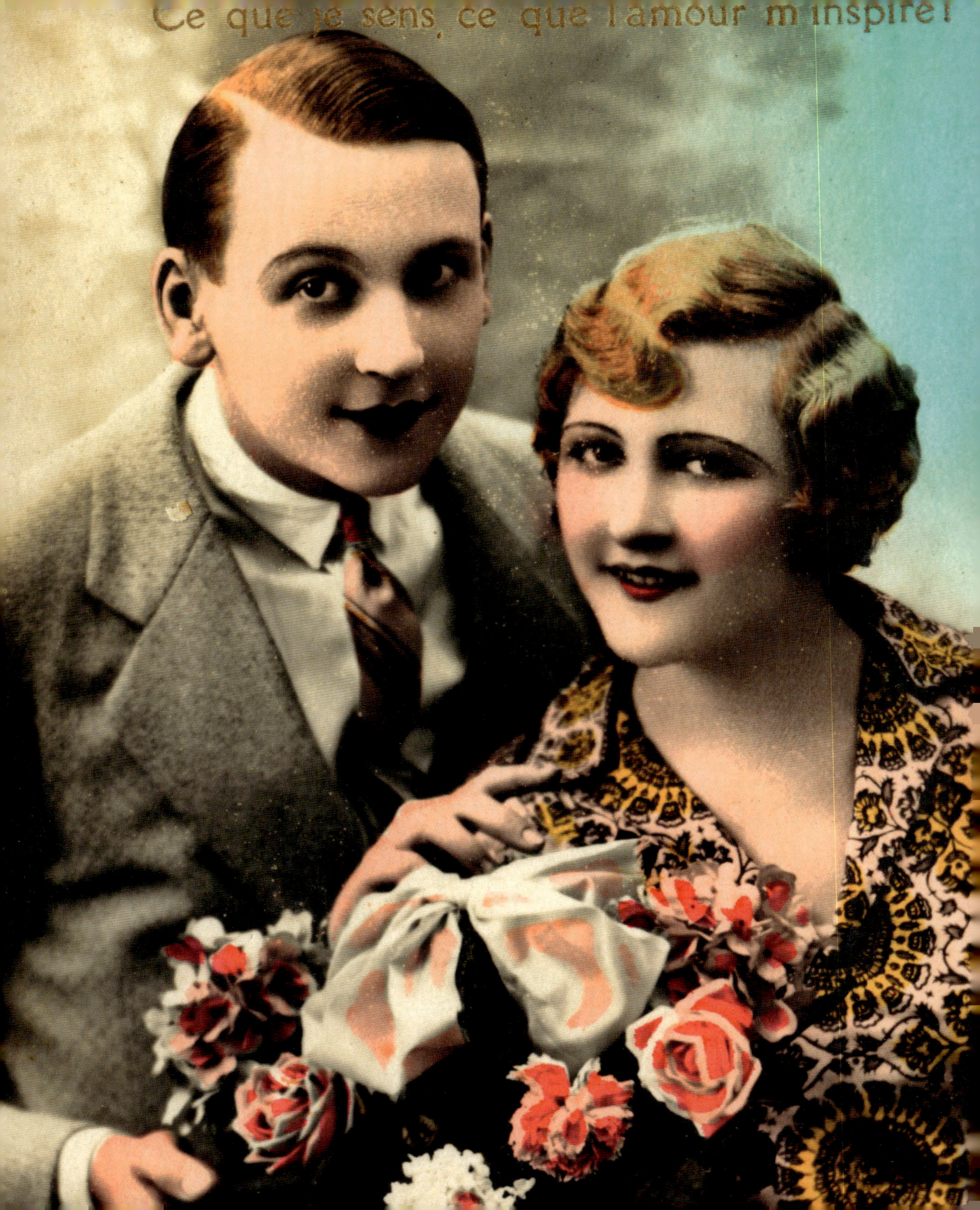
Ce que je sens, ce que l'amour m'inspire !

1930-1939

LES ANNÉES TRENTE

☛ Epouserai énergique, bon, intelligent,
aimant tout ce qui rend la vie moins vulgaire.
J'irai où il m'appellera : Paris, province
(préférence Midi). Nous aurons une vie simple,
confortable, un idéal et nous serons heureux.
Brune, 30, gentille, pas de dot mais réelles qualités.
mai 1932

LE TEMPS SE COUVRE...

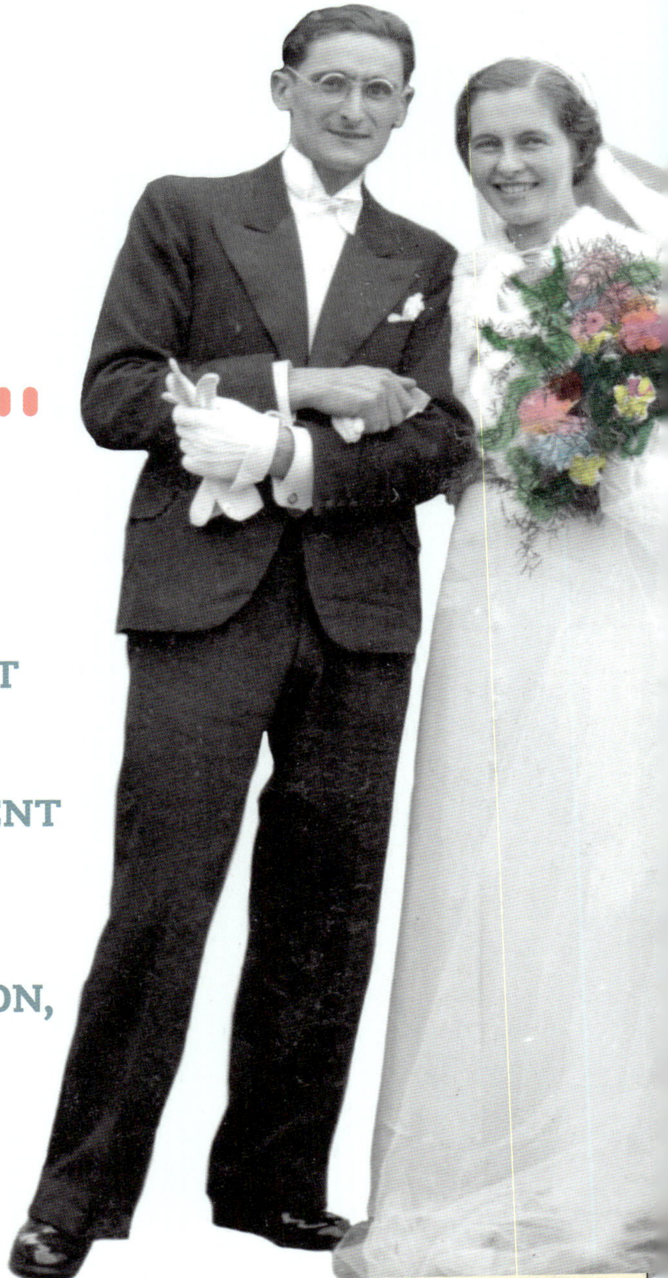

LES ANNÉES 1930 GÉNÈRENT UNE ACCÉLÉRATION FORMIDABLE DU PROGRÈS, QUI CHANGE PROFONDÉMENT LES MODES DE PRODUCTION ET DE VIE. UNE DÉPRESSION ÉCONOMIQUE SANS PRÉCÉDENT ATTISE DES IDÉOLOGIES ANTIDÉMOCRATIQUES, QUI NE RÊVENT QUE DE CONFRONTATION. À L'HORIZON, LA GUERRE.

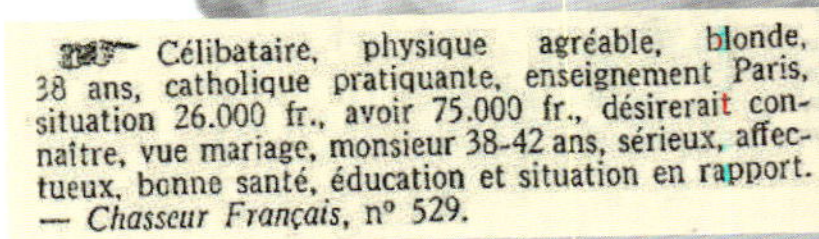

Célibataire, physique agréable, blonde, 38 ans, catholique pratiquante, enseignement Paris, situation 26.000 fr., avoir 75.000 fr., désirerait connaître, vue mariage, monsieur 38-42 ans, sérieux, affectueux, bonne santé, éducation et situation en rapport. — *Chasseur Français*, n° 529.

L'ACTUALITÉ EN 1931

- Inauguration de l'Empire State Building à New York : 108 étages et 443,20 m de hauteur.
- Le prototype de Micheline fait Paris-Deauville à 107 km/h de moyenne.
- 1932 : l'élection de Franklin Roosevelt annonce le New Deal aux États-Unis.
- Joséphine Baker chante *J'ai deux amours.*
- Naissance de la IIe République espagnole.

L'ACTUALITÉ EN 1932

- Céline publie *Voyage au bout de la nuit*.

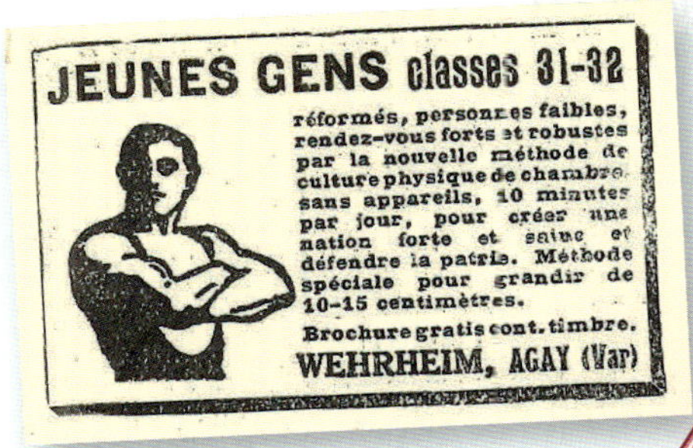

CRISE MONDIALE

Même si les mauvaises nouvelles déferlent depuis le krach de Wall Street, le Vieux Monde n'a pas encore pris, en 1930, la mesure du caractère planétaire de cette crise d'un type inconnu. Les autorités américaines minimisent : la prospérité, croit savoir le président Hoover, est au coin de la rue. Il sera balayé en 1932 par Franklin Roosevelt, un démocrate qui va tenter une relance par l'intervention étatique. Elle aura comme mérite essentiel de tourner le dos à l'inaction : la machine américaine ne retrouvera le plein régime qu'avec la guerre.

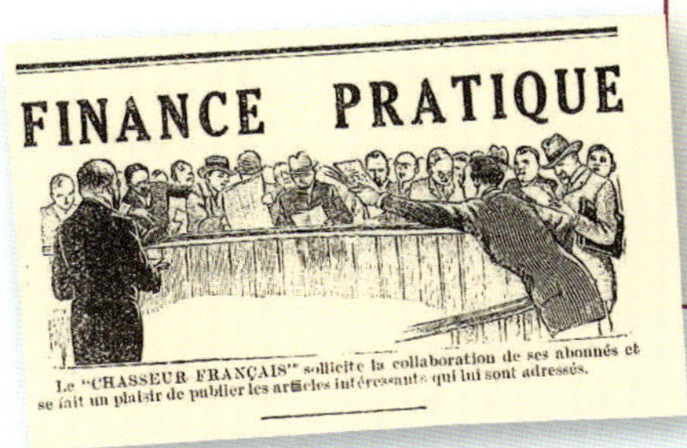

LES PETITES ANNONCES

EXPÉDIÉ
Postière, 21, banlieue parisienne, désire bon mariage d'amour. Janvier 1930

LA FONTAINE, À MOI !
Vieux garçon, repentant comme héron fable, voudrait bien épouser jeune Gasconne, 28-34, demeurée ignorée quoiqu'en tout point charmante. Bases, délicat, bonheur sûr. Juin 1931

PAS D'EMBROUILLE
Vieille, pauvre, laide, qui m'épousera ne sera tout de même pas déçu. Novembre 1935

L'Allemagne encaisse le premier coup de la crise

La crise déclenchée par le krach de Wall Street frappe immédiatement l'Allemagne, dont le système bancaire est très impliqué dans l'économie américaine. Elle déclenche une nouvelle vague d'inflation qui traumatise les Allemands, à peine remis de la terrible bouffée inflationniste de 1925. Une érosion foudroyante avait alors ruiné rentiers et épargnants : les salariés, payés en liquide, heure par heure, couraient toutes affaires cessantes dans les magasins pour dépenser au plus vite une monnaie de singe hautement volatile. Les usines ferment, le chômage s'envole, les queues s'allongent à la soupe populaire. Dans une République de Weimar minée par une instabilité politique chronique découlant de son scrutin proportionnel, quelle aubaine pour les prophètes d'un ordre nouveau. Les rues deviennent le champ de batailles rangées quotidiennes entre nazis et communistes, à coups de gourdins, puis d'armes à feu, sous les yeux d'un peuple fatigué. D'élections en dissolutions, il finira par élire (petitement) un caporal ancien combattant devenu agitateur professionnel d'extrême droite. En mars 1933, il est encore Herr Hitler, monsieur le Chancelier.

Aussitôt, un programme de grands travaux puis de réarmement voilé remet en marche les usines. Ces succès visibles affaiblissent les détracteurs du régime.

☛ Quelle institutrice de cœur épouserait instituteur 59 ans, veuf, cinq enfants bas âge. — *Chasseur Français*, n° 6148.

LES PETITES ANNONCES

L'AUTO... MONSIEUR !

Veuve millionnaire, 52, très bien, sympathique, épouserait monsieur honorable, distingué, aimant auto, voyages, industriel rentier, goût et situation. Janvier 1931

La technologie française toujours à l'honneur

La France fait pleinement partie des leaders de la technologie mondiale. En novembre 1931 se sont déroulés les premiers essais de télévision. Il s'agit, explique le *Chasseur*, de « voir à distance une image ou une scène animée ». L'industrie automobile est encore l'une des plus performantes. En 1934, André Citroën présente sa révolutionnaire Traction. Elle ne permettra pas à ce gestionnaire insouciant d'éviter, en 1935, la faillite, suivie du rachat par Michelin. L'aéronautique française est en pointe, elle aussi. Ses hydravions long-courriers permettent d'aborder les destinations les plus lointaines, dépourvues d'aérodromes. Ses avions 100 % métalliques, Wibault, Farman, Latécoère ou Bloch, vont de plus en plus loin, de plus en vite. Avec Air France, le pays dispose depuis 1933 d'une compagnie nationale qui fait en un temps record de l'avion un vrai moyen de transport. La disparition de Jean Mermoz, dans l'Atlantique Sud, en décembre 1936, suscite une immense émotion.

LA VALSE DES GOUVERNEMENTS

En France, les gouvernements valsent. Les mêmes têtes vont, viennent, tombent et reviennent encore. Entre 1930 et 1940, vingt-cinq gouvernements défilent, dirigés par vingt et un présidents du Conseil : le dernier d'entre eux, Philippe Pétain, sera appelé par la chambre du Front populaire. Tout un symbole ! Avec une espérance de vie gouvernementale moyenne de cinq mois, les dossiers lourds, qui nécessitent de braver l'impopularité, prennent doucettement la poussière. Corruption et clientélisme prospèrent. À longueur de colonnes de *L'Action française*, le monarchiste Charles Maurras tempête contre les juifs, les protestants, les francs-maçons, les communistes, contre la « Gueuse » et contre les « affaires ». La plus retentissante, le scandale Stavisky, déclenche en février 1934 une sanglante émeute à Paris devant la Chambre. Les anciens combattants battent le pavé pour réclamer de l'ordre. Les factieux complotent contre la République.

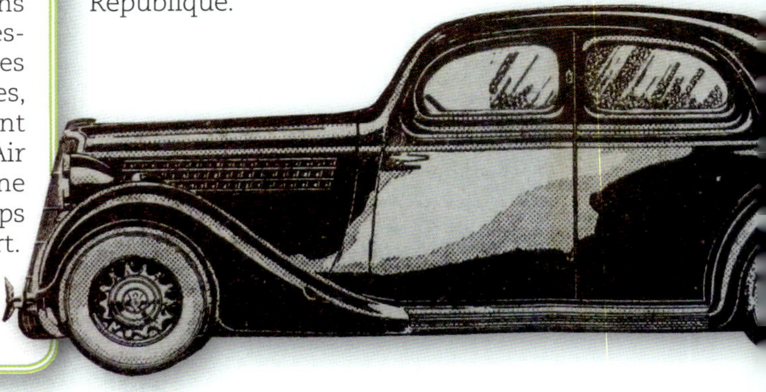

L'ACTUALITÉ EN 1933

- Invention du Monopoly aux États-Unis.
- Hitler devient chancelier du Reich.
- La prohibition nationale est supprimée aux États-Unis.
- Mars : ouverture des premiers camps de concentration en Allemagne, dont Dachau et Oranienburg.
- Mise au point de l'horloge à quartz.
- L'actrice américaine Mae West triomphe dans *Je ne suis pas un ange*.

L'auto se démocratise

En 1930, le permis de conduire a été obtenu en France par 559 600 personnes, dont 45 000 femmes. L'année suivante, elles sont 48 100. Les examinateurs se montrent pourtant plus sévères avec elles : 33 % de recalés chez les hommes contre 37 % chez les femmes. Machisme ? Sans doute. Il y a peut-être aussi une explication plus technique. Sans direction assistée, il faut une force physique certaine pour conduire. L'industrie automobile se concentre : en France, on passe de soixante-huit marques en 1929 à vingt-sept en 1935, année de crise, avec une production réduite à 190 000 voitures contre 250 000 en 1932. Lentement, la voiture se démocratise. Voici la 5 CV Simca-Fiat de 1935, à moins de 10 000 francs, contre 22 900 francs pour une Peugeot 402. Le kilométrage annuel moyen, 9 344 kilomètres en 1934, tombe à 8 523 kilomètres en 1935. On compte alors 1,5 million d'automobilistes en France et 33 millions dans le monde.

« Il y a aujourd'hui en Italie 460 kilomètres d'autostrades terminées, routes payantes où nul autre véhicule ne peut pénétrer que les autos », annonce en 1935 un *Chasseur* qui déteste l'autoroute. « Souhaitons ne pas la voir s'instaurer chez nous. L'autostrade est une route parfaitement ennuyeuse, dont tout pittoresque, tout imprévu est banni. Quant au paysage, il n'est constitué que de réclames gigantesques. C'est la négation de la nature et de la beauté. » Pas faux, mais pas très réaliste. En 1937, on compte une auto pour 4 habitants aux États-Unis, une pour 63 Européens, pour 244 Africains, pour 322 Soviétiques ou pour 417 Japonais. Il y a une auto pour 18 Français, 19 Anglais… et 45 Allemands. Pas étonnant qu'Hitler ait séduit les foules avec son projet Volkswagen ! En France, chaude ambiance, la présence d'un revolver dans une automobile est tolérée, les tribunaux l'ont confirmé. « L'automobile est un domicile privé et l'on peut y mettre ce que l'on veut », revolver compris. Ce compagnon discret, toujours là, donne à l'automobiliste une impression de sécurité, plus de confiance, et il roule plus allègrement », juge le *Chasseur* en novembre 1932.

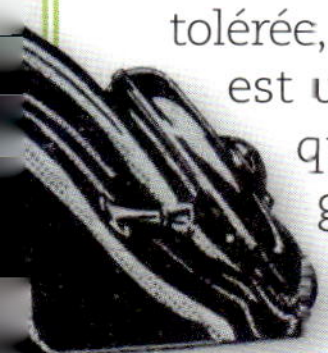

Côté accidents, on passe de 1 594 morts sur la route en 1924, pour un parc de 575 000 voitures, à 4 413 tués en 1934 pour 2 millions d'autos. En mars 1938 paraît un plaidoyer pour la généralisation de l'alimentation des moteurs par gazogène. Les malheureux automobilistes qui réussiront à préserver leur auto de la réquisition sous l'Occupation devront apprendre à manipuler ces bidules rétifs…

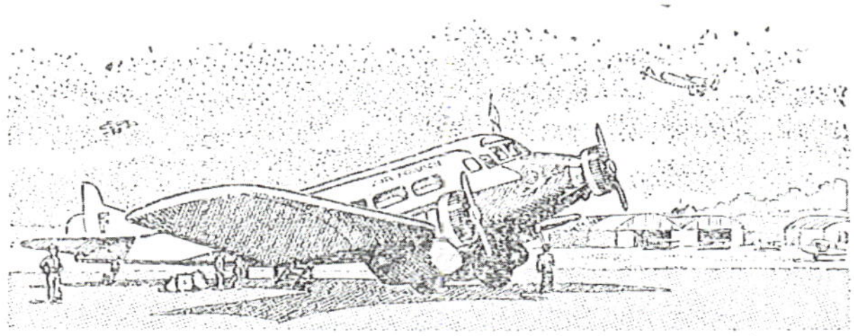

Bonjour les aviatrices !

Elles s'appellent Hélène Boucher ou Maryse Bastié en France, Amelia Earhart aux États-Unis ou Amy Johnson en Angleterre : les années 1930 sont celles des héroïnes du ciel. Records de vitesse, d'altitude, d'endurance, transocéaniques en solitaire, rien ne les arrête : dans un univers réputé masculin, leurs exploits fascinent. Commentaire du *Chasseur Français*, en 1931, après le vol Paris-Nijni-Novgorod réussi par Maryse Bastié sur un coucou : « On se figure, ou plutôt on se figurait car les temps ont changé, l'aviatrice comme une manière de virago, haute en couleur et en paroles, avec des allures ultra-masculines : quelle erreur ! Regardez-la à la ville : elle porte avec élégance une toilette du dernier chic […] elle est et reste "femme" jusqu'au bout des doigts. »

Machine fascinante, l'avion est devenu un outil, et l'aviation, un métier. Tout progresse. Les appareils, toujours plus grands, plus rapides, plus fiables et plus sûrs, et les techniques de navigation — communications radio, radiophares, balisages, vol aux instruments, cartes, météorologie, entretien méthodique des avions — concourent à une sécurisation éclair. Pour un accident grave sur 250 000 kilomètres parcourus en 1921, on en compte un pour 10 millions de kilomètres en 1933.

Né en 1933, Air France transporte 69 000 passagers dès 1935, à 250 kilomètres à l'heure de moyenne. Londres est à 1 h 15 du Bourget, et Berlin, à 4 h 40. Il faut cependant encore 66 heures pour rallier Buenos Aires à cause des escales, qui permettent aux passagers de souffler.

Dès 1931, les hydravions de course de la coupe Schneider, avec leurs 2 500 chevaux, dépassent les 650 kilomètres à l'heure. Les connaissances acquises avec ces prototypes par des firmes comme Macchi, Curtis ou Supermarine, en feront de redoutables constructeurs d'avions de combat.

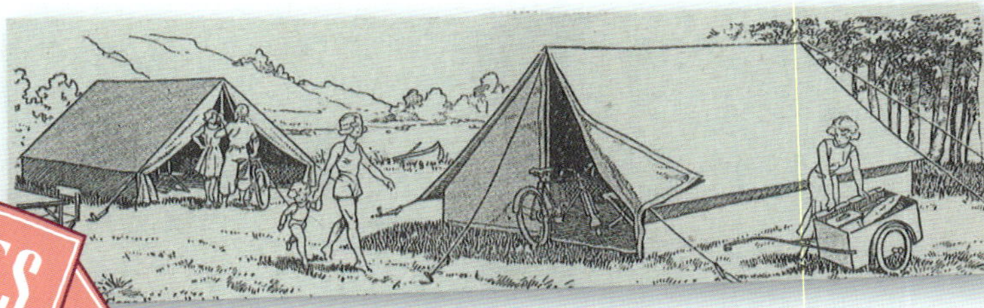

LES PETITES ANNONCES

MÊME LOIN

Sportive, 25, idées modernes, bien faite, 1,67 m; châtain, correspondrait jeune, grand. Irait colonies, même loin.
Mars 1930

MARIAGE D'AMOUR

30, ferait mariage d'amour basé sur complète et mutuelle compréhension, avec cultivé, catholique pratiquant. Juin 1934

L'aube de la civilisation des loisirs

Avec la naissance des congés payés, les loisirs se développent. Les moins fortunés font du canoë, du camping ou du cyclotourisme. Le tandem est la machine de rêve des jeunes couples. Les plus favorisés découvrent les sports d'hiver, jouent au tennis, pratiquent la navigation de plaisance ou l'aviation légère : un avion de tourisme biplace coûte alors 30 000 francs, le prix d'une belle auto.

La France est moins fortement touchée que ses voisins par la crise économique : son immense empire, fermé à toute concurrence internationale, assure des débouchés à l'industrie tricolore, qui s'y fournit en matières premières à bon compte et, dans une moindre mesure, en main-d'œuvre. Ces colonies seront d'ailleurs célébrées en grande pompe à Paris en 1931 : l'Exposition attire 8 millions de visiteurs.

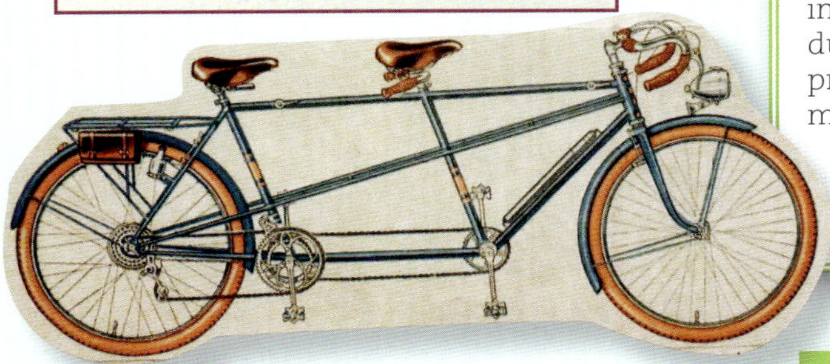

Blonde, 27, mince, agréable, éducation, santé, catholique, femme intérieur, dot 50.000, espérances directes 500.000, désire épouser monsieur très sérieux, bon, loyal, honorable, distinguée, de 30 à 42, ayant belle situation, possibilité succéder industrie si bon capital, homme d'affaires intelligent et travailleur, ne sera répondu qu'à lettre signée et adresse exacte, annonce très sérieuse, accepterai même intermédiaire prêtre ou notaire. — *Chasseur Français*, nº 6057.

LE PETIT PÈRE DES PEUPLES

À l'autre extrémité, le virulent PCF n'a d'yeux que pour son nouveau dieu, le camarade Staline, maître tout-puissant du paradis soviétique et, à travers le Kominterm, du communisme mondial. Au nom d'un avenir meilleur, les initiés français à l'envers du décor taisent l'enfer des méthodes — tortures, purges et déportations de masse — qu'applique le petit père des peuples.

L'ACTUALITÉ EN 1934

- Le 6 février, violentes émeutes de l'extrême droite devant l'Assemblée : 15 morts.
- Le lieutenant-colonel de Gaulle publie *Vers l'armée de métier,* dans lequel il préconise, en vain, la création d'une armée blindée.
- L'aviatrice française Hélène Boucher décroche le record du monde de vitesse sur base, à 445 km/h sur un Caudron-Renault.

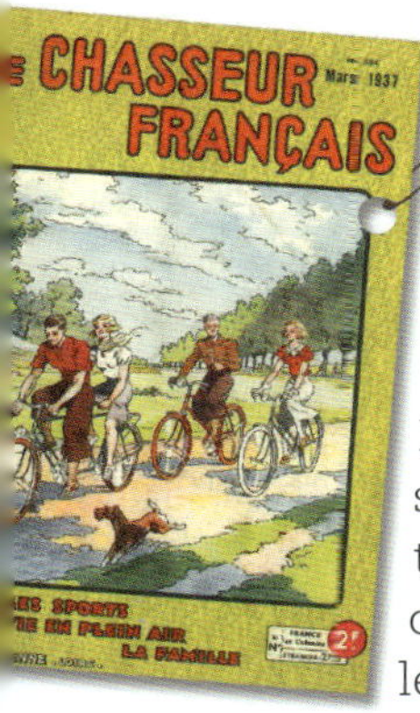

Combien ça coûte en 1937 ?
1 franc de 1937 vaudrait aujourd'hui environ 0,57 €

UNE NUMÉRO DU CHASSEUR FRANÇAIS
2 F

La démocratie française donne un spectacle qui a de quoi faire douter le plus féru des démocrates : la capitulation franco-anglaise devant les exigences du Führer en 1938 à Munich cristallisera cette mollesse et cette indécision chroniques, qui encouragent Hitler à multiplier les coups de poker.
En 1934, contre l'avis de l'état-major, Pétain compris, un héros de Verdun moins connu avait préconisé la création d'une arme blindée spécialisée dans un livre intitulé *Vers l'armée de métier*. Nul n'est prophète en son pays… Son auteur, le lieutenant-colonel de Gaulle, sera lu plus attentivement outre-Rhin par des hommes comme Heinz Guderian, qui conduira les panzers pendant la campagne de France, en mai 1940. En attendant, on construit la ligne Maginot.

LES PETITES ANNONCES

SABLE CHAUD
Deux légionnaires, 28 ans, bons caractères, physiques agréables, cherchent jeunes filles en vue mariage. Mai 1930

TIR GROUPÉ
5 gentils sous-officiers, perdus dans l'Atlas, seraient heureux épouser gentilles correspondantes. Choisissez parmi André, Henri, Charles, Marcel, Camille. Janvier 1932

MARIAGES
Dames.
☛ 339, avril, toujours valable. Très sérieux.

Un *Chasseur* engagé

En mars 1936, et contrairement aux principes qu'il suit depuis sa naissance, le *Chasseur* se mêle courageusement de politique, par le biais de son service des sports, à l'approche des jeux Olympiques de Berlin, qu'Hitler entend transformer en vitrine de l'Allemagne et de ses doctrines.

« Pour la première fois, écrit le *Chasseur*, la politique s'est permis le droit de mettre le pied dans nos plates-bandes. Et si on les avait laissé faire, quelques dirigeants des pays organisateurs auraient émis la prétention d'interdire l'accès du stade aux Germaniques israélites ou non aryens, ce qui aurait *ipso facto* entraîné le forfait par solidarité sportive de toutes les nations dont les équipes comportent des israélites. Heureusement, la camaraderie des sportifs a montré avec énergie qu'elle entendait ne pas laisser pénétrer en son sein les pratiques en cours dans les conflits politiques […]. Nos applaudissements iront au plus vite et au plus fort, qu'il soit noir, jaune ou blanc. » Cette attitude est d'autant plus digne que commercialement risquée, car l'antisémitisme était alors ouvertement et largement répandu, en France comme ailleurs.

L'ACTUALITÉ EN 1935

- Telefunken crée le premier magnétophone.
- Invention du Nylon par DuPont de Nemours.
- Ray Ventura chante *Tout va très bien madame la marquise*.
- Ouverture de la première chaîne de télévision expérimentale française.
- Premières photos couleur grand public (Agfa).
- Premier film couleur au cinéma.

LES PETITES ANNONCES

MADE IN GERMANY
Sergent de la Légion, 28 ans, d'origine allemande, épouserait jeune fille sérieuse aimant la vie, intérieur. Août 1932

RELIGION INDIFFÉRENTE
Alger. Jeune fille israélite, 27, bien, fonctionnaire, désire mariage rapport, religion indifférente. Février 1938

A NOS ABONNÉS ET LECTEURS

C'est la première fois, depuis la guerre, que le **Chasseur Français** a une interruption dans sa publication, conséquence d'un violent mouvement à tendance politique déclenché dans nos bureaux le 3 août dernier et qui n'a pris fin que le 8 novembre.

La partie blanche du présent numéro, qui correspond au mois de septembre, a été tirée dans la première quinzaine d'août, mais la partie verte et la couverture viennent seulement d'être terminées et correspondent aux numéros de septembre, octobre, novembre et décembre 1937.

Ce numéro est donc un peu spécial, et nous nous en excusons auprès de nos abonnés. A partir de janvier 1938, le **Chasseur Français** paraîtra à nouveau régulièrement à sa date, et cette interruption ne restera que comme un mauvais souvenir de la période trouble que nous traversons.

Depuis le 3 août, tout notre courrier a été bloqué à la poste. Nous n'avons donc pu répondre aux 200.000 lettres qui nous ont été adressées ; de cela encore, nous nous excusons.

Nous n'avons pu également envoyer à nos abonnés les primes auxquelles ils ont droit ; qu'ils soient sans inquiétude, ces primes leur seront expédiées aussi rapidement que possible.

Nous prévenons aussi nos abonnés que leur abonnement sera prolongé d'office d'autant de numéros non parus.

Pour terminer, nous remercions du fond du cœur les très nombreux abonnés qui, à l'occasion de cette dure épreuve, nous ont adressé des lettres d'affectueuse sympathie dont le contenu nous a vivement touchés.

UNE NATION PROFONDÉMENT DIVISÉE

En 1936, le Front populaire remporte les élections, déclenchant aussitôt une vague de grèves avec occupation d'usines. Elles déboucheront sur les accords de Matignon, qui instaurent, entre autres, deux semaines de congés payés. La France est profondément divisée. « Plutôt Hitler que le Front Populaire », crie la droite. La guerre d'Espagne sert d'entraînement aux avions neufs de la jeune Luftwaffe et à ceux de la Regia Aeronautica, expédiés par Mussolini. Les socialistes français, eux, temporisent dans une neutralité fictive.

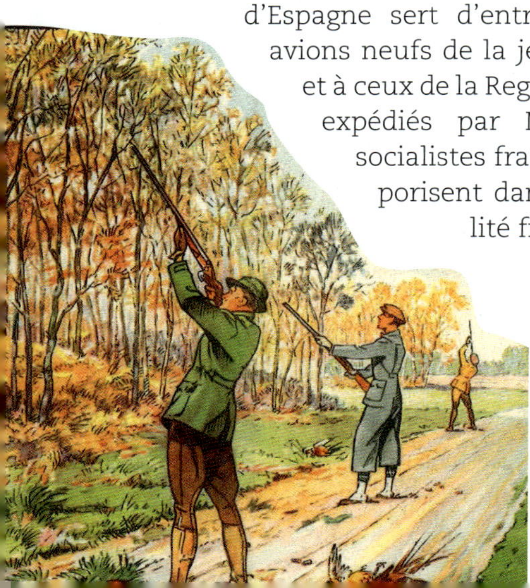

Plus l'on avance dans les années 1930, plus les conflits se durcissent. Fin 1937, et pour la première fois, *Le Chasseur Français* ne paraît pas pendant quatre mois suite à une grève, « politique » selon la direction.

Le 3 septembre 1939, la guerre éclate. Dans le numéro de septembre, bouclé en août, donc, l'armée de l'air recrute : « Le ministère de l'Air vient de décider, en raison de la mise en service de matériel nouveau, la formation d'un très grand nombre de pilotes, de mécaniciens de radios, d'électriciens de carrière et de réserve ». Il était temps !

Ce numéro voit aussi paraître les dernières annonces avant longtemps. L'armée interdit en effet la publication d'annonces ne renvoyant pas explicitement à une adresse en France et qui n'auraient pas été préalablement visées par le maire ou le commissariat local, pour éviter que le magazine ne serve de boîte aux lettres d'échanges cryptés. Dès octobre, adieu annonces de mariage !

La vraie guerre n'a pas encore commencé. Quelques tartarinades derrière la ligne Maginot, tandis que l'héroïque armée polonaise est détruite en deux semaines. Le monde, stupéfait, découvre le Blitzkrieg. La France entre dans la drôle de guerre.

L'ACTUALITÉ EN 1936

- Février : victoire du Frente Popular espagnol aux législatives.
- Mars : Hitler remilitarise la Rhénanie.
- Mai : victoire du Front populaire aux législatives, suivie de grandes grèves.

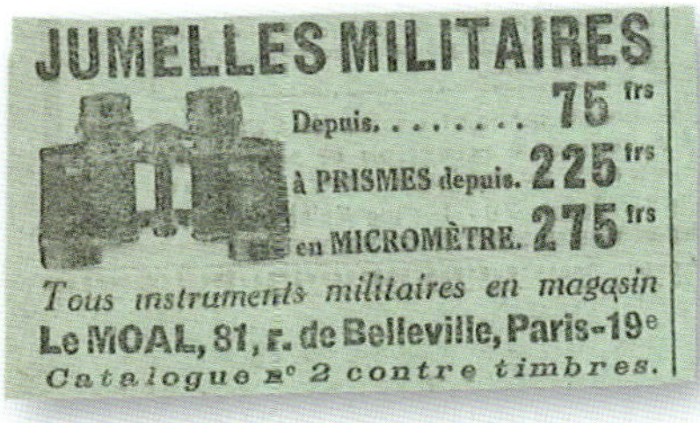

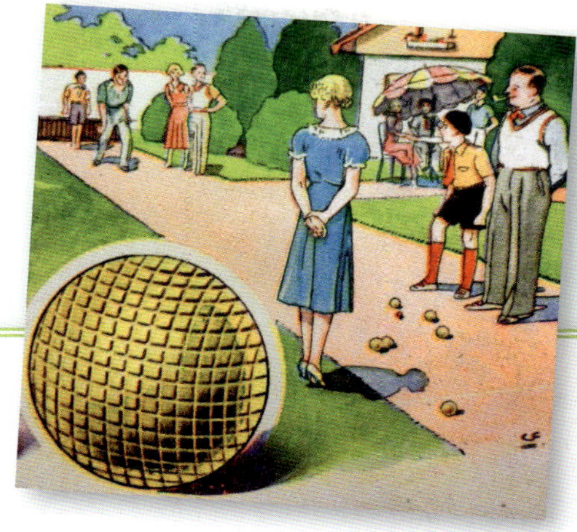

Une vie culturelle intense

Le cinéma français est en forme : on tremble pour l'aristocratique Pierre Fresnay de *La Grande Illusion* (1937). Jean Gabin administre à Michèle Morgan un baiser à couper le souffle dans *Le Quai des brumes* (1938). Mécontente de sa « gueule d'atmosphère », Arletty apostrophe Louis Jouvet dans *Hôtel du Nord* (1938).

Sur les radios chantent Jean Sablon, Georges Guétary, Tino Rossi, Mistinguett, Lucienne Boyer ou la sulfureuse Suzy Solidor, une Malouine plutôt dessalée. Et puis, on joue du jazz, de la java, de la rumba. Les postes sont devenus compacts et abordables. On peut même prendre des cours gratuits d'espéranto par TSF.

Prix Renaudot en 1932, Louis-Ferdinand Céline emmène la France dans un *Voyage au bout de la nuit*, révolution du roman et de l'écriture en français.

La couleur fait son apparition dans les magazines, et au cinéma. Fin 1930, le *Chasseur* publie ses premières réclames en quadrichromie. Les techniques publicitaires s'affinent : vendre devient une science, et les propagandistes des dictatures font d'ailleurs preuve dans ces domaines d'un génie maléfique et fascinant.

« Comme tous les journaux quotidiens, les publications périodiques ont été invitées par la commission interministérielle de la Presse à réduire d'environ 50 % le nombre de leurs pages », explique la direction en novembre pour expliquer un numéro maigrichon. « Notre revue s'imprime un mois à l'avance. Elle ne peut donc pas être une revue d'informations. De ce fait, nous ne pouvons, comme nos confrères quotidiens, parler utilement des événements que nous traversons. De cette situation, nos lecteurs tireront cependant un avantage : c'est qu'au milieu de tous les journaux remplis des graves préoccupations de l'heure présente, la lecture du *Chasseur Français*, par sa note calme et agréable, apportera une heureuse diversion qui leur procurera un véritable délassement de l'esprit. »
Un pieux mensonge, car le numéro de décembre 1939 ne prête pas exactement au délassement : la rubrique « Santé » est consacrée au traitement d'urgence des gazés, et le chapitre « Maison », à la défense passive (comment étayer sa cave…). La rubrique aéronautique révèle comment la pratique de l'acrobatie aérienne prépare à l'aviation de chasse, tandis que la rubrique auto traite de la transformation des voitures de tourisme réquisitionnées en camionnettes… La guerre peut commencer.

- Juillet : le coup d'État militaire de Franco déclenche la guerre civile en Espagne.
- Création de la Cinémathèque française.
- Naissance du Parti social français, après dissolution des Croix-de-Feu.
- Création des congés payés en France.
- Tino Rossi célèbre *Marinella*.
- Maurice Chevalier triomphe avec *Ma pomme*.
- Le 7 décembre, disparition de Jean Mermoz dans l'Atlantique Sud.
- *La Cucaracha*, importée de Cuba, fait un tabac.

… ET LES FEMMES SE DÉCOUVRENT !

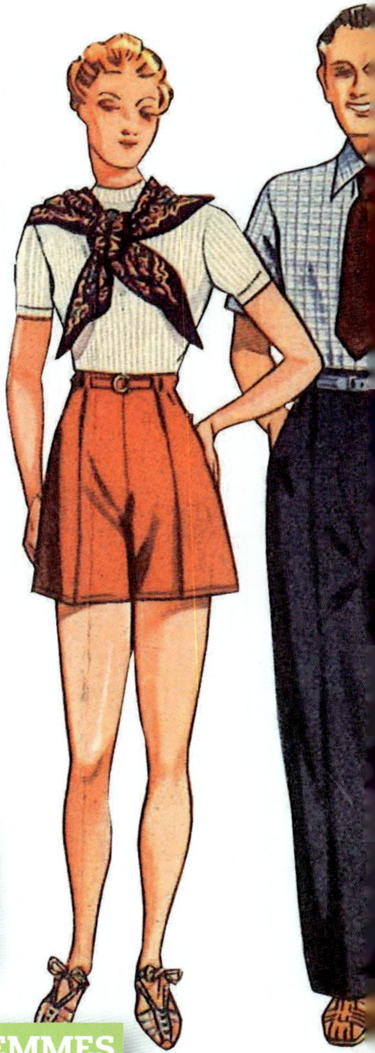

DANS LA FOULÉE DES ANNÉES FOLLES, TENUES ET MŒURS S'ALLÈGENT. LES FEMMES SE DÉCOUVRENT AUTANT QU'ELLES S'AFFIRMENT. DANS LES ANNONCES, L'AMOUR PREND LE PAS SUR L'ARGENT.

Pour ma nièce, veuve professeur, sans enfants, 35 ans, 1m,63, mince, beau mobilier, joli trousseau, espérances. Femme intérieur, sérieuse, qualités cœur, libre penseuse, très heureuse premier mariage, essaierait refaire foyer professeur, fonctionnaire, profession libérale, 35-45 ans, bien tous rapports, surtout santé, intelligent, bon, loyal, sérieux, affectueux. Idées larges. Discrétion honneur. — *Chasseur Français* nº 516.

Combien ça coûte en 1937 ?

1 franc de 1937 vaudrait aujourd'hui environ 0,57 €

UN ABONNEMENT D'UN AN AU CHASSEUR, FRANCE & COLONIES

12,50 F

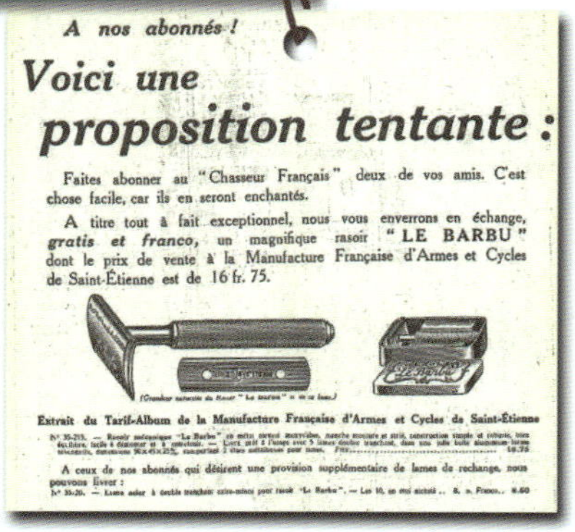

A nos abonnés !

Voici une proposition tentante :

Faites abonner au "Chasseur Français" deux de vos amis. C'est chose facile, car ils en seront enchantés.

A titre tout à fait exceptionnel, nous vous enverrons en échange, ***gratis et franco***, un magnifique rasoir **"LE BARBU"** dont le prix de vente à la Manufacture Française d'Armes et Cycles de Saint-Étienne est de 16 fr. 75.

Extrait du Tarif-Album de la Manufacture Française d'Armes et Cycles de Saint-Étienne

A ceux de nos abonnés qui désirent une provision supplémentaire de lames de rechange, nous pouvons livrer :

LA PART DES FEMMES

Les annonces matrimoniales du *Chasseur Français* auront connu un essor notable pendant la décennie qui s'achève en 1940 : quelque 20 000 femmes et 23 000 hommes de toutes classes sociales et de tous horizons lui ont confié leurs espoirs. Au rythme paisible de la poste, le *Chasseur* devient une plateforme de chat avant l'heure. « Mademoiselle Rinette, avons grande affinité, veuillez donner adresse, vous donnerai la mienne par retour », lit-on en décembre 1931. « Que Line veille bien à donner son adresse », espère tel autre.

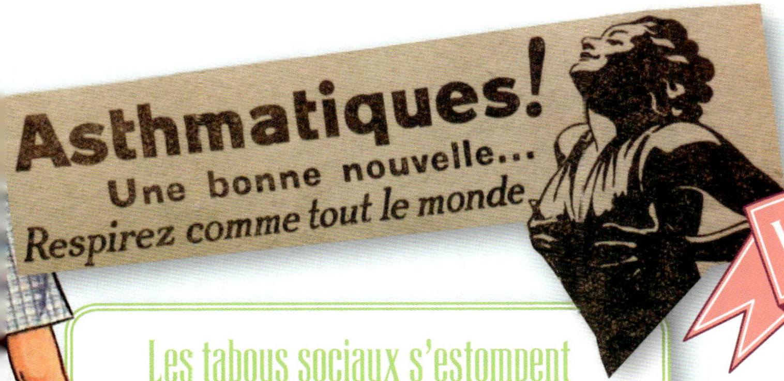

Les tabous sociaux s'estompent

La maternité hors mariage, présentée hier comme une tare, est mieux acceptée dans les années 1930. Une «demoiselle, 23, gentille, catholique, ayant joli petit garçon» cherche un mari. Une «jolie petite fille 4 ans voudrait bien un papa», précise en février 1934 sa «maman célibataire», appellation tout de même plus valorisante que celle, traditionnelle et sinistre, de fille-mère.

Les offres d'adoption moyennant finances ou de prise en pension discrète pour les enfants naturels restent très présentes dans les colonnes du magazine, mais la conception d'enfants hors mariage n'a manifestement plus le caractère de malédiction qu'elle traîne depuis des lustres.

De 30 % des annonces dans les années 1920, la part des femmes est passée à quasi 50 %. C'est la conséquence, bien sûr, des classes creuses de la guerre. Outre cette pénurie d'hommes, il y a aussi un accroissement manifeste de l'autonomie des jeunes en général, et des femmes en particulier. Signe des temps, les annonces passées par «papa-maman» disparaissent ou presque. Désormais, jeunes filles et jeunes femmes se présentent elles-mêmes et, dès qu'elles exercent une profession, la mettent en avant, comme ces messieurs. S'il existe encore çà et là des fils à papa et des filles à maman avec patrimoine, ils se raréfient.

LES PETITES ANNONCES

RÊVEUSE

Charmante petite poupée blonde, 32 ans, fille d'officier, rêveuse, sentimentale, cherche idéal, officier, veuf ou célibataire.
Décembre 1937

MA PETITE REINE

Quelle jeune fille, 29-34, habitant campagne, aimant et comprenant la terre, voudrait devenir la petite reine d'une charmante exploitation agricole charolaise en épousant un célibataire terrien, très affectueux, catholique pratiquant, idées larges, sentiments élevés, sobriété et moralité incontestables, lequel n'a pas pu rencontrer la personne compréhensive et affectueuse rêvée. Décembre 1934

TOUJOURS PRÊT

Cheftaine, 25 ans, catholique, famille officier sans fortune ni relations, fonderait foyer avec scout ou éclaireur, santé, situation, âge en rapport. Français. Avril 1938

L'ACTUALITÉ EN 1937

- Présentation des premiers postes de télévision français à l'Exposition universelle de Paris. Il y a 100 postes et une émission quotidienne, le soir.
- Quatre mois de grève paralysent la sortie du *Chasseur Français* entre août et décembre.

LES PETITES ANNONCES

ET UN, ET DEUX, ET TROIS…
Trois jeunes filles, Algérie, 22, 23, 25, bonne famille, sans relations, enthousiastes, gaies, idées larges, épouseraient jeunes gens, âge, esprit correspondant, plutôt grands, éducation, instruction, fortune ou belle situation. Janvier 1930

BIENTÔT MAMAN
Recherche pour cousine, 20 ans, bientôt maman, jolie brune, dotée, famille honorable, mari 25 à 35 ans capable aimer mère et enfant. Avril 1939

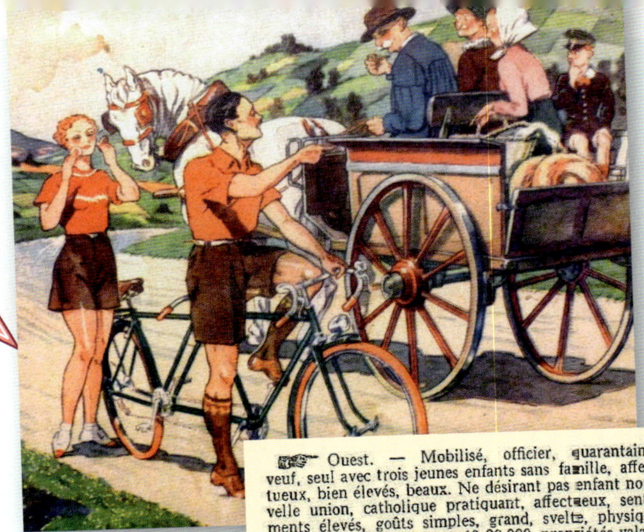

Ouest. — Mobilisé, officier, quarantaine,
veuf, seul avec trois jeunes enfants sans famille, affec-
tueux, bien élevés, beaux. Ne désirant pas enfant nou-
velle union, catholique pratiquant, affectueux, senti-
ments élevés, goûts simples, grand, svelte, physique
agréable, situation revenus 60-80.000, propriétés valant
un million, intérieur confortable, ville, campagne
possible et désirée. Aimerait faire connaissance veuve
sans enfants, jeune fille 30-40 ans, préférence orphe-
line ou sans famille, aimant beaucoup enfants, catho-
lique pratiquante, très bonne éducation, douce, affec-
tueuse, sympathique, physique agréable, préférence
grande, moral toujours bon, santé robuste, minimum
20.000 revenus exigés. — C. F. 58).

ADIEU VRAIES JEUNES FILLES !

Les précisions crues sur la virginité se raréfient : la « vraie jeune fille » devient « jeune fille ». La discrétion sur le domaine de l'intime reste la règle également chez les messieurs, à de très rares exceptions près, tel ce goujat breton qui se vante de posséder « tout ce qu'il faut pour rendre une femme heureuse ». Pour se vendre, les hommes inventent, eux aussi : ils sont « profondément Français », « Français moyen » (un concept tout nouveau en 1931), « pas poseur », « poétique mais viril ». On voit poindre des « sobre, ne fume pas » et des emphatiques l'« âme droite dans un corps d'athlète façonné par de nombreux sports ». Un poil inconscient, inquiétant pour ces dames, ce candidat « élevé par mère parfaite », ou celui-là, qui « ne sait pas danser, ne va pas au club », cousin du rigoriste « je ne connais ni ne veux rien savoir de la vie frivole ».

Le grand argument de séduction, l'automobile, côtoie la très clean « salle de bains moderne » (juillet 1931), le poste Philips (!) et les « trois ou quatre mois chaque année pour voyages, mer, villes d'eau, croisières », promesse d'une vie de plaisirs. Il y a aussi les comiques volontaires — « Qui m'aidera à vaincre aversion du mariage ? » — et les involontaires, qui cherchent une « femme intérieure », les traditionnels, qui veulent une compagne « pas moderne, n'ayant jamais fréquenté les dancings », ou l'amateur, plutôt isolé, d'un « buste très plat ».

L'ACTUALITÉ EN 1938

- La totalité des 36 500 communes de France sont électrifiées : lancement d'un grand programme de construction de barrages et de lignes à haute tension.
- Mars : Hitler envahit l'Autriche et la rattache au Reich.
- Septembre : le radical-socialiste Édouard Daladier signe à Munich le démembrement de la Tchécoslovaquie.
- Création de la SNCF, qui regroupe les réseaux publics et privés, matériel roulant, gares et voies.

Mai 2599. — Annonce mariage heureux par le « Chasseur Français ». Remerciements.

Monsieur, 40, paraît moins, grand, svelte moralité, situation distinguée, moyenne 20.000, espérances directes 100.000, auto, épouserait fonctionnaire sans importance fortune ou situation propriétaire, commerçante distinguée, svelte, saine, sérieuse, discrétion, très sérieux. — *Chasseur Français*, n° 543.

Cupidon chasse l'argent

Dans les annonces, le mariage d'amour prend sans cesse de l'importance, et finit par l'emporter sur le mariage d'argent. L'arrangement financier pur et dur comme unique perspective d'une future vie commune, banal avant 1914, a vécu. L'idée moderne qu'un bon mariage nécessite de se connaître au préalable se répand : « entrevues possibles », « donnerai suite si sympathie réciproque »… L'interdiction promulguée par l'éditeur du *Chasseur* de toute demande de photos dans ses annonces, scrupuleusement appliquée depuis 1926, ne fait qu'attiser ces curiosités apéritives. On recherche le « mariage assorti », et à condition qu'il y ait « sympathie réciproque ». On cherche un « compagnon aimable » pour créer un « foyer fondé sur confiance et tendresse réciproques ». On entend « trouver dans le mariage l'estime et l'affection réciproques qui sont les garants d'un foyer heureux ».

LES PETITES ANNONCES

CORPS PARFAIT

Jeune fille, 31, jolie, santé, corps parfait, institutrice publique, sans dot, désire mariage aisé.

Juillet 1930

FAUT PAS M'ÉNERVER

Gentille Parisienne épouserait monsieur honorable, distingué, 42-50. Entrevue rapide. Vulgaires, tarés, illettrés, maniaques, indécis s'abstenir.

Octobre 1932

TROUVER UN PARTENAIRE À SON GOÛT

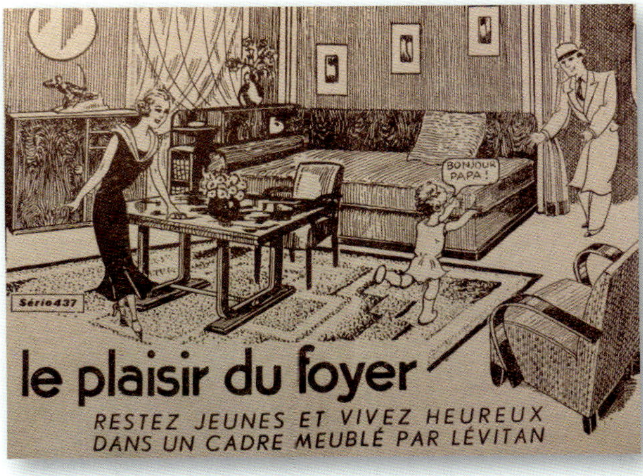

Vers 1932 surgit dans les annonces une mode d'excommunications préalables ponctuées de l'énergique et définitif « s'abstenir » pour celles et ceux affligés de défauts considérés comme rédhibitoires : « grande », « grosse », « cheveux courts », « maquillée », « blasée », « autoritaire », « boudeuse », « menteuse », « indécise », « aventurier », « vulgaire », « taré », « maniaque », « buveur », « coureur », « antimilitariste », « veuf », « Dom Juan », « neurasthénique », « intéressé », « taché », « névrosé », « égoïste », « potelé »… N'en jetez plus !

Ces précisions multiples montrent aussi qu'on ne cherche plus un partenaire à tout prix pour se caser, mais un partenaire à son goût. Notons tout de même que, s'il arrive souvent qu'un homme âgé cherche une femme bien plus jeune que lui, l'inverse n'est jamais vrai. Autre tendance lourde : l'âge moyen des annonceurs tend à augmenter.

LES PETITES ANNONCES

FLEUR DE PRINTEMPS

Violette de 19 printemps veut-elle donner son adresse à ingénieur ? Septembre 1931

GROS TEMPÉRAMENT

Ardente, câline, incomprise, élégante brune, 30 ans, yeux verts très expressifs, légèrement maquillée, physique et moral grecs, bien faite, 1,55 m, moderne, éducation, honorabilité parfaites. Intelligente, intellectuelle, deux fillettes 10 ans, rencontrera-t-elle l'homme idéal qu'elle désire, qui sera à la fois le mari et l'amant, dans le même milieu, ingénieur, officier, fonctionnaire, brun, châtain uniquement, 45 ans, divorcé sans enfant, célibataire. Partirai à l'étranger, colonie saine. S'abstenir : antimilitariste, veuf, Dom Juan, neurasthénique, intéressé, taré, taché, névrosé, égoïste, potelé, curieux, intermédiaires, vulgaires. Décembre 1937

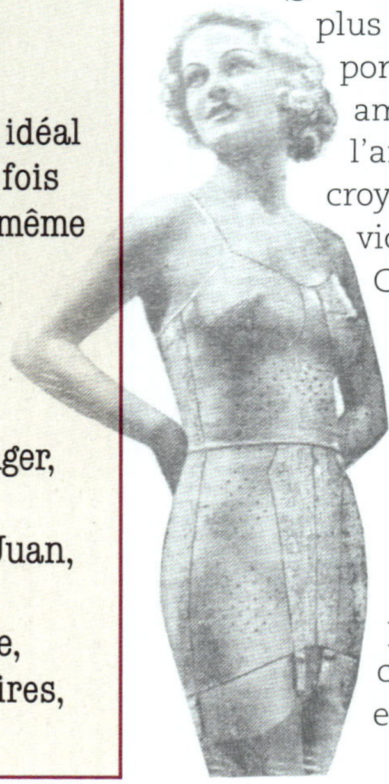

VENTRE PLAT ET POSE VIRILE

De toute évidence, la vie dans les années 1930 est plus décontractée : les filles ont maintenant des jambes, qu'elles montrent en mettant un short pour faire du sport ou des robes plus courtes, gainées de bas en rayonne. Elles portent d'affriolants maillots deux pièces à culotte très haute, qui font leur apparition sur les couvertures en couleur du magazine dès 1937. Elles conduisent des voitures, pilotent des avions, travaillent, sortent. On veut maigrir, friser, avoir une belle peau (garantie grâce à la crème radioactive !), paraître plus jeune, s'enrouler dans des fourrures ou porter au cou une étole de renard. La gaine amincissante, héritière moderne et tue-l'amour de ce bon vieux corset que l'on croyait enterré pour toujours, reprend du service : l'ustensile existe aussi pour hommes. Culte du ventre plat, quand tu nous tiens ! L'érotisme explose dans les publicités, qui usent et abusent déjà de dames court-vêtues pour vendre tout et n'importe quoi. Caractéristiques de l'époque, les messieurs prennent des poses viriles, cigarette à la main, même en tenue de sport.

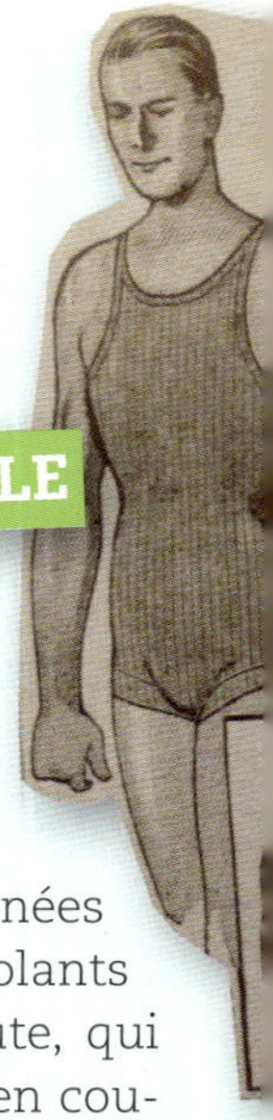

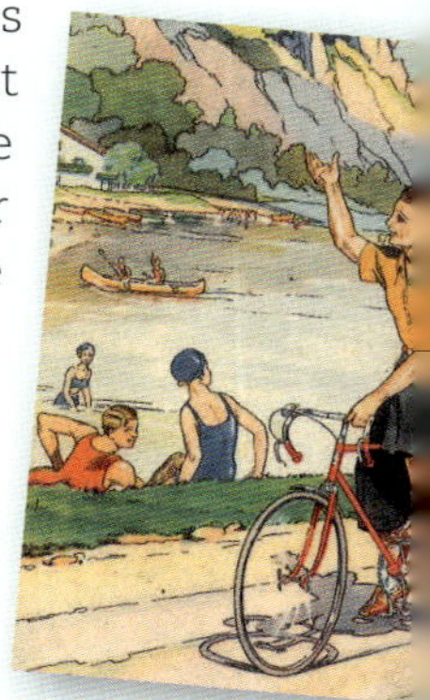

L'ACTUALITÉ EN 1939

- Le Code de la famille renforce les sanctions en cas d'avortement.
- Le France compte 40 000 tracteurs.
- L'avionneur allemand Heinkel construit le premier avion à réaction.
- Walt Disney décroche l'Oscar du meilleur film avec *Blanche-Neige et les sept nains.*
- Le 1er avril, Franco proclame sa victoire sur la République espagnole à Burgos.

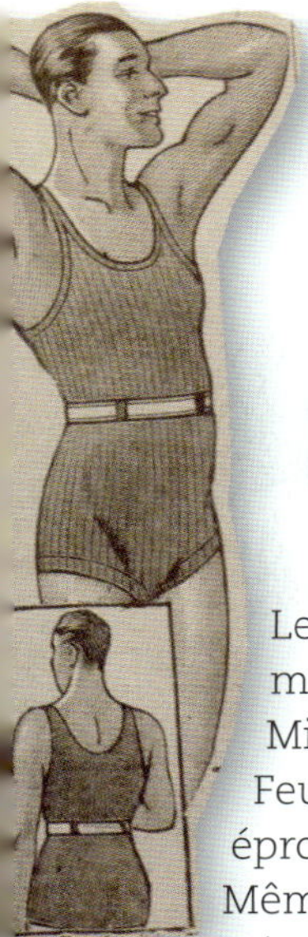

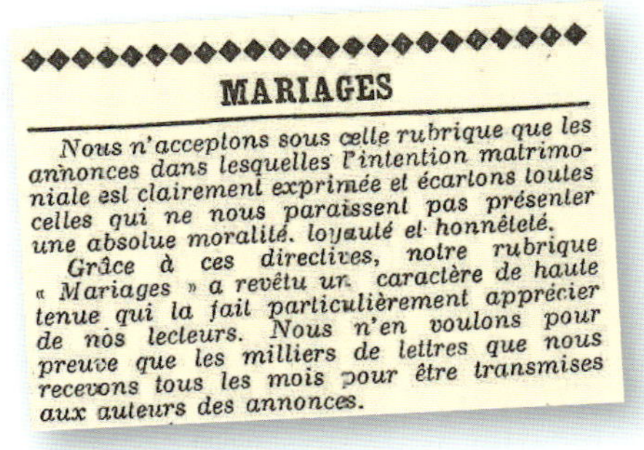

MARIAGES

Nous n'acceptons sous cette rubrique que les annonces dans lesquelles l'intention matrimoniale est clairement exprimée et écartons toutes celles qui ne nous paraissent pas présenter une absolue moralité, loyauté et honnêteté.

Grâce à ces directives, notre rubrique « Mariages » a revêtu un caractère de haute tenue qui la fait particulièrement apprécier de nos lecteurs. Nous n'en voulons pour preuve que les milliers de lettres que nous recevons tous les mois pour être transmises aux auteurs des annonces.

PROGRÈS OU DÉCADENCE ?

Les stars sont maintenant largement mises à contribution : tout sourire, Mistinguett, Elvire Popesco ou Edwige Feuillère rayonnent du bonheur qu'elles éprouvent à étinceler de bijoux Burma.

Même si elle constitue un cas d'espèce très parisien, la garçonne blonde Suzy Solidor, coupe au carré, qui pose nue dès 1929 pour tout ce que Paris compte de photographes et de peintres d'avant-garde, affiche ses amours saphiques à la une des magazines de mode et dirige sa boîte de nuit lesbienne-hétéro-friendly, rue Sainte-Anne. Sorte de Madonna malouine — la petite Suzy a vu le jour à l'ombre de la tour Solidor —, elle utilise à merveille la publicité que lui apporte son mépris des convenances pour réaliser une éblouissante carrière de chanteuse. Progrès ou décadence ? Chacun jugera. Une chose est sûre : la tolérance progresse, l'hypocrisie recule et l'affirmation de sa personnalité, à défaut d'être devenue la règle, est maintenant possible… surtout dans les démocraties.

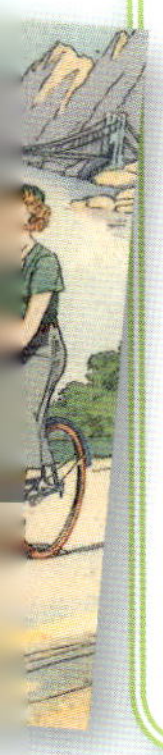

Un festival de descriptions nouvelles

Les années 1930 sont marquées par une nouvelle façon de se décrire, à laquelle on consacre davantage de temps et d'imagination. Les mentions « ni sotte ni laide », « garçon manqué », « active », « enjouée » « hardie », « débrouillarde » remplacent ou nuancent le sempiternel autoportrait en « femme d'intérieur ». Voici venues les « anges du foyer », les « gentilles secrétaires », les « modernes ayant auto » et les « vraies Françaises ». Les plus audacieuses se voient « sauvages », « pas mal », voire « ultra-chic » (juin 1936). On revendique des « défauts attachants » (octobre 1938). On se targue d'un « beau parler ». Plus conventionnellement, on se vante d'un « premier prix d'école ménagère », d'être « gentiment » voire « modérément moderne » ou « pas vieux jeu ».

La description physique prend de l'importance et du vocabulaire : « grande », « traits réguliers », « gentil mincis », « visage ovale », « bien faite », « bien prise », « belle fille » sont des expressions courantes, avec des précisions de taille et de poids inconnues hier. On minaude volontiers avec son âge : « 46 ans, encore jolie », « 45-50, bien conservée » ou « deux fois 20 ans, silhouette élégante ». « Blondinettes » et « brunettes » rivalisent avec les « blondes vénitiennes » et les « franchement rousses », et même avec quelques « vraies blondes ». Quel toupet !

Entre les lignes s'insinuent les allusions au domaine de l'intime : « très féminine », « tendre », « caressante » ou, plus explicite, « câline », « corps parfait », voire « ardente ». En août 1934, une dame « portant très original, selon désir » déclenche des tempêtes sous les crânes.

- Le 1er septembre, Hitler attaque la Pologne.
- Le 3 septembre, la France et l'Angleterre déclarent la guerre à l'Allemagne : début de la drôle de guerre.
- Le 17 septembre, l'Armée rouge attaque les Polonais à revers, en application des clauses secrètes du pacte germano-soviétique signé en août.
- Le 6 octobre, écrasement des dernières unités polonaises.

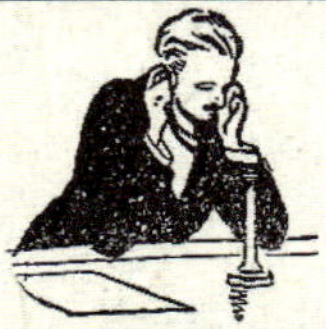

ANNONCES
1930-1939

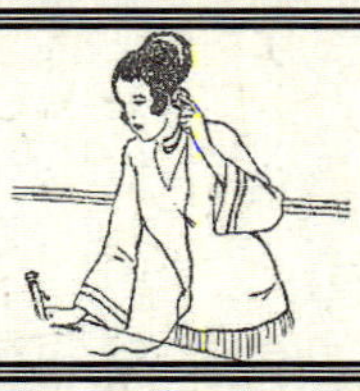

LES MOTS POUR LE DIRE

« **Maman célibataire** » tend, dans les années 1930, à remplacer « fille-mère » ; l'existence d'un enfant illégitime est devenue moins honteuse, même s'il existe dans le *Chasseur* une rubrique dédiée pour les services de garde discrète d'enfants naturels. La « tache » des premières années du *Chasseur* disparaît.

Câline : les adjectifs évoquant clairement la vie intime et les performances dans ce domaine font une apparition timide mais réelle. Autres illustrations du même phénomène : **ardente, très caressante…**

Auto : l'arme absolue du dragueur et de la dragueuse des années 1930. Avoir une auto est un symbole de réussite volontiers avancé par ces messieurs, et dont se revendiquent aussi ces dames automobilistes.

Compagnon : plus moderne que le mari, figure imposée par le code de déontologie du *Chasseur*, le compagnon apparaît comme l'ancêtre lointain du pacsé.

Un tour en conduite intérieure, poupée ?

Pour vos étrennes, Mademoiselle, une gracieuse conduite intérieure avec son occupant : brun, 27 ans, sportif sympathique, actif, instruit. Désireux créer, dans situation agréable, foyer heureux. Recherche personne affectueuse, sérieuse, gentiment moderne, grosse dot inutile. Janvier 1930

Créole colonial

Sous-officier colonial (créole) 28 ans, actuellement Tonkin, rentre en France 18 mois, épouserait demoiselle ou veuve. Janvier 1930

Voir avant d'acheter

Parisienne, 33, 1,73 m, agréable, mince, distinguée, cultivée, affectueuse, simple, excellente éducation, musicienne, situation 30 000, intérieur, propriété d'agrément, cherche bonheur intime dans mariage d'inclination en rapport avec camarade de valeur, fort, bon. Si entrevues impossibles, inutile. Février 1930

Garçon manqué

31, grande, mince, élégante, pas jolie, sportive, alpiniste, moderne sans excès, sauvage, un peu garçon manqué, aimant vie intime, possédant commerce beaux bénéfices, désire connaître monsieur 40 maximum, goûts rapport, possédant capital pour collaborer. Ne répondra qu'à lettres donnant amples détails. Mai 1930

Reine de la plage

17-18 ans, reine de coquette station balnéaire, demande gentil petit mari pour faire un heureux. Mars 1931

De sa race

Madagascar. Existe-t-il dans le monde Bretonne ou descendante de parents celtes, fortunée (âge et physique indifférent, même veuve ou fille-mère), qui voudrait épouser un homme de sa race sans fortune, mais possédant tout ce qu'il faut pour rendre une femme heureuse. J'aime la campagne, les bêtes, les voyages, la politique. Catholique pratiquant, 36 ans. Septembre 1931

Et la tendresse…

Vraie femme, sensibilité, distinction, éducation, bien cultivée, simple, excellente famille, avoir immobilier, épouserait désintéressé recherchant surtout affection, communion des idées. 45-60, cultivé, moralité premier ordre, situation sociale convenable. Juin 1934

Vie à refaire

Grande, brune, jolie, élégante, affectueuse, fortunée, catholique, 38 ans, referait vie très heureuse avec bien physiquement, moralement, ayant situation. Octobre 1934

Tiens voilà le poids

34 ans, divorcée, mariage église possible, physique ordinaire, agréable, taille 1,63, poids 63, éducation, sentiments affectueux, sensibles, goûts simples, aime vie intérieure calme confortable, employée, non fortunée, lasse solitude, recherche gentil mari et affectueux papa pour sa fillette… situation sûre. Coureur, buveur, avare, pas sérieux, s'abstenir. Février 1936

Mot du docteur

Parents désirent fiancer jolie jeune fille, élégante, distinguée, 1,67 m, 26 ans, paraissant beaucoup moins, cause études universitaires profondes, professeur enseignement secondaire État, proche bel avenir, conduite absolument irréprochable, santé parfaite, fournira certificat médical si nécessaire, vraie jeune fille, très douce, sensible, veut terminer son agrégation avant union, 600 000 F, espérances directes et indirectes, espoir dans cette revue famille pour connaître célibataire ayant très brillante situation honorabilité, bien physiquement, modernisme modéré. Août 1936

Plantureuse

Fonctionnaire situation 28 000, excellente famille, quarantaine, grand, mince, sain, pas chauve, sportif aimerait prendre retraite proportionnelle pour vivre campagne, recherche profond et sincère amour dans mariage avec jeune fille ou dame sans enfants, grande, plantureuse, saine, pas mondaine, pas moderne, cheveux longs, pas intéressée, très affectueuse, famille honorable. Décembre 1936

Poétesse concrète

Je cherche par monts et par grèves
Un mari, céleste rayon !
Un mari que j'ai vu en rêves
Et dont… je ne sais pas le nom !
Suis jolie, sérieuse, distinguée, gaie affectueuse, femme foyer, milieu fonctionnaire, sans dot, mais remplacée par intérieur complet supprimant tous frais d'installation ménage. Accepterais mari ville ou campagne, bonne famille, éducation et santé parfaites, ayant situation sûre, même modeste. Janvier 1937

Affection profonde

Ne ferai qu'un mariage d'affection profonde, 29 ans, grande, plaisante, visage ouvert, très affectueuse, rêve cœur, éducation, tenue. Volages, coureurs de dot, s'abstenir. Mars 1937

Un homme, un vrai…

Existe-t-il un homme ! Un vrai cœur généreux et bon, pétri de l'idéal d'âme qui me hante ? Amant du simple et du grand, qui ferait dans le mariage de mon bonheur le sien ? Pour qui je serai la joie de vivre, qui me gâterait, me chérirait et que je pourrais adorer sans réserve ? Industrie ? Armée ? […]. Mai 1937

Danseuse

Paris, bourgeoisie, jeune danseuse, 17, bien physiquement, très sérieuse, éducation religieuse, correspondrait, vue mariage célibataire, monsieur jusqu'à 30, sérieux, distingué, même éducation. Fonctionnaires, libérale, jolie situation, Français, étrangers, coloniaux. Mai 1937

À cheval

Quel garde républicain, 37-42, sérieux, simple, serait désireux d'épouser demoiselle 38, très sérieuse, douce, fonctionnaire Ville de Paris possédant avoir. Mai 1937

À poil

41 paraissant 34, car 1,72 m, blond, svelte, sportif, naturiste aimant eau, soleil, musique pratiquant tennis, natation, cyclotourisme, beau garçon, chic, veuf sans enfant, libre-penseur, caractère indépendant, haute mentalité, situation chemin de fer 22 000, désire correspondre avec jeune femme 1,60 m, 6[illegible], goûts, distractions, situation analogues pour mariage où régnerait harmonie affectueuse, morale, physique et intellectuelle, confiance et sérénité. Mai 1937

Et fière de l'être

Bureaucrate, 24, châtain clair, frisée, propriétaire pavillon près de Paris, épouserait Français catholique pratiquant, 30-35, sobre, brun, situation militaire ou civile, aimant vivre en famille. Juillet 1937

Travailleur intellectuel

Professeur d'université américaine, quarantaine, brun, sentimental, aisé, très droit et loyal, libre-penseur, travailleur intellectuel, esprit objectif et démocratique, cherche à fonder foyer durable dans l'atmosphère paisible du Nouveau Monde, en collaboration avec Française intellectuelle, niveau licence ou doctorat, veuve de préférence, franche, idées larges, âge en rapport, dot 100 000 francs. Non instruites s'abstenir. Février 1938

Vie de château

Seule dans la vie, aristocrate, jolie, distinguée, honorabilité, affectueuse, 45 ans, petites rentes, habitant château environ Chalon, désire mariage gentleman distingué, situation. Février 1939

Petite courageuse

Fille-mère, 34, fils 13, pension, petite, brune, agréable, courageuse, femme intérieur, sans fortune, situation 16 000, cherche mariage employé, ouvrier sérieux, 35-42, affectueux, bon, situation en rapport. Irait province. Février 1939

Orpheline pour orphelin

Quelle charmante orpheline, très jeune, caressante, douce, épouserait jeune ingénieur orphelin, affectueux, bien, aisé, désintéressé, aimant beaucoup voyages ? Fortune inutile. Préférence Bretonne, Parisienne. Avril 1939

Femme du fer

Cheminote. 35 ans, sans famille, célibataire, épouserait monsieur 50 ans maximum, bonne éducation, situation stable. Juin 1939

Avant la tempête ?

Levant – Sous-officier célibataire, 26 ans, 1,62 m, économies, rentrant congé France en mars 1940, désire correspondre vue mariage avec vraie jeune fille 16-22 ans, femme d'intérieur, affectueuse, physique agréable. Septembre 1939

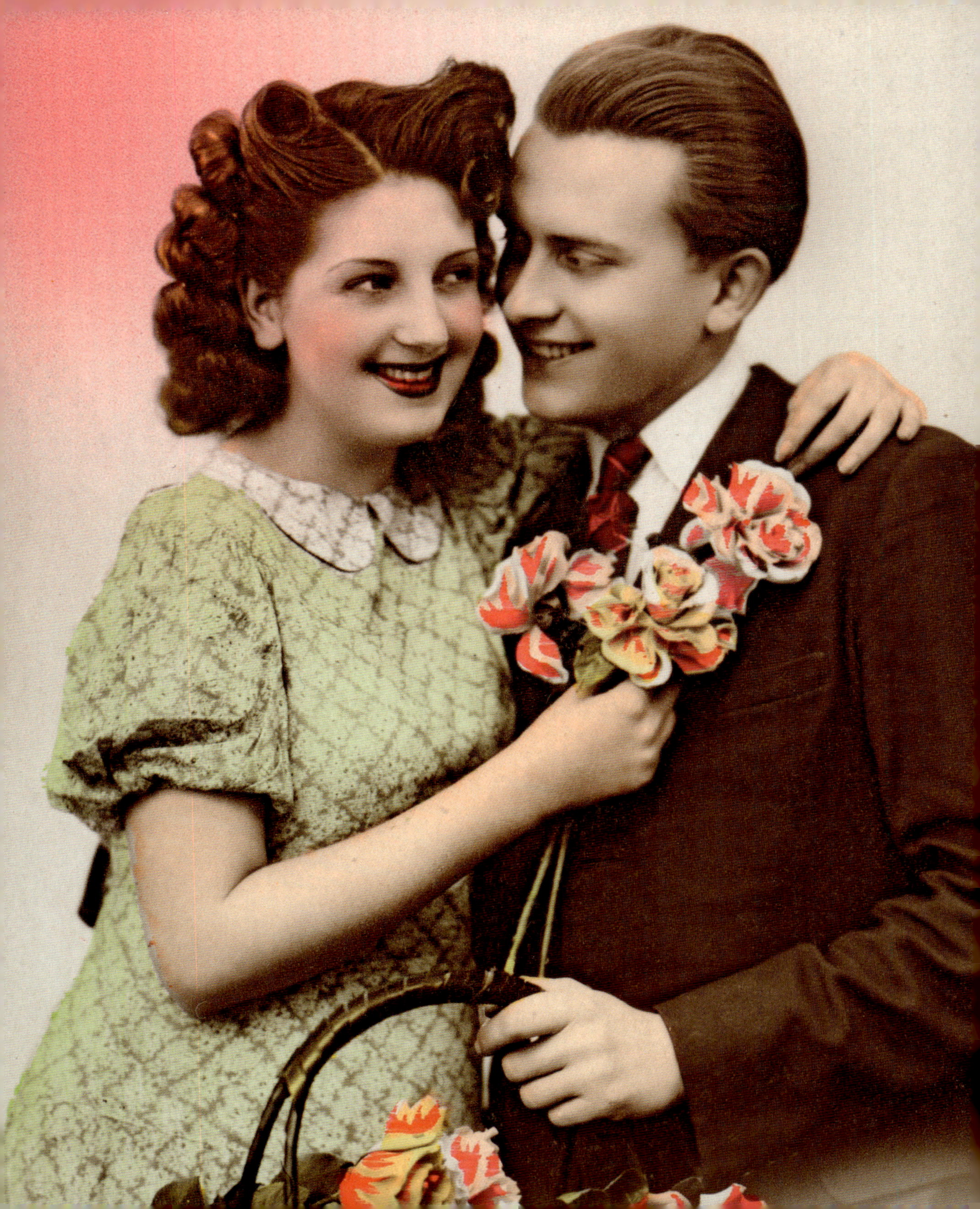

1940-1949

LES ANNÉES NOIRES

☛ Jeune idéaliste, physique agréable, situation stable, rêve union avec jeune fille sensible, romanesque, aimant intérieur, arts, voyages.
juin 1948

DU DÉSASTRE AU REDRESSEMENT

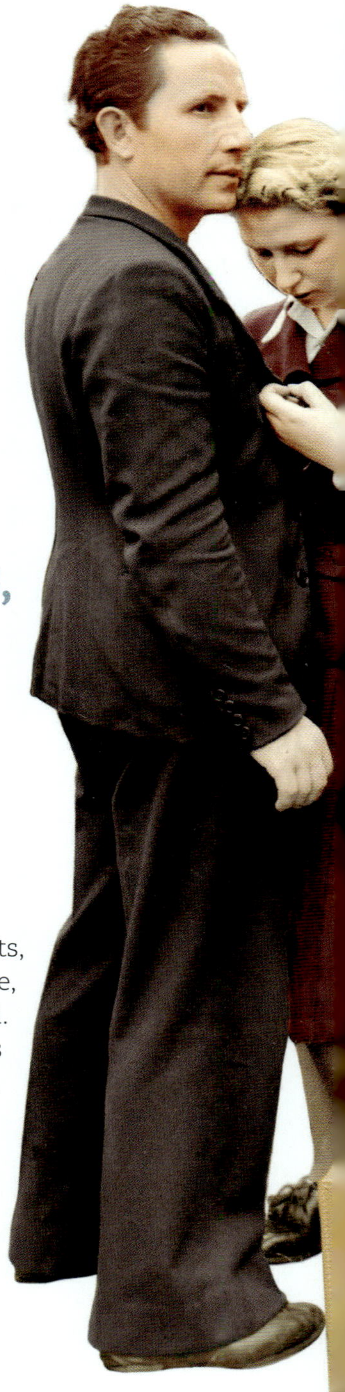

APRÈS LA DRÔLE DE GUERRE SURVIENT, EN MAI 1940, LA VRAIE GUERRE : LA PREMIÈRE ARMÉE DU MONDE EST DÉFAITE EN QUELQUES JOURS. L'EXODE, LA CAPITULATION, L'OCCUPATION, VICHY. DES HEURES NOIRES QUI DURERONT DES ANNÉES, PERCÉES PAR UNE LUEUR, INFIME AU DÉBUT. FINALEMENT VICTORIEUSE, LA RÉSISTANCE ENTREPRENDRA LA RÉNOVATION.

DRÔLE DE GUERRE

Dans la collection du *Chasseur Français,* le numéro de janvier 1940 est édifiant : tout maigre, il a été amputé sur ordre du gouvernement pour économiser le papier. Efflanqué, mais vivant. Pas comme en 1914.

La France et l'Angleterre sont en guerre avec l'Allemagne depuis septembre 1939. Tout occupé à dépecer la Pologne avec ses nouveaux alliés communistes, Hitler joue petit bras à l'Ouest. Fébrilement, Churchill réarme l'Angleterre. Chaque seconde compte : tôt ou tard, à l'évidence, les coups viendront. Sur le continent, on s'est montré les dents, chacun derrière sa ligne, Maginot ou Siegfried. Les observateurs lucides ont été saisis d'effroi devant l'efficacité des tactiques allemandes, qui ont laminé la Pologne. L'hiver passe. Le temps passe. Et il ne se passe rien. La drôle de guerre…

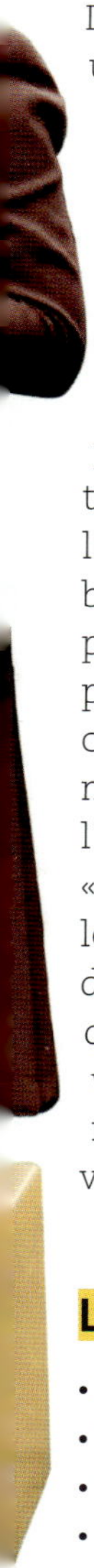

DES TRANCHÉES AU JARDIN

À part de Gaulle, un parfait inconnu qui prêche dans le désert depuis des années, personne à Paris n'a vraiment compris la leçon polonaise. Dans le *Chasseur*, en janvier, paraît une pub pour un livre intitulé *1940, année de grandeur française*. C'est dire!

Le magazine s'interroge sur l'opportunité d'aussi imposantes réquisitions de chevaux, en regard d'opérations quasi absentes, et publie des conseils de défense passive, sur l'art d'étayer les caves ou de creuser sa tranchée au jardin. En février, on se dit qu'il faudra, la paix revenue, adopter une méthode d'éducation physique qui prépare mieux les jeunes au lancer de grenade. Il n'est jamais trop tard pour bien faire? Parfois, si. Trop tard, en tout cas, pour ces élèves pilotes, que le ministère recrute par petites annonces. Trop tard aussi pour ces bombardiers «énormes», qui, prétendument, sortent d'usines secrètes. En vérité, c'est l'usine à bobards qui tourne à fond. La rubrique «Ouvrages» propose aux dames de tricoter pour le troufion un pull sans manches, si économe de laine et pourtant si chaud. Qui imagine alors que les carottes seront cuites bien avant l'hiver prochain? Rigoureusement personne, pas même Hitler. Comme si la guerre n'existait pas, voici un article sur un nouveau voilier. Dans le numéro daté mai, un sujet à propos du cyclisme: «Préparons-nous aux belles excursions». C'est bien le moment!

Soudain, le 10, des panzers traversent les Ardennes alors que personne ne les attend là, puis bousculent le front français. Dans le même temps, la Wehrmacht massacre la Hollande et Rotterdam, s'essuie les chenilles sur la neutralité belge, pénètre en France et fonce vers la mer.

LES PETITES ANNONCES

MOBILISÉ SUR PLACE

Paris: brun, 38 ans, 1,70 m, particule, excellente famille ancienne, bien physiquement, haut fonctionnaire, traitement 85 000, propriétés, auto, mobilisé sur place, sensible, affectueux, idéaliste, artiste, isolé, correspondrait vue mariage avec jeune fille instruite, éduquée, sachant recevoir, grande, brune peau mate, bien faite, 20-25 ans, pianiste si possible, permis de conduire, originale, rêveuse, originaire Côte d'Azur, Corse, Afrique du Nord, Italie, Espagne, famille honorable. Mars 1940

L'ACTUALITÉ EN 1940

- 22 mars: Reynaud succède à Daladier au gouvernement.
- 16 juin: Pétain devient président du Conseil, avec l'appui de la SFIO.
- 17 juin: Pétain annonce qu'il «faut cesser le combat».
- 18 juin: à Londres, de Gaulle lance son appel à la Résistance.
- 22 juin: Pétain demande l'armistice.
- 10 juillet: la Chambre du Front populaire vote les pleins pouvoirs à Pétain. Naissance, à Vichy, de l'État français.
- Premiers bas Nylon aux États-Unis.
- En octobre, premières lois antijuives de Vichy.

Veuve prisonnier, 34 ans, secrétaire, brune, mince, une fillette, terrain et petite maison, recherche mariage avec monsieur, 35 à 45 ans, situation ou bon métier. — *Chasseur Français*, n° 8392.

LES PETITES ANNONCES

ISRAÉLITES S'ABSTENIR

Paris. Dame 33, paraissant 28, jolie, blonde, taille moyenne, svelte, distinguée, douce affectueuse, très cultivée, catholique, excellente famille, femme intérieur, musicienne, permis de conduire, parlant anglais, goûts simples, espérances, divorce profit, une fillette 12, désire mariage monsieur français ou anglais, ayant situation sûre, officier, fonctionnaire, industriel, ingénieur, 35 à 49, excellent milieu, éduqué, affectueux, sérieux. Irait colonies. Discrétion. Israélites, agences, s'abstenir. Juin 1940

LE MOT QUI VA BIENTÔT FÂCHER

Demoiselle, 47 ans, agréable, capable de collaboration intelligente, épouserait monsieur excellente éducation. Février 1940

PÉTAIN JETTE L'ÉPONGE

Dans un indicible capharnaüm, 6 millions de civils, vieux, malades, femmes et enfants compris, fuient affolés, droit devant eux, sans but ni chefs. Les Allemands sont à Paris le 14 juin. Le gouvernement a filé, cap au sud-ouest.

Malgré des actes de résistance héroïques des armées, malheureusement si mal coordonnés par Gamelin puis par Weygand, le 17 juin, Pétain, bombardé chef du gouvernement, jette l'éponge. Le vainqueur de Verdun annonce qu'il « faut cesser le combat ». Autour des TSF, les anciens combattants, incrédules, pleurent devant leurs gosses stupéfaits. Pour les gamins, l'exode avait surtout été jusque-là une sorte de semaine des quatre jeudis. Il faisait si beau… Ils sont bien rares, ceux qui, le 18 juin, entendront pour la première fois l'étrange voix calme du Général à la BBC, mais ils existent. Pétain, à Vichy, substitue l'État français à la République, avec la bénédiction de la chambre du Front populaire.

Le Chasseur Français daté juin 1940 paraît encore : il y est question d'élever des cochons avec des restes, science qui s'avérera bien utile, et de sornettes, de « pièges à avions », des ballons et de câbles supposés envoyer la Luftwaffe au tapis.

Un extralucide a passé une annonce pour dénicher un gazogène d'occasion. L'essence n'est déjà plus disponible. L'ère des combines, des pri-

L'ACTUALITÉ EN 1941

- Suzy Solidor enregistre *Lily Marlene* en français.
- Mai : ouverture en Alsace annexée du camp de concentration du Struthof.

L'ACTUALITÉ EN 1942

- L'avortement est passible de mort.
- Laval appelle de ses vœux la victoire de l'Allemagne.
- Arletty est la grande vedette des *Visiteurs du soir*.
- 11 novembre : occupation de la zone libre par l'armée allemande.

Parisien, quarantaine, présentant bien, libre, rès affectueux, sérieux, santé, ayant intérieur à Paris, ropriétaire dans l'Oise, avoir, épouserait dame, asé sur affection, Paris ou province, ayant commerce, afé, alimentation ou autre, ou situation en rapport, our prendre commerce. Aventurière, s'abstenir. — *hasseur Français*, n° 7965.

Combien ça coûte en 1940 ?
1 franc de 1940 vaudrait aujourd'hui environ 0,39 €

UN NUMÉRO DU CHASSEUR FRANÇAIS
2,50 F

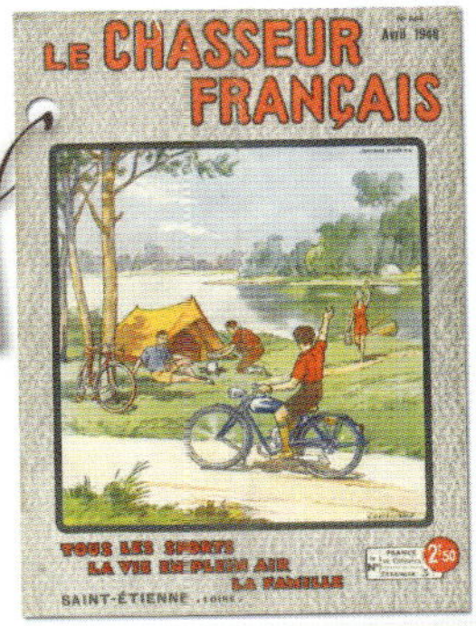

vations, des cartes de rationnement et du marché noir commence. Le *Chasseur* cesse de paraître. La France est coupée en deux. Les Allemands s'installent, mettent le pays en coupe réglée. Pétain s'enfonce dans la collaboration et prend, sans contrainte allemande, des mesures discriminatoires contre les juifs.

IN MEMORIAM

M. ÉTIENNE MIMARD

PRÉSIDENT DU CONSEIL D'ADMINISTRATION ET DIRECTEUR GÉNÉRAL DE LA MANUFACTURE FRANÇAISE D'ARMES ET CYCLES DE SAINT-ÉTIENNE, DIRECTEUR GÉNÉRAL DU *CHASSEUR FRANÇAIS*.

Le *Chasseur* sous l'Occupation

Le Chasseur Français qui ressort en septembre 1941 a une apparence : celle du magazine qui s'était arrêté en juin 1940. Il a une réalité : ce n'est plus qu'un ectoplasme imprimé sur du méchant papier, qui sent la censure pétainiste, soucieuse d'utiliser l'aura d'un titre si bien enraciné et qui s'était toujours tenu loin de la politique (sauf, rappelons-le, en 1936, pour condamner les velléités d'Hitler d'écarter les juifs des délégations aux jeux Olympiques de Berlin).

« Par la force des événements, *Le Chasseur Français* n'a pu paraître depuis juin 1940 », précise en septembre 1941 une direction anonyme. « Véritable image de la France saine et laborieuse, a-t-il été dit avant-guerre de notre revue. On se rend mieux compte aujourd'hui combien ce jugement était exact. Dans la dure période de notre histoire que nous sommes en train de vivre, *Le Chasseur Français* n'a donc qu'à rester fidèle à lui-même pour demeurer le journal-type de la famille française, celui qui rend service, qui instruit, qui distrait sainement, qui contribue à la santé morale de ses lecteurs en même temps qu'à la prospérité morale du pays. »

La vieille maison stéphanoise a maintenant deux adresses : Saint-Étienne, zone libre ; Paris, zone occupée. D'annonces, point, ou si peu. Le magazine applique les lois de Vichy : « Nous ne pouvons insérer aucune annonce émanant de personne de race juive. En conséquence, chaque annonceur devra écrire en bas du texte de l'annonce, de sa propre main et à l'encre, son nom, son adresse, la mention “je certifie sur l'honneur ne pas appartenir à la race juive” et signer. » Ce magazine sous influence paraît jusqu'en février 1942 : ensuite, plus de papier, plus de *Chasseur*. Au dos du dernier numéro, un cadeau, un calendrier de 1942 sponsorisé par les papiers à cigarettes JOB. « Aussitôt que les circonstances le permettront, *Le Chasseur Français* reprendra sa vie d'autrefois. Nous espérons que nos abonnés, comprenant la rigueur des temps, voudront bien ne pas oublier leur journal favori. Chers abonnés et lecteurs, au revoir. » Un au revoir, donc, mais pas un adieu. En février 1942, il fallait y croire, car si l'hiver russe et l'Armée rouge avaient bien arrêté les Allemands, Stalingrad était encore loin. En 1943, Étienne Mimard, fondateur de la Manufacture et du *Chasseur Français*, est arrêté : son grand âge lui évitera la déportation. Il mourra en 1944, à 82 ans.

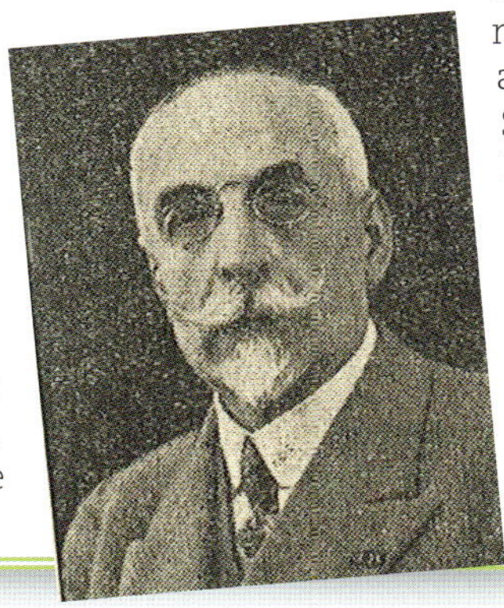

LES PETITES ANNONCES

ET MOI, ET MOI, ET MOI

Demoiselle sérieuse, affectueuse, 48, épouserait et rendrait heureux honnête homme, soucieux de réciprocité. Mars 1940

APPEL DU LARGE

Jeune fille sérieuse épouserait navigateur. Juin 1946

Armateur algérien, situation aisée, 45 ans, sain, sobre, athlétique, pas vilain garçon, très large d'esprit, très pris par ses affaires, souhaiterait rencontrer compagne 35 ans maximum, loyale, saine, bon caractère, affectueuse. Correspondante pauvre, même bousculée par la vie, pas exclue, si possède réellement qualités ci-dessus. Accepterait volontiers enfant, si fillette. Détails première lettre. Discrétion absolue. — *Chasseur Français*, n° 8241.

1939-1945 : un demi-million de morts

S'il n'a pas été aussi meurtrier que la Grande Guerre, le deuxième conflit mondial, entre combats et déportations, a coûté la vie à 541 000 Français. Une dizaine de villes de l'Ouest sont en ruine : Brest, Caen, Le Havre, Lorient, Saint-Nazaire, Rouen, Saint-Malo, Évreux, Saint-Lô… 1,5 million de bâtiments détruits et 1 million de ménages sans abri. Beaucoup d'usines travaillant pour l'Allemagne ont été bombardées ou sabotées, de même que les ports, les ponts, les gares, le réseau ferré, le réseau électrique, les émetteurs et tout ce qui pouvait servir à l'occupant. La planche à billet a tourné à fond : le franc vaut à peine un quinzième de sa valeur de 1939 au marché noir des devises, même si, officiellement, il reste rattaché à la monnaie américaine, et donc à l'or. L'industrie, désorganisée, manque d'énergie et de matières premières. Passé l'explosion de joie de la Libération, la France se réveille ruinée et exsangue. Elle affrontera aussitôt une série de mouvements sociaux durs, ourdis ou encouragés par un PCF qui se sent fort. L'affaiblissement de la métropole favorise le mouvement naissant de décolonisation, qui s'amorce sitôt la paix retrouvée, en Algérie, mais surtout en Indochine.

LONDRES, DAKAR, BRAZZAVILLE, ALGER…

À Londres, à Dakar, à Brazzaville, au Levant puis enfin à Alger, de Gaulle se bat. Sa maigre troupe a grossi. En France, malgré les arrestations, les trahisons, la torture et la Milice, la Résistance grandit, s'organise, participe enfin au succès du débarquement, et prend sa part dans la libération. Le jour de gloire arrive enfin. L'heure des comptes aussi. Les combats se poursuivent, à l'Est, puis en Allemagne, enfin vaincue et occupée.

En mai 1946, « après une longue éclipse provoquée par l'occupation nazie », le *Chasseur* reparaît, saluant la mémoire de son fondateur, disparu en 1944, qui a empêché la Manufacture de forger la moindre arme pour l'occupant. Le papier étant rare, le magazine sera, pour un temps, bimestriel. Malgré les difficultés, on sent une frénésie de vivre, de retourner à la chasse et d'oublier à jamais ces satanés topinambours.

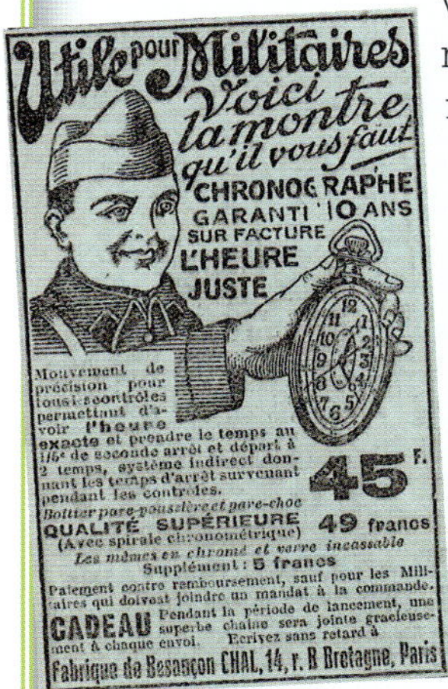

L'ACTUALITÉ EN 1943

- La faiseuse d'anges Marie-Louise Giraud est guillotinée en 1943.
- Février : capitulation allemande à Stalingrad.
- 8 juillet : dans le train qui l'emmène à Berlin pour interrogatoire, Jean Moulin succombe aux blessures qui lui ont été infligées à Lyon et à Paris par la Gestapo.
- *Le Corbeau,* film d'Henri-Georges Clouzot sur la dénonciation anonyme.
- Expérimentation réussie des antibiotiques contre la syphilis.

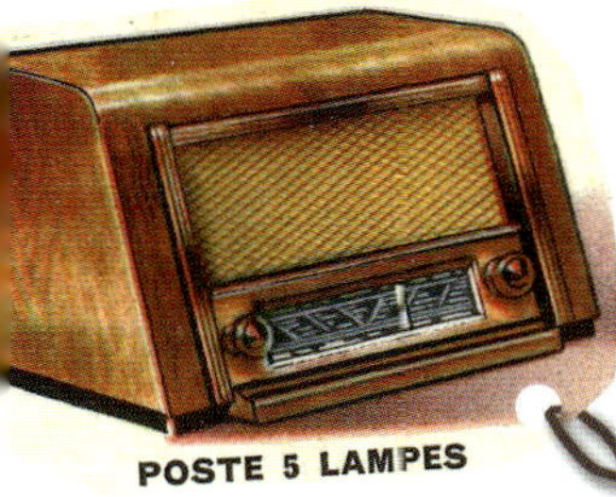

Combien ça coûte en 1940 ?
1 franc de 1940 vaudrait aujourd'hui environ 0,39 €

UN POSTE DE RADIO À CINQ LAMPES MODÈLE DE BASE

1 100 F

LES PETITES ANNONCES

INDÉPENDANT BRETON

En Bretagne, qui partagerait ma solitude physique, intellectuelle, indépendante, rustique et profondément vivante ? Août 1946

☞ Seule dans la vie, petites économies, désire rencontrer monsieur sérieux, vue mariage, 60 ans environ. — *Chasseur Français*, n° 7998.

Les annonces matrimoniales retrouvent de la consistance, notamment avec le flux du retour des prisonniers. La vie est dure dans un pays dévasté, pillé, ruiné, transi de froid et de faim. Le gouvernement provisoire puis la IVe République, qui renoue très vite avec l'instabilité maladive de la IIIe, s'attellent aux ambitieuses réformes imaginées par la Résistance tout en gérant, tant bien que mal, mille pénuries. Fuyant le retour du régime des partis, de Gaulle se retirera bientôt sur son Aventin.

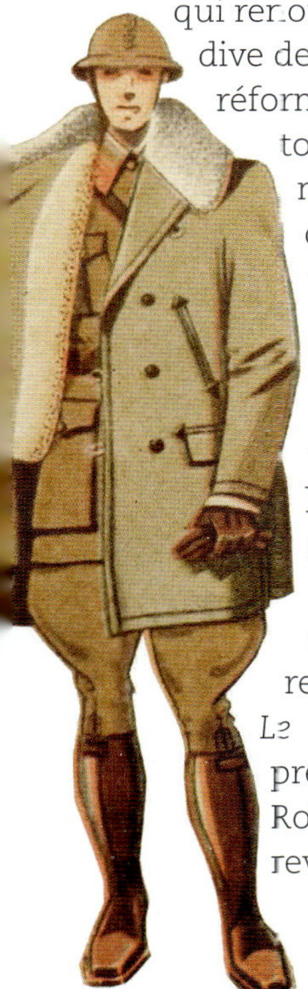

Pour ne rien arranger, il fait un froid de gueux. Des grèves très dures paralysent le pays, réprimées par l'armée, tandis que la paix a fait place à la guerre froide. Il faut attendre 1949 pour que, enfin, les frémissements d'une reprise accompagnent la reconstruction. Signe des temps, *Le Chasseur Français* recommence à prendre des commandes pour son Robust : promis, dès que l'acier sera revenu, on fraisera des canons.

L'ACTUALITÉ EN 1944

- Le gouvernement provisoire donne aux femmes le droit de vote et l'éligibilité.
- 6 juin : débarquement en Normandie.
- Le 25 août, Paris libéré.
- Maurice Chevalier chante *Fleur de Paris*.

Ersatz et compagnie

Voici les recettes pour les « jours sans viande », les « succédanés européens du café », les célèbres ersatz, chicorée, malt ou même glands grillés. Le *Chasseur* reste fidèle à sa vocation pratique. On lit aussi un article sur les mérites de la formidable voiture électrique, cet autre ersatz très en vogue sous l'Occupation, avec son autonomie limitée à 80 kilomètres… déjà ! À longueur de colonnes, *Le Chasseur Français*, sous influence, publie des tentatives d'explication sur la profusion de réglementations nouvelles d'une administration qui adore réglementer et légiférer sur tout et n'importe quoi, et notamment sur la chasse, sujet ô combien cher au cœur des lecteurs, auxquels on essaie de vendre qu'elle « ne peut plus être envisagée comme un sport exercé dans le cadre d'un individualisme périmé ». En zone occupée, les fusils ont d'ailleurs, sait-on jamais, été consignés en mairie, puis « confiés » à l'administration allemande. Seuls les Allemands, les nouveaux seigneurs, ont le droit de chasser. On trouve aussi un papier sur la manière d'améliorer les performances de son poste de radio, afin de mieux capter. Mais pour mieux capter qui ? Pour mieux écouter qui ? Radio-Paris, qui ment pour l'Allemagne, n'est pourtant pas brouillée !

Ingénieur, fonctionnaire colonie, veuf, deux enfants élevés, avoir, belles espérances, santé, physique agréable, taille moyenne, sérieux, désirerait correspondre, vue mariage et affection mutuelle solide, foyer heureux, avec jeune fille, veuve, divorcée profit, passé honorable, de 26 à 33 ans, situation en rapport, sentiments loyaux, goûts simples, affectueuse, gaie, physiquement bien, santé excellente. Préférence serait donnée à candidate pouvant permettre ultérieurement situation exploitant culture fruitière, dans région fertile et agréable, ou activité indépendante. Écrire toute confiance. Réponse uniquement à lettre détaillée qui sera retournée. Affranchir avion A. E. F. Discrétion. — *Chasseur Français*, n° 8067.

LES PETITES ANNONCES

ZODIACAL ?

Parisien grisonnant, défauts mineurs, grand, robuste, gai, sentimental, suffisamment émerveillé par la civilisation, le progrès, les mœurs, etc., désire désormais vivre plus près de la nature avec épouse charmante, quarantaine, même dispositions physiques et mentales, brune de préférence, née en novembre ou en mars. Juin 1946

BZZZZZZ

Apicultrice épouserait apiculteur ou autre, région indifférente, même colonies. Octobre 1949

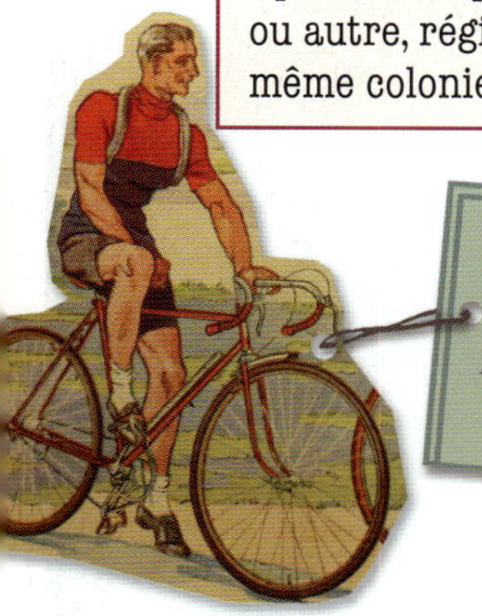

Combien ça coûte en 1940 ?

1 franc de 1940 vaudrait aujourd'hui environ 0,39 €.

UN VÉLO DE COURSE HOMME TROIS VITESSES

1 350 F

L'ACTUALITÉ EN 1945

- Première participation des femmes à une élection en France.
- Suicide d'Hitler le 30 avril ; capitulation du Reich, le 8 mai.
- Août : Hiroshima et Nagasaki.
- La peine de mort de Pétain commuée en perpétuité.
- Laval est fusillé à Fresnes.
- Émeutes nationalistes et répression à Sétif, en Algérie.
- 70 % des communes de France ont l'eau potable.

Des décombres naît la voiture populaire

Entre exode et réquisitions, une moitié seulement des 1,5 million de voitures françaises de 1939 ont survécu à la guerre. De Gaulle roule dans une Horch prise à l'ennemi. Il n'y a plus ni pneus, ni huile, ni pièces. L'essence fait l'objet d'un rationnement sévère. La production d'autos reprend péniblement en 1946. Des cent trente-six modèles du catalogue tricolore de 1939, quarante et un sont encore productibles, et 100 000 voitures sont construites cette année-là, contre 250 000 avant guerre : tractions, Peugeot 202 ou Juva Quatre, une antiquité vendue 106 000 francs. Il faut attendre des mois pour prendre possession d'une voiture neuve. En attendant, les constructeurs font fructifier les acomptes. La maigre production est exportée à 85 %, pour faire entrer des devises, et l'administration se sert largement dans ce qui reste. En 1948, enfin, la production de la 4CV (245 000 francs), conçue en secret sous l'Occupation puis supervisée par un prisonnier prestigieux nommé Ferdinand Porsche, démarre chez Renault. Incarcéré pour collaboration, privé de soins malgré son grand âge et sa maladie, Louis Renault est mort en prison fin 1944. Ses usines sont saisies sans autre forme de procès pour devenir Régie nationale des usines Renault. Au Salon de 1948, Citroën présente sa 2CV, à 185 000 francs. L'automobile populaire démarre. Le glorieux haut de gamme français d'avant-guerre vit ses dernières heures, bientôt victime d'une fiscalité stupide : Talbot, Delahaye et Bugatti auront bientôt disparu. Il y a si peu d'autos à vendre que la rubrique s'éclipse momentanément du *Chasseur Français*, dont elle était pourtant un pilier depuis l'aube de l'automobile.

LIBÉRATIONS ET DROIT DE VOTE

Combien ça coûte en 1940 ?
1 franc de 1940 vaudrait aujourd'hui environ 0,39 €.

UNE PAIRE DE BAS EN RAYONNE
13 F

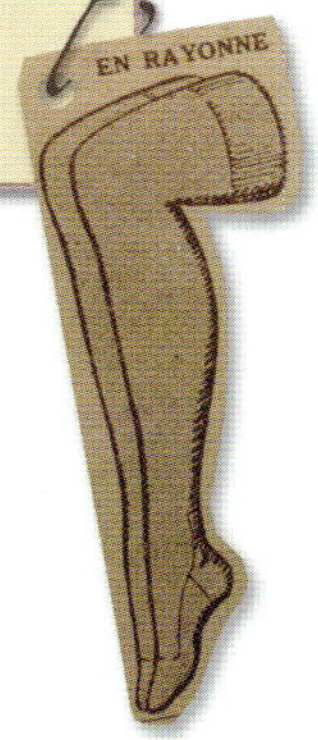

PARTAGEANT PENDANT LA GUERRE LES MÊMES ÉPREUVES QUE LES HOMMES, LES FRANÇAISES POURSUIVENT LEUR MARCHE VERS L'ÉGALITÉ : ELLES VOTERONT POUR LA PREMIÈRE FOIS EN 1945. LES MŒURS POURSUIVENT LE MOUVEMENT DE LIBÉRALISATION AMORCÉ AVANT LA GUERRE.

DISPARITION DES ANNONCES

La déclaration de guerre, en septembre 1939, marque un coup d'arrêt net à l'expansion des annonces matrimoniales dans les pages du *Chasseur Français*, essor qui s'était accompagné, à la fin des années 1930, d'un accroissement continu de la part des annonceuses, lesquelles avaient fini par devenir majoritaires. En octobre 1939, les annonces disparaissent brusquement, et pour cause : leur fonctionnement habituel est remis en cause par l'autorité militaire. L'anonymat est interdit : toute annonce doit comporter maintenant un nom et une adresse, dûment validés par la mairie ou le commissariat du coin, pour éviter que le magazine ne serve de voie d'échange de messages cryptés. Or la discrétion est à l'évidence une condition *sine qua non* pour la clientèle, qui commence toujours par communiquer derrière le paravent commode de la boîte postale du magazine.

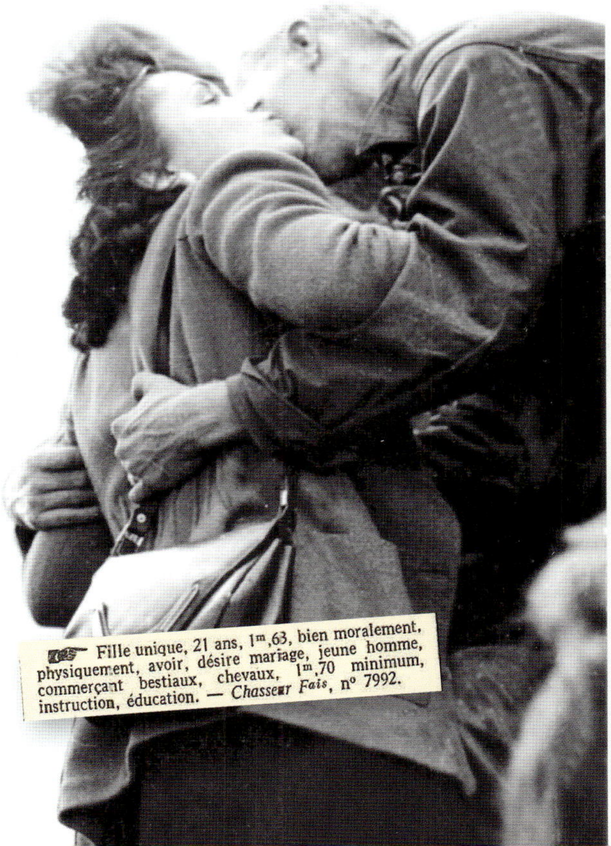

☛ Fille unique, 21 ans, 1m,63, bien moralement, physiquement, avoir, désire mariage, jeune homme, commerçant bestiaux, chevaux, 1m,70 minimum, instruction, éducation. — *Chasseur Fais*, n° 7992.

LES PETITES ANNONCES

BRONZÉ L'ÉTÉ PROCHAIN ?

Naturiste, santé, honorabilité, éducation agréable, métier indépendant, correspondrait vue mariage personne santé, honorable, affectueuse, simple, aimant sports, randonnées, d'intérieur, 38 environ, situation indifférente. Février 1940

LATINISTE LAÏCARD

Vae soli (malheur à l'homme seul !). Frisant quarantaine, recherche compagne. Idéal : sérieuse, simple, adroite, économe, maximum trentaine. Dot, famille, physique, indifférents. Frivoles, obèses, pratiquantes, s'abstenir. Février 1948

Combien ça coûte en 1940 ?

1 franc de 1940 vaudrait aujourd'hui environ 0,39 €

UN PAVILLON DE BANLIEUE 12 PIÈCES SUR 800 M² DE TERRAIN

335 000 F

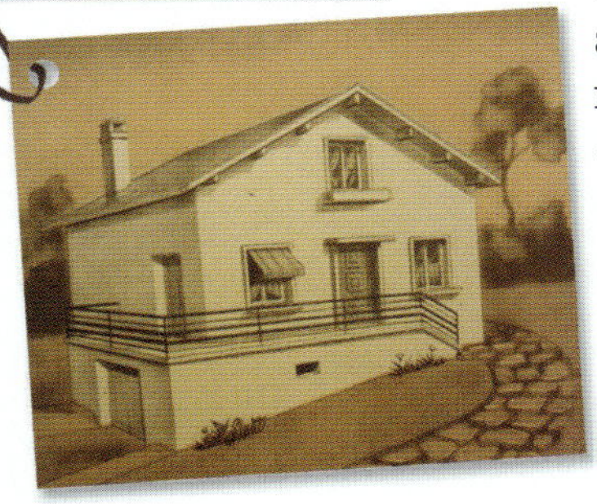

Fonctionnaire, 27 ans, sérieux, doux, désirerait bonne compagne pour fonder foyer. — *Chasseur Français*, nº 7892.

UN LIEN SOCIAL DIFFICILEMENT REMPLAÇABLE

En 1940, quelques rares annonces refont pourtant leur apparition : dix-sept en janvier, quatre-vingts en février et en mars, cent quarante en avril, mai et juin, soit à peine, sur tout un semestre, l'affluence d'un seul mois de l'avant-guerre.

La relance du magazine fin 1941 va démontrer, s'il en était besoin, la force de sa fonction de lien social. Malgré l'interruption de parution et le courrier surveillé, coupé en deux zones, cent vingt annonces paraissent en octobre 1941, une tendance croissante jusqu'aux trois cent soixante du dernier numéro publié sous l'Occupation, en février 1942.

Ces annonces constituent, comme toujours, un miroir de leur temps. Ainsi, un jeune homme se revendique « résolument » de la « révolution nationale » lancée par le Maréchal. Une annonceuse de 1940 exclut explicitement de se lier avec un israélite. En 1947, apparaîtront nombre d'annonces de « prisonniers de guerre divorcés profit », en clair, d'hommes dont les épouses auront été convaincues de s'être montrées volages.

L'ACTUALITÉ EN 1946

- Le premier ordinateur opérationnel, l'ENIAC, pèse 30 tonnes.
- La Sécurité sociale fédère les assurances sociales antérieures.
- Création d'EDF.
- Édith Piaf chante *La Vie en rose*.
- Première édition du Festival de Cannes.
- L'insurrection s'organise au Viêtnam.

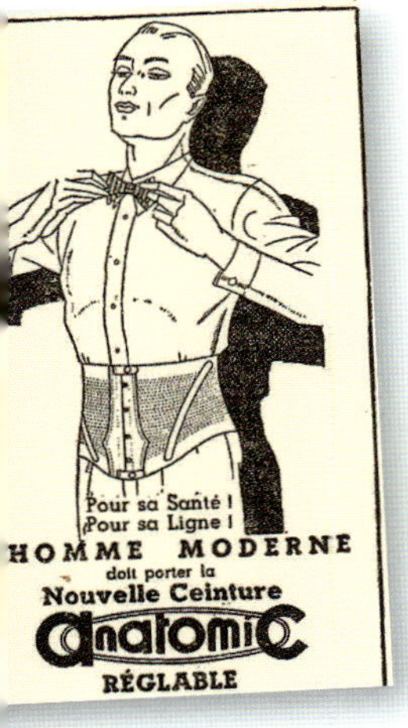

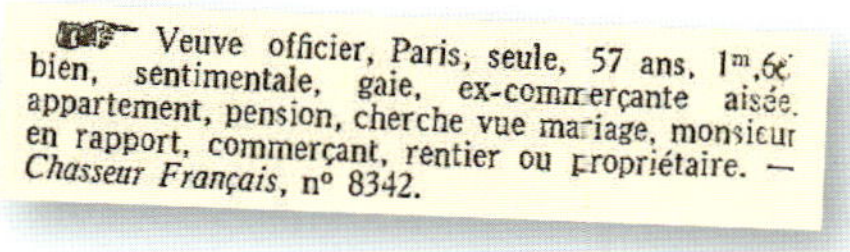
Veuve officier, Paris, seule, 57 ans, 1m,66 bien, sentimentale, gaie, ex-commerçante aisée, appartement, pension, cherche vue mariage, monsieur en rapport, commerçant, rentier ou propriétaire. — *Chasseur Français*, n° 8342.

HOMMES, FEMMES, MÊME COMBAT

Davantage que pendant la Grande Guerre, et parce que les combats ont été brefs, les femmes ont vécu et partagé sous l'Occupation les mêmes épreuves que les hommes, en particulier pendant l'exode. Les privations ont frappé (presque) tout le monde. Il n'y a pas eu cette dissociation entre la vie au front et la vie à l'arrière.

Partout, la pénurie a généré de la débrouille, jusques et y compris dans le domaine de l'élégance. Faute de cuir et de caoutchouc, il se vend par exemple pour les dames d'incroyables et audacieux souliers compensés à semelle de bois, avatars modernes des sabots. En l'absence de soie, *a fortiori* de Nylon, et pour faire croire qu'elles portaient des bas, les élégantes se teignaient les jambes et se faisaient tracer une couture au crayon par une copine, adroite si possible. Il fut même créé des petits instruments *ad hoc* pour conduire et assurer le trait trompeur.

Sous l'Occupation, des femmes ont investi tous les rôles, rigoureusement les mêmes que les hommes, les plus infâmes comme les plus nobles. Lucie Aubrac, Bertie Albrecht, Laure Diebold, Marie-Madeleine Fourcade, pour ne citer qu'elles, ont brillé par leur engagement héroïque de résistantes. L'une d'elles, Germaine Poinso-Chapuis, deviendra en 1947 la première femme ministre de l'histoire de France. D'autres, tortionnaires actives, comme Violette Morris, ou simples agentes appointées des nazis, ont plongé dans l'infamie, aussi bas et aussi loin que les hommes.

La Libération et l'épuration resteront marquées par ces tontes publiques, où des « justiciers », autoproclamés et autosaisis le plus souvent, ont rasé et poussé dans les rues sous les crachats d'une foule haineuse ces « poules à Boches », à qui « on » reprochait leur « collaboration horizontale », mais qui aussi, parfois, n'avaient été que voisines polies répondant craintivement aux saluts des soldats occupants. Il n'est pas avéré que, dans ce simulacre de justice, les plus coupables d'intelligence avec l'ennemi aient été les plus durement punies.

LES PETITES ANNONCES

CHERCHE COMPAGNON DE ROUTE

38 ans, brune, ni laide ni jolie, plutôt grande, distinguée, pense ne pas décevoir le compagnon de route que je cherche. Préférence industriel ou commerçant.
Décembre 1946

PAS BAVARD CHERCHE BAVARDE

Officier ministériel épouserait jeune avocate. Février 1948

L'ACTUALITÉ EN 1947

- La résistante Germaine Poinso-Chapuis, première femme ministre en France.
- Micheline Presles et Gérard Philippe, stars du *Diable au corps*.
- Invention du transistor, qui va révolutionner l'électronique.
- Le 14 octobre, l'Américain Chuck Yeager franchit le mur du son.

LES PETITES ANNONCES

RICAIN

Jeune homme 24 ans, sérieux, démobilisé armée américaine, belle propriété au soleil, cherche jeune fille, situation commerciale. Août 1946

DÉPORTÉ POLITIQUE

Jeune homme, 30 ans, déporté politique, grand mutilé de guerre, cherche à correspondre avec demoiselle, employée d'État ou jeune veuve de déporté.
Février 1947

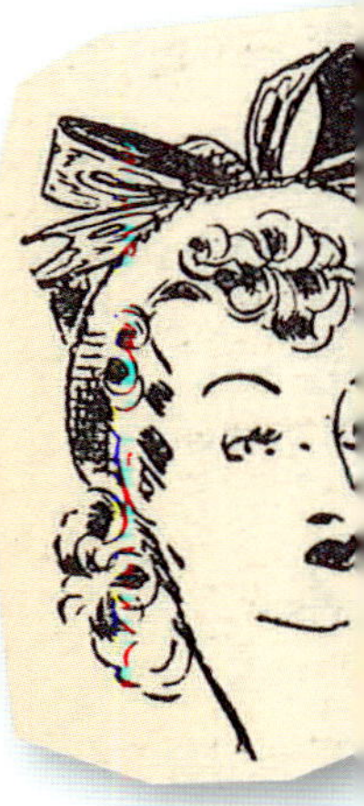

ALLER À L'ESSENTIEL

Quand *Le Chasseur Français* reparaît, en 1946, les annonces ne sont encadrées par aucune réglementation moralisante jusqu'en 1949, contrairement à l'avant-guerre. Comme avant 1926, il est possible de solliciter l'envoi de photos, mais peu le feront. La mention du mot « mariage » n'est plus obligatoire : il est donc, çà et là, question d'union, de « compagne » ou de « compagnon de route ». Voici même, en juin 1948, cette annonce joliment formulée, suggérant une rencontre saisonnière : « Égayer solitude par sourire d'été, spirituel, compréhensif, émanant Parisienne agréable, 46, fonctionnaire, ayant bonté, éducation, instruction, situation. »

Les femmes, surtout, s'expriment sur un ton de moins en moins formaliste, avec des précisions nouvelles : « mannequin 46 exact », « physique slave », « ni snob ni bas bleu », « nature vibrante », « potelée, peau satinée rose ».

Les messieurs, eux aussi, adoptent un langage nouveau, comme ce « jeune papa divorcé » en 1947. Dans l'ensemble, les textes raccourcissent, s'allègent des banales précautions comme « famille très honorable » ou « distingué », qui ne racontent plus grand-chose, pour aller à l'essentiel : c'est sans doute un effet de l'évolution de la relation entre hommes et femmes, mais aussi le résultat d'une époque où tout est cher, surtout les annonces, qui ont copieusement augmenté.

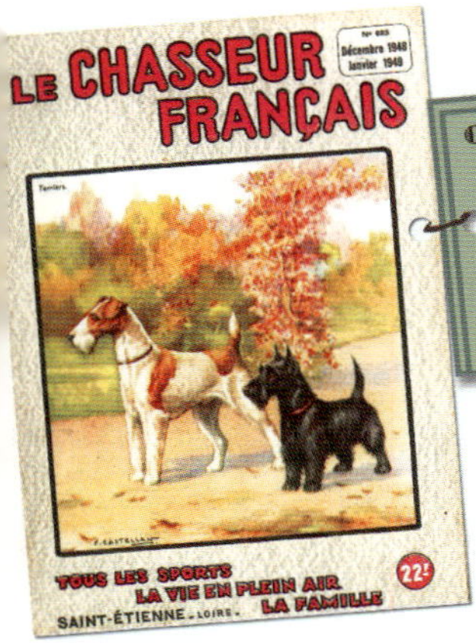

Combien ça coûte en 1948 ?
1 franc de 1948 vaudrait aujourd'hui 0,03 €.

UN NUMÉRO DU CHASSEUR FRANÇAIS
22 F

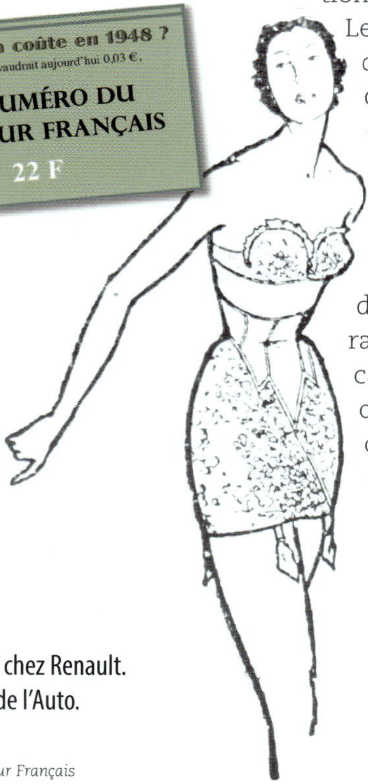

Femme divorcée profit, 40 ans, 1 enfant, 7 ans, désirerait refaire mariage heureux, femme d'intérieur, économe. — *Chasseur Français*, n° 8044.

L'ACTUALITÉ EN 1948

- Démarrage des chaînes de la 4CV chez Renault.
- Citroën présente la 2CV au salon de l'Auto.

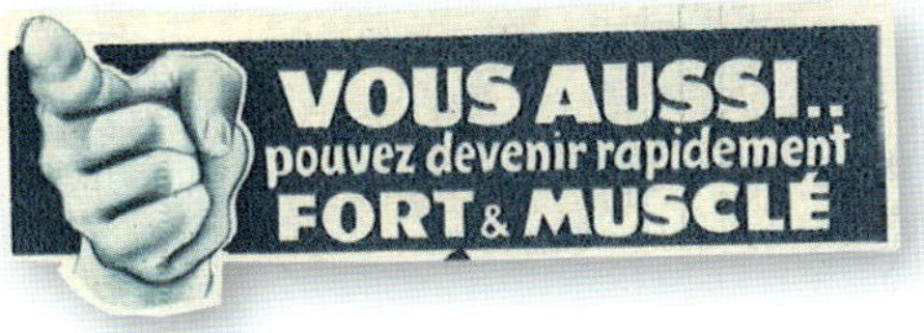

PROJET DE DEUXIÈME VIE

Les exigences de dot et autres références à l'argent disparaissent. Le mouvement d'accroissement de l'âge moyen des candidates et des candidats à la noce, amorcé avant guerre, se confirme. De plus en plus d'annonces portent sur un projet de deuxième vie maritale, après veuvage ou divorce. Plutôt que de se présenter crûment comme divorcé, on souhaite un « remariage », l'usage du mot est fréquent.

Né pendant le conflit, le mouvement zazou — on porte une crête, une veste à carreaux et un parapluie toujours fermé, surtout quand il pleut — est sans doute la première d'une longue série de manifestations de révolte contre l'ordre établi, qui vont fasciner la jeunesse de l'après-guerre.

Signe des temps, les publicités traduisent aussi une nouvelle approche de l'intime : les gaines Scandale, dont la dénomination n'est évidemment pas choisie par hasard, montrent une séduisante créature.

Vers la fin de la période, le magazine tend à se recentrer sur ses fondamentaux : il s'orne, au milieu de l'année 1948, de couvertures consacrées à la plaisance, aux promenades à vélo, aux loisirs sportifs, autant de scènes qui montrent des jeunes filles en compagnie de jeunes gens, sans chaperon ni surveillance parentale. À l'évidence, la jeunesse a de plus en plus d'occasions de se rencontrer en direct.

En 1949, revoilà dans les pages du *Chasseur* des publicités pour les manteaux en fourrure. Le réchauffement climatique est encore bien loin, mais manifestement l'économie va mieux ! Les fifties peuvent arriver.

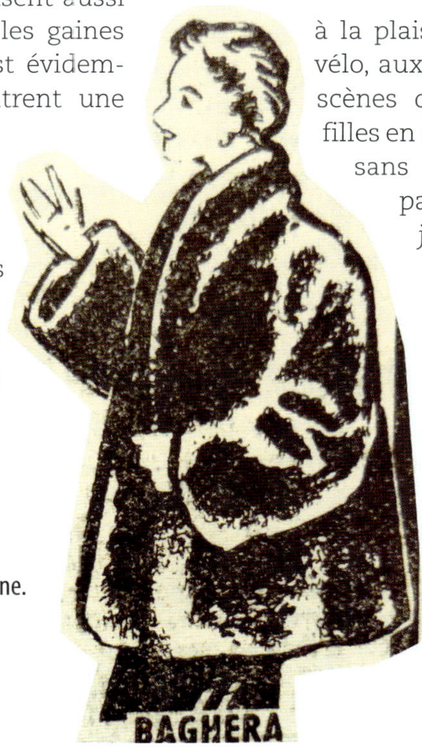

☛ Clair sourire, désire égayer solitude, monsieur, 45-55, dans union loyale, catholique, propriétaire aisée. — *Chasseur Français*, n° 7897.

L'ACTUALITÉ EN 1949

- Simone de Beauvoir publie *Le Deuxième Sexe*.
- Sortie du *Silence de la mer*, de Melville.
- Mao Zedong fonde la République populaire de Chine.
- Première bombe atomique soviétique.
- Lancement du Polaroïd.

LES PETITES ANNONCES

DEUXIÈME VIE

Jeune femme sérieuse, bien tous rapports, situation, espérances, désire recréer foyer heureux, monsieur quarantaine, loyauté, affection, situation. Décembre 1946

SEPT ANS D'ESPOIR

Interné de guerre retour France, désire correspondre avec la personne initiales SB, si non mariée, qui lui écrivit vue mariage, février 1940, pays isolé en Extrême-Orient. Août 1947

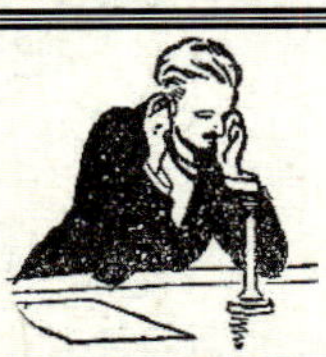

ANNONCES
1940-1949

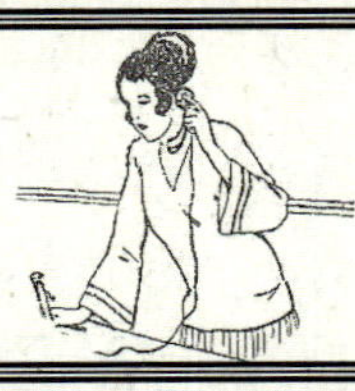

LES MOTS POUR LE DIRE

Idées larges : cette expression, grand classique de l'autoportrait au début des années 1940, est très à la mode. Avoir les idées larges, c'est l'équivalent d'être cool. C'est être tolérant, généreux, libéral, disent les dictionnaires de l'époque, c'est accepter que l'autre puisse être différent. Celles et ceux qui affirment les avoir s'inscrivent clairement dans le camp des modernes. Pour les anciens de cette querelle, l'expression peut se teinter d'un sens péjoratif. Avoir des conceptions larges, c'est synonyme d'être peu scrupuleux.

Mariage religieux possible : le nombre des divorces augmentant rapidement — 27 000 en 1940 contre 4 000 en 1886, au lancement du *Chasseur* —, la question d'un second mariage religieux se pose de plus en souvent. Du point de vue des autorités religieuses, la possibilité s'ouvre par la nullité du sacrement de mariage, qui n'est prononcée que dans un nombre limité de cas, comme le refus ou l'impossibilité de procréer, ou la démence du conjoint. L'apparition de cette précision dans les annonces des divorcés montre clairement le poids que cette question exerçait alors encore sur les consciences.

Remariage : le mot fait florès, surtout après guerre. On se présente plus comme divorcé ou divorcée dans l'annonce. Manifestement, pour contourner le mouvement de rejet dont ce statut continue de faire l'objet, on propose le remariage.

☞ **Il n'y a pas d'âge**
70 ans, bien conservée, santé, aisée, honorable, très sympathique, éducation, veuve, sans famille, ferait mariage assorti. Avril 1940

☞ **Juste une question…**
Amour, franchise, joie de vivre, noble Parisien. 47, propriété 250 000, situation. Qu'apporteriez-vous pour ce mariage heureux ? Mai 1940

☞ **Pour les vieux jours, ou rien**
Ouvrier métallurgiste mobilisé usine Saône-et-Loire, divorcé profit, quarantaine, économies 20 000, correspondrait avec personne situation correspondante. Mariage pour organiser situation vieux jours. Buts différents, inutile. Mai 1940

☞ **Colonies ou Corse**
Trois sœurs, bien sous tous rapports, immeuble, désirent mariage aux colonies ou Corse avec messieurs 40 à 48, Français, en bonne santé. Divorcés s'abstenir. Avril 1946

☞ **Libre mais désorienté**
Ancien prisonnier de guerre, célibataire désorienté, 37 ans, grand, sympathique, économies, désirerait rencontrer personne en vue mariage agréable, pouvant aider faire situation en ville ou campagne. Juin 1946

☞ **Montre-toi !**
Française gentille, aimant intérieur, possédant au Maroc maison et mobilier, épouserait fonctionnaire ou militaire, visage agréable, 46 ans maximum, affectueux, photos retournées. Discrétion. Juin 1946

☞ **Joies et chagrins**
Dame brune, divorcée, type espagnol, 32 ans, commerçante aisée, ayant connu toutes joies, aussi tous chagrins, correspondrait avec homme bon, intelligent, fortuné ou commerçant, pour retrouver bonheur. Veuve depuis 13 ans, enfant mariée richement, donc libre. Août 1946

☞ **Blonde très jolie**
Secrétaire blonde, très jolie, élégante, 23 ans, désire connaître vue mariage monsieur ayant bonne situation, grand, distingué, partirait même pays étrangers, 45 ans maximum, sérieux. Août 1946

☞ **Aziza**
Jeune Nord-Africaine, jolie, désirerait épouser jeune homme, 25 ans, bien, belle situation. Octobre 1946

☞ Pas moche
Instituteur public France-Compté [*sic*], célibataire, 26, qui n'est pas un laideron, catholique, épouserait institutrice, militaire, commerçant, propriétaire terrien, grand, bien, instruction, éducation, sérieux. Octobre 1946

☞ Mariage ? Peut-être
Bordelaise très brune, mince, élégante, cultivée, éducation, avoir immeubles, correspondrait monsieur quarantaine, grand, distingué, belle situation. Décembre 1946

☞ Idées larges
Ex-prisonnier, divorcé profit, 44 ans, 1,78 m, bon caractère, idées larges, épouserait personne affectueuse et sincère, pouvant refaire foyer et situation. Février 1947

☞ Beau buste
Fonctionnaire Finances Paris, officier démobilisé, retraitable, quarantaine, célibataire, avoir, épouserait jolie, beau buste, constitution, musicienne, qualité moralité, collaborerait commerce industrie, contentieux, agraire, même province. Février 1947

☞ Célibataire, deux enfants
Charmante célibataire, 33 ans, deux jeunes enfants, sérieuse malgré situation, éprouvée, employée commerce, pauvre mais intelligente, distinguée, désire mariage avec monsieur éduqué, affectueux. Avril 1947

☞ Arabe distingué
Algérien, sans relations, grand, brun, santé excellente, physiquement bien, Arabe distingué, 43, veuf, 2 gentils enfants, fonctionnaire actif, loyal, sérieux, affectueux, aimant foyer, voyages, propriété agricole 2 millions, auto, aimerait refaire foyer heureux, stable, jeune fille très bien physiquement, sérieuse, intelligente, cultivée, affectueuse, aimant enfants, avoir rapport. Août 1947

☞ Échelon 7-8
Institutrice d'État, physiquement bien, 30, 1,60 m, blonde, sérieuse, affectueuse, femme intérieur, catholique, bon milieu, épouserait collègue ou cheminot échelon 7-8. Divorcés, pas sérieux s'abstenir. Août 1947

☞ Physique slave
40, divorcée profit, physique slave, honorable, intellectuelle, gaie, câline, revers, avoir épouserait monsieur fortuné, désintéressé, idées larges, loyal, bon, chasseur. Exclus : veuf enfants, taré, taché. Octobre 1947

☞ Jeune papa divorcé
Jeune papa divorcé, 33 ans, conduite irréprochable, bel avoir, belle situation, ayant adorable fillette de 7 ans, désire connaître vue mariage jeune fille 20 à 33 ans, de conduite irréprochable, jolie, douce, grand cœur, aimant foyer, situation de fortune indifférente. Octobre 1947

☞ Marié 4 mois
Nord. Ancien prisonnier, 34 ans, ouvrier sérieux, marié 4 mois, divorcé à son profit, désire faire connaissance jeune fille, veuve sans enfants, âge indifférent, en vue mariage. Octobre 1947

☞ Novlangue
Idéal offert : très grand physiquement, moyen tout autre domaine. Idéal recherché : indépendance matérielle, religieuse, sociale, harmonie physique, intellectuelle morale. Octobre 1947

☞ Saxo cherche Yvette
Musicien saxophoniste, 25 ans, bien, belle situation, épouserait jolie jeune fille, accordéoniste. Octobre 1947

☞ Créature
Quarantaine, brune, sympathique créature, capable, câline, rendrait époux heureux. Février 1948

☞ Timide première
Africain noir désire mariage. Février 1948

☞ Famille perdue
Israélite, 54, enseignement technique, grand, resté jeune, ayant perdu sa famille par la guerre, épouserait demoiselle ou veuve, intelligente et cultivée, physique agréable, 35 à 45. Avril 1948

☞ Plume au vent
Ecrivain très connu, divorcé profit, fortune 20 millions, épouserait très jolie jeune fille, 18-28, honorabilité. Lettres retournées. Avril 1948

☞ Sourire d'été
Egayer solitude par sourire d'été, spirituel, compréhensif, émanant Parisienne agréable, 46, fonctionnaire, ayant bonté, éducation, instruction, situation. Juin 1948

☞ 1,58 m… environ
Colonies. Divorcé 40 ans, 1,68 m, belle situation, avoir, physiquement bien, doux, sérieux, sobre, cherche compagne 26-40, sans enfant, aisée, idées larges, désireuse de rejoindre colonie proche, excellente santé, éducation, femme d'intérieur, soignée, réservée, intelligente, gaie, douce, caressante, affectueuse, 1,58 m environ, forte, potelée, peau satinée rose, jolie, bien faite, très féminine, religion nationalité sans importance. Vulgaire, autoritaire, commère s'abstenir. Août 1948

☞ Petit Suisse
Jeune Suisse, habitant la Suisse, ingénieur, chercher jeune fille 20-25 ans, en vue mariage, bonne famille préférence parisienne. Maximum 1,63 m. Octobre 1948

☞ Sur des rails
Demoiselle, petite fille inspecteur SNCF, agréable, appartement à Paris, situation, intellectuelle, épouserait agent SNCF ou autres fonctionnaires, retraités ou proches. Foyer heureux. Divorcés s'abstenir. Octobre 1948

☞ Vive Chopin
Polonais, sérieux, situation, recherche Polonaise. Avril 1949

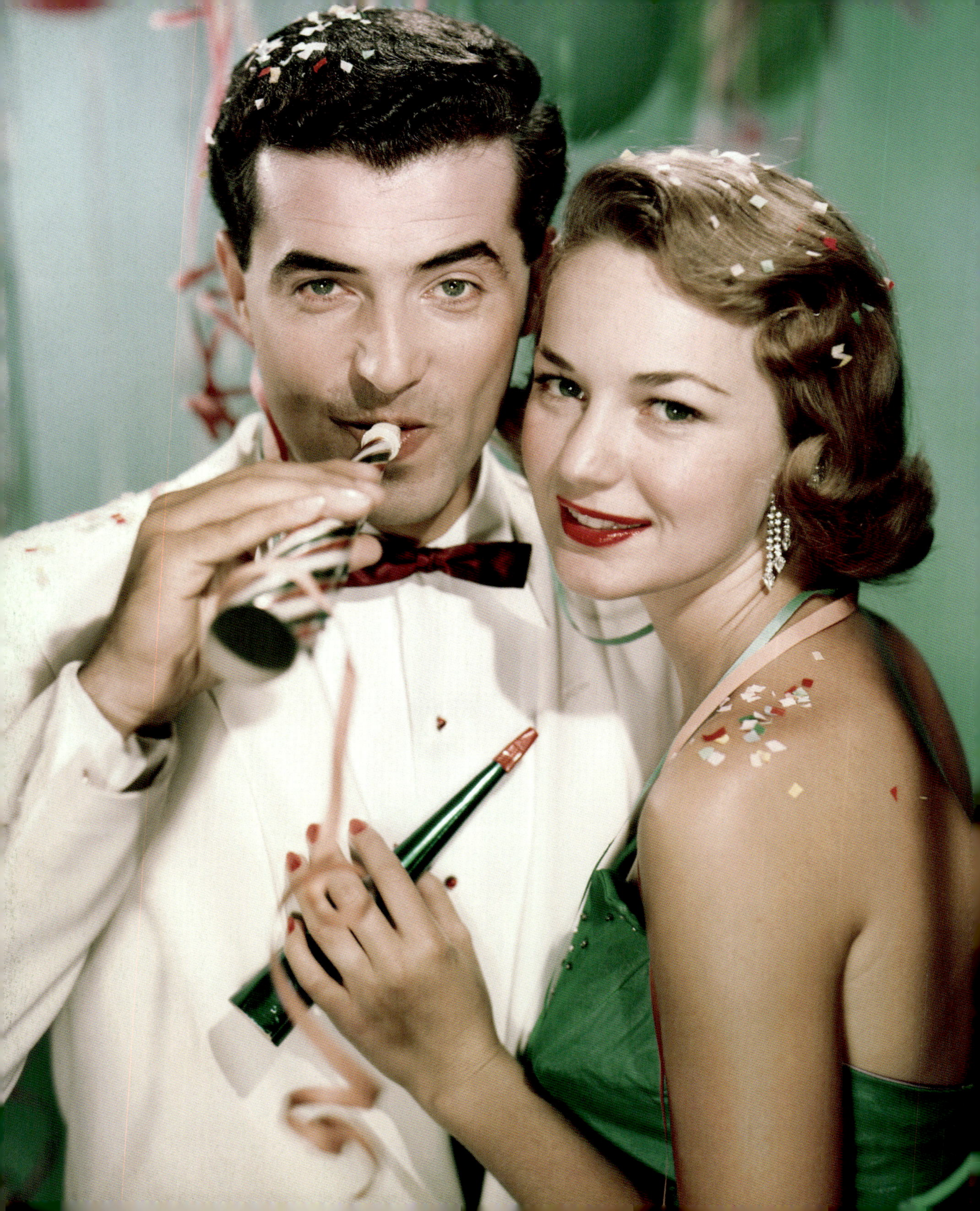

1950-1959

LES FIFTIES

☛ Toulouse. Des millions au soleil et personnalité, élégante, cinquantaine, cherche compagnon, mariage équivalent, pas avare.
septembre 1950

LA VIE EN COULEURS

APRÈS UNE SOMBRE DÉCENNIE, LES FRANÇAIS VONT FAIRE DANS LES ANNÉES 1950 L'APPRENTISSAGE DE LA VIE EN COULEURS ET DE LA CONSOMMATION. UNE PÉRIODE ASCENDANTE ET PLUTÔT FASTE, À PART LES LOINTAINES GUERRES COLONIALES

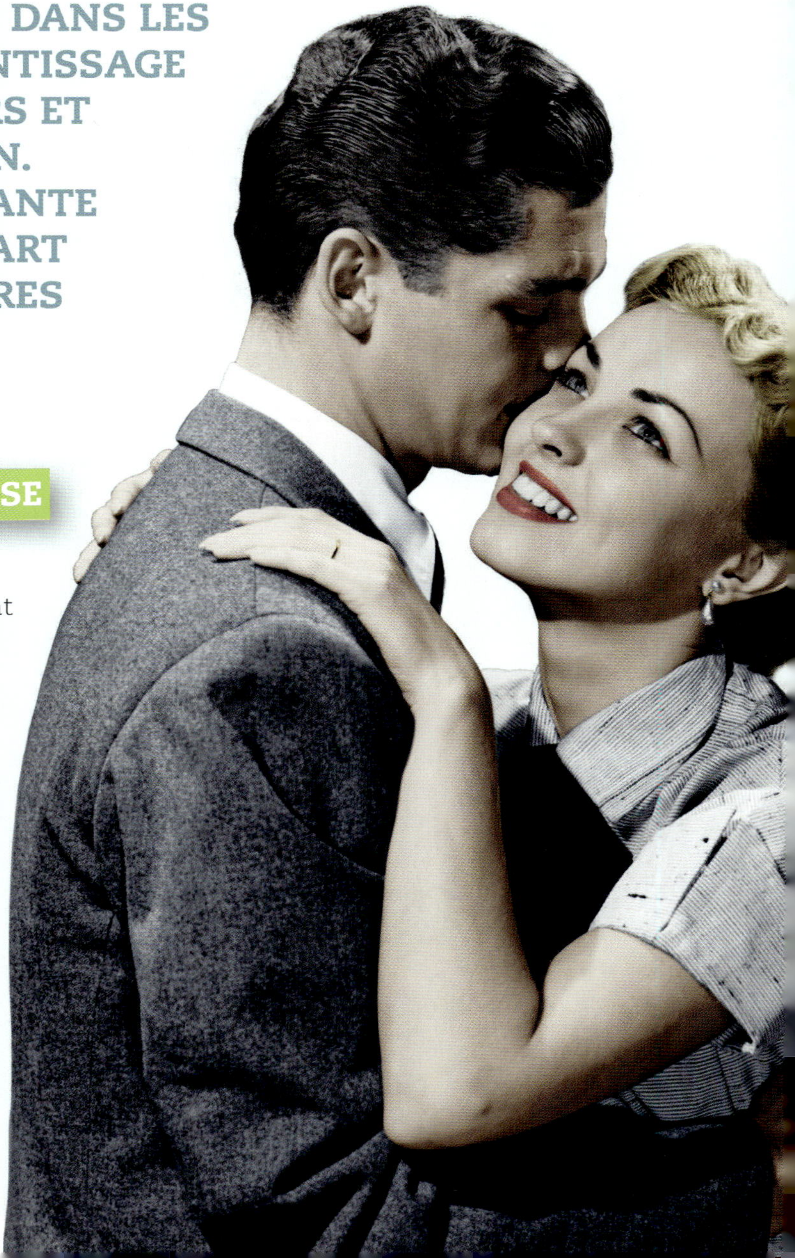

L'AVÈNEMENT DE LA CONSOMMATION DE MASSE

La grande mutation, c'est l'avènement de la consommation de masse: ses délices multiples et sans cesse renouvelés facilitent grandement la vie. Quoi qu'en disent aujourd'hui ses détracteurs, sans avoir d'ailleurs jamais expérimenté le moindre inconvénient de son absence. Les Français se plongent à corps perdu dans la liberté qu'offre l'automobile, goûtent à la joie d'écouter des disques sur leur électrophone Teppaz, de partir en vacances et de déléguer aux nouvelles machines électroménagères les corvées d'antan.

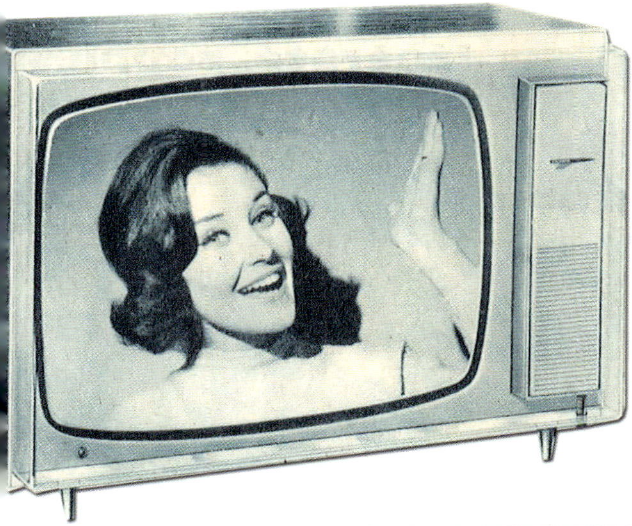

BONJOUR, C'EST LA TÉLÉVISION

Le petit écran, comme on l'appelle à juste titre, diffuse en noir et blanc le journal télévisé de l'unique chaîne de la RTF et, en 1953, le couronnement de la reine d'Angleterre. En direct. Magique. Technologiquement, rien de bien nouveau dans tout ça, mais ce qui était hier le fait d'une avant-garde vient à la portée du grand nombre. La première publicité pour un téléviseur paraît dans le *Chasseur* en avril 1959. L'Europe fait ses premiers pas et réintègre l'Allemagne dans le concert des nations : celle de l'Ouest, car l'autre, celle de l'Est, est prisonnière derrière un rideau de fer de plus en plus hermétique. Les fondateurs du rêve européen imaginent de rendre la guerre impossible grâce à l'imbrication des économies. Bientôt, le marché commun naissant va pousser les murs et élargir les horizons de l'industrie française. Chantiers navals, avionneurs, constructeurs automobiles se mettent à l'heure mondiale : les cours d'anglais sur disque sont alors un best-seller, pour combler les carences de l'enseignement linguistique de l'Éducation nationale, qui font hurler de rire avec l'humoriste Jacques Bodoin.

La France assimile aussi un autre vocabulaire, joyeux mélange d'anglicismes et de jargon militaire : grâce à un bon planning du marketing, on atomise maintenant la concurrence, on étudie les retombées et l'impact. Et l'on vénère l'ordinateur, une bête nouvelle, énorme et mystérieuse, que beaucoup prennent naïvement pour une sorte de machine à calculer surpuissante.

LES PETITES ANNONCES

SABLE CHAUD, JA, JA, JA

Légion, d'origine allemande, libérable janvier 1957, 26 ans, désire mariage fille 20-25, campagne seulement, Accepterait maman 1 enfant. Instance naturalisation.
Décembre 1955

RUSSE SOLITAIRE

Qui consolera Russe solitaire, cinquantaine, grand, affectueux, cultivé ? Décembre 1953

☛ Coiffeur, 42, avoir propriétaire, apte à tout commerce, épouserait coiffeuse ou personne pouvant seconder commerce ou avant commerce existant. — *Chasseur Français*, nº 3069.

L'ACTUALITÉ EN 1950

- Marilyn Monroe triomphe dans *All About Eve.*
- Piaf chante *L'Hymne à l'amour.*
- La guerre éclate en Corée, premier conflit de la guerre froide.
- Mort de Léon Blum.
- Création du SMIG, salaire minimum garanti.
- Il y a un peu moins de 4 000 téléviseurs en France.
- *Un tramway nommé désir,* avec Vivian Leigh et Marlon Brando.

Algérie. — Sous-officier carrière, célibataire, 38, allure jeune, catholique, goûts simples, épouserait jeune fille ou femme, sérieuse, bon caractère, situation. Divorcés, s'abstenir. — *Chasseur Français*, n° 8714.

LES PETITES ANNONCES

RETOUR D'INDOCHINE

Sous-officier aviation, 28 ans, 1,70 m, 14 mois retour d'Indochine, vue fonder foyer heureux, jeune fille 22-28 ans, de préférence fonctionnaire.
Mars 1953

SAMBA

Français Dakar, 1,65 m, bien physiquement, aimerait correspondre avec jeune fille brésilienne jolie et bien faite, en vue mariage. Mai 1958

Combien ça coûte en 1958 ?
1 franc de 1958 vaudrait aujourd'hui environ 0,02 €

UN NUMÉRO DU CHASSEUR FRANÇAIS
50 F

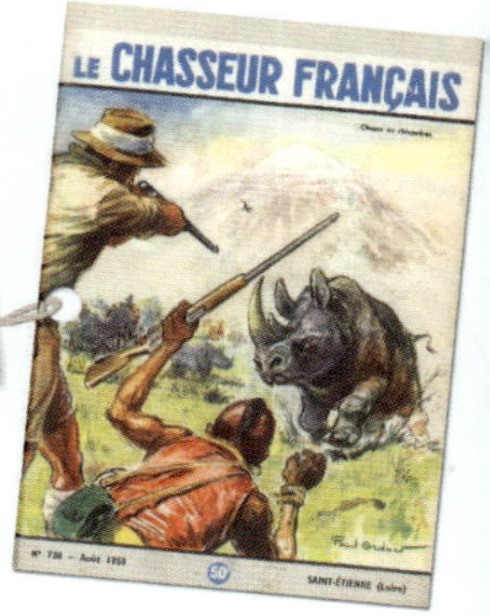

LA VALSE DES GOUVERNEMENTS REPREND

L'hostilité gaullienne viscérale au parlementarisme de la IVe République et à sa chère proportionnelle ne tarde pas à s'avérer fondée: vingt-huit gouvernements vont se succéder de 1946 à 1958, date à laquelle cette impotente se saborde et rappelle de Gaulle pour régler la crise algérienne, écrire une nouvelle constitution et accomplir la décolonisation, engagée après la déconfiture indochinoise.

De tous les éphémères gouvernements de la IVe, c'est celui du socialiste SFIO Guy Mollet, en 1956-1957, qui tient le record de durée: seize mois, pendant lesquels seront votés, avec un nommé François Mitterrand à la Justice, les « pouvoirs spéciaux » en Algérie, avec leur cortège de tortures, d'exécutions sommaires et de peines capitales appliquées aux poseurs de bombe du FLN.

En métropole, cette instabilité reproduit les schémas de la IIIe: les dossiers décisifs, par nature impopulaires, attendent le gouvernement suivant. Avec un bémol: une certaine permanence dans le suivi des affaires s'instaure avec l'arrivée dans les cabinets ministériels des premières promos de l'ENA, née en 1945, sans oublier la nouvelle institution du Plan, curieux cocktail entre l'économie dirigée, d'inspiration stalinienne, le vieux colbertisme français et l'initiative privée. Réussites: la mise en marche des programmes nucléaires, la création de sociétés mixtes qui vont, grâce à un péage théoriquement concédé pour vingt-cinq ans, rattraper le retard autoroutier abyssal de la France, dont le réseau se résume alors une dizaine de kilomètres entre Saint-Cloud et Rocquencourt, inaugurés en 1937.

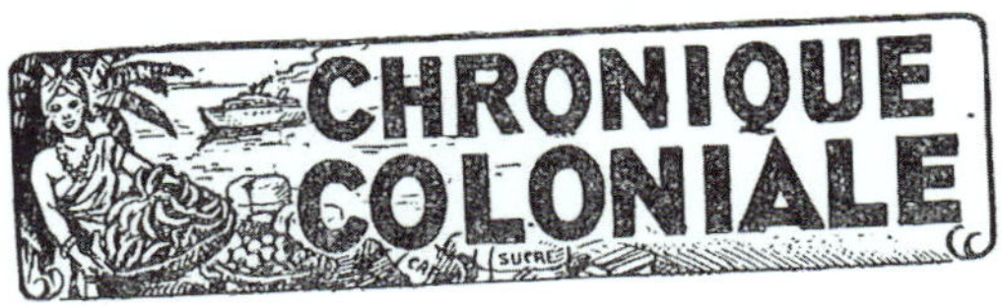

L'ACTUALITÉ EN 1951

- Construction du musée Guggenheim par Frank Lloyd Wright à New York.
- Premières télévisions en couleur aux États-Unis.
- Premiers magnétoscopes aux États-Unis.
- Mort de Philippe Pétain, à l'île d'Yeu.
- Naissance à Paris de la Communauté européenne du charbon et de l'acier, première brique de l'Europe.
- Répression sanglante des émeutes antifrançaises à Madagascar.
- Luis Mariano chante *Mexico*.

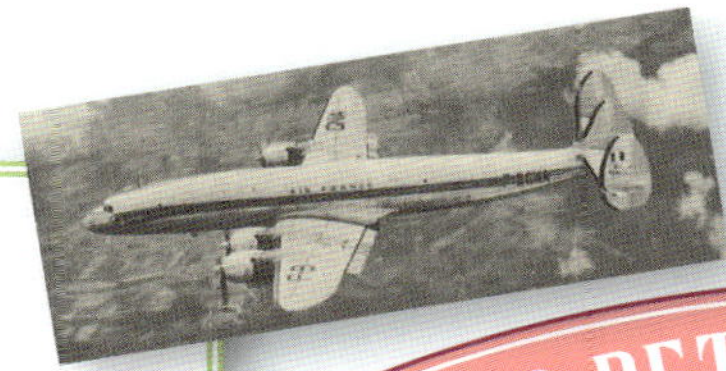

Aéronautique : la France debout

Le tout nouvel appareil de combat français, le Mystère II, passe le mur du son, en 1952, à Brétigny. « La France est toujours debout, au premier rang des nations », clame fièrement Marcel Dassault, son constructeur, qui associe ses ingénieurs et ses ouvriers dans ce succès. En 1958, Sud Aviation (la future Aerospatiale) lance sa légendaire Caravelle, premier avion de ligne bimoteur avec les réacteurs implantés à l'arrière, dans l'empennage. Un formidable succès technologique et commercial. C'est à cette époque aussi que la France lance le meilleur hélicoptère léger du monde, la légendaire Alouette. Les avions de ligne passent rapidement à la propulsion à réaction : Caravelle, Boeing 707 et autres DC-8 volent déjà aux vitesses commerciales que nous pratiquons encore. New York est à 8 heures de Paris.

LES PETITES ANNONCES

CAPACITÉ DE CHEF

Pour fille 26 ans, sportive, équitation, famille distinguée, ayant propriétés agricoles très importantes, désirerait connaître jeune homme vigoureux, ayant mérite personnel et capacité de chef.

Septembre 1950

BRANCHÉE

Jeune fille, 24, avoir, cherche radioélectricien, catholique, sérieux, vue mariage.

Décembre 1955

LES TAUDIS ET LA ZONE

Des sujets de mécontentement, il y en a bien d'autres, comme cette crise endémique du logement qui tarde à se résoudre et qui provoque, à l'hiver 1954, le mémorable coup de gueule de l'abbé Pierre contre les taudis de la zone, nés sur les terrains vagues des anciennes fortifications de Paris.

Par-delà ces points noirs, les Français, où qu'ils vivent, ont globalement rendez-vous avec le progrès. C'est l'époque où, inconscients, ils mettent impitoyablement au rancart leurs bons vieux meubles en bois pour célébrer le nouveau dieu formica, et se jettent sur les cuisinières à gaz, les « frigidaires » et les premiers batteurs électriques. Dans les campagnes, les tracteurs se multiplient et accélèrent l'exode rural. La machine à traire remplace les séances manuelles, le front contre la vache, le tabouret à un pied sanglé aux fesses, dans la chaleur odorante de l'étable.

Combien ça coûte en 1950 ?

1 franc de 1950 vaudrait aujourd'hui environ 0,03 €

UN FRIGO GRANDE TAILLE

49 500 F

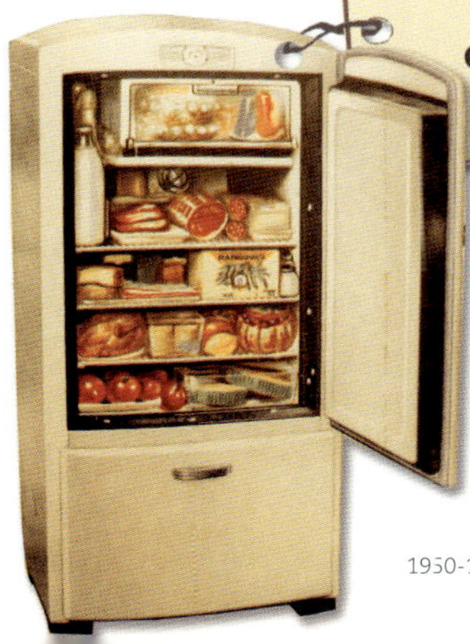

L'ACTUALITÉ EN 1952

- *Casque d'or* consacre la gloire de Simone Signoret et de Serge Reggiani.
- Elizabeth II d'Angleterre succède à Georges VI.
- *Les Jeux interdits* lancent la carrière de Brigitte Fossey.
- Le général Eisenhower est élu président et succède à Truman.

● Dame retraitée cherche dame amie, vivre ensemble près d'elle, Paris ou climat sec. Frais partagés. — *Chasseur Français*, n° 8940.

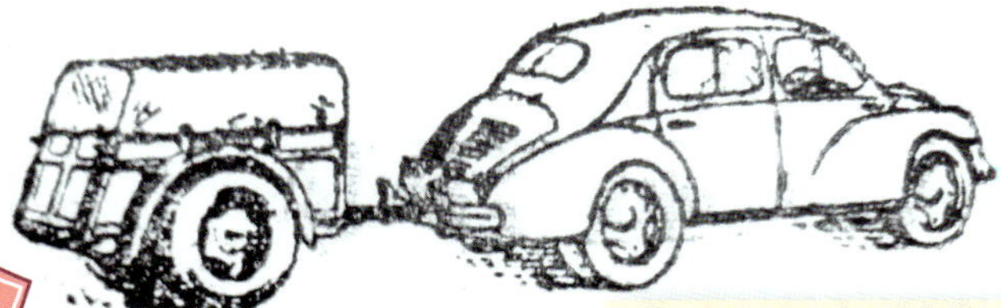

Récompenserai qui indiquera ville où p… sibilité créer auto-école. — *Chasseur Fais*, n° 92…

LES PETITES ANNONCES

AYANT VOITURE

Quel mari honnête, sain, grand, sans enfant, situation aisée, préfère administration, voudrait connaître femme sincère, 39 ans, ayant voiture.

Septembre 1950

BIENTÔT 15 MILLIONS D'AUTOS

Le Chasseur Français s'émeut de la multiplication rapide du nombre d'autos : de 3 000 tacots en 1900, le parc est passé 4,2 millions en janvier 1956, auxquels s'ajoutent 4 millions de deux-roues. Les 15 millions, pronostique le *Chasseur*, seront atteints en 1960. « L'asphyxie circulatoire menace. » En attendant, tous ceux qui le peuvent partent en vacances en auto, entassés, chargés à bloc, avec remorque et galerie, cap au sud, à l'ouest, à la campagne… La grande transhumance estivale annuelle se trouve bientôt accentuée par la troisième semaine de congés payés. « On est heureux nationale 7 », chante Trenet.

La voile de plaisance se développe : l'AS Vaurien, qui rassemble les régatiers amoureux du légendaire petit dériveur français, compte trois cent trente membres à l'été 1954. Un Vaurien neuf vaut alors 65 000 francs. Pas la mer à boire…

L'ACTUALITÉ EN 1953

- Mort de Staline.
- Création du magazine américain *Playboy*.
- Lancement de *L'Express*.
- *Les hommes préfèrent les blondes*, avec Marilyn Monroe.

Tiens, voilà Poujade et Le Pen

Les années 1950 sont celles de la mise en place d'une administration efficace et bien curieuse, dont les contrôles tatillons provoquent, en 1953, une bouffée de rogne. Papetier à Saint-Céré, dans le Lot, Pierre Poujade s'oppose physiquement à un contrôle des « polyvalents » et fédère en un rien de temps 400 000 petits commerçants, ligués contre les « gros » et l'impôt cruel, dans un mouvement qui obtiendra cinquante-deux députés à la Chambre en 1956… dont un certain Jean-Marie Le Pen, qui reproche notamment à la République et à ses tergiversations molles le vain sacrifice des soldats français en Indochine.

L'ÉPOQUE DES HÉROS

C'est l'époque des héros français : Raymond Kopa, Just Fontaine, André Darrigade, Louison Bobet, Maurice Trintignant et Jean Behra, Maurice Herzog, Louis Lachenal, Alain Mimoun, Michel Jazy… tenaces, modestes et brillants, ils portent haut les couleurs du pays, chacun dans sa spécialité, et déplacent les foules.

Il n'y a pas encore, dans cette France, d'emmerdeurs patentés ni de grandes âmes autoproclamées pour vous seriner, l'air grave et sur tous les tons de la gamme, que fumer tue, qu'il faut rouler moins vite et consommer avec modération. Non que la foule ignore alors que l'herbe à Nicot est nuisible, que l'alcool tue ou que la vitesse mal maîtrisée en fait autant, mais c'est un temps où l'appétit de vivre vite l'emporte sur toute autre considération conservatoire.

VIVA FORMICA !

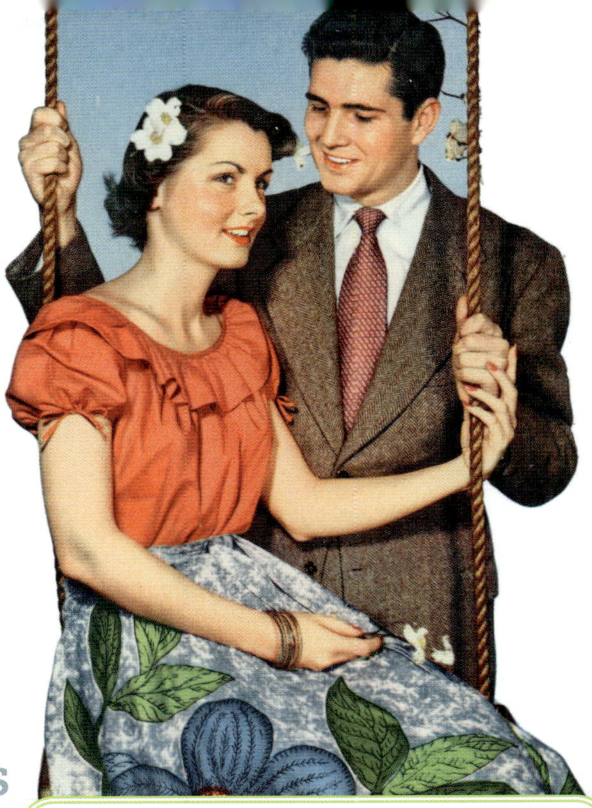

DANS LES ANNÉES 1950, LA MÉNAGÈRE DEVIENT CONSOMMATRICE. LE MONDE ENTIER, ET TOUT PARTICULIÈREMENT L'INDUSTRIE, EST AUX PETITS SOINS : LA SUPPRESSION DES CORVÉES DOMESTIQUES NE TARDE PAS À ÊTRE CONTREBALANCÉE PAR UNE DICTATURE DE LA BEAUTÉ, REDOUTABLE CAR INSIDIEUSE.

L'ACTUALITÉ EN 1954

- La chute de Dien Bien Phu précipite la fin de la présence française en Indochine.
- Disparition d'Henri Matisse.
- Vaccin contre la poliomyélite.
- Le 1er novembre, la Toussaint rouge marque le déclenchement de l'insurrection en Algérie.
- La mystérieuse Pauline Réage publie *Histoire d'O*.
- Bill Haley enregistre *Rock Around the Clock*.
- Premier succès d'Elvis Presley à Memphis.
- À 19 ans, Françoise Sagan publie *Bonjour tristesse*.
- Ava Gardner et Humphrey Bogart, stars de *La Comtesse aux pieds nus*.
- *Touchez pas au grisbi,* lance Lino Ventura et relance Gabin.

Jeune jusqu'à 30 ans

Dans les annonces du *Chasseur Français,* les femmes sont maintenant confortablement majoritaires, avec 55 % des annonces.

En 1955, à la faveur d'une nouvelle formule, le magazine installe un nouveau mode de classement des annonces, par tranche d'âge : moins de 30 ans, de 30 à 50 et plus de 50 ans. S'il a le mérite de faciliter la lecture, il met aussi en évidence un vieillissement de la clientèle, perceptible depuis la guerre. Notons ici que les bornes de ce classement, qui clôturent la jeunesse à 30 ans, montrent combien la perception de l'âge était alors différente. L'espérance de vie, même si elle s'allonge, demeure faible : on convole plus jeune qu'aujourd'hui. Les 30-50 ans représentent 51 % des annonces féminines et 55 % des offres masculines. Les moins de 30 ans sont un peu plus de 20 %, chez les filles comme chez les garçons. Manifestement, les jeunes se rencontrent maintenant plus facilement ailleurs que dans les journaux.

☛ Industriel mais artiste et intellectuel, cinquantaine, caractère et physique très jeunes, épouserait jeune femme, grande, douce, un peu intellectuelle, pour vie calme et poétique dans grande villa, 5 mn. Paris, grand jardin, arbres centenaires ; aime voyages, Grèce, Italie, étranger, etc., livres, arts, beauté. — *Chasseur Français*, n° 8806.

LES PETITES ANNONCES

LOYALE CÂLINE

Impulsive, loyale, très câline, sportive, instruction secondaire, dactylo, 22, 1,60 m épouserait, seconderait de préférence colonial, intelligent et bon.
Juin 1951

LES ANGLAIS PARLENT AUX FRANÇAISES

Officier anglais, commandant, 36 ans, veuf, aimant bien la France, désire rencontrer jolie fille française, moins de 30 ans, gaie, artiste, de bonne famille, cultivée. Août 1952

☛ Grand, sympathique, sportif, sobre, excellente santé, 60 ans, paraissant resté jeune, belle situation immobilière, commerciale, désire épouser dame physique agréable, intelligente, gaie, bonne éducation, situation correspondante. Esprit étroit, ennuyeuse, s'abstenir. — *Chasseur Français*, n° 9296.

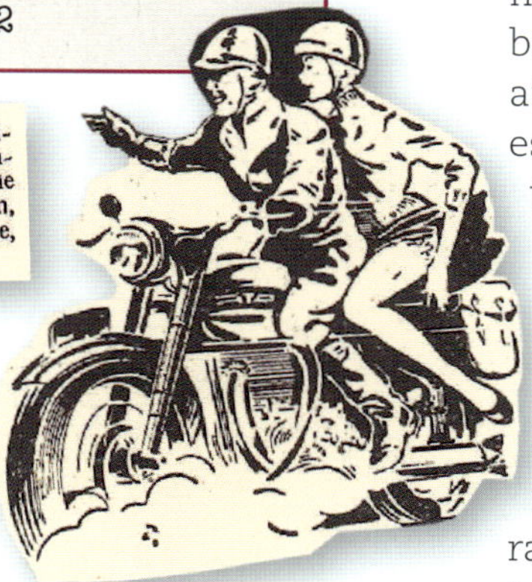

L'ACTUALITÉ EN 1955

- Mise au point de la pilule contraceptive aux États-Unis.
- Signature du pacte de Varsovie.
- Citroën lance la DS… et Peugeot la 403.
- Record de vitesse de la locomotive électrique française BB 9004 : 331 km/h.
- James Dean, star d'*À l'est d'Eden*.
- *Sept ans de réflexion*, avec Marilyn Monroe.
- Trenet chante le bonheur des vacances *Nationale 7*.

Combien ça coûte en 1950?
1 franc de 1950 vaudrait aujourd'hui environ 0,03 €

UNE MOTO
L'HIRONDELLE 125 CM3,
3 VITESSES, 70 KM/H
86 500 F

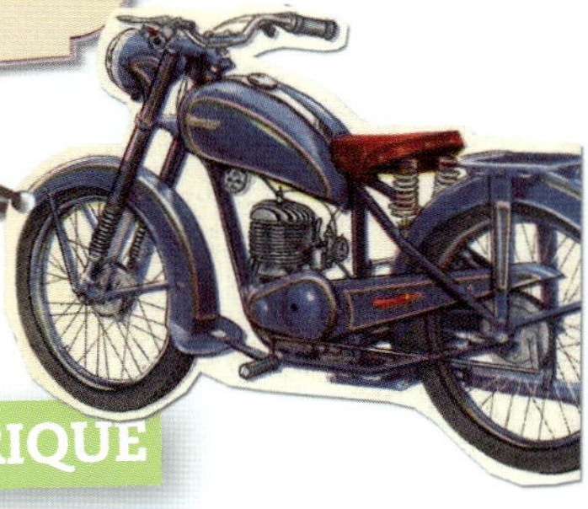

SINGER L'AMÉRIQUE

La femme qui fait rêver les hommes en ces années 1950 change de nom : cette bonne vieille pin-up devient cover-girl. Un changement de vocabulaire n'est jamais innocent : la créature statique, punaisée honteusement dans un fond de placard ou sur une porte d'atelier, élargit considérablement son horizon. La cover-girl, comme son nom l'indique, s'affiche à la une. Elle bouge, vit, rit, décide et s'affranchit en consommant. Elle porte des combinaisons en nylon, des bas et même des bikinis, du nom du malheureux atoll pacifique radicalement déshabillé par les essais nucléaires américains, tenue minimaliste taillée pour mettre en valeur les « bombes anatomiques », comme l'explique avec esprit son promoteur français.

L'Amérique exerce alors une influence très sensible sur les comportements et l'esthétique : nos grosses Simca singent les américaines, on écoute les premiers rocks sur les radios destinées aux GI's stationnés en Europe. La Série noire diffuse de fabuleux polars signés Raymond Chandler, Peter Cheney, James Hadley Chase ou Dashiell Hammett. Des privés retors, durs au mal, à la clope comme au rye, y emballent et y démasquent des poupées fatales, dans un monde toujours tiraillé entre devoir et fureur de vivre. Ces dames, la taille fine et le sein arrogant, portent maintenant des sweat-shirts, dont la manufacture stéphanoise fait l'éloge publicitaire dans *Le Chasseur Français*.

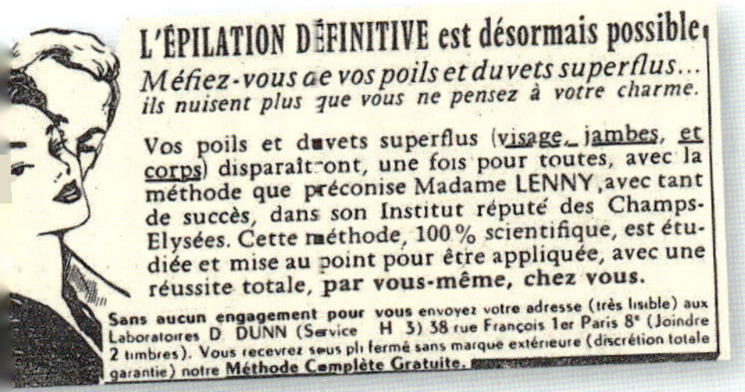

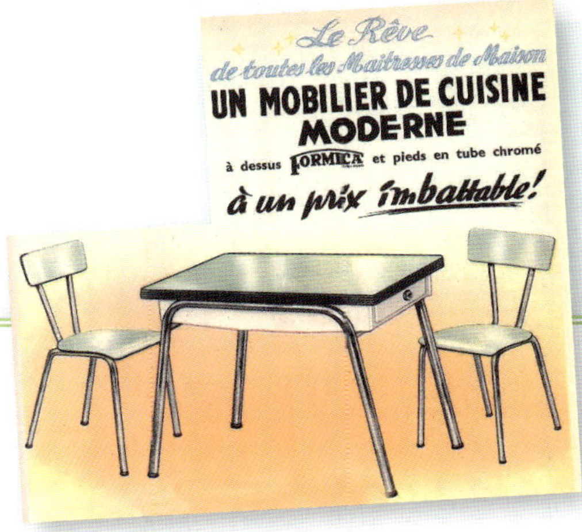

25 000 poils de barbe

La publicité connaît un formidable essor et prétend enterrer la réclame, cette ringarde. De fines stratégies se dessinent : l'annonceur ne se contente plus de vanter bêtement les mérites de son produit, il met en scène le futur consommateur, homme ou femme, qui ne rejoindra la tribu des modernes qu'en passant à la caisse. L'homme, ébahi, apprend qu'il possède 25 000 poils de barbe, dont la pousse quotidienne additionnée atteindrait 6 mètres si Gillette ne rasait pas tout ça de près. Sans formica dans votre cuisine, Madame, point de « standing » (encore un anglicisme des fifties). On ne boit plus un coup dans le salon, on prend un « drink » au « living-room ». C'est le triomphe des arts ménagers, dont le Salon attire 1 million de clients, fébriles du chéquier. Devant leur gazinière neuve, des dames se pâment : « J'en rêvais, mon chéri. » Actives, elles cuisinent vite, avec une Cocotte-Minute, et vous préparent en 3 minutes chrono de délicieux desserts instantanés pour toute la famille. De plus en plus, bébé est de la partie : la pub pénètre l'intimité familiale. L'image de la femme fait vendre tout et n'importe quoi : de l'huile, des cigarettes, des tondeuses à gazon, du cognac, des volets en fer ou des portes de garage. Partout, dans la pose, le regard, l'accoutrement, la fascination sous-jacente pour l'Amérique se fait sentir.

SEXY ET SEX-APPEAL

☛ Aristocratie XIVe siècle, propriétés, épouserait personne très fortunée, acceptant racheter domaine berceau famille. Snobisme négligeable si cœur sincère. — *Chasseur Français*, n° 9117.

Le mot « sexy » entre dans le vocabulaire. En juin 1955, une robe a du « sex-appeal ». Dans quel monde vivons-nous ? Réponse : dans un monde qui, soudain et au grand jour, ne semble plus penser qu'à ça !
La relation entre hommes et femmes que dépeignent les annonces du *Chasseur Français* est devenue plus directe, presque actuelle, les textes perdant d'ailleurs une part de la saveur d'antan. Les divorcés qui veulent « refonder foyer » sont monnaie courante. Adieu, filles-mères ! Celles qui ont conçu un bébé hors mariage sont devenues « mamans célibataires » : encore embêtant, certes, mais plus vraiment dramatique. Les nourrices qui proposent d'élever discrètement un enfant illégitime se raréfient.

L'ACTUALITÉ EN 1956

- Création de la Maternité heureuse, ancêtre du Planning familial.
- Découverte de pétrole à Parentis et de gaz naturel à Lacq.
- Troisième semaine de congés payés.
- Le socialiste Guy Mollet demande et obtient les pouvoirs spéciaux pour rétablir l'ordre en Algérie.
- La nationalisation du canal de Suez par Nasser entraîne une intervention militaire israélo-franco-anglaise.
- Brigitte Bardot fait tourner les têtes dans *Et Dieu créa la femme*.
- Mariage princier à Monaco entre Rainier et Grace Kelly.
- Indépendance du Maroc et de la Tunisie.
- *Baby Doll*, d'Elia Kazan.

Jeune homme, 31, fonctionnaire colonial, haute situation stable, bien tous rapports, rentrant congé juin 1956, désire mariage jeune fille, bon milieu, bonne santé, bon caractère, fortunée. — *Chasseur Français*, n° 3029.

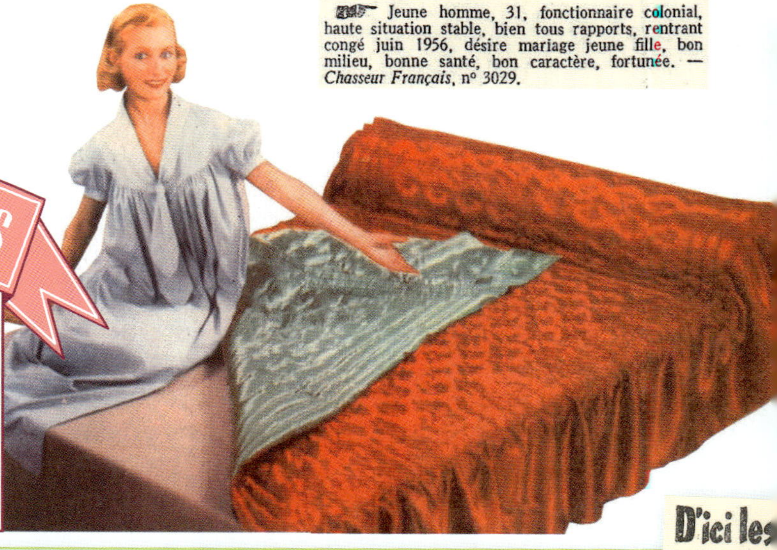

LES PETITES ANNONCES

AU BOUT DU MONDE

Paris. Ravissante blonde, yeux bleus, élancée, très féminine, après union malheureuse épouserait homme bon, excellent milieu. Irait colonies. Avril 1954

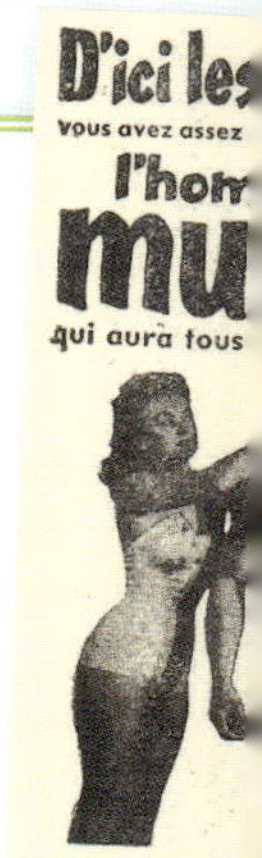

Tout nouveau tout beau : la dictature du corps

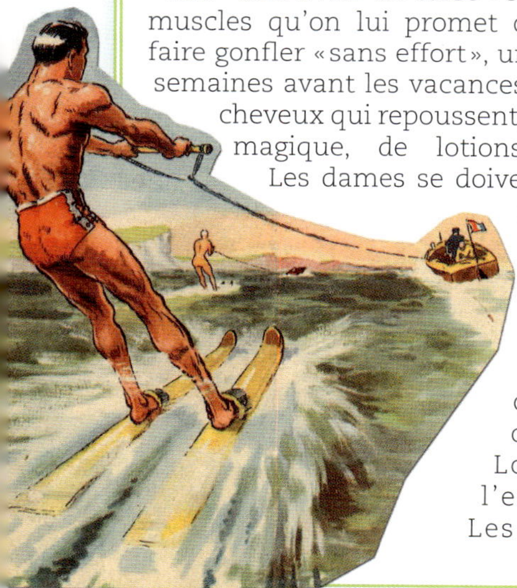

Au cours de cette décennie se met en place une véritable tyrannie du corps, qui s'incarne dans une foule de messages publicitaires. L'homme « viril » doit avoir un torse « bien découplé », des muscles qu'on lui promet opportunément de faire gonfler « sans effort », un vrai miracle trois semaines avant les vacances, et sur la tête des cheveux qui repoussent, à coups de casque magique, de lotions ou d'onguents. Les dames se doivent d'être « racées » ou « sculpturales » : taille de guêpe, longues jambes et buste dont le soutien-gorge accentuera l'agressivité ou le « pigeonnant », c'est selon. Gina Lollobrigida, voilà l'exemple à suivre. Les marchands de miracle sont à la manœuvre : pommades pour faire pousser les seins, pour faire disparaître les poils et les rides ou pour faire maigrir fourmillent, entre les pilules orientales, les poudres, les levures, les crèmes hydratantes, les sacs à transpiration et autres hydromasseurs. Tout est bon : feu à volonté. En janvier 1951, un *Chasseur Français* à contresens de l'air du temps bougonne : « Depuis quelques années, une affection, jadis ignorée, est devenue fort à la mode : c'est la cellulite. À vrai dire, c'est souvent un euphémisme qui sert à consoler les femmes. Les amas adipeux qui leur envahissent les hanches et les jambes sont ainsi mis sur le compte d'une maladie mystérieuse et non pas sur leur gourmandise et leur paresse physique. » C'est dit : hop, à la gym, et au trot !

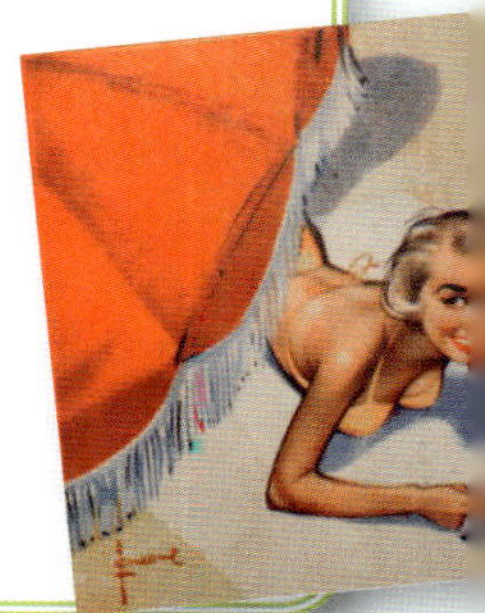

L'ACTUALITÉ EN 1957

- Signature à Rome du traité fondateur de la Communauté économique européenne.
- Jacques Anquetil gagne son premier Tour de France.
- Les Soviétiques lancent le premier satellite artificiel, Spoutnik.
- Citroën arrête la production de la Traction, lancée en 1934.

L'ACTUALITÉ EN 1958

- La crise algérienne emporte la IVe République : Charles de Gaulle se voit confier des pouvoirs constituants.
- L'assurance automobile devient obligatoire en France.

Combien ça coûte en 1950?
1 franc de 1950 vaudrait aujourd'hui environ 0,03 €

UN ÉLECTROPHONE AVEC ÉQUIPEMENT STÉRÉOPHONIQUE
189 F

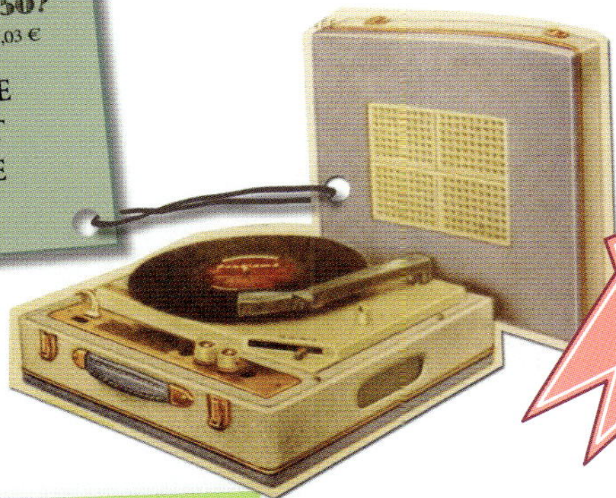

Veuve, 48, blonde, bien faite, mince, 1m,64, physique agréable, distinguée, cultivée, très gaie, aisée, excellent milieu, aimant intérieur, voyages, campagne, art, lectures, épouserait gentleman, mêmes affinités, aisé, équilibré, préférence Sud-Est. Seconderait affaires, parle anglais. — *Chasseur Français*. n° 9211.

LES PETITES ANNONCES

CHERCHE FEMME HUMAINE
Célibataire, 56, beaucoup souffert, épouserait dame ayant cœur humain, généreuse, offrant même situation, région indifférente. Août 1951

DITES-LE AVEC DES FLEURS
Fleuriste, célibataire, 40 ans, jeune, agréable, épouserait fleuriste horticulteur doux. Avril 1953

AMI AMI
Rendrai amitié, loyauté totale, épouse 25-35, ayant personnalité, pouvant sérieusement me seconder. Mai 1950

SWING ET SURBOUMS

D'une façon générale, les annonces se sont raccourcies. Il y a bien encore çà et là quelques parents un peu vieux jeu (encore un mot d'époque) qui cherchent la perle rare pour leur progéniture, avec d'évidentes considérations moralisatrices et patrimoniales, mais, dans l'ensemble, candidates et candidats à l'hymen se présentent eux-mêmes, en termes concis.
L'annonce comme mode de rencontre des jeunes perd du terrain. À la maison s'organisent des surboums. On s'encanaille sur des airs pleins de swing, martyrisés par un électrophone qui laboure les microsillons si difficilement glanés chez le disquaire. Bientôt, ces innovations seront chassées à leur tour par la chaîne hi-fi, acronyme anglais pour *high fidelity*, ou par les premiers juke-box, éblouissants et bigarrés, qui moulinent au café. On commence à délaisser le petit commerce et son épicier grognon en blouse grise pour aller faire son choix en libre-service, dans des grandes surfaces. Symbole de la modernité, les premiers films sont projetés dans les avions en 1957 : *Nathalie*, un polar avec l'affolante Martine Carol et le flegmatique Philippe Clay, qui sont à bord du vol pour cette première. L'aéroport d'Orly, libéré de ses activités militaires et en plein chantier, se prépare à devenir un but d'excursion dominicale en famille. Mais nous voici déjà dans les années 1960.

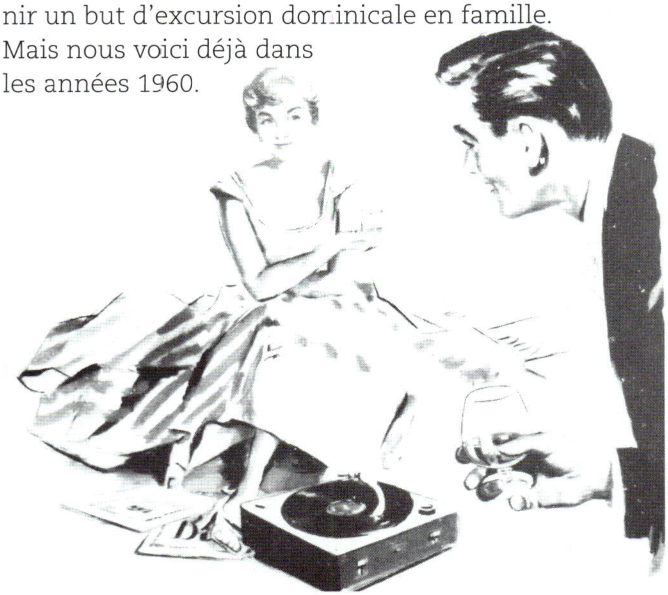

L'ACTUALITÉ EN 1959

- *À bout de souffle,* de Jean-Luc Godard, lance la carrière de Jean Seberg et confirme le talent de Jean-Paul Belmondo.
- *Les Quatre Cents Coups*, de Truffaut, marque le début de la Nouvelle Vague au cinéma.
- *Certains l'aiment chaud, avec* Marilyn et Tony Curtis.

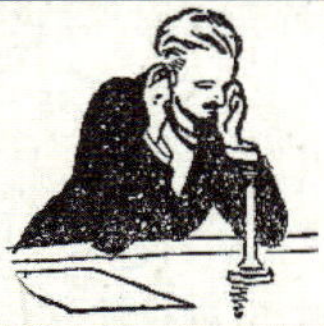

ANNONCES
1950-1959

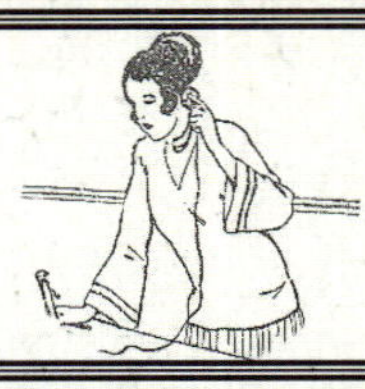

LES MOTS POUR LE DIRE

Maîtresse de maison : dans les portraits que les femmes des années 1950 brossent d'elles-mêmes, la maîtresse de maison, manifestement, est jugée plus moderne que l'antique « femme d'intérieur ». Rien, en effet, n'empêche la maîtresse de maison d'être également une femme d'extérieur !

Refaire foyer : plutôt que d'afficher bille en tête le vilain mot « divorcé », on contourne adroitement le problème en mentionnant que l'on souhaite « refaire foyer ».

Fonctionnaire : plus que jamais, après les années noires, le statut de fonctionnaire possède une aura jugée enviable. On voit couramment une jeune femme exerçant une profession libérale formuler le souhait d'épouser un fonctionnaire.

Unité : en ces temps d'érosion monétaire, l'unité, dans la langue des petites annonces, désigne le million de francs. Le mot apparaît fin 1952, puis cède la place à un « M » majuscule vers 1957. Si l'on retient le magazine comme étalon de l'inflation, son prix passe de 22 F en 1949 à 60 F en 1959 : un quasi-triplement en dix ans.

Voiture : cette chère automobile demeure un argument choc, employé d'abondance chez les messieurs. Les dames ne sont pas de reste, et précisent volontiers qu'elles possèdent le permis de conduire.

Intellectuel : inventé dans les années 1940, le mot a droit de cité, et l'on n'hésite pas à se présenter comme tel. Signe d'un début de dévalorisation du travail manuel ?

☞ **Mlle Bovary ?**
Jeune fille, bien, sérieuse, simple, bachelière, dot importante, désire médecin, pharmacien, notaire de campagne, 27-40 ans. Janvier 1950

☞ **Délaissée**
Paris. Jeune fille 19 ans, délaissée par jeune homme sans scrupule, grosse déception sentimentale, très bonne famille, jolie, bonne éducation, dot 500 000, désire épouser jeune homme bonne éducation en rapport. Janvier 1950

☞ **Allumer le feu**
Jolie jeune fille blonde, 23 ans, 1,63 m, gaie, affectueuse, loyale, fine, saine, aimant intérieur, instruite, fonctionnaire, désire rencontrer compagnon sincère, intelligent, cultivé, sportif, situation stable, pour créer foyer heureux. Mai 1950

☞ **Lonely CRS**
Fonctionnaire de police, CRS, sans famille, très sérieux, désire fonder foyer uni avec demoiselle bien, simple, affectueuse, maximum 26, situation équivalente, préférence enseignement. Juillet 1950

☞ **Pas terrible**
Garçon compliqué, 27, santé, 1,65 m, passable, Paris, pauvre, recherche jeune fille idéale, simple, intelligente, toutes qualités et défauts pour bonheur. Novembre 1950

☞ **Tout pour plaire**
Elle a, dit-on, tout pour plaire, cette petite blonde de 40 ans, charme, esprit, entrain, situation indépendante, fuit l'aventure et désire affection sincère d'un homme loyal et bon, âge en rapport, tenue et moralité irréprochables, goûts artistiques aimant voyage. Avril 1951

☞ **Rien contre la jeunesse ?**
Abandonnée avec charmante fillette 4 ans, désire connaître monsieur aimant enfant, situation aisée. Décembre 1951

☞ **Apparition**
Seul, fortuné, correspondrait avec jeune infirmière se trouvant en blanc au pèlerinage d'Evreux à Lourdes en septembre, et se plaçant toujours procession chapelle Bernadette, côté gauche, face esplanade. Décembre 1951

☞ **Lunettes**
Normandie. Célibataire, 28 ans, 1,62 m, mince, physique agréable, brune, yeux marron, lunettes, aimant sport, bonne conduite, catholique, employée de bureau banque, épouserait célibataire 27 à 33 ans, situation rapport, sérieux, pour fonder foyer. Avril 1952

Demoiselle intéressante
Belge, environs d'Anvers, 26, correspondrait demoiselle intéressante, 18-25, région indifférente. Juin 1952

Tout nouveau
Mariage blanc. Parisienne, soixantaine, veuve, sans enfant, grande, mince, blonde, élégante, distinguée, fortunée, désire connaître homme du monde, cultivé, même standing. Août 1952

Compagnon intelligent
46 ans, Parisienne, grande blonde, élégante, cultivée, situation aisée, désire compagnon intelligent, distingué, 50-60 ; situation en rapport. Janvier 1953

Jolie… et jolie
Jolie veuve, 27 ans, affectueuse, jolie, 8 millions, fille unique médecin, licenciée ès lettres, épouserait notaire, avoué, médecin, ingénieur. Janvier 1953

La quille
Timide, libéré des obligations militaires septembre 1953, sérieux, désire mignonne femme. Mars 1953

Bébé 6 mois
Fille de médecin, 19 ans, 1,65 m, joli physique, intelligente, bébé 6 mois, désire connaître vue mariage homme intelligent, bien élevé, bonne situation. Juillet 1953

Saga Africa
Veuve, 45, Cameroun, musicienne cultivée, correspondrait colonial, goûts et âge en rapport. Septembre 1953

Viens dormir à la maison
Jolie demoiselle seule au monde, parents décédés, sentimentale, artiste, ménagère accomplie, irréprochable, hautes références, grosse fortune immobilière, beaux intérieurs ville et campagne, épouserait catholique, non divorcé, autour cinquantaine, svelte, sobre, instruction, éducation supérieure, ayant ressources, voiture confortable, acceptant vivre chez elle. Octobre 1954

Rêve de fer avec
Est-il permis à jeune femme 42 rêver bonheur futur dans mariage agent SNCF 44-50 ou situation stable ? Décembre 1954

Demoiselle de ferme
Somme. Ouvrier agricole, sérieux, honnête désire fonder foyer avec demoiselle de ferme. Janvier 1955

Ex-pulmonaire
Jeune fille, 34, ancienne pulmonaire, bon milieu, sérieuse, agréable, femme d'intérieur, dot, espérances, épouserait monsieur, cas analogue, aimant vie familiale, catholique pratiquant, situation stable. Mars 1955

« Sag Warum »
Pourquoi ne serait-ce pas avec vous, monsieur, qui avez de 38 à 50 ans, que je ferais un mariage d'inclination, moi qui suis célibataire, fonctionnaire (cadre) études comptables supérieures, 39 ans, paraissant jeune, svelte, distinguée, sportive, sérieuse et aisée. Mars 1955

Marre de la pluie
Breton, 43, célibataire, 1,70 m, moyen en tout, retraite aspirant 300 000, avoir, seconderait épouse, mêmes affinités, susceptible de faciliter expatriation, climat sec, sain. Mai 1955

Bustée
Fonctionnaire des finances, Paris, retraitable, réversibilité 250 000, quarantaine, célibataire, millions, épouserait jolie, bustée, qualités, musicienne, collaboration commerciale contentieux agraire. Mai 1956

Noble, oui. Snob, non !
Milieu noblesse, divorcée, possibilité annulation, 39, paraissant moins, 1,70 m, réellement très bien physiquement, brune, affectueuse, pas snob, 2 enfants, situation, pension 960 000 F, espérances, relations insuffisantes, épouserait monsieur excellente éducation, situation, âge en rapport. Enfants acceptés joie. Mai 1956

Ah si vous connaissiez ma poule
Seul, 45, ouvrier métallurgiste, bien, immeubles, désire correspondre dame ménagère et basse-cour. Octobre 1956

Allo papa bobo
Jeune fille ayant un enfant désire correspondre vue mariage avec jeune homme 24, situation, ayant souffert. Août 1957

Cherche gendre
Industriel métallurgie, je ferais belle situation et succession à ingénieur ou dessinateur épousant ma fille, 27. Catholique. Accepte sans fortune. Mars 1958

Amputée d'une jambe
Jolie jeune fille, fonctionnaire, 1,63 m, 26 ans, amputée d'une jambe mais parfaitement réadaptée, sympathique, élégante, qualités morales, correspondrait vue mariage jeune homme, 26-34, très compréhensif, sérieux, ayant situation. Septembre 1958

Colonial… situation stable
Moyen Congo. Colonial 27, divorcé, situation stable, voiture, correspondrait mariage jeune fille, jeune femme, institutrice, secrétaire aimant arts, livre, randonnées brousse. Janvier 1959

Peut-être, mais pas pour longtemps !
Vendeuse, 22, physique agréable, 1,68 m, douce, épouserait célibataire, situation, aviateur, militaire carrière, fonctionnaire, etc. Irait colonies. Février 1959

Les yeux noirs
Alger. Sage-femme, 38 ans, célibataire, Kabyle, catholique, blonde yeux noirs, 1,61 m bien physiquement, moralement, épouserait homme sérieux, âge, situation en rapport. Juillet 1959

Race noire
Quittant armée, ancien séminariste, race noire, quarantaine, appartement, épouserait jeune fille, bonne éducation, féconde, femme intérieur, 19-38 ans, étrangère acceptée, aventure abstenue. Novembre 1959

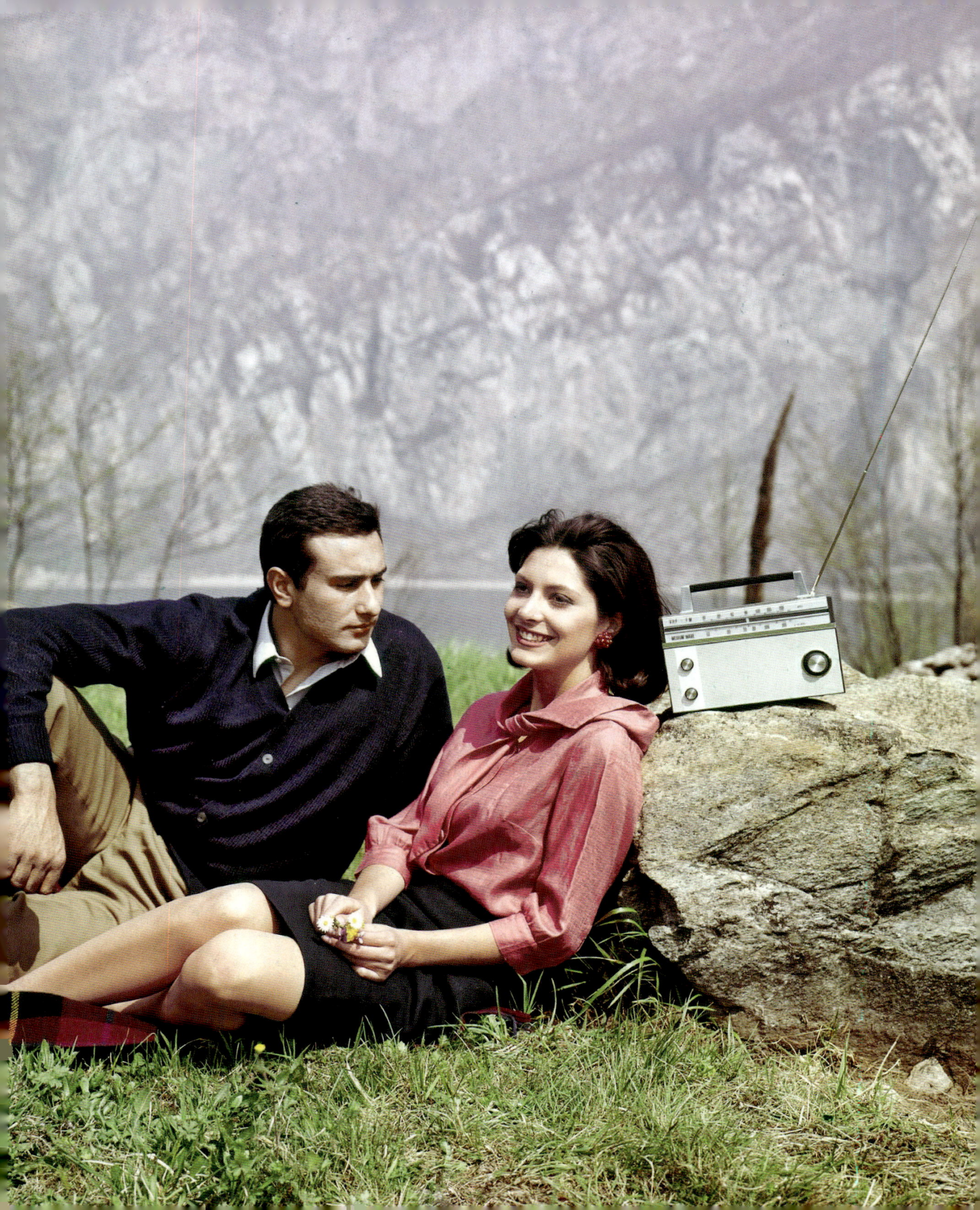

1960-1969

LES ANNÉES ROCK

☛ Nice. Fille d'architecte, études supérieures, 33 ans, petite, brune aux yeux clairs, voudrait être aimée et aimer, préférence, carrière libérale et milieu artistique.
août 1963

LES SIXTIES, C'EST DE LA DYNAMITE

DÉMOGRAPHIE, ÉCONOMIE, TRANSPORTS : TOUT S'ACCÉLÈRE. PASSÉ LES DOULEURS DE LA DÉCOLONISATION, VITE OUBLIÉES EN MÉTROPOLE, LES FRANÇAIS TRAVAILLENT, CONSOMMENT ET DÉCOUVRENT LA BÉATITUDE DES LOISIRS. SOUS SES ROMANTIQUES ORIPEAUX ROUGES, L'EXPLOSION DE 1968 ABOUTIRA SURTOUT À UNE SACRALISATION DE L'INDIVIDU ET DE SES DÉSIRS, PAS À UN PROJET COLLECTIF.

Combien ça coûte en 1960 ?

1 nouveau franc (NF), introduit en 1960, vaudrait aujourd'hui environ 1,56 € (Insee).

UNE MACHINE À COUDRE OMNIA À NAVETTE FUSÉE

445 NF

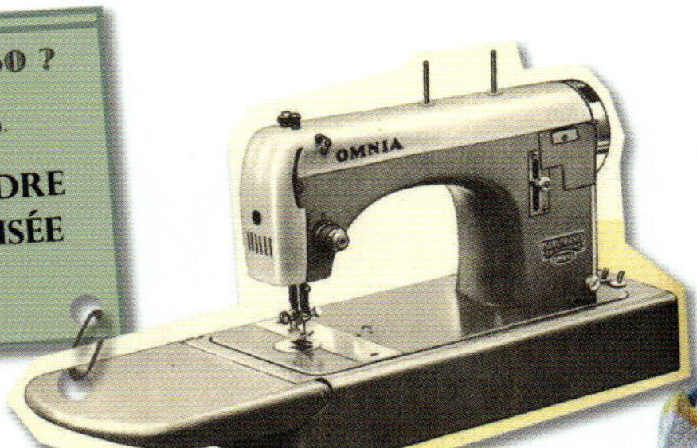

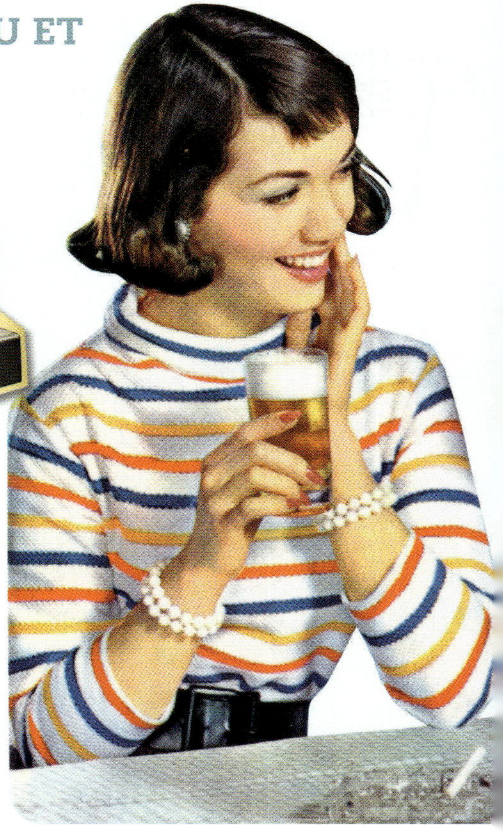

L'ACTUALITÉ EN 1960

- Janvier : introduction du nouveau franc, qui en vaut 100 anciens.
- Édith Piaf chante *Milord*.
- Lancement du *France* aux chantiers de l'Atlantique à Saint-Nazaire.
- La première bombe A française explose au Sahara algérien.
- Kennedy succède à Eisenhower.
- Invention du laser.
- Un premier film hot, signé Russ Mayer, est distribué dans le circuit officiel aux États-Unis.

◆ Gentleman farmer, débutant, trentaine, célibataire, distingué, affectueux, passionné livres et bêtes, s'unirait à jeune femme intelligente, cultivée, pouvant aider mise en valeur propriété Provence méditerranéenne. — *Chasseur Français*, n° 11396.

TOURNER LA PAGE

Les années 1960 resteront à jamais marquées par la figure tutélaire du général de Gaulle, que les apprentis sorciers de la IVe sont allés chercher en catastrophe en 1958 pour éteindre le brasier qu'ils avaient été incapables de prévoir, de contenir, puis d'éteindre en Algérie. Quand de Gaulle reprend le dossier, il bat le FLN militairement, mais l'organisation indépendantiste a gagné la partie politique. Les Français de métropole sont las de cette guerre, lointaine et qui ne dit même pas sans nom. L'escalade de la violence, les bombes du FLN, le *pronunciamiento* d'un quarteron d'officiers félons, les dérives sanglantes des ultras de l'OAS, les attentats en France, tout cela ne leur donne qu'une envie : tourner cette page, vite.

De Gaulle le constate, à regret sans doute, puis, lucide, il la tourne. Drame des pieds-noirs, rapatriés en catastrophe — « la valise ou le cercueil » —, drame silencieux des harkis, supplétifs massacrés sur place par le FLN ou transformés en parias dans des camps du Sud par des Français honteux de toutes les promesses non tenues.

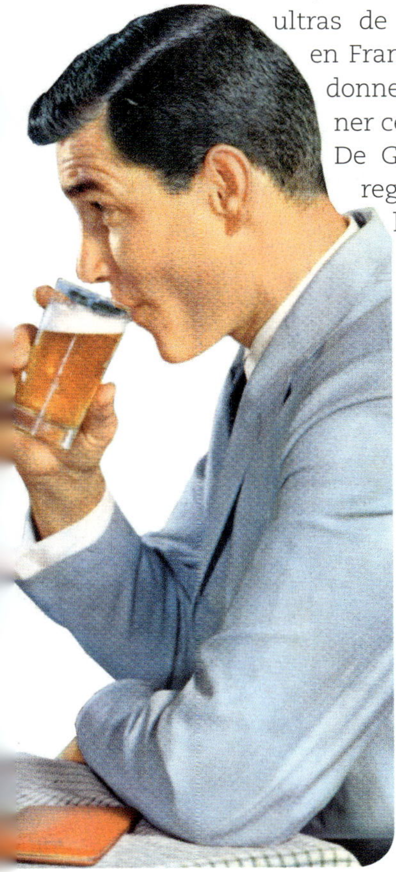

LES PETITES ANNONCES

ZÉRO ENNUI

Si vous cherchez à épouser une femme avec qui vous ne vous ennuierez pas, écrivez-moi. 44 ans, physique agréable, 1,54 m, cultivée, catholique, haute bourgeoisie. Août 1966

MA CABANE AU SAHARA

Enseignante Sahara, 25 ans, 1,73 m, mince, blonde, yeux verts, affectueuse, sportive, cherche mari aimant vie étranger. Mai 1968

◇ Achète, banlieue parisienne, petit pavillon, sous-sol, garage, jardin. — *Chasseur Français*, n° 11331.

Une nouvelle maison individuelle

Si les années 1960 sont celles des grands ensembles, elles sont aussi marquées par une rénovation du concept d'habitation individuelle. Le bon vieux pavillon à toit pointu cède la place à des villas plates, inspirées de l'architecture fonctionnelle du Bauhaus et de Le Corbusier, des maisons tout confort, avec chauffage central, vaste salle de bains, cuisine claire et aérée, pièce de réception généreuse (on dit « living »), terrasse, souvent sur le toit plat, et surtout garage. Contrairement aux années 1970, où seront édifiés nombre de bâtiments de piètre qualité, notamment sur le plan thermique, les bâtiments des années 1960 sont de bonne facture. Prenant déjà conscience du coût de l'énergie et du confort qu'apporte une bonne isolation, les propriétaires commencent même à investir dans la laine de verre !

LES PETITES ANNONCES

HISSE HO

Marin, cinquantaine, physique jeune, droit, grand, avoir important, désire union femme jeune, sans fortune, courageuse, loyale, acceptant navigation long cours. Juillet 1960

VRAIMENT MARIAGE

Célibataire, 30, brune, jolie, mince, racée, allure jeune, charme, sérieuse, féminine, études supérieures, cherche préférence célibataire, veuf, désirant vraiment mariage, santé, bien, distingué, cultivé, excellent milieu, moralité éducation situation stable profession libérale, propriétaire, industriel, 35 minimum.
Avril 1965

◆ Ingénieur Grande École, 36 ans, 1m,65, croyant avoir qualités propres rendre heureux une femme et des enfants, assure que sa situation obtenue par son travail est tout à fait exceptionnelle, correspondrait, vue mariage, avec jeune fille ou jeune femme, 25 à 28 ans, taille en rapport, nécessairement très jolie, préférence bien faite, possédant surtout grandes qualités cœur, désirant vraiment fonder foyer, ayant instruction au-dessus moyenne, enfin aimant voyages. Cette annonce très sérieuse s'adresse préférence à jeune fille ou jeune femme vivant isolée, ayant donc pas occasion rencontrer compagnon souhaité. N'hésitez pas à répondre, car une prise de contact par une telle annonce est sans doute moins stupide que celle due au simple hasard d'une rencontre. Première lettre détaillée. Grande discrétion et réponse assurées. — *Chasseur Français*, n° 10735.

L'ACTUALITÉ EN 1961

- Putsch militaire en Algérie.
- Youri Gagarine, premier homme dans l'espace.

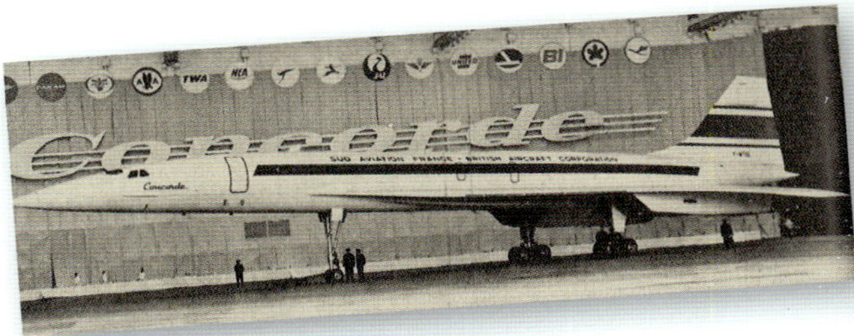

UN POUVOIR PLEIN D'AMBITION NATIONALE

Le Général échappe à plusieurs attentats. Le plus célèbre, au Petit-Clamart, se termine sans bobo dans une DS criblée de balles par le commando du lieutenant-colonel Bastien-Thiry : il sera fusillé en 1963 au fort d'Ivry. Ensuite, les choses reviennent dans l'ordre et les vains barouds de l'OAS se font plus sporadiques.

De Gaulle ajoute une touche finale de la plus haute importance à « sa » constitution : l'élection du président au suffrage universel, qui va doter la France du plus stable des régimes qu'elle ait connu depuis le Second Empire. Ce pouvoir plein d'ambition nationale va favoriser le développement technique et économique dans tous les domaines : les sixties, pêle-mêle, ce sont les succès du Mirage et du Concorde, le barrage de la Rance, le lancement du *France*, le plan Calcul, qui devait doter la France d'une capacité informatique de haut niveau, l'atome. Tout le monde y croit. Tout le monde y travaille, et durement. Le chômage est inconnu : pour trouver un emploi, il suffit presque de demander. La paie n'est pas toujours grandiose, le SMIG horaire équivaut alors à 2,50 €, mais on embauche partout.

Pourtant, c'est une véritable marée de jeunes qui arrive sur le marché du travail : 2,7 millions en 1960, premiers rejetons du baby-boom, et 4,1 millions en 1966.

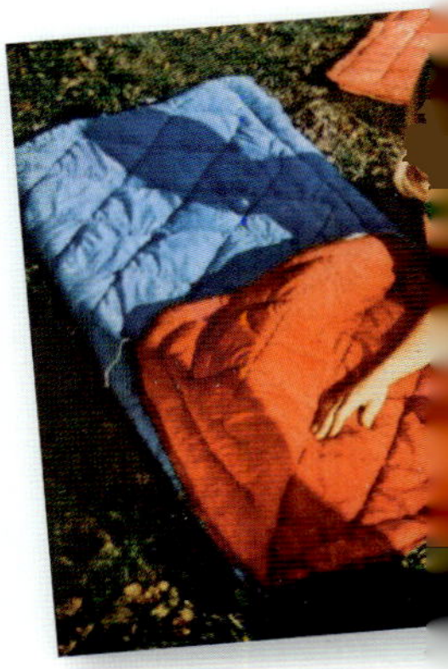

Oh yeah : la France a de nouveaux héros

En 1966, les jeunes Français s'entichent des *Élucubrations* d'un jeune ingénieur centralien à longue crinière, Antoine. Près de cinquante ans plus tard, l'auteur-compositeur de cette joyeuse rengaine n'a toujours pas coupé ses cheveux, en dépit des promesses faites à sa mère, et vit encore de cet immense succès, heureux circumnavigateur.

La voile, que sauf erreur Antoine ne pratique pas encore à l'époque, est déjà très populaire : mois après mois, *Le Chasseur Français* instruit ses lecteurs sur les mérites comparés du 420, du 505, le célèbre Cinquo et du Vaurien, dont 14000 exemplaires naviguent sur toutes les côtes.

La France se passionne aussitôt pour ce formidable champion qu'est Éric Tabarly, qui remporte haut la main en 1964 la Transat anglaise sur son *Pen Duick II,* léger et véloce, construit en contreplaqué dans sa chère Bretagne, d'après ses idées.

Tabarly est l'un des héros de cette époque qui en produit tant : ils s'appellent Guy Périllat, Jean-Claude Killy, Marielle Goitschel ou Annie Famose à skis, Alain Calmat sur des patins, mais aussi Raymond Poulidor, le « Limousin placide », et son rival de toujours, Jacques Anquetil, l'implacable Normand : tous les étés, ils coupent la France en deux camps.

◆ **Nantes. — Célibataire, 26 ans, grande, simple, épouserait célibataire, grand, sérieux. — *Chasseur Français*, n° 10648.**

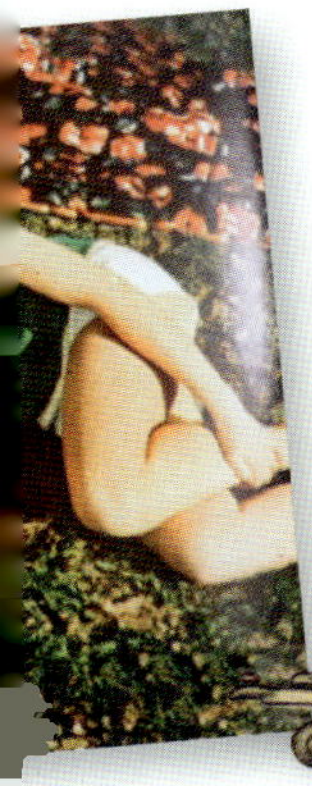

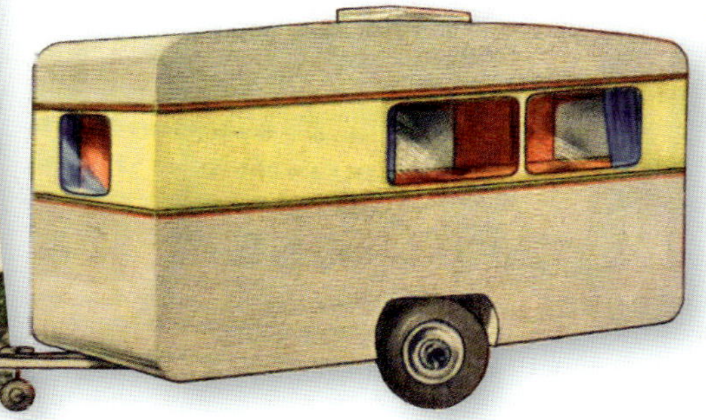

LES PETITES ANNONCES

ENFANTS COMPRIS

Aviateur, 32, divorcé, svelte, aisé, épouserait jolie fille, enfants acceptés. Novembre 1961

PAS PLUS DE TROIS

Bourgeoisie, 29, jolie, épouserait veuf, 3 enfants maximum dont garçonnet. Octobre 1968

BONJOUR LES GRANDS ENSEMBLES

Les Français ordinaires, les désormais célèbres « Français moyens », se roulent dans les délices de la consommation comme Picsou dans son or : ils découvrent les loisirs et les voyages. On prend ses vacances en voiture, on s'entasse dans des campings qui poussent comme des champignons mais ne sont jamais assez grands, dans des résidences de vacances, des lotissements de tout poil. Les villes se couvrent de grues et de chantiers. Des grands ensembles, la rage de l'époque, se multiplient dans les banlieues, d'abord à taille humaine, puis de plus en plus hauts et grands. Aussi paradoxal que cela puisse paraître aujourd'hui, les Français sont ravis de s'y installer, de quitter les vieux quartiers insalubres des banlieues. Les loyers, bloqués depuis 1948, ont rapidement convaincu les propriétaires de surseoir encore et toujours à des travaux d'entretien ou d'amélioration qui ne seraient jamais rentabilisés. Au début des années 1960, on contracte encore la tuberculose en banlieue parisienne, à 2 kilomètres de la tour Eiffel !

LES PETITES ANNONCES

ANNONCE-ROMAN

Agé de 32 ans et divorcé, mon but est une vie simple mais intelligente et enrichissante pour le cœur et l'esprit, faisant la plus grande part à la bonté, la générosité, aux liens d'affection que j'aime nouer non seulement avec des amis de mon choix, mais aussi avec les choses de la nature, plantes, animaux et paysages. Je désire connaître de nouvelles choses, mais encore plus pouvoir les aimer. La réussite matérielle et la puissance ne m'intéressent pas. Je suis sûr de faire un mariage heureux si je rencontre une femme qui se sente en harmonie profonde avec ce texte. J'aimerais que, âgée de 22 à 36 ans, douée d'un physique d'une classe certaine et d'un sens esthétique très raffiné, elle soit sensible à la musique classique, son visage exprimant la bonté, le sens de l'humour et le besoin d'être aimée. Elle serait assurée d'une vie matérielle confortable, mon revenu annuel étant de 50 000 NF. Je suis grand, brun, je travaille à Paris. Rencontres possibles dans un rayon de 400 km. Novembre 1962

(avec un total de 172 mots, cette annonce a coûté environ 500 NF, soit près de deux mois de travail au SMIG de l'époque)

◆ **Jeune fille, 26, physique agréable, 1m,60, mince, distinguée, affectueuse, sérieuse, secrétaire direction, voiture, correspondrait célibataire, Est-Paris, 27-30, 1m,70-75, brun, situation cadre France ou colonies. — *Chasseur Français*, n° 11250.**

UN POUVOIR GRIS

Par rapport à la IVe et à son tourbillon perpétuel de gouvernements frileux, le pouvoir de la Ve s'installe dans la durée, dans une sorte d'éternité qui peu à peu devient grise. Il se coupe de cette société dans laquelle la jeunesse aspire aux loisirs, à la réalisation de ses aspirations propres, plutôt que de participer au projet collectif d'une grande France, puissante parmi les Nations, que le Général, star planétaire, évoque tambour battant sous toutes les latitudes.

Il y a bien sûr des avancées considérables dans de nombreux domaines : les revenus augmentent, les autoroutes se construisent, l'automobile pour tous est une réalité et l'on commence même à se plaindre, dans *Le Chasseur Français*, des queues qui s'allongent aux remonte-pentes dans les stations de ski. Mais le pouvoir tend à confondre ces progrès matériels avec le bonheur, et finit par incarner une société de devoir : le phénomène n'est pas spécifiquement français. Aux États-Unis, Kennedy suggère à ses concitoyens de se demander ce qu'ils peuvent faire pour leur pays plutôt que de s'interroger sur ce que leur pays peut faire pour eux.

Dans le monde entier, la guerre du Viêtnam et ses images terribles — c'est la première et sans doute la seule fois où l'on verra d'aussi près la guerre en direct — fédèrent la jeunesse du monde dans une opposition de plus en plus virulente à ce qui semble un combat injuste.

Combien ça coûte en 1960 ?

1 nouveau franc (NF), introduit en 1960, vaudrait aujourd'hui environ 1,56 € (Insee).

UN APPAREIL PHOTO DE BASE KODAK STARFLASH

48 NF

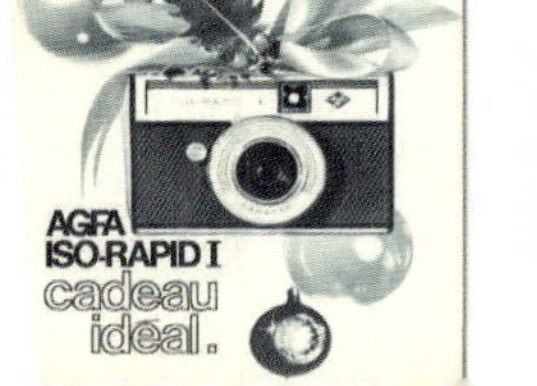

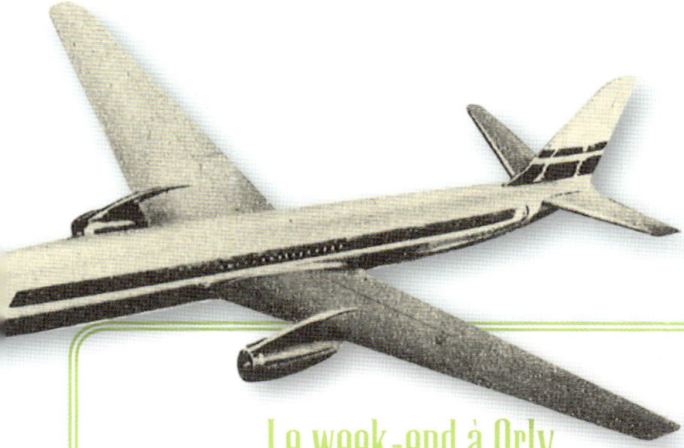

Le week-end à Orly

L'avion à réaction a rapetissé le monde : les jets volent maintenant à 900 kilomètres à l'heure, dans un grand confort. À mesure que l'offre de sièges augmente, parce que les compagnies du monde entier achètent des avions de plus en plus gros, les tarifs baissent. Air France lance des tarifs « excursions » à 1 925 NF pour New York, soit 672 NF de moins que le plein tarif : ça ne met pas encore l'avion à la portée de toutes les bourses, tant s'en faut, mais cela représente une baisse des prix de 50 % en dix ans. Environ 200 millions de passagers prennent l'avion dans le monde en 1963… tendance croissante. Orly, qui a définitivement remplacé Le Bourget, est un but d'excursion dominicale très prisé. On emmène les gosses sur la terrasse, pas encore interdite d'accès, pour voir les avions et humer le fumet du kérosène, ce parfum du vaste monde. L'aéroport est aussi visité que la tour Eiffel !

◆ Paris. — Parents, bon milieu, ayant jeune fille, 23, 1m,66, distinguée, très bien physiquement, moralement, parfaite santé, toutes qualités requises pour fonder foyer heureux, catholique, bonne situation, aimant enfants, aimeraient rencontrer, vue mariage, jeune homme, 25 à 30, milieu correspondant, parfaite éducation, sans tare, bonne situation. Si pas très sérieux, s'abstenir. — *Chasseur Français*, n° 11476.

LES PETITES ANNONCES

FLIC OU RIEN

Contremaîtresse, 28, bien, épouserait fonctionnaire police. Isère et limitrophes. Mars 1968

LA RÉVÉRENCE GAULLIENNE

La révolte estudiantine de mai, qui tourne rapidement à la grève générale, désoriente ce pouvoir gaullien qui ne comprend pas la revendication que cache cette explosion, dont la violence est d'ailleurs beaucoup plus adroitement contenue par le pouvoir français qu'ailleurs : le sang coule davantage en Allemagne, à Mexico ou aux États-Unis, ce mouvement de révolte embrasant l'ensemble du monde libre.

De Gaulle, qui n'est pas homme à s'accrocher à sa fonction contre le vœu du peuple, quitte le pouvoir après sa défaite au référendum en 1969 et part en Irlande, puis dans sa chère retraite de Haute-Marne, où la mort viendra le cueillir pendant une réussite.

En mai 1968, rien n'affecte le *Chasseur*, qui consacre sa une à la pêche à la ligne ! Une sorte de tradition… Le *Chasseur* s'occupe de la vraie vie, pas de réformer l'univers. Il amortit les grandes crises de son temps. La crise algérienne et le changement de régime ne l'ont pas ému dans les années 1950. L'indépendance algérienne et la décolonisation ne l'émouvront pas davantage. Même traitement pour la révolte de 1968 et la grève générale qui s'est ensuivie. Qu'on se le dise : en 1968, pas un numéro n'a manqué aux lecteurs. Ce n'avait pas été le cas fin 1937, où la grève avait bloqué la sortie du titre pendant trois mois.

L'ACTUALITÉ EN 1962

- Épidémie d'attentats de l'OAS en métropole.
- En février, la répression d'une manifestation anti-OAS fait huit morts au métro Charonne.
- Mars : les accords d'Évian consacrent l'indépendance algérienne.
- Georges Pompidou devient Premier ministre.
- Lancement du magazine *Salut les copains*, en écho à l'émission lancée en 1959 sur Europe n° 1.
- De Gaulle échappe aux balles de l'OAS au Petit-Clamart.
- Disparition de Marilyn Monroe.

CONTRACEPTION, LIBÉRATION… À PETITS PAS

LA CONTRACEPTION PROVOQUE DANS LA VIE DE COUPLE UNE VÉRITABLE RÉVOLUTION : CONCEVOIR DES ENFANTS, OUI, MAIS QUAND ON VEUT. UNE ÉVOLUTION EN PARFAITE HARMONIE AVEC LA MONTÉE DU DÉSIR INDIVIDUEL COMME MOTEUR-CLÉ DE L'EXISTENCE. TIENS VOILÀ 1968 ! DÉJÀ.

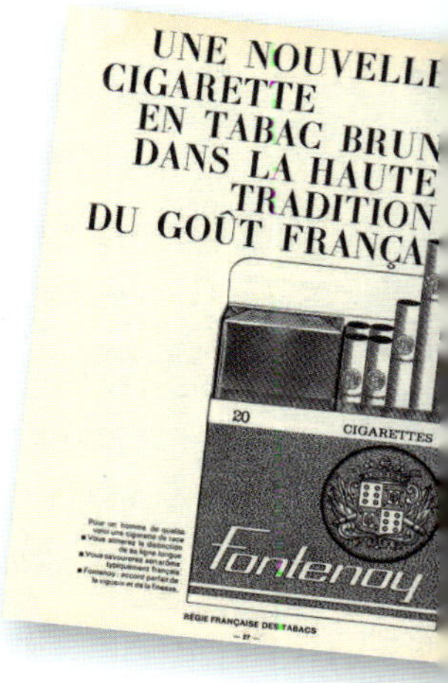

LES HOMMES SONT COMME ÇA !

Sur la relation entre hommes et femmes, paraît dans le *Chasseur* un édifiant article signé Virginie de Sabliaux. Plutôt que de tenter d'amener à la raison les maris désordonnés qui mettent leurs cendres sur les tapis, rentrent du jardin les pieds boueux et bricolent sur la table de la salle à manger, les femmes, conclut-elle, résignée, doivent se rendre à l'évidence : « Les hommes sont comme ça. […] Malgré son désir de se corriger, votre mari restera désordonné et brouillon. Alors plutôt que de vous disputer, pourquoi ne pas essayer une autre méthode ? Celle de prendre les choses à la légère, par exemple. Au lieu de vous escrimer à ranger derrière lui, à ramasser les cendres en grognant, à fulminer contre ses pieds boueux […], arrangez-vous pour aller au-devant de son désordre. Allume-t-il une cigarette ? Vite, allongez le cendrier à portée de main. Il rentre du bureau ? N'attendez pas qu'il ait eu le temps de faire voltiger son pardessus par-dessus le premier meuble venu. Venez au-devant de lui, un sourire aux lèvres, un cintre à la main : "Bonjour. Comment s'est passée ta journée ? Tu veux suspendre ton pardessus toi-même, mon amour ?" » Bref, l'auteur (à l'époque, elle n'écrivait pas encore « auteure », Simone de Beauvoir non plus) conseille aux femmes d'user de ruse plutôt que de miser sur la confrontation, une question qui reste ouverte…

L'ACTUALITÉ EN 1963

- Création de *Lui* en France.
- Premier album des Beatles.
- Sortie des *Tontons flingueurs*.

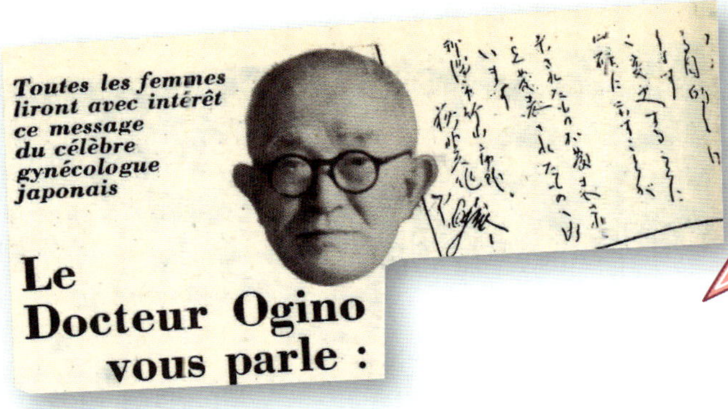

◆ Fonctionnaire, 36, 1m,70, sérieux, appartement, voiture, épouserait institutrice, fonctionnaire, 30-35. — *Chasseur Français*, nº 11292.

LES PETITES ANNONCES

RIEN NE VA PLUS

Future maman (octobre), divorcée, bonne moralité, aimant nature, intérieur, cherche mari sérieux. 40-50 ans, situation stable. Septembre 1960

FEMME CADRE

Cadre 36, élégante, sportive, épouserait monsieur personnalité, situation aisée. Novembre 1966

LES BÉBÉS OGINO

Bien involontairement, il aura bien mérité de la patrie, ce bon docteur Ogino, avec sa méthode contraceptive fondée sur l'observation des températures corporelles pour déterminer les périodes de fécondité féminine, et surtout, *a contrario*, les périodes non fécondes, car ce sont bien elles dont on se propose de découvrir les bornes dans les publicités pour sa méthode, qui remplissent les colonnes du *Chasseur* au début des années 1960. Savoir quand, voilà la question. Pour lever tout doute à caractère religieux, la pub Ogino cite Pie XII, qui dans une allocution du 12 septembre 1959 avait précisé que « la mise à profit de la stérilité temporaire naturelle, dans la méthode Ogino-Knaus, ne viole pas l'ordre naturel, puisque les relations conjugales répondent à la volonté du créateur ». Saurait-on être plus clair ? La méthode ayant ses limites, davantage en tout cas que le désir, combien de ces « bébés Ogino » viendront ainsi au monde ?

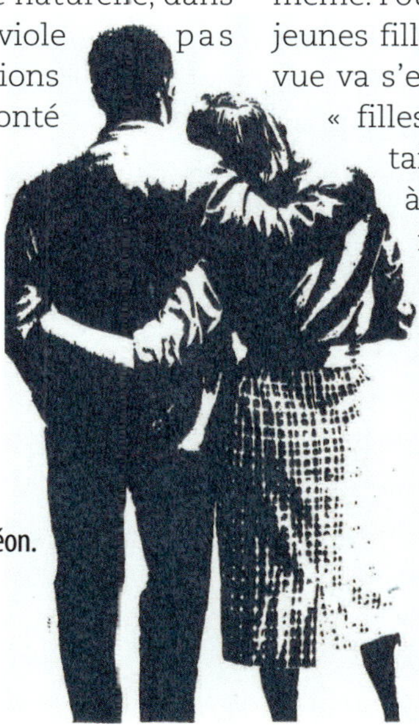

À la fin des sixties, en 1967, un courageux parlementaire gaulliste, Lucien Neuwirth, attache à son nom une loi qui autorise la contraception chimique en France, avec la bénédiction d'un Général réputé non seulement tatillon sur les mœurs, mais plutôt nataliste. La pilule n'est pas encore en vente dans les Monoprix, mais tout de même. Pour des millions de jeunes femmes et de jeunes filles, l'angoisse de la conception imprévue va s'estomper. En principe, adieu « taches », « filles-mères » et autres « mamans célibataires ». La pilule va contribuer très vite à changer radicalement le rapport des femmes et des hommes au désir et à l'acte sexuel : il devient possible de faire l'amour pour l'unique plaisir de le faire.

L'ACTUALITÉ EN 1964

- Premier disque des Rolling Stones.
- Les cendres de Jean Moulin entrent au Panthéon.
- *Angélique, marquise des anges* enflamme les imaginaires masculins.

L'ACTUALITÉ EN 1965

- De Gaulle est largement élu à la présidence, contre Mitterrand.

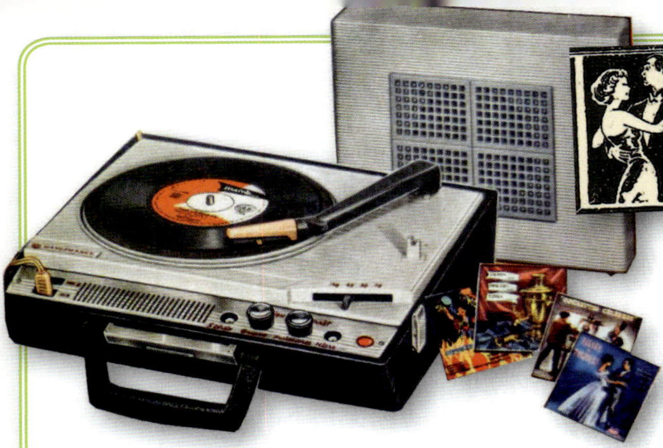

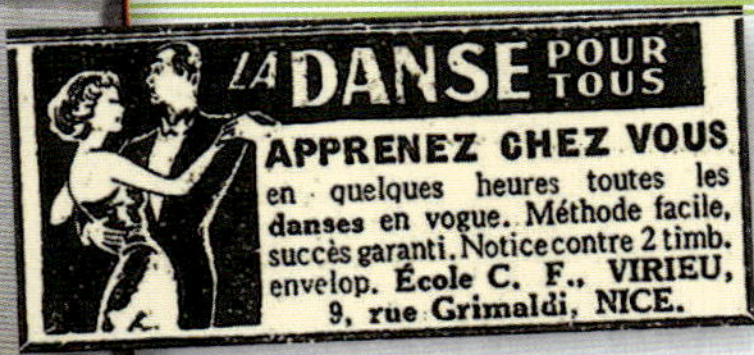

L'ère des supermarchés

La consommation de masse bat maintenant son plein. La France se couvre de supermarchés, sinistres bâtisses qui envahissent les périphéries et autres zones industrielles, et où l'on va en automobile pour acheter d'infâmes goldens, du poulet au bon goût de farine de poisson ou des camemberts plâtreux.

Sur la route des vacances, les restauroutes Jacques Borel vous imposent leur infecte pitance. Ils auront tôt fait de faire l'unanimité contre eux. Les services de marketing rivalisent donc d'ingéniosité pour susciter des envies. Adieu bon vieux blaireau, voici la mousse à raser en bombe. Voici aussi les chemises en nylon qu'on ne repasse plus… même si elles ne sentent pas très bon malgré des doses massives de déo. C'est le temps du Crylor, dont on reviendra après avoir cru au miracle. C'est aussi celui des congélateurs, des mini-vélos, de l'outillage électrique portatif et de la mob, cette machine hautement désirable avec laquelle les mauvais sujets écument leur quartier en bande, les filles en amazone sur le porte-bagages, avec un transistor pour écouter Johnny, Sylvie, Françoise ou Claude… puis, bientôt, un quintet de voyous anglais, les Rolling Stones !

C'est l'époque où la mortalité routière s'envole, entre des voitures de plus en plus rapides, des routes inadaptées et une inconscience qui fait aujourd'hui frémir. Non seulement il n'y a pas de ceintures de sécurité dans les voitures, mais les mômes voyagent debout sur la banquette ou allongés sur la plage arrière, dans les volutes de fumée de papa-maman, quand ils ne cabriolent pas sur le siège avant. On relève 8277 morts en 1960, plus de 10000 en 1961… Et la courbe croît. L'alcool fait des ravages. On commence à souffler dans les premiers alcootests… en Allemagne. Voici les premières pubs moralisatrices sur le tabac, la conduite, l'alcool au volant: elles ne sont pas le fait de la puissance publique, mais de compagnies d'assurances ou de sociétés qui vendent des méthodes pour arrêter de fumer.

Une décennie folle de chansons d'amour

Les années 1960 voient s'envoler le marché du disque et de la chanson française, qui, parallèlement à l'arrivée du rock, auquel elle emprunte d'ailleurs volontiers, accompagne l'explosion démographique de la jeunesse. Celle-ci devient rapidement un monde à part, par-dessus les classes sociales, avec ses codes, ses magazines, ses émissions et ses tubes, sans cesse renouvelés, et une cible commerciale recherchée. On chante beaucoup l'amour sur toutes les radios, à l'Olympia, qui ne désemplit pas, et dans toutes les têtes. Citons pêle-mêle…

1960 *Milord*, Édith Piaf
1961 *Daniela*, Les Chaussettes noires
1962 *Belles, belles, belles*, Claude François
L'Idole des jeunes et *Retiens la nuit*, Johnny Hallyday
Et maintenant, Gilbert Bécaud
Twist à Saint-Tropez, Les Chats sauvages
Tous les garçons et les filles de mon âge, François Hardy
1963 *J'ai la mémoire qui flanche*, Jeanne Moreau
Biche, ma biche, Frank Alamo
Elle est terrible, Johnny Hallyday
1964 *La plus belle pour aller danser*, Sylvie Vartan
Mathilde, Jacques Brel
1965 *Capri, c'est fini*, Hervé Vilar
La Bohème, Charles Aznavour
Aline, Christophe
Que serais-je sans toi? Jean Ferrat
Poupée de cire, poupée de son, France Gall
1966 *Et moi et moi et moi* et *Mini-mini, mini*, Jacques Dutronc
1967 *J'aime les filles*, Jacques Dutronc
1968 *Fais pas ci, fais pas ça* et
Paris s'éveille, Jacques Dutronc
1969 *69, année érotique*, Birkin-Gainsbourg
Que je t'aime, Johnny Hallyday

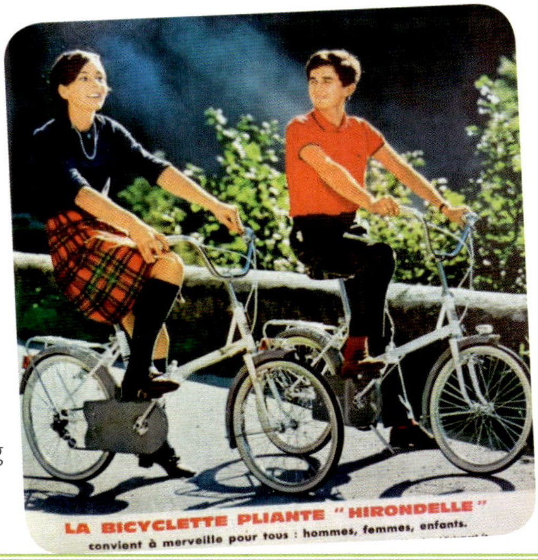

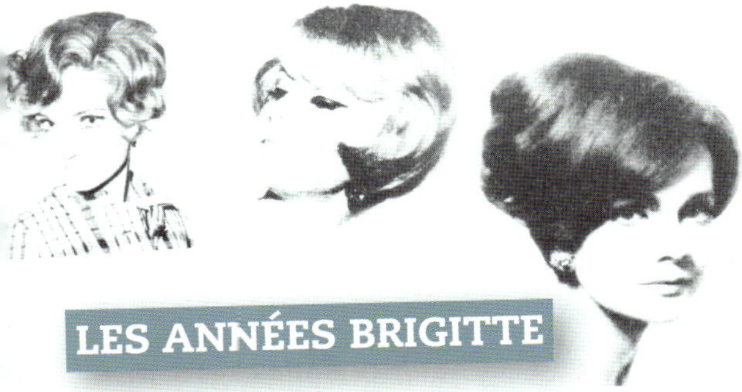

LES ANNÉES BRIGITTE

Comment évoquer les années 1960 sans Brigitte Bardot, ses maillots de bain affolants, ses moues, le savant désordre de ses chignons, sa plastique de rêve et sa collection d'amoureux ? L'héroïne nationale, qui a servi de modèle à la Marianne de plâtre des mairies, n'est donc plus une créature sage et vertueuse, mais une charmante incendiaire. Sa coiffure est *in*. Comme elle, les filles se font un maquillage charbonneux, l'œil surligné d'un épais trait de crayon noir qui leur donne un regard de biche.
Toutes les Françaises ne passent pas leur vie sous les objectifs. De plus en plus, elles travaillent, dans des métiers toujours plus divers. La publicité commence à mettre en scène des femmes qui ont pris leur destin en main, telle cette créature dynamique et décidée qui sort de la Caisse d épargne, son livret à la main.

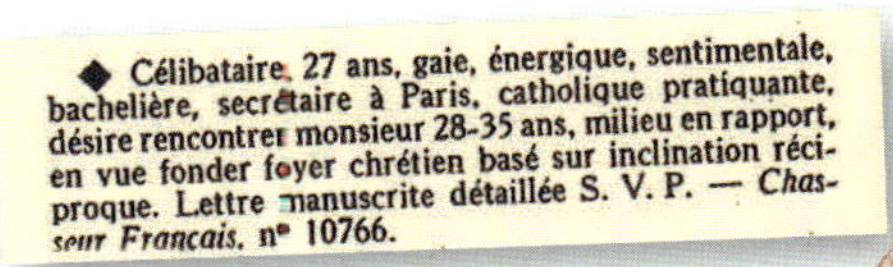

◆ Célibataire, 27 ans, gaie, énergique, sentimentale, bachelière, secrétaire à Paris, catholique pratiquante, désire rencontrer monsieur 28-35 ans, milieu en rapport, en vue fonder foyer chrétien basé sur inclination réciproque. Lettre manuscrite détaillée S. V. P. — *Chasseur Français*, nº 10766.

LES PETITES ANNONCES

LASSE VIE MÉDIOCRE

Paris. Secrétaire de direction, 36, 1,70 m, cultivée, spirituelle, parlant anglais, excellente moralité, origines grande bourgeoisie, lasse vie médiocre, épouserait monsieur grand, aisé, position sociale excellente, âge indifférent si cœur, distinction, courtoisie. Avril 1964

WANTED : ROUSSE

34 ans, divorcé, revenu indépendant, de bonne mine, étranger cherche mariage avec une fille sans affectation, féminine, intelligente, bien disposée, bien faire, cheveux roux préférés. Novembre 1968

PURE

Fille d'ingénieur, 20, jolie, pure, excellente éducation épouserait célibataire, 23-30, bonne situation. Mai 1969

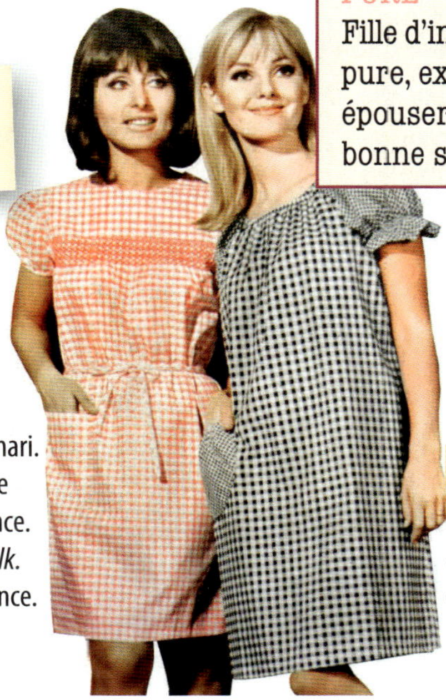

L'ACTUALITÉ EN 1966

- Une femme peut décider de prendre une activité salariée sans le consentement de son mari.
- La France quitte le commandement intégré de l'OTAN, et les GI's, leurs cantonnements en France.
- Lancement français du magazine *Rock and Folk*.
- Inauguration de l'usine marémotrice de la Rance.

L'ACTUALITÉ EN 1967

- Adoption de la loi Neuwirth autorisant la contraception orale.
- La télévision en couleur arrive en France.

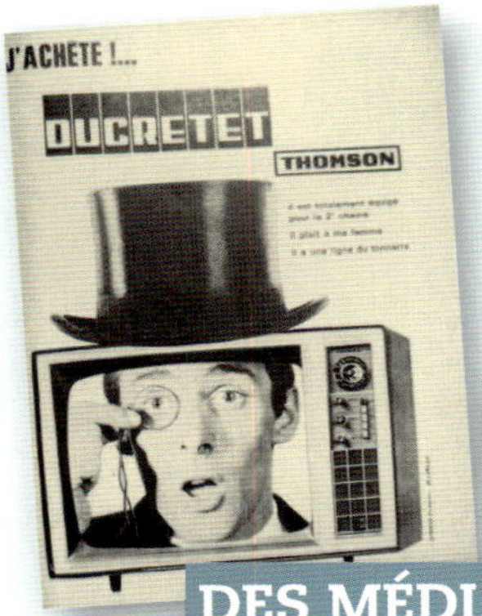

PREMIÈRE EXPLOSION DES MÉDIAS

Combien ça coûte en 1964?
1 franc de 1964, vaudrait aujourd'hui environ 1,34 €

UN NUMÉRO DU CHASSEUR FRANÇAIS
0,70 F

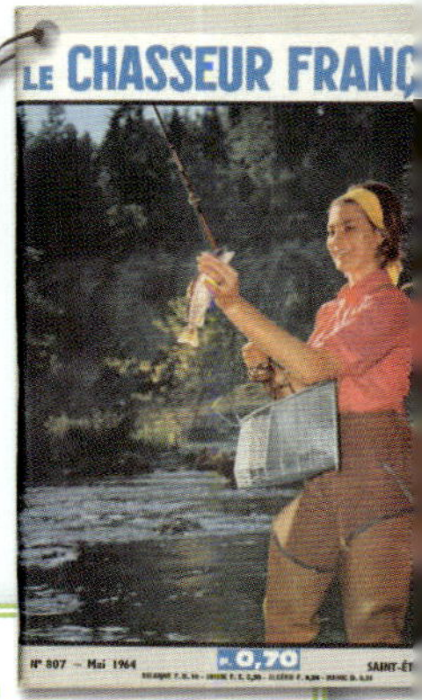

Les médias connaissent une époque très florissante. La deuxième chaîne naît en 1965. Il y a près de 3 millions de téléviseurs fin 1963, et il s'en vend 800 000 par an. La télévision sera bientôt de tous les foyers. Quoi qu'en disent ses contempteurs, elle pousse les murs et ouvre grand les fenêtres de la maison : elle montrera bientôt les émeutes du Quartier latin à une province médusée devant tant d'arbres abattus, de sacro-saintes autos immolées, de prestigieuses avenues dépavées. Elle fera frémir d'horreur à l'heure du dîner : les *boys* meurent hachés dans la jungle du Viêtnam, les bonzes s'immolent et les gamines innocentes brûlent dans une boule de napalm.

La presse — et le *Chasseur* n'est pas en reste — découvre la couleur à toutes les pages. Les photos remplacent les dessins, et pour la première fois en mai 1964 une femme fait la une du *Chasseur* : une souriante pêcheuse, surtout pas une pécheresse ! Dans les annonces, dont le nombre ne cesse de croître jusqu'à atteindre les 700 par mois en fin de période, les demandes de photo sont toujours interdites, et les annonces qui ne visent pas explicitement le mariage, exclues. Tendance très nette engagée dès les années 1960, les textes sont plus concis, et par conséquent plus banals : il faut dire que les tarifs suivent une inflation qui, surtout après 1968, va s'envoler.

Tous les garçons et les filles de mon âge !

Les années 1960 sont synonymes d'un rapprochement général entre le monde des garçons et celui des filles, qui commence dès l'école. La mixité se généralise. En 1968, une classe de collège et de lycée sur deux ne mélange pas encore les genres, mais la mixité va se généraliser en quelques années, jusque dans les établissements confessionnels privés les plus conservateurs. Premier résultat : on se connaît mieux. Les sixties sont aussi définitivement l'époque de l'irruption au grand jour du corps et de l'intime. Symboliquement, les jupes raccourcissent jusque sous le genou, puis au-dessus, puis très au-dessus. Même l'Éducation nationale prend le phénomène en compte : à compter de 1960, la gym, hier encore méprisée et tenue pour une activité mineure, est notée au « bacc », comme on l'écrit encore. Le bronzage, cet ennemi juré de l'élégante du début du siècle, devient signe de santé, de prospérité, un rituel annuel. « On veut montrer que l'on a su profiter des vacances », note le *Chasseur*. Toujours prudent, il vante les effets bénéfiques de l'astre du jour sur la fixation de la vitamine D, mais n'oublie pas de mettre en garde contre les effets néfastes de leurs excès celles et ceux qui rôtissent, frits pile et face dans l'huile solaire, jusqu'à l'insolation.

L'ACTUALITÉ EN 1968

- 2 mai : fermeture de Nanterre.
- 13 mai : grève générale.
- 29 mai : de Gaule disparaît pour rendre visite à Massu à Baden-Baden.
- 30 mai : énorme manifestation de soutien à de Gaulle.
- Quatrième semaine de congés payés.
- Première bombe H française.

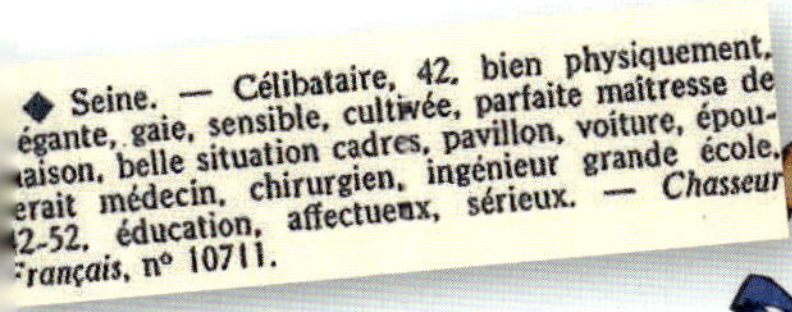
◆ Seine. — Célibataire, 42, bien physiquement, égante, gaie, sensible, cultivée, parfaite maîtresse de aison, belle situation cadres, pavillon, voiture, épouerait médecin, chirurgien, ingénieur grande école, 2-52, éducation, affectueux, sérieux. — *Chasseur rançais*, n° 10711.

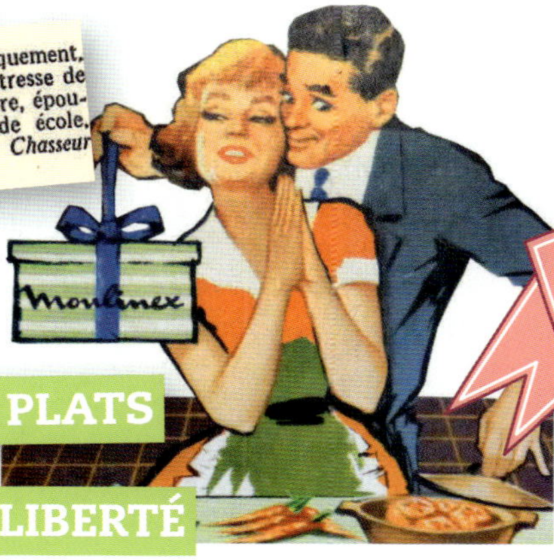

LES BONS PETITS PLATS OU LA LIBERTÉ

Quant aux femmes, leur vie hésite encore largement entre la ménagère soumise, qui confectionne de « bons petits plats » pour son « petit mari », fée du logis, mère exemplaire, si possible allaitante, et un modèle de nouvelle femme, plus autonome, plus libre. Ce n'est qu'après 1968 que cette deuxième tendance va prendre de l'importance.

Le féminisme, pourquoi pas, mais ailleurs… Extrait d'un reportage d'avril 1963 sur la rencontre avec Férial, princesse arabe et belle-fille du roi Séoud d'Arabie : « Les princes progressistes s'efforcent de n'avoir plus qu'une seule épouse. Aussi les centaines de femmes peuplant les nuits d'Arabie ne seront plus que légende des contes de jadis. La femme commence à devenir la compagne de son époux, après avoir été longtemps l'esclave de son "seigneur et maître". Un vent nouveau souffle sur l'Arabie et sur toute la presqu'île arabe », conclut le reporter. Un tout petit zéphyr, sans doute, pas comme celui qui va souffler en 1968, mais qui ne se fera sentir que plus tard.

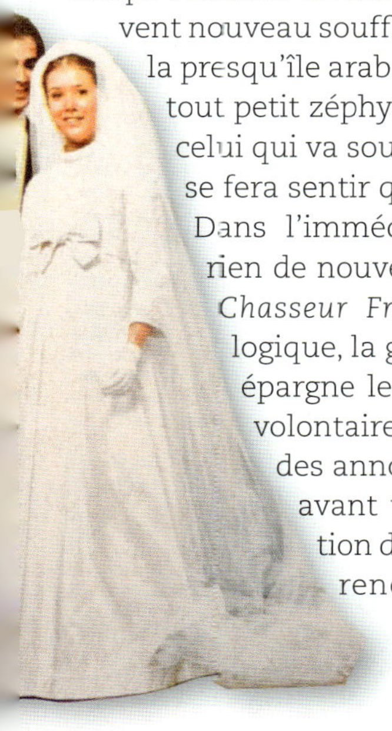

Dans l'immédiat après-Mai, en effet, rien de nouveau dans les colonnes du *Chasseur Français*. En toute bonne logique, la grande libération sexuelle épargne le magazine, qui ne publie volontairement, rappelons-le, que des annonces de gens qui veulent avant tout se marier. Pas question d'union libre, ni même de rencontres. Les tenants de ce nouveau mode de vie se rencontrent ailleurs. Le magazine fait l'éloge d'une « école du charme » montée par un ancien mannequin, pour devenir « sûre de soi, maîtresse de maison accomplie, femme captivante de surcroît, tout cela en trois mois de cours. Quel programme alléchant pour les insatisfaites, les complexées, les coupeuses de cheveux en quatre et les angoissées du miroir. » Pasionarias, circulez, il n'y a rien à voir.

LES PETITES ANNONCES

FEMME AU FOYER

Côte d'Azur. Jeune fille 28 ans, 1,58 m, physique agréable, gaie, sérieuse, catholique, parents fortunés, désirerait correspondre et rencontrer monsieur, vue mariage 28-35 ans, belle situation permettant femme au foyer.
Mai 1969

POÈTE RURAL

Propriétaire, agronome, écrivain, poète, grand, 35, cherche mariage assortiment inclination, rencontre ouest. Paris. Avril 1964

L'ACTUALITÉ EN 1969

- Battu au référendum, de Gaulle démissionne.
- Mars : premier vol du Concorde, qui dépasse Mach 2.
- Pompidou est élu président.
- Le 21 juillet, l'Américain Neil Armstrong pose le pied sur la Lune.
- Naissance du SMIC, qui remplace le SMIG.
- *69, année érotique,* de Gainsbourg et Birkin.

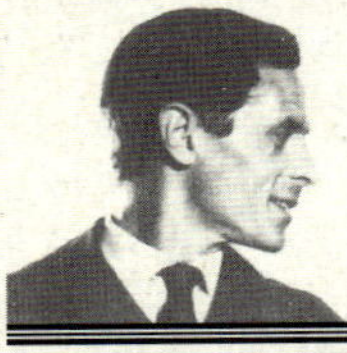

ANNONCES

1960-1969

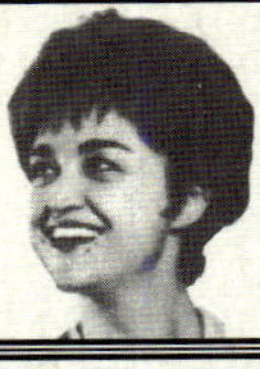

LES MOTS POUR LE DIRE

Sérieuse mais gaie : grand classique des annonces féminines, les « sérieuse, gaie » ou « sérieuse mais gaie ». Traduction : je ne suis ni une fille facile ni une bambocheuse, mais pas davantage un bonnet de nuit ou un éteignoir.

Standing : l'anglicisme du moment, décliné à toutes les sauces gauloises (bon standing, cadre standing, excellent standing). Ce concept nouveau dame efficacement le pion à la référence à une appartenance bourgeoise, jugée poussiéreuse.

Vraie jeune fille : elle demeure, envers et contre tout, une valeur sûre de la décennie. Même après 1968, lorsque le grand mouvement de libération sexuelle est censé avoir lavé notre cher et vieux pays de ses tabous. Résistante, la vraie jeune fille fait toujours recette… en tout cas dans les annonces.

Cadre : statut éminemment désirable, il est très souvent mis en avant, par les messieurs comme par les dames. Les cadres sont des « cadres » tout court, pas encore des « cadres supérieurs ». Pour l'instant, cela veut dire : je travaille avec ma tête plus qu'avec mes mains, dans un univers propre, et j'ai des responsabilités.

Classe : qu'on soit fille ou garçon, c'est elle qu'il faut avoir pour séduire. Avoir la classe, c'est être distingué, avoir un certain prestige, de l'allure.

Gentleman-farmer : il ne date pas des années 1960 mais il est très à la mode à cette époque, et manifestement auréolé d'un fort pouvoir de séduction. De quoi s'agit-il ? D'un homme attaché à une terre qui appartient à sa famille, si possible depuis longtemps, mais qu'il ne travaille pas de ses propres mains, ou alors très rarement.

☞ **Même malade presque guéri**
Vraie célibataire 22 ans, jolie, santé, timide, professeur de musique, un peu poète, épouserait célibataire idéaliste, situation indifférente, même malade, guérison prochaine. Janvier 1960

☞ **Toujours jeune**
Célibataire 41 ans, affectueuse, allure jeune, charme, féminité, intelligence, profession libérale, épouserait monsieur, caractère, situation en rapport. Mars 1960

☞ **Forte du buste sinon inutile**
Industriel, cinquantaine, svelte, situation, épouserait femme quarantaine, bonne ménagère, ayant enfants, élégante, svelte, forte du buste sinon inutile. Situation en rapport. Juillet 1960

☞ **Mélissa**
Métisse très claire, célibataire, formation universitaire, fonctionnaire, excellent milieu, caractère physique agréables, épouserait 42-55. Mars 1961

☞ **Hâlée la brune**
Brune, hâlée, 40 ans, gaie, élégante, comptable + pension, deux enfants prenant bientôt leur envol, aimerait connaître vue mariage propriétaire terrien ou chef d'entreprise, jeunes ou grands enfants. Février 1964

☞ **Petit prince**
Sous-officier armée de l'air, célibataire, retour du Sahara, 28 ans, 1,68 m, correspondrait vue mariage avec jeune fille institutrice ou fonctionnaire. Octobre 1964

☞ **Teint très clair**
Français de couleur, type métis, teint très clair, assez grand, fonctionnaire, 50, divorcé profit, sans charge, rencontrerait vue mariage demoiselle ou dame sans enfant, 35-45, bonne situation, cultivée sérieuse. Décembre 1964

☞ **Monotonie exclue**
Parisienne, 40, charme, personnalité, esprit indépendant, original, direct, beaucoup voyagé, sportive, aimant action, nature, mer, soleil, appréciant arts, vraies valeurs, relations humaines, humour, sorties, sachant recevoir, parlant anglais, souhaiterait mariage, compagnon cinquantaine, qualités cœur et esprit, équilibré, solide, affectueux, gai, généreux, belle situation, impliquant voyages, vie étranger, active. Juin 1966

Bonne
Très jolie, « sage », bonne, vive, très gaie, cultivée, « beaucoup de classe », jeune fille 1,60 m, 26 ans, catholique très ancienne haute bourgeoisie, large aisance, souhaite ces lignes retiennent attention jeune homme 26-38 ans, loyal, énergique, distingué, catholique, même milieu, profession libérale, pour rencontre, vue mariage inclination, heureux par qualités cœurs, affinités, goûts, éducation, tradition. Juillet 1966

Potelée
Marseille. Jolie brune, célibataire, assistante sociale, 28, potelée, lunettes, catholique, irréprochable, famille ingénieurs, médecin, appartement pour profession libérale, fonderait foyer. Juillet 1966

Fils unique motocycliste
Provence, fils unique, 30 ans, 1,70 m, aimant nature, sport, automobile, motocycliste, souhaite correspondre demoiselle, 27-32. Septembre 1966

Surprise surprise
Parents certain âge, profession libérale, sans relations suffisantes, désirent entrer en contact, à son insu, en vue de marier fille 29, 1,68 m, jolie, brune, mince, sérieuse, droite, très gentille, très bonne, cultivée, avec homme trentaine distingué, physiquement et moralement, ayant situation et souhaitant un vrai foyer, veuf avec jeunes enfants non exclus, intermédiaire prêtre possible. Septembre 1966

Divorcés torts s'abstenir
Professeur certifiée lettres, célibataire, 27, paraissant 22, 1,69 m. Mince, allure très distinguée, fine, sensible, gaie, enthousiaste, aimant arts, sports, sorties, voyages, mais aussi vie d'intérieur, aspire entourer tendresse mari loyal, équilibré, affectueux, sain, ingénieur, professeur, officier, profession libérale, moralité parfaite. Divorcés torts s'abstenir. Septembre 1966

Écart de taille : 25 cm minimum
Coquette, jolie, professeur de couture, 25 ans, 1,51 m, souhaite mariage monsieur distingué, 1,76 m minimum, 28-35, dynamique, médecin artiste peintre, confrère. Novembre 1966

Avide de bonheur
Avide de bonheur affectif, célibataire, 44 ans, excellent milieu, sérieuse, sentimentale, éduquée, épouserait monsieur, affinités, personnalité, franc, distingué, maximum 55, situation viable. Novembre 1966

Le mariage ? À voir
Peintre, sculpteur, musicien, 50, envisagerait mariage. Décembre 1966

Femme de cheval
25 ans, mince, 1,64 m, jolie, intelligente, affectueuse, aimant nature, chevaux, équitation, épouserait gentleman-farmer, homme de cheval, 24-25, loyal. Préférence Normandie. Février 1967

Aimer être aimé
Bureaucrate, célibataire, 20 ans, blonde, mince, 1,62 m, sans relations, désire, vue mariage, célibataire grand, brun, sérieux, cadre, souhaitant aimer être aimé. Mai 1967

Entre uniques
Fils unique, 26, avoir, auto, parents propriétaires, épouserait fille unique, fonctionnaire, institutrice, postière, 21-26 ans, parents propriétaires, commerçants. Août 1967

Nucléaire, non merci
Polytechnicien célibataire, 49 ans, 1,78 m, épouserait femme, 37-48, formation mathématique élevée, docteur, agrégée ou licenciée mathématiques ou physique, ou ingénieur supérieure télécommunications, supérieure électricité, supérieure optique, polytechnique féminine ou analogue, ou ingénieur, ou agent technique électronicienne, ou profession médicale. Nucléaire s'abstenir. Octobre 1967

Une question, monsieur…
Pourquoi pas moi, si je peux vous rendre heureux ? 45 ans, physique agréable, caractère jeune, gai et affectueux, cultivée, distinguée, souhaitant épouser veuf, célibataire, 43-55, sérieux, intelligent, bonne situation libérale ou similaire. Octobre 1967

Plus de 100 kg
Célibataire 52 ans, propriétaire, avoir, gentil, désire mariage dame forte, si possible plus de 100 kg. Octobre 1967

Plume dodue
Sympathique actif 1,70 m, profession libérale, 55, Paris, épouserait jeune femme aisée, relationnée (sic), affectueuse, dodue, aimant rédiger. Octobre 1967

Pas en solo
Possédant atelier Montparnasse, divorcée, sans enfant, paraissant 45, féminine, sensible, ne pouvant vivre seule épouserait homme cinquantaine, équilibré, pour finir vie heureuse, situation stable sinon s'abstenir. Janvier 1968

Foyer culturel… fumeux
Organisateur, science, technique supérieure, haute école, mélomane, 30-38, ni fumeur, ni mondain, aspirant fonder foyer très uni, harmonieux, culturel, gai, réussi, avec jeune fille, 1,68 m, élégante blonde, jolie, 24, permis voiture. Souhaité intérieur ou littoral sud pays. Mars 1968

Vraie jeune fille
Sud-Ouest. Vraie jeune fille, physique agréable, très jeune de caractère, châtain, yeux bleus, 1,64 m, 52 kg, 29 ans, diplômes études supérieures, douce, affectueuse, distinguée, fille unique parents aisés, correspondrait, vue mariage, célibataire sérieux, excellente situation Sud-Ouest. Mai 1968

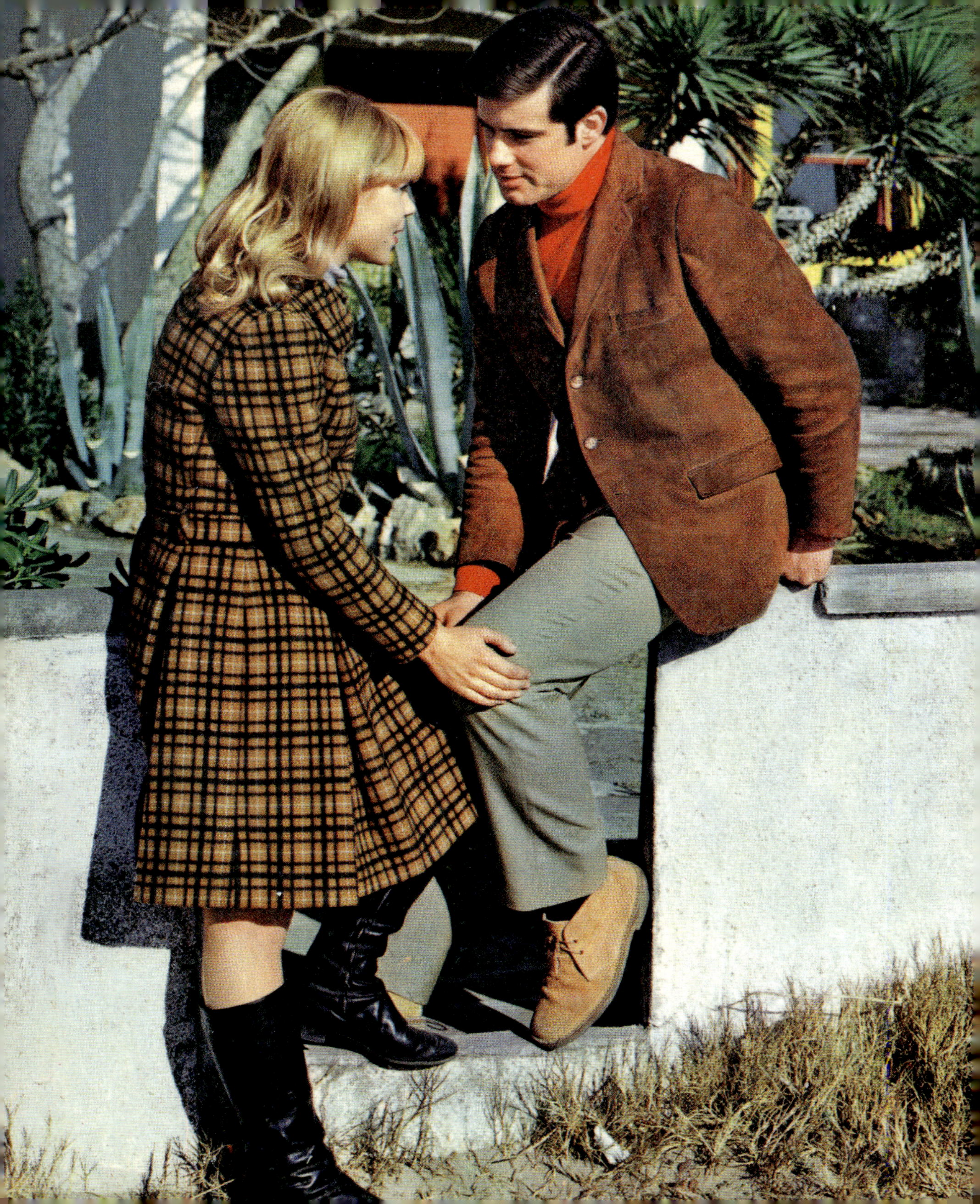

1970-1979

LA DÉCENNIE JEUNE

☛ Etudiante voudrait amour vrai,
vie saine, avec homme tendre,
passionné, non conformiste.
avril 1973

CONTESTATIONS ET ÉMOTIONS FORTES

AVEC VALÉRY GISCARD D'ESTAING, 48 ANS, LA FRANCE INSTALLE À L'ÉLYSÉE SON PLUS JEUNE PRÉSIDENT DE LA RÉPUBLIQUE, QUI VA MODERNISER LE PAYS DANS UN CONTEXTE DIFFICILE : LA FLAMBÉE DU PÉTROLE BOULEVERSE LES ÉCONOMIES, DÉCLENCHE UNE PUISSANTE VAGUE D'INFLATION… ET QUELQUES RÉFLEXIONS D'AVENIR.

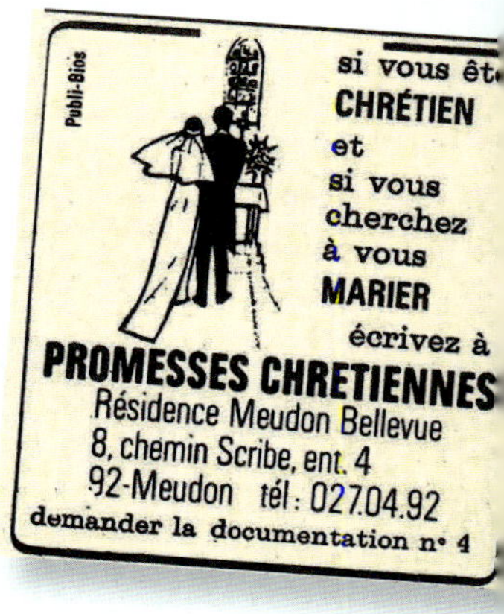

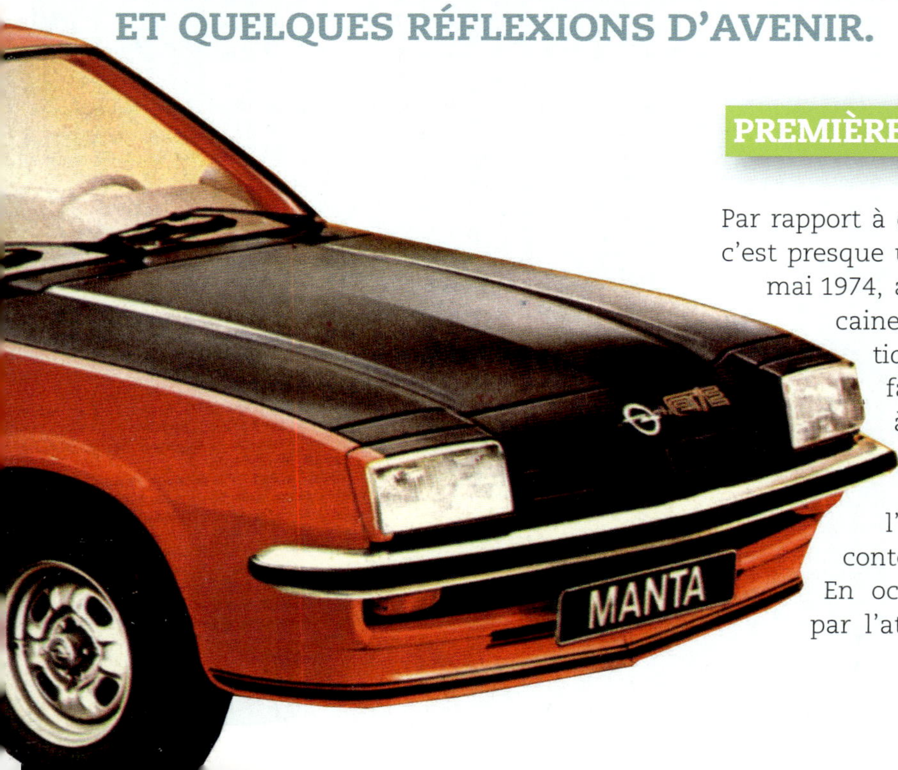

PREMIÈRE CRISE PÉTROLIÈRE

Par rapport à de Gaulle, et même à Pompidou, c'est presque un gamin qui entre à l'Élysée en mai 1974, après une campagne « à l'américaine » inédite de notre côté de l'Atlantique : usage avisé de la télévision face à Mitterrand, T-shirts « Giscard à la barre », comité de soutien de vedettes. La France est séduite. Fringant, le nouveau chef de l'exécutif affronte d'emblée un contexte difficile.

En octobre 1973, Israël a été surpris par l'attaque conjuguée de la Syrie et

Madame M.-L. DUMONTET

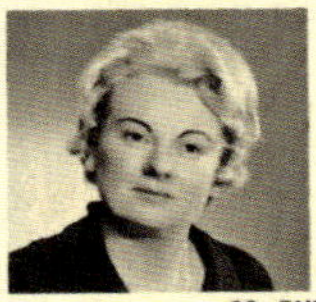

MARIAGES
"discrétion"
Présentations et Rencontres dans mes salons
Je reçois ts les jrs 11 à 20 h.
Dimanches et fêtes 14 à 20 h.
Contacts par correspondance
Renseignements gratuits
22, RUE DU 4 SEPTEMBRE
75002 PARIS • OPERA • TEL. 742.63.44

de l'Égypte, dont les armées bousculent ses défenses. L'État hébreu se reprend *in extremis*, puis retourne la situation. Leurs canons réduits au silence, les États arabes vont mettre en batterie une arme nouvelle, dont ils ont alors le quasi-monopole : le pétrole. Instantanément, le cartel des producteurs de pétrole, l'OPEP, va multiplier son prix par deux, puis de nouveau par deux, avant 1980.

Cette hausse réveille une inflation qui s'emballe : entre 1970 et 1980, les prix vont être multipliés par 2,7. Les salaires étant progressivement indexés, les grands perdants de cette fuite en avant seront les détenteurs de créances fixes. Ceux qui s'étaient endettés en 1970 pour s'offrir une maison l'auront payée moitié prix, voire moins.

Face à la crise du pétrole, Giscard incite les Français à lever le pied et instaure les 130 kilomètres à l'heure sur l'autoroute, limitation qui sera investie *a posteriori* de vertus sécuritaires, alors qu'elle est peu respectée. La baisse de la mortalité routière qui s'engage alors découle surtout de l'obligation intelligente et contemporaine du port de la ceinture : « Un petit clic vaut mieux qu'un grand choc. »

LES PETITES ANNONCES

MA MÔME…
Une petite ouvrière, 21 ans, célibataire, sérieuse, cherche mari milieu simple. Mars 1973

TUTOIEMENT
Tu es célibataire, chrétien, protestant, sérieux, franc, affectueux, aimant nature, vie saine, artisanat. Écris-moi.
Octobre 1979

◆ 02. — Rédactrice, 50, paraissant 40, 1 m 65, bru affectueuse, aimant vie d'intérieur, nature, ski, neige, mer, corresp drait monsieur, goûts similaires. — *Chasseur Français*, n° 8893.

L'idée nucléaire

Dans une France qui raffole des slogans — « On n'a pas de pétrole, mais on a des idées », et notamment celle du nucléaire civil —, Giscard, VGE comme on l'appelle, accélère brusquement son déploiement : cinquante-huit réacteurs seront construits sur une vingtaine de sites en France et assureront jusqu'à nos jours 75 % de l'approvisionnement électrique du pays, dans des conditions acceptables d'indépendance puisque la France maîtrise l'intégralité de la filière de l'atome.

Accessoirement, ce programme fait de la France l'un des plus faibles producteurs de dioxyde de carbone du monde développé, même si le réchauffement climatique ne fait pas encore partie des grandes peurs de l'époque. Celle des années 1970, c'est la disparition des matières premières : la main sur le cœur, des cénacles d'experts jurent que le pétrole exploitable aura disparu dans trente ou quarante ans, et qu'à cet horizon l'explosion de la population mondiale aura submergé la planète.

L'ACTUALITÉ EN 1970

- L'autorité parentale se substitue à l'autorité paternelle.
- Le 9 novembre, de Gaulle meurt à Colombey-les-Deux-Églises.

L'ACTUALITÉ EN 1971

- Manifeste des 343 femmes qui proclament avoir eu recours à l'avortement.
- Sortie du *Dernier Tango à Paris* dans une atmosphère de scandale.
- Nicoletta chante *Mamy Blue*.
- Stone et Charden, couple moderne avec *L'Avventura*.

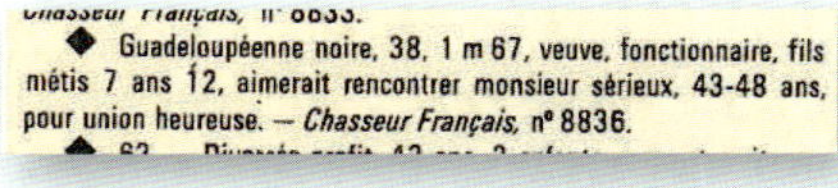
◆ Guadeloupéenne noire, 38, 1 m 67, veuve, fonctionnaire, fils métis 7 ans 12, aimerait rencontrer monsieur sérieux, 43-48 ans, pour union heureuse. – *Chasseur Français*, n° 8836.

LES PETITES ANNONCES

ABANDONNÉE ENCEINTE

Célibataire blonde, grande, abandonnée enceinte 2 mois, cherche compréhension, affection près monsieur trentaine.
Janvier 1973

RENCONTRE… OUI !

Esthéticienne itinérante, 28 ans, blonde, physique agréable, désire rencontrer homme, 30-38, sérieux. Mai 1970

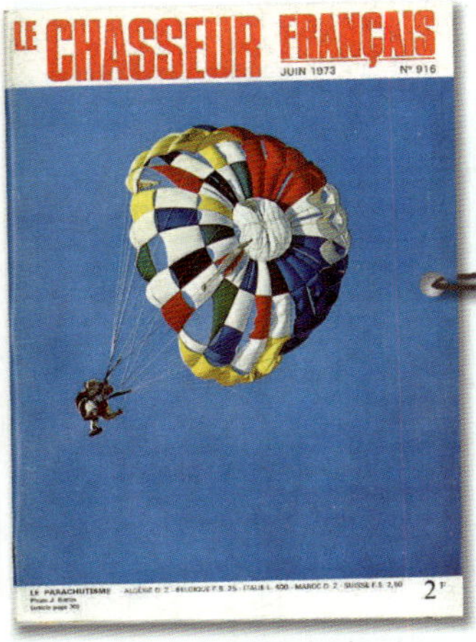

Combien ça coûte en 1973?
1 franc de 1973 vaudrait aujourd'hui environ 1,05 €

UN NUMÉRO DU CHASSEUR FRANÇAIS

2 F

L'ACTUALITÉ EN 1972

- Airbus lance son premier avion, l'A-300, conçu et réalisé en un temps record.
- Attaque sanglante d'un commando palestinien contre les JO à Munich.
- L'école Polytechnique s'ouvre aux filles : Anne Chopinet sort major de l'X.
- Hommes-femmes : l'égalité de principe des salaires à travail égal est fixée.
- Guy Bedos et Sophie Daumier chantent *La Drague*.

RÉFORMES ET SOCIÉTÉ DES LOISIRS

Le septennat giscardien a été l'occasion de profondes réformes sociétales, d'autant plus remarquables qu'elles sont issues du camp réputé conservateur : Simone Veil défend avec une conviction inébranlable la loi qui légalise l'interruption volontaire de grossesse. Le divorce nouvelle mouture permet dorénavant la séparation par consentement mutuel. La majorité et le droit de vote sont fixés à 18 ans. La jeunesse présidentielle va marquer toute la décennie : il va dîner chez les Français, conduit lui-même son auto, fait parler son épouse le soir des vœux… Bref, il rapproche le pouvoir du peuple, qui lui reprochera bien vite de s'écarter de manières régaliennes, pour lesquelles l'homme de Chamalières a pourtant des dispositions.

La civilisation des loisirs prend ses aises. On rêve d'un studio au ski, d'une maison de campagne, d'une résidence à la mer. La plaisance prospère : de 223 000 bateaux en 1968 on passe à 500 000 embarcations en 1977. Chaque année, 40 000 jeunes Français goûtent à l'eau salée à l'école de voile, qui au club de sa plage, qui dans les bases spartiates des Glénans.

Les nouveaux sports de glisse et de vitesse sont en plein essor : voici qu'apparaissent de nouveaux engins, comme la planche à voile ou le deltaplane, avec lequel d'audacieux casse-cou plongent vers les vallées depuis les sommets. Sur les premiers ULM, pétrolettes volantes, les émules des pionniers de l'air renouent avec les émotions fortes des Santos-Dumont et des Blériot. Sur deux et quatre roues, on revoit des

◆ Yvelines. — Dame, 49, distinguée, aisée, sportive, école Louvre, appartement, studios Courchevel, Nice, désirerait connaître monsieur sérieux, fin situation, goûts rapport. — *Chasseur Français,* n° 8832.

pilotes français briller sur les circuits, au sommet de toutes les disciplines. Emblématique de cette époque, un appétit de vie qu'aucun principe de précaution ne vient encore brider, et surtout pas la peur de mourir.
Lorsque François Cevert, l'étoile montante française de la F1, beau comme un dieu et rapide comme l'éclair, se tue sur le circuit de Watkins Glen en 1974, *Le Chasseur Français,* pourtant peu connu pour ses orientations révolutionnaires, écrit cette magnifique épitaphe: « S'il pouvait revenir sur cette terre cruelle, il nous dirait de ne pas être tristes. Il a vécu comme il le souhaitait, la mort ne lui faisait pas peur. Il a préféré vivre à 300 à l'heure avec tous les risques que cela comportait que vivre calmement une existence sans grande joie. »

LES PETITES ANNONCES

VRAIE VIE INTENSE
24 ans, bohème, passionnée, gaie, agréable, ouverte, études scientifiques, sportive, attend compagnon, sincère dynamique, cultivé, humain, pour vraie vie intense. Juillet 1973

T'AS PAS UN 06 ?
Fonctionnaire cadre, 30 ans, 1,70 m, bien physiquement qualités morales, épouserait jolie fonctionnaire, téléphone souhaité. Mars 1973

DOUDOU
Jolie Antillaise, 24 ans, secrétaire, féminine, mariage, préférence intellectuel. Mars 1973

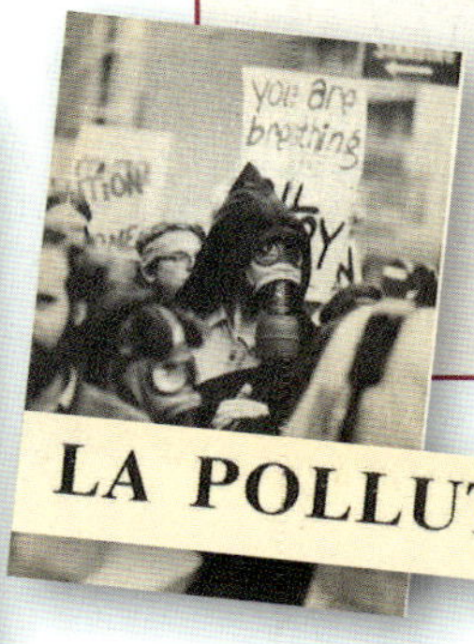

LA POLLUTION

Pollutions… réflexions

Elle est soudain partout, la pollution. Dans l'air obscurci par les fumées urbaines, dans les rivières où flottent les poissons morts, dans la mer, à la montagne. Elle s'installe comme un véritable sujet de préoccupation du monde développé, avec des poussées de fièvre dues aux spectaculaires naufrages de pétroliers géants comme l'*Amoco Cadiz,* qui vomit à la côte bretonne ses 200 000 tonnes de brut en 1978.

Conséquence de ces déboires, on commence à réfléchir sur les questions du recyclage, de l'économie d'énergie, thèmes qui mettront le temps que l'on sait pour passer du fantasme à la réalité. Les premières normes antipollution automobiles entrent en vigueur. L'industrie est sommée de réfléchir dare-dare à maîtriser ses rejets: et elle le fait, sans trop rechigner, consciente que son image est en jeu.

L'ACTUALITÉ EN 1973

- Premiers cours d'éducation sexuelle au lycée en France.
- Les accords de Paris mettent fin à la guerre du Viêtnam.
- Octobre : les armées syrienne et égyptienne attaquent Israël par surprise et bousculent Tsahal, qui se ressaisit difficilement.
- L'OPEP lance un embargo pétrolier sélectif contre les pays jugés amis d'Israël : le prix du pétrole est multiplié par deux.
- *Paroles, paroles,* Dalida-Delon.
- *Viens, viens,* fredonne Marie Laforêt.

Combien ça coûte en 1970 ?
1 franc de 1970 vaudrait aujourd'hui environ 1,05 €

UN TÉLÉVISEUR DE SALON 61 CM
995 F

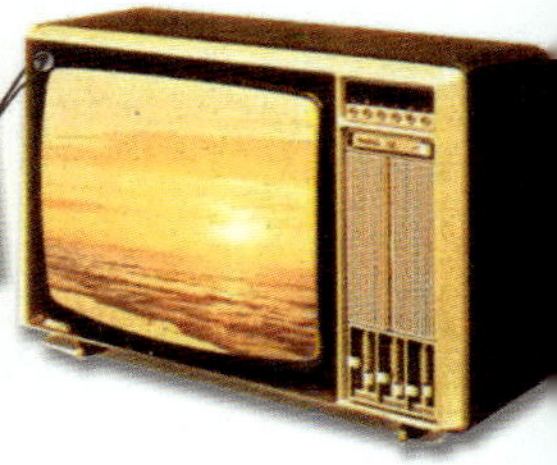

LES PETITES ANNONCES

POTELÉE, MÊME AVEC DES LUNETTES

Monsieur, 36 ans, 1,72 m, origine italienne, désire rencontrer femme de cœur, potelée ou forte, même avec des lunettes, vue mariage. Mai 1975

PAS DE TEMPS À PERDRE

Secrétaire, 1,69 m, 49 ans, avec rentrée, souhaite redémarrer joyeusement grâce à projets durables. Septembre 1977

Le bon vieux temps du rock'n'roll

Parmi les musts de la société de consommation des seventies, la chaîne stéréo, toujours plus puissante, avec des enceintes de plus en plus grosses et des cadrans qui clignotent à tous les étages, tient une place de choix. L'idéal est qu'elle ressemble aux installations des studios, antres mystérieuses et enfumées où enregistrent de sulfureux musiciens, dont les provocations contre l'ordre du monde remplissent les gazettes.

Ils s'appellent les Rolling Stones, les Who, les Doors, Pink Floyd, Jimi Hendrix, Janis Joplin… Ils inventent une musique incroyablement créative, qui, pour la première fois, est écoutée à l'échelle planétaire, jusque derrière le rideau de fer, en secret.

C'est le temps, dans la foulée du succès aussi gigantesque qu'inattendu de Woodstock en 1969, des grands festivals en plein air : il faut en être et communier en rock'n'roll dans les nuées du cannabis ou les songes psychédéliques provoqués par le LSD.

CONTESTATION ET GUÉRILLA URBAINE

Au cours des années 1970, la contestation de toute forme d'autorité devient une sorte de réflexe : contre la réforme du sursis, contre l'oppression jacobine qui étouffe l'expression du régionalisme renaissant en Bretagne ou en Occitanie, contre l'extension du camp militaire au Larzac, contre l'atome…

C'est le temps des manifestations géantes, comme à Creys-Malville ou à Plogoff : l'on s'y rend en famille, en groupe, avec les mômes, plein d'une conviction et d'une rage que rien ne peut ébranler, pas même les manières parfois rugueuses des CRS.

Une poignée de déçus de ces nouvelles causes, qui prennent le relais du militantisme contre la guerre du Viêtnam, se radicalisent. Ils versent dans un romantisme révolutionnaire violent, s'enfermant dans une logique de guérilla urbaine en Italie, en Allemagne et en France.

Contrairement aux illusions de ces Che Guevara de pacotille, les « masses laborieuses » qu'ils escomptaient soulever resteront parfaitement indifférentes à leur violence. Ils finiront tragiquement, dans le sang ou en prison, les démocraties ayant réussi qui plus est à préserver face à eux l'essentiel des libertés. Les braves gens, ces ingrats, préfèrent s'acheter des autos neuves.

◆ **Paris.** – Jeune femme, 34 ans, douce, sentimentale, affectueuse, distinguée, mannequin professionnel, épouserait monsieur, 40-48 ans, grand, belle situation. – *Chasseur Français*, n° 8948.

À MORT LA LINGERIE, VIVE L'AMOUR LIBRE !

LES ANNÉES 1970 SONT CELLES DE TOUTES LES TRANSGRESSIONS : DANS LA FOULÉE DE MAI 1968, LES MŒURS CHANGENT RAPIDEMENT, SURTOUT DANS L'ANONYMAT DE LA VILLE. NUL N'EST ÉPARGNÉ PAR CETTE VAGUE QUI, EN BONNE DÉFERLANTE, FINIT PAR... S'APLATIR.

◆ 47. — Infirmière, veuve, sans enfant, 37 ans, 1 m 66, mince, jolie, douce mais impulsive, loyale, gaie, sentimentale, aimant nature, animaux, vie simple, lecture, musique classique, épouserait monsieur grand, physique agréable, maximum 50, bonne situation, équilibré, très bon et affectueux, droit, viril et intelligent, désireux trouver dans mariage amour et bonheur. Annonce très sérieuse, lettre détaillée souhaitée. — *Chasseur Français*, n° 9021.

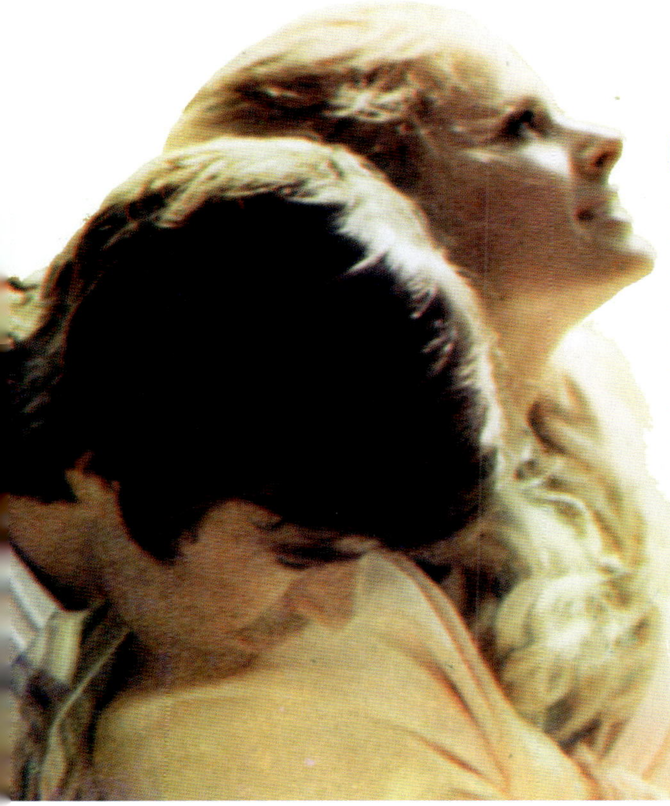

L'ACTUALITÉ EN 1974

- Arlette Laguiller, première femme à se présenter à la présidentielle.
- Remboursement de la pilule et du stérilet par la Sécurité sociale.
- Décès de Georges Pompidou, deux ans avant la fin de son mandat.
- Valéry Giscard d'Estaing est élu président, à 48 ans.
- Naissance du secrétariat d'État à la condition féminine, confié à François Giroud.
- Premiers codes-barres.
- Invention de la carte à puce.
- Lancement d'un programme accéléré d'équipement en centrales nucléaires.
- Juin : la majorité est fixée à 18 ans.
- *Emmanuelle* sort en France : énorme succès.
- *Les Valseuses* de Bertrand Blier fait rire... et réfléchir.
- Inauguration de l'aéroport Charles-de-Gaulle.
- *Oh les filles,* d'Au bonheur des Dames.
- 42 morts dans un accident de mine à Liévin.

◆ Paris. — Célibataire, 32 ans, israélite, jolie, cultivée, situation, épouserait monsieur, sérieux, distingué, 48 ans maximum. Région indifférente. — *Chasseur Français*, n° 9028.

LES PETITES ANNONCES

TWIST À SAINT-TROPEZ

Directeur commercial biens immobiliers, 29, célibataire, physique agréable, mince, 1,65 m, gai, tendre, rencontrerait jeune femme jolie, douce, gaie, aimant nature, soirée, vacances à Saint-Tropez. Décembre 1979

ELLE A FAIT UN BÉBÉ TOUTE SEULE

Pour elle, 39 ans, joliment typée, cultivée, israélite aisée, cadre à Paris, 1 garçon 11 mois librement assumé, goûts musique, législation, affaires, j'espère rencontrer homme solide, affinités, situation, pour vie familiale et affective. Mai 1973

VENT DE FOLIE

Il y a bien longtemps que le vent a dispersé les gaz lacrymogènes sur le boulevard Saint-Michel quand les effets de mai 1968 commencent à se faire sentir dans les annonces du *Chasseur Français*. En effet, le titre et sa clientèle sont attachés aux valeurs traditionnelles du mariage, et donc peu suspects de se convertir toutes affaires cessantes aux sortilèges de l'amour libre que célèbrent les contestataires. Il n'empêche: au début des années 1970, un petit vent de folie souffle dans les pages. La légendaire vigilance de l'éditeur mollit: il laisse dorénavant paraître dans ses « propositions de mariage » nombre d'annonces où il n'est plus question de mariage, ou du moins pas tout de suite.

C'est la mort presque instantanée de la « vraie jeune fille ». Celles qui n'ont jamais connu l'amour, et qui évoquaient encore timidement cette virginité au cours de la décennie précédente, dissimulent maintenant ce noviciat. À la rubrique « Dames, moins de 30 ans », formulation qui semble soudain étrangement incongrue, il n'y a bientôt plus que des jeunes filles tout court.

Le vocabulaire des annonces change, leur ton change, les exigences changent. On veut maintenant se rencontrer. Les veinards qui ont un téléphone — il y a officiellement deux ans d'attente à Paris en 1971 pour avoir une ligne — mettent en avant dans leurs annonces qu'ils possèdent le cher combiné, et l'on demande maintenant un numéro de téléphone pour s'entendre avant de se rencontrer. Ces requêtes, exceptionnelles pour ne pas dire absentes dans les années 1960, se multiplient. Les ados passent des heures pendus à la ligne familiale, puisque l'interurbain (comme on dit) ne coûte quasiment rien, une unité pour un temps de parole illimité.

L'ACTUALITÉ EN 1975

- Loi Veil sur la dépénalisation de l'avortement.
- Une nouvelle loi institue trois cas de divorce: consentement mutuel, rupture de la vie commune, faute.
- Attentat palestinien à Orly.
- Création du classement X en France qui cantonne les films pornos dans des salles spécialisées (200 à Paris) et les soumet à une TVA renforcée. Le X représente 8 millions d'entrées par an.
- Sortie du film *Histoire d'O.*
- Nino Ferrer chante *Le Sud.*

◆ 33 ans, célibataire, pharmacien laboratoire, études supérieures, 7.600 F mensuel, recherche mariage affectif. — Mme Butnar, 44, Chaussée-d'Antin, 75009 Paris. Tél. 874-66-03.

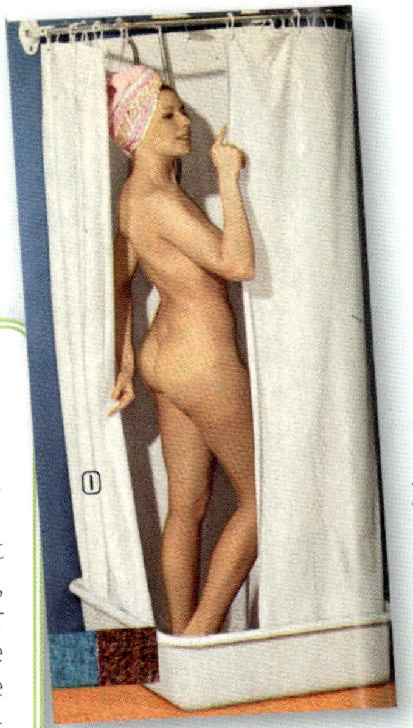

DES FESSES EN PHOTO...

En mai 1975, le cahier central dévolu au catalogue Manufrance montre — pour la première fois depuis la naissance du magazine en 1885 — les jolies fesses d'une jeune femme sous la douche, un demi-siècle après la première évocation de la question, en dessin. Le *Chasseur* publie même une publicité pour les œuvres reliées du marquis de Sade !

La fille à la mode porte des bottes et un manteau en fourrure par-dessus une tunique indienne bariolée et aussi transparente que possible. L'été, sabots suédois, lunettes de soleil gigantesques et maillot de bain fait de mini-triangles de tissu reliés par un gros anneau en métal qui laisse voir un maximum de peau.

Les hommes ont la pilosité aussi triomphante que désordonnée : barbe, rouflaquettes, cheveux longs, catogans, plus un manteau afghan en peau de chèvre brodée, tunique, jeans, pourtant empruntés sans vergogne à l'ennemi héréditaire américain, et bottes de gardian ou santiags aux pieds.

La pilule est maintenant répandue. Les pires MST, comme on commence à appeler pudiquement les bonnes vieilles maladies honteuses ou vénériennes, se soignent encore d'une simple injection d'antibiotiques, et le sida n'existe pas.

Adieu froufrous

Le soutien-gorge, ce descendant du corset, symbole de l'esclavage, est régulièrement et cérémonieusement brûlé en place publique lors des manifestations organisées par le tout jeune Mouvement de libération de la femme, le MLF, qui adopte le mauve comme couleur de bataille (comme les évêques). Lorsque le maire de Tours, Jean Royer, qualifié de « père la pudeur », présente sa candidature à la présidentielle de 1974 sous les couleurs du rétablissement de l'ordre moral, un commando de Femen avant l'heure, seins nus, le bombarde de sous-vêtements. Jean Royer fait d'ailleurs un bide monumental. Le Front homosexuel d'action révolutionnaire (FHAR) organise ses premiers défilés.

Très adroitement, la marque française DIM présente une collection de sous-vêtements féminins aussi minimalistes que joyeux, vendus dans des conditionnements amusants et dont le style s'éloigne autant que possible des modèles lourdement armés des sixties.

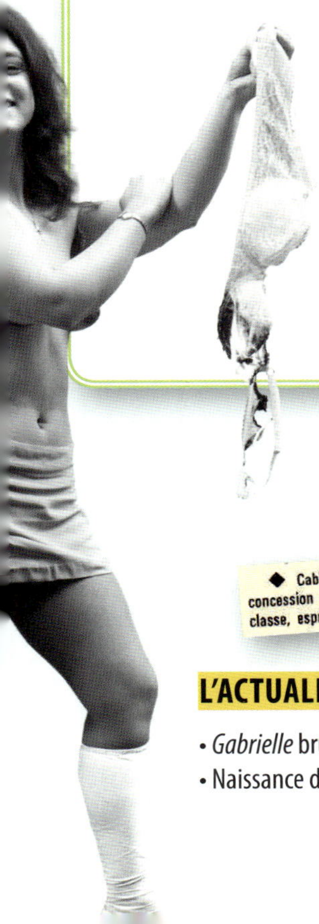

◆ Cabinet matrimonial, pleine expansion, propose direction concession plusieurs villes de France et de l'étranger. Demandons : classe, esprit d'initiative. — Ecrire : Havas Cannes n° 19 163/R.

L'ACTUALITÉ EN 1976

- *Gabrielle* brûle l'esprit de Johnny Hallyday.
- Naissance d'Elf Aquitaine.

L'ACTUALITÉ EN 1977

- Inauguration du Centre Georges-Pompidou.
- Manifestation contre la centrale de Creys-Malville.
- Manifestations au Larzac.

LES PETITES ANNONCES

CHERCHE VIRIL
Grande brune très féminine, tendre, gaie, sensuelle, rencontrerait monsieur 45, libre, près de Genève, grand, viril, raffiné, intelligent généreux, aisé pour vie harmonieuse. Février 1970

NYMPHE OCÉANIQUE
Blonde nymphe océanique, 26 ans, agréablement proportionnée, mélomane, arts, antiquités, théâtre, lecture, naturisme, animaux, bilingue, excellente hôtesse, partenariat idéal de vie avec médecin de campagne, vétérinaire, ingénieur agronome, gentleman-farmer ou similaire. Décembre 1973

◆ Paris (16ᵉ). — 43, sans charges, très jolie, mince, distinguée, élégante, classe, excellent milieu, rencontrerait monsieur, physique et milieu idem. Paris, téléphone souhaité. — *Chasseur Français*, nº 8975.

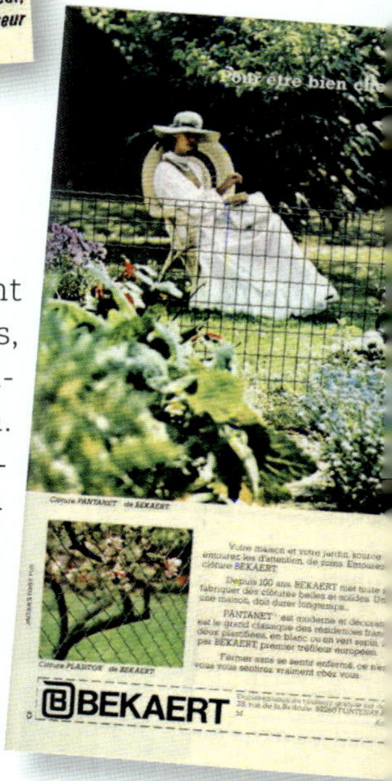

EMMANUELLE : 8 MILLIONS D'ENTRÉES

Le désir physique devient un moteur parfaitement admis de relations qui peuvent rester tout à fait éphémères. La libération sexuelle, qui fait l'objet d'une abondante théorisation dans le monde entier, devient une réalité. Emmanuelle, personnage du film éponyme, et ses aventures à géométrie variable attirent plus de 8 millions de Français au cinéma.

Dans les magazines s'étalent les nymphettes prépubères, à peine voilées, photographiées par David Hamilton. Certains milieux intellectuels s'interrogent publiquement sans rire sur le mal qu'il peut bien y avoir à des relations pédophiles : les enfants, eux aussi, n'ont-ils pas droit à cette vie sexuelle que le méchant capitalisme et le méchant ordre moral, son complice, veulent brider pour en faire de bons prolétaires dociles.

Le nombre de femmes qui, de façon clairement revendiquée, « font des bébés toutes seules » — comme le chantera Jean-Jacques Goldman à la fin des années 1980 — augmente : « S'abstenir si évolution insuffisante pour accepter enfant née fortuitement hors mariage », avertit une jeune mère en novembre 1970. Et ça, c'est tout nouveau : jusqu'alors, la maman célibataire avait plutôt tendance à chercher humblement un papa de substitution.

Vers la fin des années 1970, tout ce fol enthousiasme et ces théories fumeuses retombent, à mesure que s'opère un lent retour aux réalités. Les annonces du *Chasseur Français* perdent d'ailleurs une partie de la couleur qui les anime au début.

L'ACTUALITÉ EN 1978

- Louise Brown, premier bébé-éprouvette.
- Mars : naufrage de l'*Amoco Cadiz* devant Portsall : 220 000 tonnes de pétrole répandues sur 400 km de côtes, onze ans après le naufrage du *Torrey Canyon*.
- Gainsbourg chante *Sea, sex and sun*.

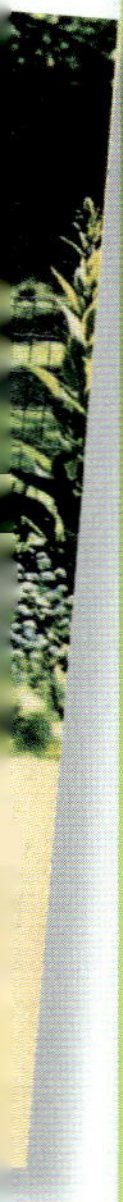

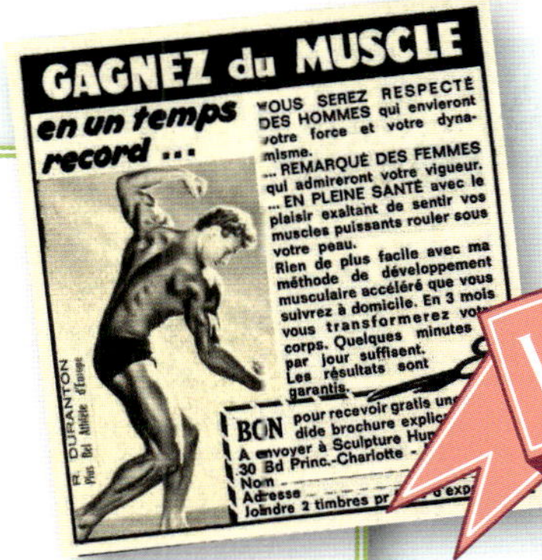

Virils et sensuelles

Directes ou indirectes, les références à l'intime et à l'envahissante politique se multiplient dans les annonces du *Chasseur* des années 1970: les dames de plus de 30 ans souhaitent des hommes « virils », « robustes », en réaction à l'esprit baba cool qui tend à tourner en dérision toute manifestation ou expression traditionnelle de la virilité chez les jeunes gens. Les hommes, eux, souhaitent des femmes « sensuelles », « actives ». En fin de période, on voit même paraître des annonces où il n'est question que d'une rencontre d'été à Saint-Tropez.

Des femmes concluent leur quête par un « misogyne s'abstenir » bien senti. On ne cherche plus une épouse, mais une « âme sœur », une « amie ». Les femmes ne veulent plus d'un mari, mais d'un « non-conformiste », d'un « bohème », d'un « individualiste », voire un « truand-artiste » pour partager une « vie intense », remplie d'un maximum de dodo et d'un minimum de métro-boulot. Un homme conclut son annonce par un menaçant « refoulées, aigries, frigides s'abstenir ». Pas étonnant, dans ce monde, que le chef-d'œuvre de Bertrand Blier, *Les Valseuses*, fasse un tabac. .

◆ 44 ans, chirurgien, brun, yeux noirs, sympathique, distingué, désintéressé, très belle situation, recherche mariage d'affinités. — Mme Butnar, 44, Chaussée-d'Antin, 75009 Paris. Tél. 874-66-03.

LES PETITES ANNONCES

MISOGYNE S'ABSTENIR

Très jolie jeune femme blonde, 35 ans, distinction, grande classe, qualités physiques et morales, désire rencontrer monsieur 35-45 ans, qualités en rapport, excellente situation, industriel diplomate, profession libérale. Egocentrique, misogyne s'abstenir. Décembre 1975

L'ÉDUCATION SEXUELLE AU PROGRAMME

À l'école, les cours d'éducation sexuelle font partie du programme depuis 1973. L'initiative est chaleureusement saluée par *Le Chasseur Français* : « Pour ce qui est du corps humain, nous en demeurions encore à l'obscurantisme moyenâgeux. Toutes ces mœurs qu'aujourd'hui l'on dénonce, pureté des jeunes, longues fiançailles, mariages arrangés ou conclus par les parents, n'ont jamais eu d'autre but que de freiner l'élan naturel des corps des jeunes. Mais ce faisant, on les laissait aussi dans l'ignorance de leur réalité comme encore l'on ouvrait la porte à de secrètes et malsaines curiosités, quand ce n'était pas à de fâcheuses initiations. Autre égarement : on désincarnait tout amour, toute union, et les filles surtout étaient exposées fréquemment au traumatisme d'une révélation brutale de ce qui est, alors qu'elles n'avaient rêvé que d'un prince charmant asexué. Les mœurs, oui, ont bien changé. Mais eut-il fallu laisser la part belle à toutes ces sexe-shops [*sic*] qui fleurissent pour éduquer nos enfants ? À tous ces films délirant d'érotisme ? À tout le tapage pornographique actuel ? Comme moi je pense, vous direz non, et approuverez donc les positions prises par l'Éducation nationale. Le corps humain est un tout, désormais donc dans les cours de physiologie, on ne nous tronçonnera plus. »

L'ACTUALITÉ EN 1979

- Jacques Mesrine, l'ennemi public numéro 1, est tué par la police.
- Création de l'ECU, ancêtre lointain de l'euro.
- Premier lancement de la fusée Ariane.

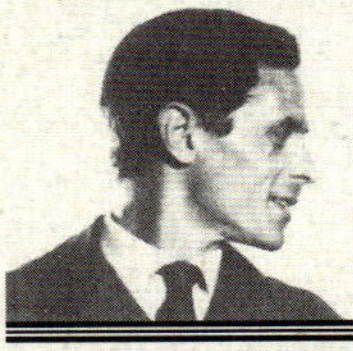

ANNONCES
1970-1979

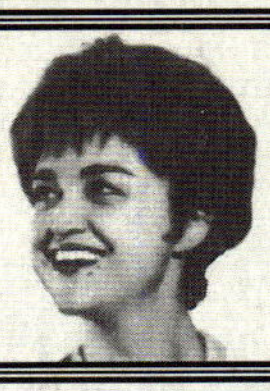

LES MOTS POUR LE DIRE

Téléphone : cela paraît aujourd'hui absolument incroyable, mais il y a une liste d'attente de l'ordre de deux ans pour avoir une ligne téléphonique à Paris au début des années 1970. C'est donc un élément de train de vie qui figure dans les annonces…

Viril : le mot revient très souvent dans la liste des desiderata des dames, mais aussi des jeunes filles. En réaction à la mode baba cool adoptée par nombre de jeunes gens ? Peut-être. On voit aussi le mot « robuste »…

Téléphone 2 : annonceuses et annonceurs semblent comprendre soudain l'importance qu'il peut y avoir, dans la construction d'une relation, à entendre la voix de l'autre. C'est ainsi que l'on demande à l'autre de communiquer son numéro dans les courriers de réponse aux annonces. Une sorte d'ancêtre poli du fameux : « T'as pas un 06 ? »

Non conformiste : un trait de caractère fréquemment mis en avant, par les femmes comme par les hommes. En adéquation avec le vent de contestation caractéristique de l'époque.

☞ Royaliste
Célibataire 29, sérieux, désire vivre campagne, désire épouser jeune fille noble, catholique, royaliste. Janvier 1970

☞ Bourgeois… noble ?
Bourgeoisie terrienne, particule, fortuné, 23 ans, technicien épouserait fille propriétaire en Sologne. Février 1970

☞ Sexuel sentimental
Veuve, 43 ans, 3 enfants, un à charge, rencontrerait homme ayant souffert, grand, simple, sexuel, sentimental. J'accepte changer de région. Février 1970

☞ Dragueuse involontaire
Paris. Qui voudrait rencontrer vue mariage jeune femme célibataire, 40 ans, catholique, très jolie dit-on, draguant beaucoup involontairement, mais jamais le compagnon rêvé, rédactrice maquettiste, tendre, généreuse, spontanée, joie de vivre, adorant les enfants. Février 1970

☞ Bach et Baudelaire
Aimez-vous Bach et Baudelaire, art, roman, jardinage, bricolage, tennis, voyage ? Avez-vous bonne culture, un peu d'humour, beaucoup de bonne volonté, enthousiasme pour essayer de construire un foyer gai, harmonieux, avec Parisienne, cinquantaine, active, grande, mince, châtaine, yeux verts, cadre industrie ? Rencontres Paris ou Provence, été. Divorcés non cultivés s'abstenir. Juillet 1970

☞ Mister Bonne-situation
Célibataire jolie, 29, paraissant 20, licenciée professeur, épouserait bonne situation. Janvier 1973

☞ Ça existe encore ?
Etudiante sentimentale désire connaître jeune romantique sérieux, si cela existe encore. Janvier 1973

☞ Poétesse
En crépuscule étoilé, j'aimerais choyer compagnon. Veuve, 73, agréable, retraitée. Janvier 1973

☞ Sweet home
Pour rester au foyer, jolie jeune femme épouserait veuf, divorcé célibataire, 30-40, sobre, sincère, emploi stable. Février 1973

☞ Etranger accepté
Brune non raciste, divorcée profit, garçon, propriétaire appartement, voiture, téléphone, épouserait monsieur sérieux, situation, 40 maximum, région indifférente. Etranger accepté. Mars 1973

☞ Cordon-bleu
Grande, blonde, forte personnalité, 30 ans, goûts artistiques, cordon-bleu, opéra, désire homme raffiné, cultivé, aisé, robuste. Avril 1973

☞ Un peu râleuse
Paris. Célibataire dentiste, 33 ans, 1,74 m, excellent milieu, brune aux yeux bleus, fine, sensible, allure, mince, un rien de charme, un brin artiste, un peu râleuse, sens de la famille, dynamique, du caractère et beaucoup de cœur. Je cherche l'âme sœur. Mars 1973

Soufenirs soufenirs…

J'étais prisonnier de guerre en France et j'ai gardé un très bon souvenir des Français. Je suis rentier de guerre et j'ai une haute rente mensuelle. J'ai 70 000 DM à la caisse d'épargne. Je suis catholique, célibataire, non fumeur, non buveur, je fais 1,68 m et je cherche une Française fidèle de 50-60 ans. J'ai tout ce qu'il faut pour la maison. Joseph S. Retzbach am Main. Mai 1973

Trop Rubens

Trop Rubens, brune, 43 ans, fidèle, le sens de l'humour, autoritaire, sympathique, aimant arbres, voyages, confort, souhaite vivre dans estime et confiance. Mai 1973

Connaît la chanson

Veuve, sympathique, caractère jeune aimant nature, voyage, écrit chansons, propriétaire, fille 18, épouserait monsieur 45-48, bricoleur, loyal, sans enfants. Mai 1973

Mon chow-chow

Dame 48 ans, 1,70 m physique agréable, yeux verts, distinguée, bonne éducation, ayant beaucoup souffert, conseillère psychiste [sic] très en vue, 2e prix de France, financièrement indépendante, divorcée profit, fillette 15 ans à élever, intérieur coquet, possédant chow-chow, désire rencontrer monsieur situation âge en rapport, vue union, distinction morale, nationalité indifférente. Aventurier s'abstenir. Mai 1973

Beaucoup de vous

Etes-vous idéaliste? M'apportez-vous, en plus de la sécurité, affection et tendresse? J'attends beaucoup de vous, mais vous donnerai tellement en retour. À 40 ans, je suis sincèrement optimiste. Je possède les qualités physiques, morales et financières, me permettant le libre choix de mon compagnon. Ecrivez-moi : entre gens courtois et équilibrés, un contact est le bienvenu. Juin 1973

Pas tout de suite

25 ans, catholique, grand, situation non stable, idéaliste, sensible, humoriste, épouserait à long terme femme intelligente, franche, gaie, affectueuse. Juillet 1973

Rencontre…

Célibataire dessinateur, brun, 1,63 m, physique agréable, esprit constructif, gai, rencontrerait jeune fille sincère, douce, bien faite, situation rapport. Juillet 1973

Autodidacte… diplômé

Homme 26, autodidacte diplômé études supérieures, expert-comptable stagiaire devant terminer études, non conformiste, sensible, sentimental, affectueux, gai, fidélité, cherche mariage affinité et culture similaire, compréhensive, stabilité caractère, amour profond. Juillet 1973

Jeune homme merveilleux

Jeune fille 24 ans, professeur d'anglais, très féminine, idéal élevé, physique très agréable, blonde, distinguée, douce sensible, aimerait rencontrer jeune homme merveilleux, bien physiquement et moralement, affectueux, dynamique, bonne profession, voulant fonder union heureuse et vraie. Décembre 1973

Peut-être…

Nous nous cherchons peut-être pour profiter pleinement des merveilleuses années devant nous. Vous aurez 35-50 ans, bel, homme, grand, distingué, viril, profession libérale, cadre supérieur. Moi, la trentaine, très jolie, brune, cheveux longs, 1,62 m, divorcée d'un administrateur, sans enfant, moderne, distinguée, cultivée. Ensemble nous aimons la tendresse, la franchise, la bonté. Janvier 1975

Truand artiste

47, bien sous tous rapports, goûts éclectiques, douce, cherche riche parvenu ou truand artiste, 47-60, vivant Paris, Yvelines, pour union très heureuse. Aristocrates s'abstenir. Janvier 1975

Frigides s'abstenir

48 ans paraissant 40, divorcé profit, sans enfant, brun, yeux verts, 1,77 m, mince, distingué, jeune de caractère, situation indépendante, cadre supérieur, sens de l'humour, bon, loyal, généreux, sensible, tolérant, cultivé, viril, sports, voyages, arts, littérature, vivant campagne, proximité grande ville, consacrerait sa vie à rendre heureuse jeune femme 28-38, 1,65/1,70 m, jolie ou ayant beaucoup de charme, surtout bien faite, féminine, élégante, équilibrée pour une vie tranquille et confortable, mêmes qualités de cœur, goûts similaires, sans charges, situation matérielle en rapport. Refoulées, aigries, frigides s'abstenir. Octobre 1975

Les hommes préfèrent…

Cadre Paris, 40 ans, bel homme, brun, allure jeune, 1,80 m, distingué, cultivé, études supérieures, excellent milieu, expérience, large d'esprit, recherche vue mariage, belle jeune femme, maximum 35 ans, complice, épanouie, esprit non rigide, maigres s'abstenir. Octobre 1975

Couleur uniquement

Monsieur, couleur uniquement, gai, délicat, sobre, + 40 ans. Serai épouse câline, joyeuse, svelte, racée, polyglotte. Apertado. Madrid. Octobre 1975

Intellos de gauche, stop

Incapable d'élaborer mon panégyrique sans fou rire, je déplore de ne rencontrer dans mon métier (professeur de lettres) que des intellectuels de gauche, athées. Agée de 26 ans, je suis catholique, profondément croyante, sans étroitesse intégriste ou progressiste, mais très attachée aux valeurs chrétiennes. Les gens énergiques et bons, les enfants, les animaux sont mes amis. Trouverai-je un correspondant? Décembre 1977

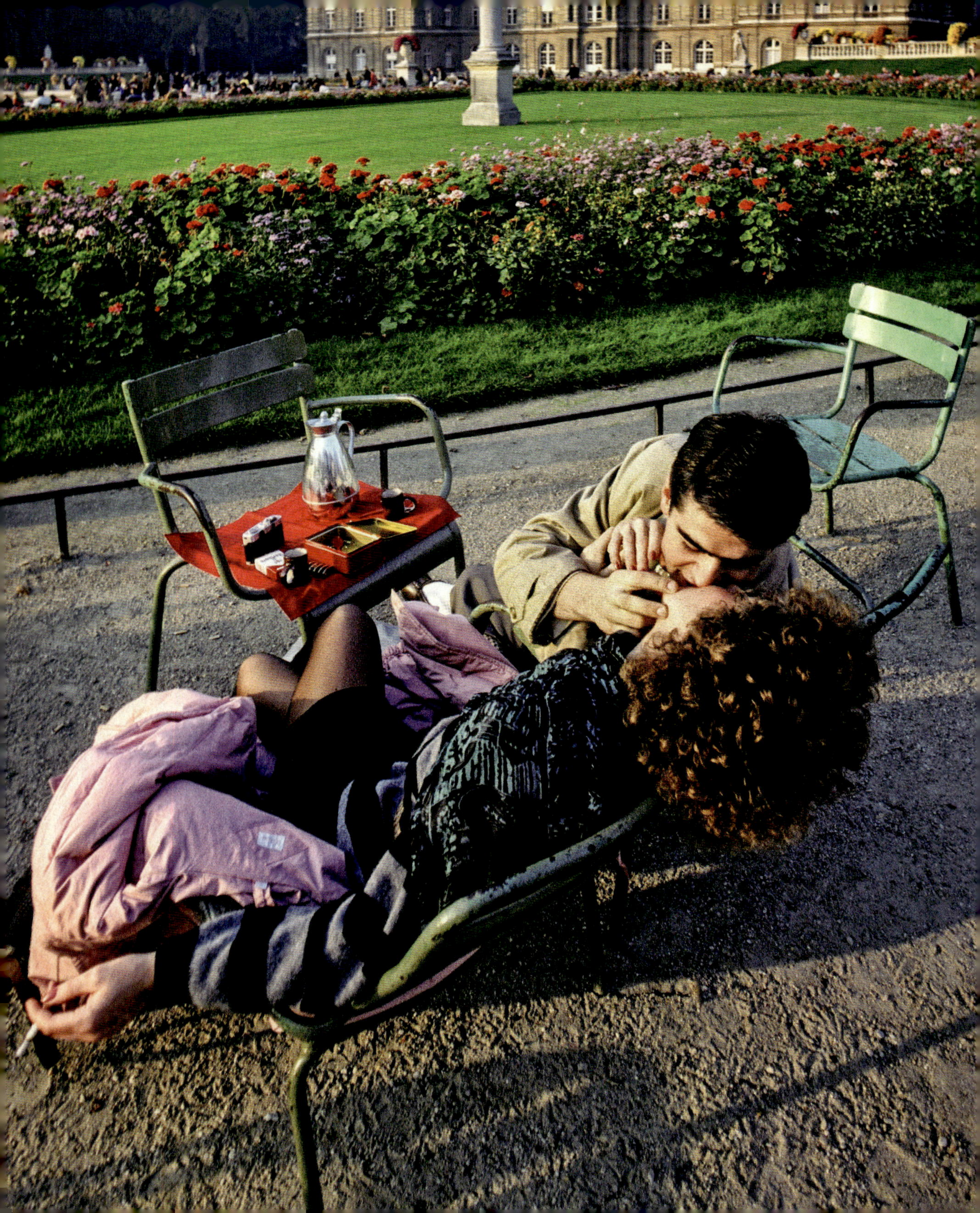

1980-1989

FINANCIAL TIMES

☛ Tu es jeune, jolie, intelligente,
mais désespérément seule.
Alors pourquoi ne pas correspondre ?
26 ans, célibataire, je suis impatient
de faire ta connaissance.
avril 1982

LES ANNÉES FRIC, LES ANNÉES FRIME

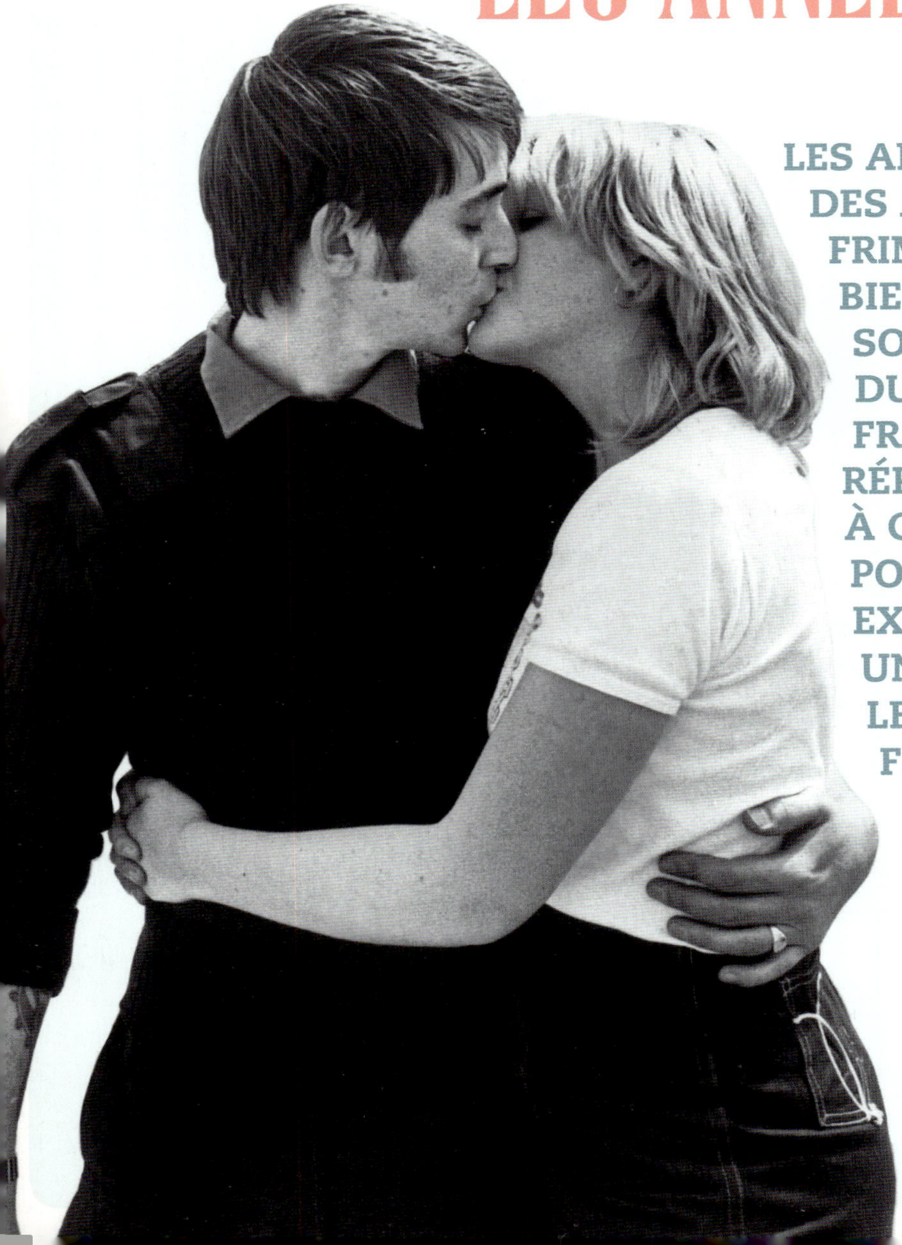

LES ANNÉES 1980 SONT DES ANNÉES FRIC, FRIME ET PAILLETTES... BIEN ÉLOIGNÉES EN SOMME DE L'ÂME DU CHASSEUR FRANÇAIS, QUI NE RÉPUGNE CERTES PAS À CONSOMMER DES POUDRES À EFFET EXPLOSIF, MAIS UNIQUEMENT DANS LE CANON DE SON FUSIL.

◆ 38 ans, ne se vend, ni ne s'achète. Défauts et qualités assurés. Désire rencontrer Homme mûri par l'expérience, réaliste, ouvert, spirituel (2 sens), goût du risque, des responsabilités. Moyen terme : à envisager long : imprévisible et d'espérance. *Chasseur Français*, Nº 2367.

LES PETITES ANNONCES

TÉMOIN DE JÉHOVAH
Célibataire, témoin de Jéhovah, correspondrait avec jeune homme 30-32, même confession, très doux, équilibré, sincère, profession stable. Présentée par parents. Janvier 1980

I HAVE A DREAM
J'ai un rêve, une maison blanche, beaucoup d'espace autour, pleine d'enfants, d'animaux, d'amour. As-tu le même ? 27 ans, célibataire, enseignante, passion pour la Camargue. Décembre 1982

PRINCESSE AU POIS
Véritable princesse au pois, 25 ans, épousera l'homme qui l'aidera à être toujours meilleure, humanisme, amour, vie saine, gaieté. Janvier 1982

PRIMAUTÉ DU POLITIQUE SUR L'ÉCONOMIE

Avec l'entrée de François Mitterrand à l'Élysée, en 1981, la gauche accède au pouvoir pour la première fois depuis l'avènement de la Ve République, en 1958. Elle lance aussitôt, comme promis, un ambitieux programme de changements qui touchent la société, comme l'abolition de la peine de mort ou l'autorisation de radios libres, mais aussi, et surtout, l'économie. Un large mouvement de nationalisations des banques, des assurances et d'une grande partie de l'industrie est engagé. Cerise sur le gâteau : l'impôt sur la fortune.

À travers ces décisions, le nouveau pouvoir prétend réaffirmer la primauté du politique — vertueux, forcément vertueux — sur une économie accusée à l'emporte-pièce de n'aimer l'argent que pour mieux broyer les hommes. Malheureusement, ces décisions sont prises à contre-courant des programmes d'assainissement des finances publiques, de lutte contre l'inflation et de déconstruction de l'État-providence alors engagés par tous les partenaires européens de la France, laquelle est pleinement engagée dans un système d'échanges libres et ouverts. Sans tarder, cette contradiction aboutit à une impasse. Il faut fermer les frontières, soit admettre l'idée que la pause s'impose : elle se traduit, dès 1983, par le départ de Pierre Mauroy du gouvernement, et par un retour discret à des options moins radicales, ou plus réalistes, comme l'on voudra.

L'ACTUALITÉ EN 1980

- Nouvelle marée noire en Bretagne après le naufrage du *Tanio*.
- Marguerite Yourcenar, première femme élue à l'Académie française.
- Alain Bashung chante *Gaby*.
- Expérimentation du Minitel en Bretagne.

L'ACTUALITÉ EN 1981

- Inauguration du TGV Paris-Lyon : 380 km/h en vitesse de pointe.
- François Mitterrand est élu président de la République.
- IBM lance son premier PC.
- Ronald Reagan devient président des États-Unis.

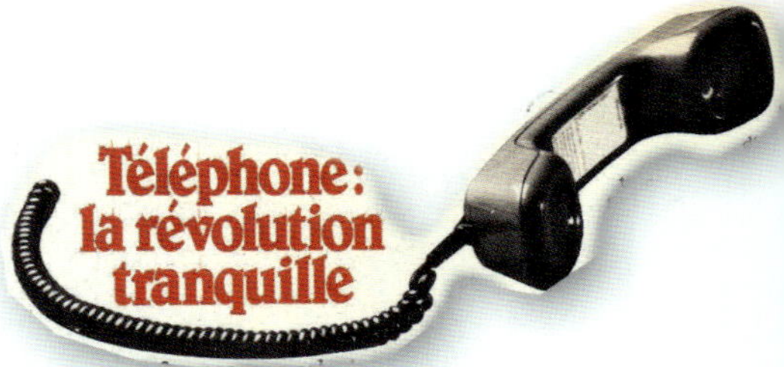

LES PETITES ANNONCES

FORTE POITRINE

Artisan taxi parisien 37, divorcé sans enfant, 1,83 m, 83 kg, sportif, non fumeur, pavillon banlieue sud-ouest, cherche vue mariage jeune femme 32 ans maxi, 1,65 m mini, svelte, forte poitrine, physique agréable.

Janvier 1980

TGV, PORTABLE, ORDINATEUR DOMESTIQUE...

La technologie, une fois de plus, fait des bonds en avant : le TGV, inauguré en 1981, met Paris à deux heures de Lyon, et étonne le monde entier, monde qui découvrira bientôt aussi qu'il est possible de téléphoner dans la rue, comme ça, sans fil, comme par miracle. Le portable mettra du temps à devenir une réalité pour tous, mais le coup d'envoi est donné.

Les ordinateurs, qui pesaient 30 tonnes après guerre et vivaient enfermés dans de mystérieuses salles climatisées, servis par des ingénieurs s'exprimant en volapük, tiennent soudain sagement sur le coin d'un bureau. Bruyants, volumineux, ils piquent encore les yeux, mais vont se rendre rapidement indispensables dans tous les métiers. En moins de dix ans, l'affaire est entendue : ça sera l'informatique ou la retraite. En 1984, une microscopique boutique californienne propose un progrès décisif : le premier Mac, doté d'une interface intelligible sans études informatiques et d'une drôle de petite commande en plastique qui prend le joli nom de souris. L'ordinateur pour tous est proche.

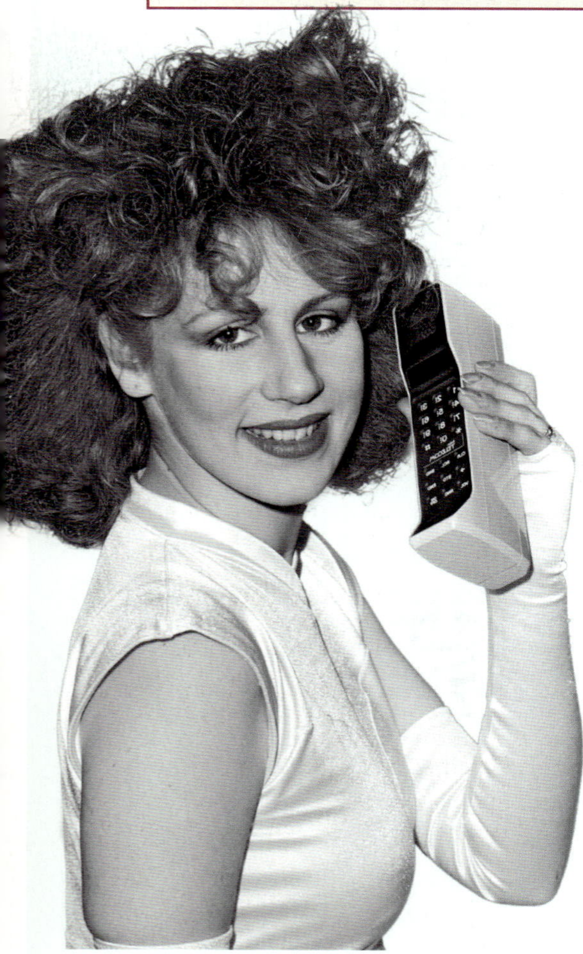

L'ACTUALITÉ EN 1982

- Remboursement de l'avortement par la Sécurité sociale.
- Naissance du CD-Rom.
- Lancement commercial du Minitel.
- Semaine de 39 heures et 5e semaine de congés payés.
- Israël envahit le Sud-Liban.
- L'épidémie de sida est officiellement décrite aux États-Unis.

◆ Gisèle, 26 ans, célibataire, 1 m 64, sympathique, mignonne, sentimentale, sensible, sérieuse, désirerait rencontrer Monsieur à partir de 30 ans jusqu'à 40 ans, célibataire ou divorcé, cheveux blonds, ou châtain clair, les yeux bleus ou verts. Situation : médecin, avocat, dentiste, chirurgien-dentiste, ingénieur, adjoint technique, militaire de carrière, employé de banque, agent de police, gendarme, pompier. Pas sérieux s'abstenir. Réponse assurée. Téléphone souhaité. *Chasseur Français*, Nº 2296.

LE MINITEL FACE À L'INTERNET NAISSANT

Dans le secret des laboratoires et des grandes universités, chercheurs et professeurs commencent à s'échanger des informations à la vitesse de l'éclair aux quatre coins de la planète par le truchement d'un réseau de communication inédit, et qui sera bientôt accessible au public sous le nom de World Wide Web, réseau mondial en français, WWW pour les intimes. Internet est né.

Dans un premier temps, la France reste relativement à l'écart de cette révolution, qu'elle a pour ainsi dire précédée avec son Internet à elle, le Minitel. Expérimenté avec succès en 1980, commercialisé en 1982, le petit écran à clavier va permettre à des millions de Français de découvrir une nouvelle forme d'information, de communication et de commerce à distance.

Bientôt, d'audacieux entrepreneurs (qui ne racontent sûrement pas toujours à leur vieille maman tout ce qu'ils font) proposeront une kyrielle de services payants, dont les messageries roses et les premiers sites de rencontre.

Il y aura 6,5 millions de foyers français raccordés au Minitel en 1990, et de colossales fortunes seront hâtivement édifiées par des petits malins ayant compris le potentiel de ces appareils qui permettent, l'air de rien, de converser anonymement sur les sujets les plus tabous.

L'ACTUALITÉ EN 1983

- Premiers téléphones portables Motorola.
- Premiers caméscopes.

Le grand Monopoly

L'informatique a accéléré considérablement la cadence des transactions sur toutes les places boursières, qui tournent maintenant comme une gigantesque partie de Monopoly sans fin. Elles remplissent de moins en moins leur fonction ancestrale de financement des entreprises, de plus en plus soumises qu'elles sont à des exigences de résultats à très court terme. La France n'échappe pas à cette danse, ni à son cortège de fortunes vite faites, de scandales financiers, de commissions occultes et de délits d'initiés. Y a-t-il personnage plus emblématique de ces années que le malfaisant Gecko, le financier sans scrupules incarné en 1987 par Michael Douglas dans *Wall Street*, le film d'Oliver Stone ? C'est la grande époque des *golden boys*, des fracassantes bamboches jusqu'au bout de la nuit, le nez poudré, au Palace ou aux Bains Douches, les nouveaux temples de la vie nocturne parisienne. En brûlant un billet de 500 francs en direct à la télévision, Serge Gainsbourg, devenu Gainsbarre, fait dès 1984 un pied de nez remarqué à ce système, remarqué notamment par les gens qui avaient davantage vu la couleur jaunâtre du 500 francs Pascal au cinéma que dans leur portefeuille. Moins symboliquement mais tout aussi efficacement, l'inflation continue à détruire la valeur de la monnaie. Les renards avisés s'endettent pour acheter de l'immobilier. C'est l'époque où les côtes de France se hérissent de médiocres résidences : à grand renfort de pub, leurs promoteurs vendent des vues mer imaginaires. C'est l'époque où se vendent des appartements à la montagne en multipropriété, autre mirifique invention de l'époque, appartements qui finissent décatis en deux temps trois hivers et transforment de merveilleux paysages des Alpes en Sarcelles-sur-Neige.

LES PETITES ANNONCES

MARIAGE ZODIACAL
Métisse, Balance, timide 28, épouserait Balance, Bélier, Cancer, Vierge, chrétien, 35/45 profession indifférente vu conjoncture actuelle. Février 1980

MARTINE
Tu désires vivre agréablement ? Entre 29 et 33 ans, jolie Martine, 28 printemps, t'attend.
Avril 1980

Combien ça coûte en 1981 ?
1 franc de 1981 vaudrait aujourd'hui environ 0,46 €

UN NUMÉRO DU CHASSEUR FRANÇAIS

7 F

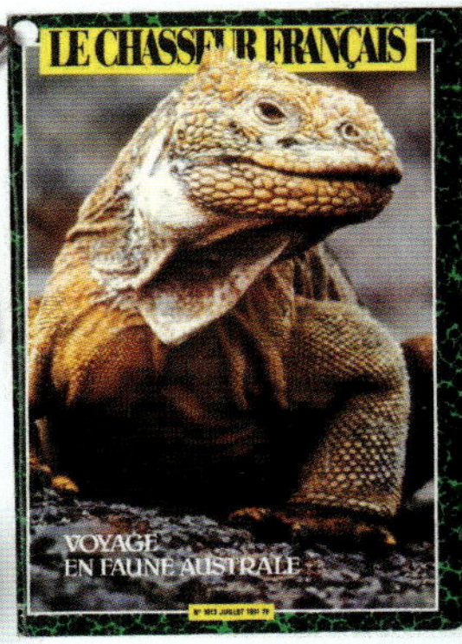

PREMIÈRES VICTIMES DU SIDA

C'est tout au début de la décennie aussi, en juin 1981 précisément, que les autorités médicales américaines, perplexes, publient leur premier rapport sur une curieuse maladie considérée comme nouvelle et dont on ne sait vraiment qu'une chose : elle foudroie ses victimes en détruisant leur système immunitaire. Touchant en premier lieu les communautés homosexuelle et toxicomane, l'épidémie du sida se répand à une vitesse foudroyante.
C'est un Français, le professeur Luc Montagnier, qui, en 1985, réussit à isoler le virus. Les premières thérapies sont encore bien lointaines, et pour se prémunir du sida, sagesse, fidélité et préservatifs apparaissent comme les solutions les plus réalistes. La grande vague de liberté sexuelle des années 1970 a vécu.

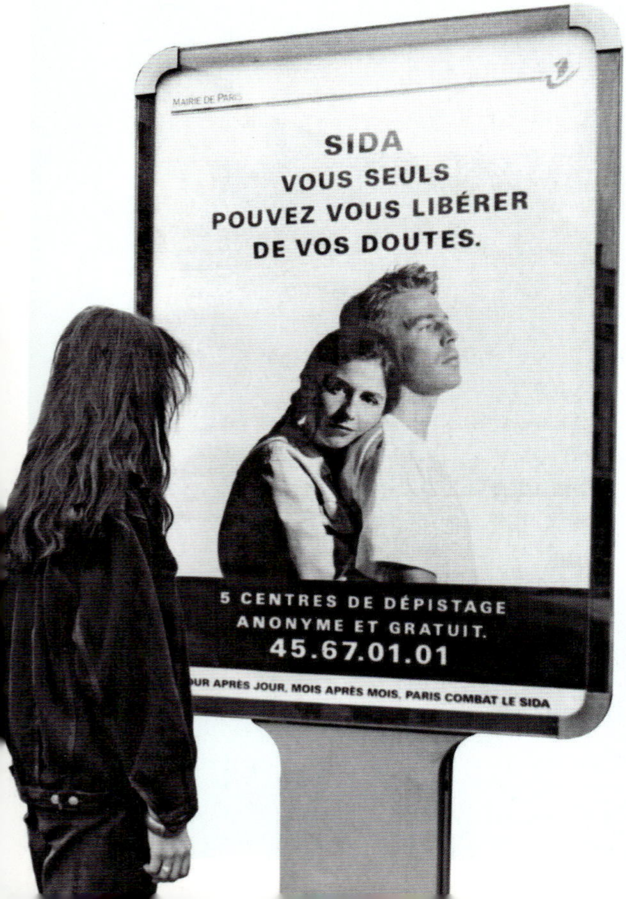

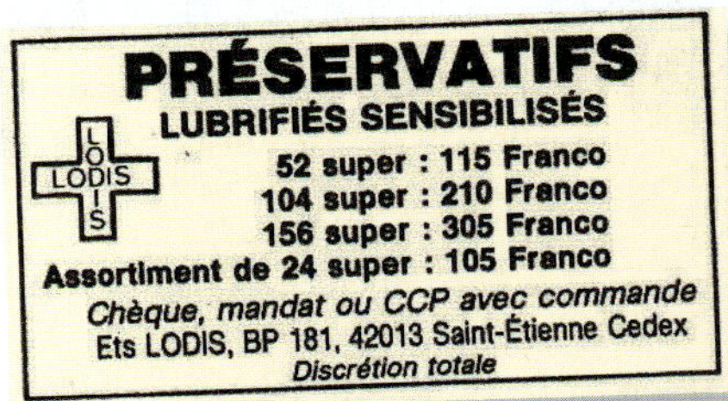

L'ACTUALITÉ EN 1984

- Premiers services payants de messagerie sur Minitel.
- Isabelle Adjani chante *Pull marine.*
- *Femme libérée,* par Cookie Dingler.
- 1 000 ordinateurs connectés sur le lointain ancêtre d'Internet.

LE MARIAGE, OUI, POURQUOI PAS ?

LES PETITES ANNONCES DES ANNÉES 1980 TÉMOIGNENT D'UN RETOUR PAISIBLE AUX IDENTITÉS TRADITIONNELLES DES FEMMES ET DES HOMMES ET D'UNE ASPIRATION À UNE VIE DE COUPLE PLUS STABLE, MÊME SI LE MARIAGE N'APPARAÎT PLUS COMME L'OBJECTIF NUMÉRO UN…

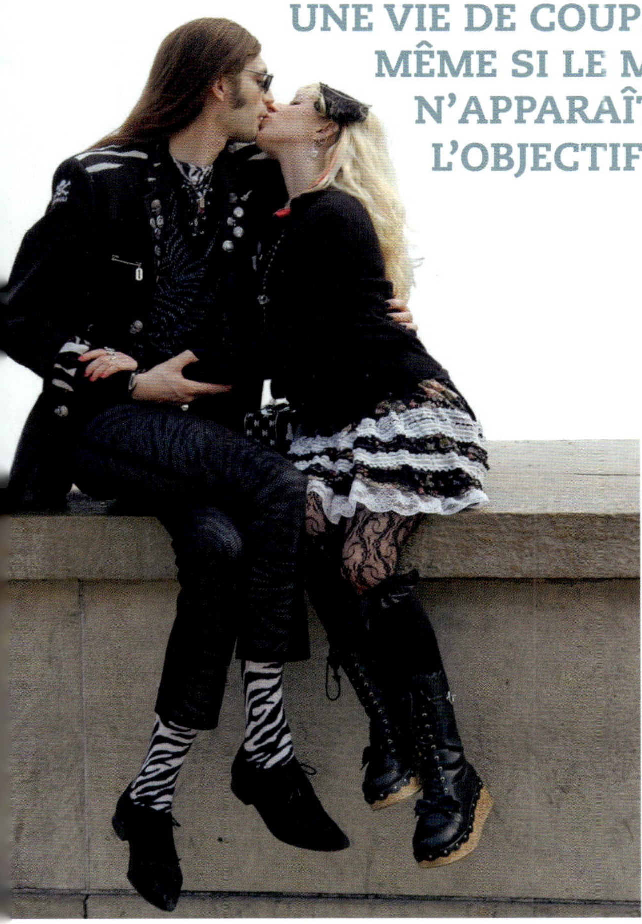

EN ADÉQUATION AVEC L'ESPRIT DU TEMPS

Imprimé en toutes lettres et dans chaque numéro, l'avertissement que le magazine adresse à ses annonceuses et ses annonceurs depuis ses premières publications reste clair et valable : l'intention matrimoniale doit être manifeste dans leur quête, faute de quoi ils encourent une censure sans autre forme de procès !
Il faut croire, pourtant, que Sidonie avait égaré ses ciseaux dans les années 1980. Laxisme ? Pas vraiment, car aucune annonce licencieuse ne paraît. Tolérance, plutôt, ou plus exactement mise en adéquation du magazine avec l'esprit du temps.

◆ R.P. – J.F. 29 ans, 1 m 68, réservée, sympa, plein-air, ski, recherche célibataire 29/36 ans, sociable, non drag., solide, aimant son travail, sports, voyages, vue foyer si goûts communs, entente. *Chasseur Français*, Nº 2659.

LES PETITES ANNONCES

IL EN RESTE

Bourgeoise, 26 ans, distinguée, élégante, 1,64 m, bien physiquement, moralement, situation, souhaite mariage chrétien avec célibataire, grand, bonne éducation, situation.

Janvier 1980

MINETS S'ABSTENIR

Femme-enfant, 18 ans, mignonne, romantique, excellent milieu, attend prince charmant, « minets » aventuriers s'abstenir.

Février 1984

Combien ça coûte en 1980 ?

1 franc de 1980 vaudrait aujourd'hui environ 0,46 €

UNE TONDEUSE À ESSENCE

1 050 F

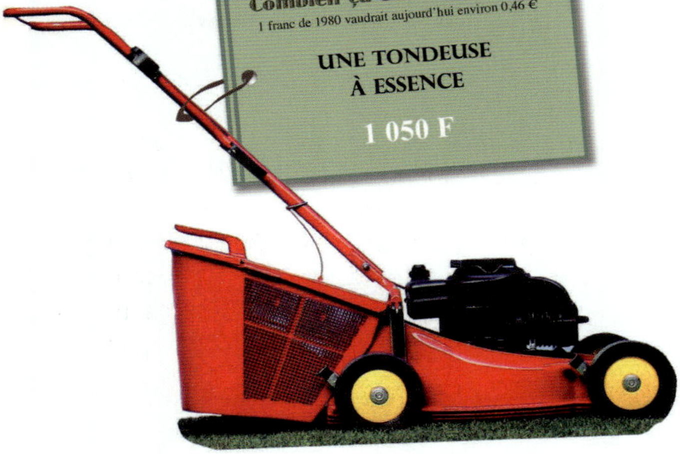

PREMIÈRES ANNONCES DE RENCONTRE

Elles sont de plus en plus nombreuses, en effet, les annonces où il n'est plus question de mariage, ni même d'union, mais tout simplement de rencontre, voire de rencontre pour l'été suivant et « plus si affinités ». Le désir de faire plus ample connaissance avant d'aller plus loin s'exprime maintenant clairement : proposition d'entrevue, échange de numéros de téléphone… L'explosion du nombre de divorces n'y est sans doute pas étrangère, mais le mariage n'est plus la panacée : apparaissent même des propositions de vie commune… mais chacun chez soi, pour ne partager que le meilleur, en épargnant à l'autre les petites misères du quotidien. Cette évolution est loin d'être massive mais elle existe, et personne, manifestement, n'en prend ombrage : les esprits sont mûrs pour les sites de rencontre, qui balbutient d'ailleurs sur le Minitel.

À compter de 1985, Canal+ reçoit l'autorisation de diffuser une fois par mois un film pornographique crypté. Les décodeurs pirates se vendent comme des petits pains. Ceux qui n'ont pas de décodeur, pirate ou non, s'émoustillent devant les images à peine brouillées, pas assez en tout cas pour empêcher d'en discerner la thématique et l'action.

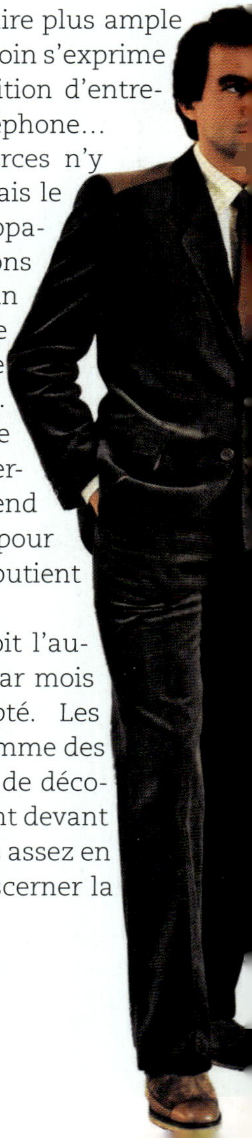

L'ACTUALITÉ EN 1985

- Luc Montagnier découvre le virus du sida.
- Canal+ est autorisé à diffuser un film pornographique crypté par mois.
- Gorbatchev devient secrétaire général du Parti communiste soviétique.

RETOUR À UNE PARTITION CLASSIQUE

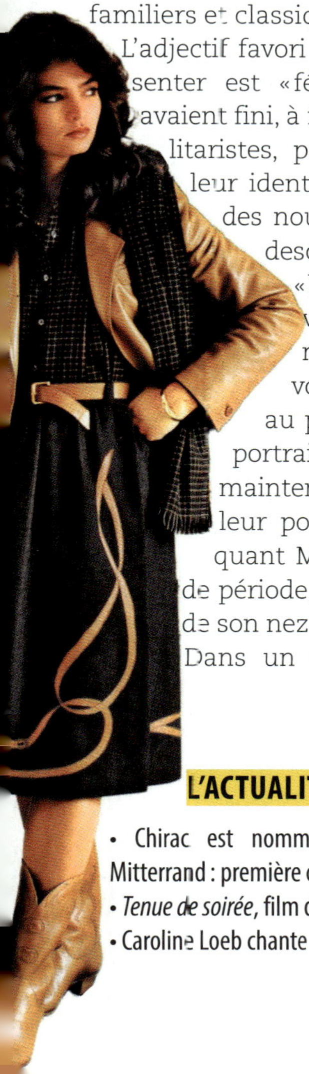

En réaction peut-être à cette évolution, les annonces du *Chasseur* racontent de l'amour en France une tout autre histoire. Après les expériences débridées des années 1970, hommes et femmes semblent aspirer à retrouver des rôles familiers et classiques.

L'adjectif favori de ces dames pour se présenter est «féminine», comme si elles avaient fini, à force de revendications égalitaristes, par douter elles-mêmes de leur identité. Bien sûr, elles ajoutent des nouveaux qualificatifs à leurs descriptions: une telle s'avoue «bavarde», une autre «sauvageonne», ou encore «vulnérable», ou «futée», et voici même une «princesse au petit pois». Dans leur autoportrait, les femmes mentionnent maintenant souvent leur taille et leur poids, les plantureuses invoquant Maillol ou Rubens, et en fin de période, miss BCBG montre le bout de son nez soigneusement poudré.

Dans un registre nouveau dans *Le Chasseur Français,* l'astrologie s'en mêle: miss Lion veut bien de monsieur Vierge, mais pas de monsieur Cancer. Une marotte très féminine…

Ce que les femmes des années 1980 attendent principalement des hommes, c'est qu'ils soient virils mais pas machos. Elles les veulent «rassurants», «solides d'épaules», mais «tendres», «à l'écoute» et «bien dans leur peau».

LES PETITES ANNONCES

HELP

Suite amère expérience de maman, 23, brune, 1,74 m, taille mannequin, saine, sobre, bon milieu, Poisson, tout petit garçon, cherche papa, très sécurisant, 35 maximum, sobre, cultivé, bonne situation, apte protéger maman. Juin 1980

ENFANTS + CHIENS

Jeune femme avec trois enfants + deux chiens très grande race cherche mari très riche.
Janvier 1984

◆ **Nord. – Marie-Thérèse souhaite depuis très longtemps revoir Georges, rencontré à Paris (suite à annonce Chasseur Français), avant voyage Portugal. Perdu adresse.** ***Chasseur Français,*** **N° 2201.**

L'ACTUALITÉ EN 1986

- Chirac est nommé Premier ministre par François Mitterrand : première cohabitation.
- *Tenue de soirée,* film de Bertrand Blier.
- Caroline Loeb chante *C'est la ouate*.
- La centrale nucléaire de Tchernobyl explose suite à une mauvaise manipulation.
- Elli Medeiros chante *Toi, toi, mon toit*.
- Les Rita Mitsouko chantent *C'est comme ça*.
- Mylène Farmer chante *Libertine*.

LES PETITES ANNONCES

AMOUR ENCHAÎNÉ

Prisonnier, 43 ans, 1,81 m, 86 kg, brun, instance de divorce, possibilité permission et libération conditionnelle, instruction niveau BEPC, CAP ajusteur et brevet agent maîtrise ; désire correspondra avec femme en vue mariage, âge, handicap, situation, région indifférents. Janvier 1980

BIENTÔT DEHORS

En prison. 28, célibataire, 1,59 m, sort en permission, va bientôt sortir en conditionnelle, gentil et travailleur, cherche jeune femme simple, même avec un enfant, désire sincèrement se réinsérer. Septembre 1980

VENIR EN EUROPE

Jeune femme asiatique, 25 ans, désirant venir en Europe, recherche vue mariage correspondant sérieux. Philippines. Avril 1986

◆ MARIAGE INTERNATIONAL. Messieurs, désirez-vous épouser une ravissante et souriante Asiatique, une jolie Antillaise, ou une charmante Slave ? Postulantes de 18-50. – WELFARE (CH), 7 rueDecrès, 75014 Paris. Joindre 2 timbres.

DU CÔTÉ DES MESSIEURS

Et ces messieurs ? Ils rêvent aussi de femmes féminines, même si tous ne l'expriment pas avec délicatesse. Leur compagne — le mot revient souvent — est appelée à partager leur vie plus que leur ménage. Voici les premiers divorcés avec des enfants à charge : jusque-là, dans la quasi-totalité des séparations, l'épouse avait la garde des enfants, avec droit de visite au compte-gouttes. Là aussi, le phénomène n'est pas massif, mais perceptible.

Nouveau dans *Le Chasseur Français,* les annonces de prisonniers en attente d'élargissement : le quotidien *Libération,* qui consacre un espace considérable aux annonces de détenus, a-t-il servi de moteur ?

Sans détour, d'autres annonces ont pour objectif déclaré de franchir les barrières de l'immigration.

◆ Paris. – Célibataire 33 ans, blonde, 1 m 62, jolie, gaie, situation, milieu élevé, catholique, rencontrerait vue mariage célibataire 34/40 ans, catholique, grand, distingué, dynamique, cadre supérieur, profession libérale, pour rire ensemble et réaliser tendrement un bonheur vrai. *Chasseur Français,* Nº 2313.

Combien ça coûte en 1980 ?

1 franc de 1980 vaudrait aujourd'hui environ 0,46 €

UN PAVILLON 10 PIÈCES SUR 1 100 M2 DE JARDIN À VILLIERS-SUR-MARNE (94)

800 000 F

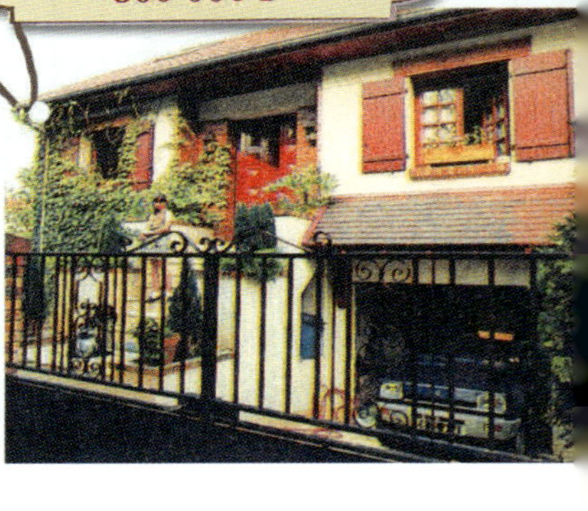

◆ 46 ans, écrivain, notoriété s'affirmant, épouserait belle, douce et tendre muse, susceptible devenir mécène et gestionnaire de carrière ambitieuse (look Catherine Deneuve apprécié). *Chasseur Français,* Nº 5747.

L'ACTUALITÉ EN 1987

- Jean-Jacques Goldman chante *Elle a fait un bébé toute seule*.
- 10 000 ordinateurs connectés sur l'ancêtre d'Internet.
- Philippe Lavil chante *Kole sere*.

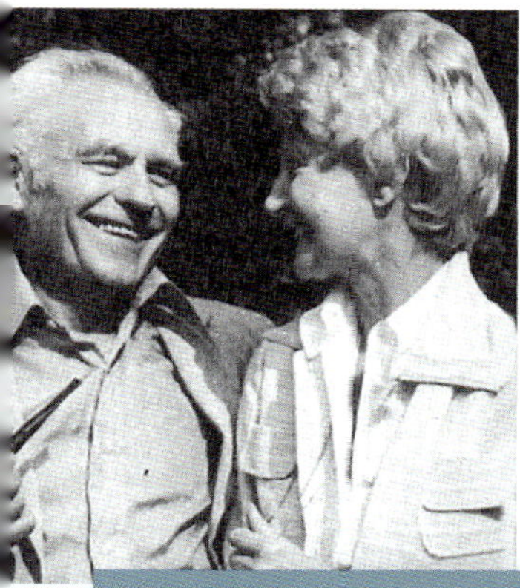

◆ Dame 41, cadre en liberté, pouvant seconder si souhaité, sans charges, classique, beaucoup souffert, souhaite mariage exclusivement, M. 40/55, grand, sobre, compréhensif, intelligent, simple, sécurisant, chaleur humaine, très bons revenus ou avoir, habitant départements 36-37-86-87 ou pouvant venir s'installer région. Répondra à conforme. *Chasseur Français*, Nº 2091.

LES ANNONCEURS VIEILLISSENT

Dernier point, la contraception s'est manifestement installée dans les mœurs : les annonces faisant état de l'existence d'enfants non désirés, courantes jusqu'à la fin des années 1960, ont pratiquement disparu.

Dans l'ensemble, le nombre des annonces, après avoir atteint des sommets à la fin des années 1970, amorce une lente décrue. Certaines quêtes reparaissent, manifestement faute d'avoir débouché. Les remerciements d'annonceurs submergés, jadis nombreux, ont disparu en 1990. La part des annonces passées par les moins de 30 ans est pratiquement divisée par deux en fin de période : à l'évidence, les jeunes se cherchent et se trouvent ailleurs.

◆ Paris. – Ami, je sais que comme moi vous voudriez que nos chemins se croisent. Moi, profession libérale, 54, blonde, jolie, svelte, élégante, douce, sensuelle, 1 m 62, 48 kg, libre, sans soucis mais sans amour. Vous, maximum 62, bon, intelligent, tendre, humour et gaîté, situation aisée, partageant mêmes goûts : lecture, musique, arts. Ferions feu de bois, lointains voyages et merveilleux voyage de l'amour. Je sais combien je peux vous rendre heureux. Téléphone souhaité. *Chasseur Français*, Nº 2699.

LES PETITES ANNONCES

BUSTÉE

Veuf, 62 ans, 1,85 m, bel homme caractère jeune, revenus importants, souhaite mariage jeune femme quarantaine, jolie, bien faite, bustée, charme, simple, niveau social indifférent. Octobre 1980

YOGA VEDANTA

Chercheur spirituel en yoga vedanta, 51 ans, 1,38 m, en instance de divorce, une fille à charge, cherche compagne désirant intensément communier sur tous les plans, en vue de la libération spirituelle. Janvier 1984

CAMEROUN

Institutrice camerounaise, 27 ans, célibataire jolie, douce, sensuelle, épouserait monsieur très sérieux, bonne situation, toute nationalité, maximum 45 ans. Mai 1984

L'ACTUALITÉ EN 1988

- Mise au point de la pilule abortive RU 486, la pilule du lendemain.
- François Mitterrand est réélu.
- La totalité des communes de France ont l'eau potable à domicile.

L'ACTUALITÉ EN 1989

- Chute du mur de Berlin, qui marque le début de l'effondrement total du bloc communiste.
- 100 000 ordinateurs raccordés sur un réseau mondial d'échanges de données.

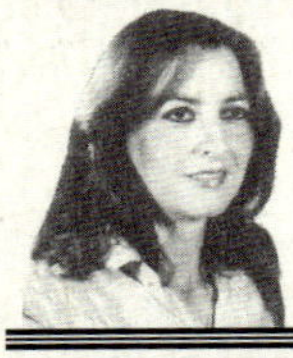

ANNONCES
1980-1989

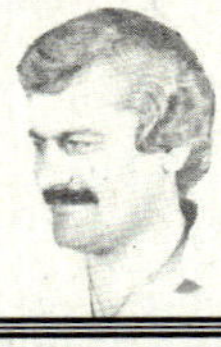

LES MOTS POUR LE DIRE

Rubens et **Maillol** : pour se décrire, les femmes bien en chair utilisent volontiers cette référence aux œuvres du peintre néerlandais du XVIIe siècle ou aux sculptures d'Aristide Maillol, voluptueusement inspirées de femmes plantureuses.

Bustée : six lettres pour un des grands fantasmes masculins. Cette passion des poitrines imposantes s'exprime maintenant sans détour. Le mot est également utilisé par des femmes.

BCBG : bon chic bon genre. L'expression fit fureur à la fin des années 1980.

Quinqua : variété moderne du ou de la quinquagénaire.

JF et **JH** : les mots coûtent cher, et tout le monde comprend maintenant ces acronymes.

Mignonne : le mot revient maintenant sans cesse. La nuance avec « jolie » ? Un zeste de tendresse en plus, un peu moins de beauté canon ? Le débat reste ouvert.

Taille et **poids** : la mention de la taille et du poids est beaucoup plus fréquente, preuve que la dictature de la diététique et de la conformité corporelle s'exerce sans retenue.

☞ **Partage d'affection**

26 ans, blonde attirante, dynamique, études supérieures partagerait affection, travail, vie saine, avec gentleman-farmer. Janvier 1980

☞ **Ô poète**

Solitude, ô solitude. Si vous me comprenez, écrivez-moi. Toi, 23-27, douce, affectueuse, sincère, éducation. Moi, célibataire, 27, 1,80 m, fonctionnaire, sympathique d'après certains. But, trouver cette jeune femme vue mariage idéal, la découvrir et la rendre heureuse. Janvier 1980

☞ **Tenues féminines…**

Jeune homme, professeur agrégé, docteur en philosophie, ferait bonheur jeune fille, universitaire, blonde, yeux bleus, moyenne, forte, tenues féminines, désirant enfants. Janvier 1980

☞ **Le tourbillon de ma vie**

Quelle femme complice et optimiste partagera le tourbillon de ma vie entreprenante ? 39, divorcé, 1,73 m, 66 kg, santé, charme, personnalité, doux, humain, études supérieures, profession indépendante. Bricoleur tous domaines. Téléphone. Répondra. Janvier 1980

☞ **Dernier amour**

Jolie brune, 40, paraissant 35, 1,62 m, situation, distinguée, gaie, sentimentale, souhaite tendresse, complicité, dernier amour, avec charmant 40-50 évolué. Février 1980

☞ **Beau Bassin**

Ile Maurice. Christiane, 24, Annick, 19 ans, douces, créoles, catholiques, cherchent maris compatibles. Ecrire famille C. à Beau Bassin. Avril 1980

☞ **Vraie femme**

Très belle brune, 41, 1,65 m, vraie femme, nombreuses qualités, divorcée profit, classe, excellent milieu, sans problème, sérieuse, avenir financier assuré, deux enfants faculté, indépendants, resterait ou quitterait Paris pour vie saine, homme distingué, raffiné, cinquantaine, niveau, sentiments, revenus élevés, propriétaire appartement ou villa quartier chic, ou résidence secondaire, enfants bienvenus. Avril 1980

☞ **Non danseur**

Célibataire 34, fonctionnaire, 3 200 F, études primaires, modeste, calme, non danseur, rencontrerait célibataire 30-36, employée service public, société, agriculture, autre, ouvrière, sérieuse, naturelle, simple, féminine, chevelure longue, douce, aimant campagne, enfant accepté. Avril 1980

☞ Bora-Bora, les vahinés…
Tahiti. Belle femme blonde mince, faisant 42 ans, divorcée sans enfant, sérieuse, distinguée, correspondrait monsieur désirant découvrir île merveilleuse, me connaître en vue mariage. Avril 1980

☞ Fifille sculpturale
Etudiante, 26 ans, Maillol, rencontrerait monsieur, quarantaine, qui la dorlotera et la gâtera. Union envisagée. Annonce sérieuse, réponse assurée. Juillet 1980

☞ Pas mal de qualités
Malade de solitude, quelle une femme sérieuse accepterait de me tendre la main ? Agé de 28 ans, j'ai pas mal de qualités. Septembre 1980

☞ Jolie sauvageonne
Vous êtes grand, non fumeur, équilibré généreux, désireux d'apprivoiser jolie sauvageonne pour la protéger et lui donner sincèrement votre cœur. Contactez éducatrice physique (non installée), célibataire, Paris, 27 ans, affectueuse aussi. Octobre 1980

☞ Chacun pour soi
Hôtesse air, 36 ans, 1,64 m, 51 kg, fils 8 ans, blonde, aimant Paris, vie à deux non programmée, vulnérable, pas mondaine, souhaite homme 36-50 ans, pas trop intellectuel, pas trop sportif, intuitif, ne se prenant pas au sérieux, désireux de protéger femme et enfant. Décembre 1980

☞ Doux duo
Fait à deux, le chemin est plus doux. Quel homme désire partager cet idéal avec infirmière quarantaine, divorcée, sans charges, sentimentale et spontanée. Décembre 1980

☞ Alice au sud
Alice, blonde, yeux bleus, 46 ans, cherche monsieur aisé, 40-50, sentimental sobre, pour le combler d'amour, en échange, pieds dans l'eau, soleil, Méditerranée. Décembre 1980

☞ Barbu
Technicien, brun, barbu, bien physiquement, 1,71 m, 31 ans, offre sécurité et protection à jeune fille douce, féminine, sensuelle, physique agréable. Septembre 1982

☞ Pas rouge du tout
30, bien que professeur, je suis catholique, profondément chrétienne, attachée aux valeurs traditionnelles, donc antimarxiste. Quelqu'un partage mes convictions ? Trouverai-je un correspondant ? Décembre 1982

☞ Sagittairienne… avant de s'en servir ?
Sagittairienne, jolie, féminine, 21 ans, non fumeuse, études supérieures, correspondrait jeune homme sérieux, gentil, agréable, situation, 30 maximum, préférence Lion, Bélier, Balance, Sagittaire. Décembre 1982

☞ JF 44
JF, 44 ans, 1,75 m, brune, distinguée, sans enfant, rencontrerait compagnon libre, grand « bien dans sa peau », aimant rire, chanter, aimer, prenant le temps de vivre. Décembre 1982

☞ Collectionneuses s'abstenir
Affaire exceptionnelle, belle conduite intérieure soignée, modèle 1953, stationnée Auvergne, stable, attend gentille conductrice première main, amoureuse, souhaitant mariage longue route rectiligne. Collectionneuses s'abstenir. Décembre 1982

☞ Perruche
JF bavarde 29 rencontrerait JH 30-40, 1,80 m minimum, tendre et sentimental, sachant dire les mots qu'elle attend et être présent. Janvier 1984

☞ Discussions profondes
Jeune homme, grand, 24 ans, aimant intimité, discussions profondes, musique, nature, sujets occultes, rencontrerait jeune fille sentimentale, 18-23 ans. Janvier 1984

☞ PDG
Beau garçon, 32 ans, PDG, études supérieures, haut niveau, grand, sympa, tendre, rencontrerait jeune femme 30 ans maximum, belle, intelligente, cultivée. Mai 1984

☞ Plus si affinité
Jeune femme blonde vénitienne, 29 ans, charmante, cultivée, rencontrerait en bord de mer gentleman blond, grand sportif, de profession libérale, pour vacances, plus si affinités. Mai 1984

☞ Espace-Temps-Devenir
Poète, peintre, musicien en puissance, ex-licencié parachutisme, Français, chrétien, 38 ans, sans fortune, aidera à grandir celle la seule de 30-40 ans (aristocrate européenne) que son Amour grandira. Hâte-toi de me connaître. Je suis Espace et Temps et Devenir. Septembre 1984

☞ BCBG
JF 25 ans, BCBG, belle intelligente, immense sensibilité, cherche homme 25-40 ans, grand, beau, excellente situation, ambitieux, courageux, franc, grande classe, pour amour, mariage, enfants, traditions. Septembre 1986

☞ Militaire câline
Célibataire, 29 ans, militaire aviation, 1,67 m, 57 kg, catholique pratiquante, hypersensible, câline, sensuelle, douce, facile à vivre, goûts éclectiques, rencontrerait épaule solide, sécurisante, monsieur 42 ans maximum, sobre, pratiquant, responsable, délicat, confiant, sportif, basant amour uni et complice sur bonheur simple, dialogue, franchise, respect tendre. Etrangers, coincés, fumeurs s'abstenir. Novembre 1986

☞ Cambriolage
Suite cambriolage et du vol de votre courrier, je saurai gré aux correspondants ayant répondu à l'annonce n° 4909 de septembre de bien vouloir me recontacter succinctement. Novembre 1988

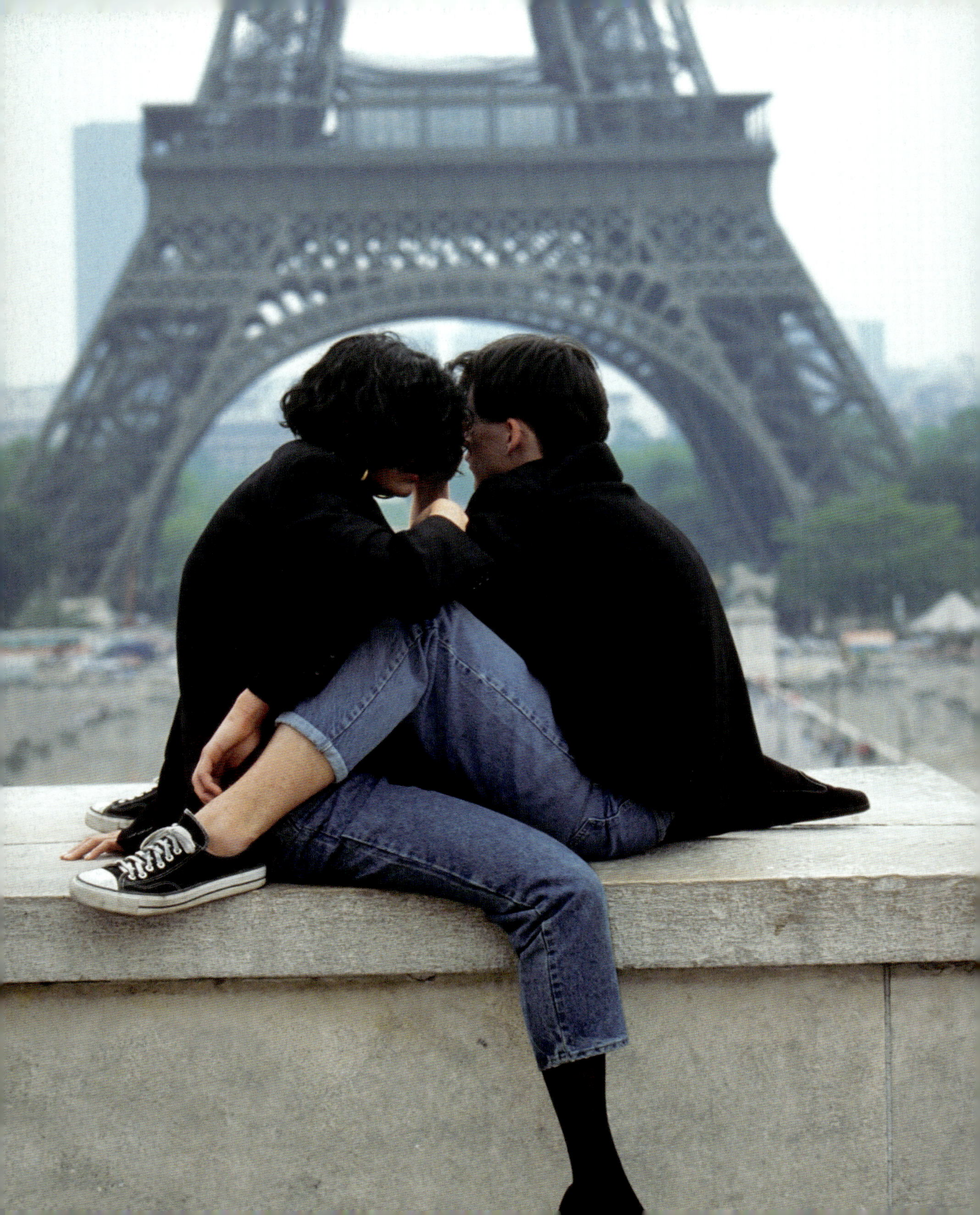

1990-2000

LES NINETIES

☛ Homme grand, mince,
études supérieures, 34 ans,
chaleureux séduisant : look Belmondo.
Souhaiterait compagne fidèle, charmante.
juin 1990

GUERRE ÉLECTRONIQUE

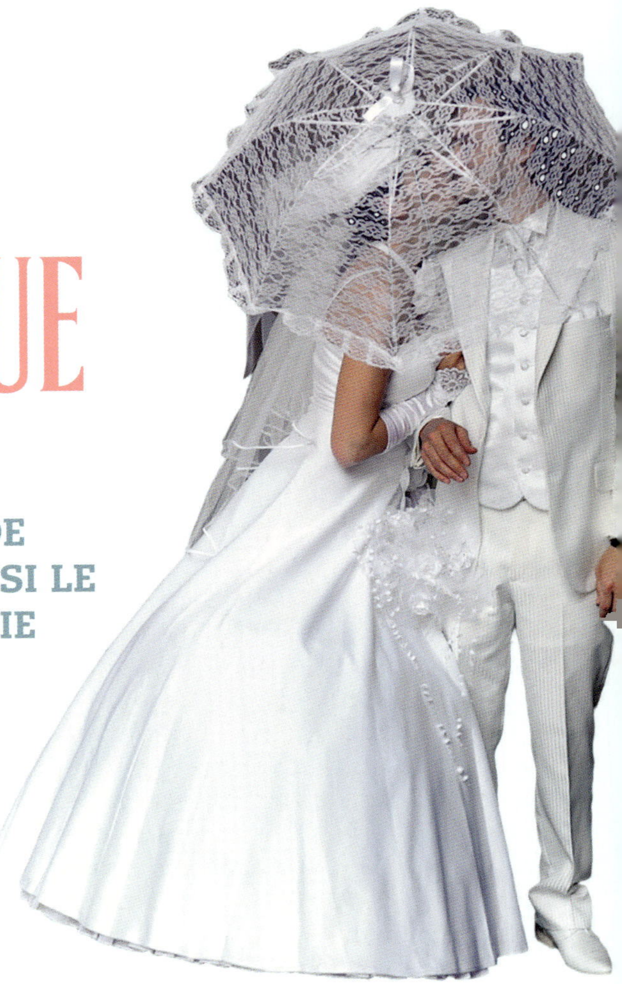

LE *CHASSEUR FRANÇAIS* ABORDE 1990 EN BONNE FORME, MÊME SI LE FLUX D'ANNONCES QU'IL PUBLIE DEPUIS UN SIÈCLE N'EST PLUS AUSSI FOURNI. LE MONDE CHANGE... À LA VITESSE DE L'ÉLECTRON, AUQUEL LE MAGAZINE S'ADAPTE.

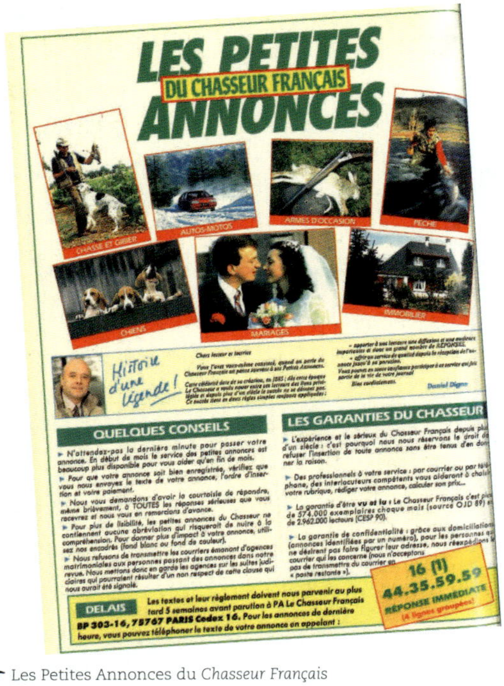

LES PETITES ANNONCES
DU CHASSEUR FRANÇAIS

CHASSE ET GIBIER
AUTOS-MOTOS
ARMES D'OCCASION
PÊCHE
CHIENS
MARIAGES
IMMOBILIER

Histoire d'une légende !

QUELQUES CONSEILS

▸ N'attendez-pas la dernière minute pour passer votre annonce. En début de mois le service des petites annonces est beaucoup plus disponible pour vous aider qu'en fin de mois.

▸ Pour que votre annonce soit bien enregistrée, vérifiez que vous nous envoyez le texte de votre annonce, l'ordre d'insertion et votre paiement.

▸ Nous vous demandons d'avoir la courtoisie de répondre, même brièvement, à TOUTES les réponses sérieuses que vous recevrez et nous vous en remercions d'avance.

▸ Pour plus de lisibilité, les petites annonces du Chasseur ne contiennent aucune abréviation qui risquerait de nuire à la compréhension. Pour donner plus d'impact à votre annonce, utilisez nos encadrés (fond blanc ou fond de couleur).

▸ Nous refusons de transmettre les courriers émanant d'agences matrimoniales aux personnes passant des annonces dans notre revue. Nous mettons donc en garde les agences sur les suites judiciaires qui pourraient résulter d'un non respect de cette clause qui nous aurait été signalé.

LES GARANTIES DU CHASSEUR

▸ L'expérience et le sérieux du Chasseur Français depuis plus d'un siècle : c'est pourquoi nous nous réservons le droit de refuser l'insertion de toute annonce sans être tenus d'en donner la raison.

▸ Des professionnels à votre service : par courrier ou par téléphone, des interlocuteurs compétents vous aideront à choisir votre rubrique, rédiger votre annonce, calculer son prix...

▸ La garantie d'être **vu et lu** : Le Chasseur Français c'est plus de 574.000 exemplaires chaque mois (source OJD 89) et de 2.962.000 lecteurs (CESP 90).

▸ La garantie de confidentialité : grâce aux domiciliations (annonces identifiées par un numéro), pour les personnes qui ne désirent pas faire figurer leur adresse, nous réexpédions le courrier qui les concerne (nous n'acceptons pas de transmettre du courrier en « poste restante »).

DELAIS

Les textes et leur règlement doivent nous parvenir au plus tard 5 semaines avant parution à PA Le Chasseur Français BP 303-16, 75767 PARIS Cedex 16. Pour les annonces de dernière heure, vous pouvez téléphoner le texte de votre annonce en appelant :

16 (1) 44.35.59.59
RÉPONSE IMMÉDIATE
(4 lignes groupées)

L'ACTUALITÉ EN 1990

- Le World Wide Web, WWW, est opérationnel.
- Margareth Thatcher quitte le pouvoir après un bail de onze ans.
- Les accords de Schengen instaurent la libre circulation des personnes en Europe.
- Record de vitesse du TGV Atlantique : 513,3 km/h.
- Réunification de l'Allemagne.

L'ACTUALITÉ EN 1991

- Chute de Gorbatchev, remplacé par Boris Eltsine.
- Première guerre d'Irak.
- Éclatement de la guerre en Slovénie.
- Édith Cresson est nommée Premier ministre.

◆ 43, riche seulement de coeur, esprit, qualités, joie vivre. Attends de vous: acceptation mes enfants, tendresse, confiance, respect, complicité, stabilité, compréhension, intelligence, gaieté, humour. Lettre détaillée souhaitée. Machos, bornés, mesquins, égoïstes, aigris, abstenez-vous!!! CF, No 4178

CHUTE DU NOMBRE D'ANNONCES

À l'orée des années 1990, la presse écrite ne prête d'abord guère attention à ces « autoroutes de l'information » sur lesquelles quelques fous passent leurs nuits, scotchés à leur écran, sur de mystérieux « sites ». Dans l'essentiel des entreprises, sans même parler des particuliers, Internet n'existe pas. On ne s'inquiète donc guère, dans la presse papier, de ces nouveaux éditeurs sans bureaux ni machines, qui proposent, sur Minitel puis sur ordinateur, de tous nouveaux services, comme ces lieux virtuels sur lesquels, avec plus ou moins de fluidité, on peut déjà échanger des messages, coquins ou pas, mais en tout cas instantanés, discrets et pour un prix compétitif.
En 1998, la publication d'un seul mot d'annonce coûtait tout de même 22 F dans *Le Chasseur Français*, plus de la moitié d'une heure du salaire minimum. En maître incontesté de l'annonce papier, le magazine se retrouve en première ligne de cette guerre électronique. Sa rubrique « Moins de 30 ans » fond comme neige au soleil. La direction s'émeut : les annonces, moins nombreuses, sont imprimées plus gros. Ça tombe bien, le lectorat vieillit !

■ Jeune fille 21 ans, bébé 2ans, un peu ronde, châtain clair, yeux verts, gentille, sérieuse, courageuse, gaie, bonne ménagère cherche vue mariage Monsieur 45ans maxi, aimant enfant, sérieux, travailleur, vie heureuse assurée. CF, No 4525

EN 1992

- Pierre Bérégovoy succède à Édith Cresson.
- Sortie de *Basic Instinct*.
- 1 million d'ordinateurs connectés sur le Net.

LES PETITES ANNONCES

DÉFI

41 ans, 1 m 66-62, blonde, yeux bleus, cadre, gaie, passionnée, classe, charme, humour, aimant tout… cherche homme encore mieux que moi ! Juin 1990

INTELLO VERSUS GIGOLO

60 ans, intello, sympa, charme, féminité, fantaisie, cherche homme 65 ans maxi, gentleman, drôle, intelligent, qui me fera craquer. Défauts à partager, gigolos s'abstenir. Décembre 1996

ANTI-JEAN

Chef d'entreprise, veuf, 54 ans, paraît 46, 1 m 75, mince, sensuel, sensible, rencontrerait femme 40-46 ans, sentimentale. Préfère robe que jean. Octobre 1992

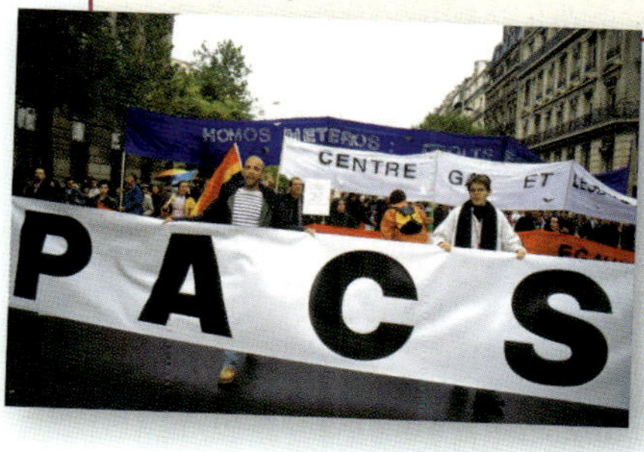

L'ACTUALITÉ EN 1993

- Édouard Balladur est nommé Premier ministre de la deuxième cohabitation.

L'ACTUALITÉ EN 1994

- Inauguration du tunnel sous la Manche.

• **Gentille parisienne,** physique agréable, 1m66, 50 ans, aimant nature, arts, photo, recherche gentil compagnon, sérieux éducation, situation stable, pour construire bonheur durable. CF 12747

mariages et rencontres

LES PETITES ANNONCES

UNE VIE

Une vie à conter, l'envie d'en rajouter… 43 ans, pétillante, féminine, charmante, souhaiterait complicité harmonieuse, durable, dans partage-loisirs, tendresse joyeuse. Juin 1995

TIGRESSE

Sexy, futée, aisée, quadra libre recherche nouveau compagnon, haut niveau socio-professionnel exclusivement. Aviateur ? Pourquoi pas ! Juin 1995

RECHERCHE MARGINAL

Normandie. Quarantaine, brune, 1 m 65, 50 kg, non fumeuse, travail précaire, enfants, optimiste, ouverte, passionnée d'ornithologie, rencontrerait Monsieur 40-60 ans, mince, bon niveau intellectuel, marginal, autre. Juin 1995

UNE RUBRIQUE LONGTEMPS ÉCARTÉE

Au milieu des années 1990, le vénérable intitulé «Propositions de mariages» disparaît. Voici, sacrilège, une rubrique «Rencontres», que le magazine combattait pourtant depuis les années 1920. «Mariages» et «Rencontres» finissent même par fusionner !

On y trouve encore, dans les années 1990, quelques perles comme celle-ci : «Authentique pithécanthrope d'époque, mais bien conservé et presque civilisé, recherche femme de ménage non canonique, totalement libre de toute entrave socio-économo-familiale, pour faire de sa caverne le palais des 1001 nuits et si… de nos deux vies, une explosion de joie. Pas top niveau s'abstenir.»

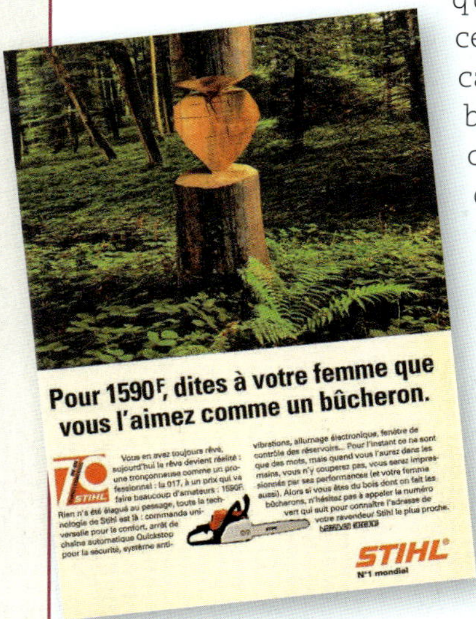

• **SUISSE.-** 1m73, physique Depardieu, 57 ans, sans enfants, sensible, alerte, polyglotte, recherche JF NF, bon niveau, tolérante, sensuelle, humour, pour vie commune intéressante. CF 27190

L'ACTUALITÉ EN 1995

- Jacques Chirac est élu président.
- Guerre en Bosnie.

L'ACTUALITÉ EN 1996

- Mort de François Mitterrand.
- 36 millions d'ordinateurs sur le Net.

L'ACTUALITÉ EN 1997

- Premiers achats en ligne.
- Lionel Jospin devient Premier ministre de Jacques Chirac.

L'ACTUALITÉ EN 1998

- Loi sur les 35 heures.
- Guerre au Kosovo.

• Jeune femme, célibataire, 33 ans, institutrice, douce, tendre, recherche compagnon 35-45 ans, sincère, stable, pour parcours heureux. CF 12821

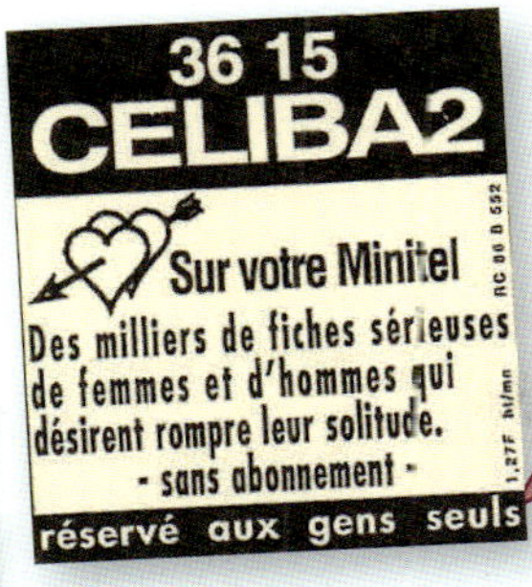

LES PETITES ANNONCES

RÉVEIL DE MIDI

Instituteur, retraité, divorcé, seul, Ardèche, 64 ans, tabac et animaux exclus ; lever midi ; épouse femme jeune même chômeuse. Juin 1995

FOIE GRAS DE MINUIT

Jolie femme 47 ans, jeune et dynamique, profession prenante, divorcée, sans enfants à charges, aimant sorties, voyages, foie gras de minuit ! Cherche homme âge et goûts en rapport, bonne situation afin que les problèmes n'existent pas !
Juin 1990

PREMIERS SITES DE RENCONTRES

Mais ces annonces se font rares, et poussent entre les colonnes toutes sortes de pavés 3615. Le nouveau roi Minitel lui-même sera bientôt tué par des numéros de téléphone surtaxés : le *Chasseur* créera le sien. Pour parachever cette guerre, voici, vers 1995, les premiers sites de rencontre sur Internet, d'abord aux États-Unis. Ils permettent de retrouver des camarades de classe perdus de vue, puis de surfer sur une vaste galerie de candidats et de candidates à la rencontre : il y en a pour tous les goûts et de toutes les couleurs, pour le prix d'un abonnement modique. La technique évoluant, on peut bientôt papoter en direct depuis son clavier, et même se voir grâce aux webcams. C'est dire si les annonces sur papier ont du souci à se faire. En lieu et place des filles et des garçons de France, ce sont maintenant des jeunes femmes recrutées par des agences spécialisées sous toutes les latitudes qui font part dans les pages de leur volonté de changer d'atmosphère.

• Parisien, 68 ans, 180/79, niveau bac+5, ex-dirigeant PMI, dynamique, PAPY mais pas PEPE, veuf, 2 enfants mariés, non à charges. Calme, équilibré, non fumeur, sobre sans excès, goûts éclectiques non figés. Sorties mais aussi coin du feu, musique, spectacles, lecture, nature, promenades, mer (pied à terre et petit bateau/Vendée + un chien (âgé)). Retraité, devient possible tout ce qui l'est moins en vie active. Recherche PARIS/RP, dame, adepte Epicure, libre, mêmes motivations, aisance matérielle, mince, élégante, distinguée, câline, niveau socio-culturel proche. Souhaite privilégier vie couple, bases: humour, tendresse, complicité. Partage des bons et moins bons moments de la vie. CF 12815

• Bonjour messieurs je me présente, 1m63, 49 ans, le temps passe vite, j'aime la nature, les sorties mais aussi la maison, j'aimerais rencontrer un homme pour rompre ma solitude, faites vous connaître. CF 12872

L'ACTUALITÉ EN 1999

- Naissance du PACS.
- Nouvelle marée noire après le naufrage du pétrolier *Erika*.

L'ACTUALITÉ EN 2000

- 386 millions d'ordinateurs connectés au Net.

NAISSANCE DE BRINDAMOUR

Les rencontres franco-françaises ont migré sur Internet. Dans un premier temps, les sites ont une réputation un peu sulfureuse : on ne se vante pas trop de s'y être rencontré. Très vite, leur clientèle s'élargit, rassemble des légions de célibataires, et ressemble déjà, comme les annonces papier du *Chasseur* à la grande époque, aux véritables gens de la vraie vie.
Très logiquement, *Le Chasseur Français* s'est mis pleinement à l'heure d'Internet en lançant son site de rencontre, Brindamour. Son objectif ? Réunir des célibataires partageant les mêmes valeurs d'authenticité pour favoriser des rencontres aussi bien amicales qu'amoureuses.

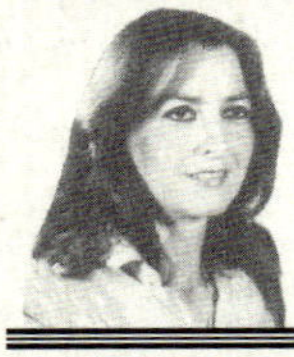

ANNONCES
DE 1885 À NOS JOURS

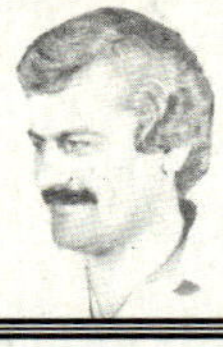

1885-1904

Baby business
Ménage élèverait enfant naturel, prendrait aussitôt naissance, discrétion. Décembre 1897

Nom d'un homme
Noble instruit, hautes relations, célibataire, dernier du nom qu'un ambassadeur, maréchal de France, illustra, reconnaîtrait et élèverait enfant naturel ayant ressources suffisantes, discrétion. Lettres retournées. Ecrire Ferdinand-Marie. Juillet 1897

Apache
Jeune homme du monde, désire un ou plusieurs compagnons de voyage pour visiter le « Dakota » et les réserves indiennes. Voyage arrangé sans aucun luxe, mais confortablement. Août 1897

Signé Arsène Lupin ?
3M. Petit aîné, 21 rue du Caire, Paris, demande des expéditeurs de mouettes prises au filet. Faire offre. Mars 1900

1904-1914

Désirerait un homme…
Veuve, extérieur sympathique, brune, mince, caractère gai, intellectuelle, intelligente, situation de fortune 15 000 francs de rentes, désirerait un homme du monde distingué, intellectuel, 45 à 55 ans, possédant confortable installation dans pays frais et capable d'affection sincère. Juillet 1904

Goût provençal
Jeune homme, 26 ans, excellente famille, espérances 20 000 francs, désire demoiselle provençale, 18 ans, jolie, brune, pour mariage à son goût. Mai 1905

N'importe qui
Orpheline 22 ans, belle personne, jolie, famille d'industriels, possédant absolument 1 400 000 francs, éducation et instruction, bonne musicienne, épouserait monsieur ayant une belle situation quelconque. Octobre 1910

Lieutenant
Agriculteur habile, 29 ans, très sérieux, désire correspondre jeune fille distinguée, sans fortune, mais ayant excellente santé et solide instruction ménagère, agricole, capable de seconder dans grande exploitation. Février 1913

1914-1924

Une brune intelligente, ou zut
Homme 40 ans, rendrait heureuse brune intelligente, 30-40, aimant vie intérieure calme. Août 1920

Riches et à la campagne
Deux sœurs, 27 et 23 ans, sans relations, sans fortune, distinguées, jolies, sténodactylo anglais allemand, diplômée infirmière, désirent mariage riche, campagne. Août 1921

Jeune fille ou femme
Divorcé de guerre, ancien officier d'active, Légion d'honneur, Croix de guerre, 40 ans, revenu 20 000, situation industrielle, désire mariage jeune fille ou femme 25-30 ans. Octobre 1921

Joie de la connaissance
Veuve 35 ans, blonde, femme d'intérieur, cultivée, musicienne ; situation de revenu 20 000 francs, désire connaître monsieur, situation et âge en rapport. Janvier 1922

1925-1930

Maçon cherche fille-mère
Entrepreneur maçonnerie, belle situation, 35 ans, paraît 28, épouserait de préférence fille-mère, apprécierait mieux bonheur du foyer. Février 1925

Audacieuse
Jeune fille, 28 ans, désire place chez officier seul ou ayant petits-enfants, très sérieuse. Avril 1925

Dotées, dévotes, parisiennes, non !
Protectorat nord-africain, instituteur public laïc, 34 ans, grand, épouserait jeune fille 18-22 ans, 1,70 m minimum, conduite irréprochable, sérieuse, jolie, douce, affectueuse, femme d'intérieur, goûts très simples, instruction degré brevet simple si possible. Dotées, dévotes, parisiennes, s'abstenir. Novembre 1925

1930-1939

Blond endurci
Célibataire endurci, 26 ans, présentant bien, cheveux blonds, belle situation et auto, serait heureux de trouver la perle rare, ayant toutes qualités pour plaire. Jolie, brune, distinguée, aimable et sincère, catholique pratiquante, fortunée si possible. Mars 1930

Carnation de blonde
31, très bien physiquement, plutôt grande, châtain cendré, carnation de blonde, excellente santé, très distinguée, élégante, sans modernisme exagéré, femme d'intérieur accomplie, famille très honorable catholique, sentiments élevés, très affectueuse, souhaite mariage en rapport. Janvier 1937

Brousse tonkinoise
Sous-officier, brousse tonkinoise, rapatriable prochainement, désire mariage. Mai 1938

1940-1949

Vraie bombe
Demoiselle 22 ans, propriétaire riche gisement radioactif, possibilité exploitation très productive, épouserait réalisateur ou pharmacien. Octobre 1946

Goûts ruraux, conceptions modernes
Divorcé suite guerre, 36, valeur morale, physique, intellectuelle, goûts ruraux, conceptions modernes, petit avoir, désire union compagne agréable, qualités, possédant élevage, culture ou aspirations situations similaires. Octobre 1946

À croquer
Portraitiste diplômé, établi, trentaine, physiquement bien, 1,73, santé, affectueux, 700000, désirerait mariage protestant, dame 30-60, bien faite, santé, sentiments en rapport, capital supérieur pour extension commerce et changement de résidence. Décembre 1946

1950-1959

O sole mio
Marseille. Quel rayon de soleil égayera solitude fonctionnaire, 42 ans, cultivé, éducation, divorcé profit, propriétaire foncier. Septembre 1950

Fort en naturisme
30 ans, ingénieux, très au courant questions agricoles et naturistes, aimant vie saine, correspondrait avec jeune fille ayant ferme ou aimant campagne. Septembre 1950

Rossignol du Sud
Midi. Cœur et voix d'or, millions, charme, solitude, cherche compagnon mariage, cinquantaine, grosse fortune, grosse situation pour vie agréable et large. Août 1951

Goûts vieille France
Intellectuel catholique cherche collaboratrice, 25-40 ans, vie intérieure, esthète, goûts rustiques. Août 1951

1960-1969

Confiant
Algérie. Célibataire 32, agriculteur, 1,80 m, correspondrait avec vraie jeune fille, catholique brune, jolie, grande, 20-26, cultivée, femme d'intérieur. Fonderait foyer heureux. Région, fortune indifférente. Janvier 1960

Caractère sauvage
32, grande brune, agréable, cultivée, situation libérale, caractère sauvage mais loyal, simple, affectueux, ardent, désire élargir et épanouir vie dans union totale, épouserait célibataire, veuf, 32-45, situation libérale préférence, grand, même recherche loyale, tendresse absolu. Mars 1960

Fisc sentimental
Contrôleur des contributions, grande, mince, élégante, catholique, divorcée profit, sentimentale, épouserait monsieur 38-45 ans, grand affectueux. Décembre 1960

1970-1979

En avant la musique !
Mademoiselle 20-26, gaie, sensible et jolie, épousez-moi, je vous rendrai heureuse, musicien classique, 30, sympathique, affectueux. Janvier 1970

Fin de vie heureuse
Septuagénaire retraitée, dynamique, pavillon confort, cherche monsieur sérieux, fin de vie heureuse. Janvier 1970

Français, Nordique ou Suisse
Jeune fille 29 ans, paraissant plus jeune, épouserait Français, 30-40 ans, étranger nordique ou suisse. Janvier 1973

Noire Amérique
28 ans, Noire Amérique, fonctionnaire, célibataire, 1 enfant, désire rencontrer vue mariage monsieur âge et situation en rapport. Janvier 1973

1980-1989

Admiratrice France
Célibataire, 27 ans, brune, élancée, jolie, douce, Roumaine Bucarest, français écrit, admiratrice France, désire mariage monsieur. Janvier 1982

Croissants du matin
Souhaite séduire homme fascinant, pour partager croissants du matin et vie de tous les jours, 55-60, universitaire, cadre supérieur, grand, cultivé, tendre, humour, esprit. Ai 49, veuve, 1,72 m, mince, études supérieures, douce, joyeuse, futée et… follement sage. Pas nécessaire d'être beau, indispensable être libre. Avril 1982

Immenses yeux verts en amande
Célibataire, 34 ans, maîtrise ès lettres, commerce, création modèles bijoux, catholique, très jolie, élancée, bustée, longs cheveux châtains, immenses yeux verts en amande, projets pharmacie, numismatique, désire épouser monsieur bonne situation pour fonder foyer. Avril 1982

LES AUTEURS

Marc Schlicklin

Né en 1956, Marc Schlicklin a commencé sa carrière de journaliste en 1981 au bureau parisien de l'agence américaine *Associated Press* avant de partir en Allemagne en qualité de correspondant de l'AFP. Féru d'automobile, il a participé au lancement d'*Auto Plus*, puis a longuement collaboré à *Automobile Magazine*, à *Auto-Journal* et à *Automobiles classiques*, titres dont il a été le rédacteur en chef. Passionné d'histoire, il s'est plongé dans les collections du *Chasseur Français* à la découverte de ces petites annonces qui ont tant contribué à la notoriété de ce magazine, l'un des plus anciens de France puisqu'il fêtera ses 130 ans en 2015.

Antoine Berton

Enfant de la Gascogne, Antoine Berton, journaliste né en 1965, a sillonné le monde avant de poser ses valises en France. Chasseur et pêcheur depuis l'enfance, cet authentique épicurien rejoint en 1997 *Le Chasseur Français*. Passionné par son histoire et par la diversité de ses lecteurs, il œuvre avec toute l'équipe du magazine à son redéploiement. Cette refonte, basée sur l'humanisme et le savoir-faire campagnards, renoue avec l'histoire du *Chasseur Français*, héraut d'une ruralité active et positive.

CRÉDITS PHOTOGRAPHIQUES

p. 16 : coll. Galdoc / KHARBINE-TAPABOR ; p. 35 : coll. KHARBINE-TAPABOR ; p. 53 : coll. KHARBINE-TAPABOR ; p. 62 : coll. IM / KHARBINE TAPABOR ; p. 64 : musée Carnavalet / Roger-Viollet ; p. 70 : coll. Kharbine-Tapabor ; p. 100 : Roger-Viollet ; p. 107 : dpa / Corbis ; p. 114 : SuperStock / Leemage ; p. 116 : SuperStock / Leemage ; p. 128 : Farabola / Leemage ; p. 153 : PA Archive / Roger-Viollet ; p. 158 : Bruno de HOGUES / GAMMA-RAPHO ; p. 160 : Rue des Archives / AGIP ; p. 162 : PA Archive / Roger-Viollet ; p. 164 : Rue des Archives / AGIP ; p. 165 : Elise Hardy / RAPHO ; p. 166-167 : The Advertising Archives / Rue des Archives ; p. 172 : Owen Franken / Corbis ; p. 174 : Olivier Marty ; p. 177 : Alain Buu/GAMMA.

Les Éditions Solar remercient tout particulièrement Marie Donzelli et Marc Schlicklin pour leurs aimables autorisations de reproduction.

POUR *LE CHASSEUR FRANÇAIS*

Publication du groupe Mondadori
Directeur des rédactions : Antoine Berton
Directeur d'édition : Tommaso Albinati

Mondadori Magazines France
8, rue François-Ory
92543 Montrouge CEDEX

POUR LES ÉDITIONS SOLAR

Direction : Jean-Louis Hocq
Direction éditoriale : Suyapa Hammje
Édition : Iris Odier
Rédaction : Chloé Chauveau
Conception et réalisation, couverture et intérieur : Marie Donzelli
Fabrication : Céline Premel-Cabic
Photogravure : Articrom

ISBN : 978-2-263-06702-0
Code éditeur : S06702-02
Dépôt légal : octobre 2014
Imprimé en Espagne par Gráficas Estella

Solar | un département **place des éditeurs**

place
des
éditeurs

Mariages. — Hommes.
Plus de 50 ans (*suite*).

☛ Célibataire, Sud-Ouest, très affectueux, logement campagne, épouserait dame, âge indifférent, mutilée, déficiente, sympathique, intelligente, désintéressée. Lettre détails. — *Chasseur Français*, nº 8638.

☛ Veuf sans enfant, 57 ans, jeune, grand, brun, distingué, instruction, éducation, situation indépendante moyenne, épouserait célibataire, veuve, divorcée, 40-50 ans, situation correspondante. — *Chasseur Français*, nº 8647.

☛ Sud-Ouest. — Veuf, 58, pension, rentes 500.000 réversibles, cherche épouse, situation approchante, aimant campagne. — *Chasseur Fais*, nº 8657.

☛ Hérault. — Paysan, 70, épouserait retraitée, désintéressée, sans enfant. — *Chasseur Fais*, nº 8658.

☛ Paris. — 59, veuf sans enfant, santé excellente, avoir, voiture, situation libérale, épouserait dame cultivée, instruite, finesse d'esprit, 52-58. — *Chasseur Français*, nº 8662.

☛ Veuf, 53, retraité échelle 410, propriétaire, profession libérale, bien, désire femme, 42-48, bien faite, douce, affectueuse, préférence fonctionnaire, pour union heureuse. — *Chasseur Français*, nº 8677.

☛ Veuf, 60, mince, 1m,61, très actif, situation indépendante, esprit original, inventeur, épouserait dame mince, affectueuse, possibilité collaboration. — *Chasseur Français*, nº 8678.

☛ Marne. — Divorcé, 54 ans, propriétaire aisé, ayant voiture, aimant campagne, voyage, épouserait célibataire, veuve, retraitée, propriétaire, situation rapport. Préférence province. Très sérieux. — *Chasseur Français*, nº 8736.

☛ Retraité S. N. C. F., soixantaine, alerte, sobre, soigné infirmité, épouserait retraitée, rentière, affectueuse, affinités. — *Chasseur Français*, nº 8750.

☛ Besançon. — Fonctionnaire, 55, grand, santé, 190.000 mensuels, avoir, épouserait célibataire, 38, bien tous rapports, cultivée, situation, avoir indifférent. — *Chasseur Français*, nº 8763.

☛ Paris. — Fonctionnaire cadre, 57 ans, sympathique, épouserait correspondante agréable, moderne, 50 maximum. — *Chasseur Français*, nº 8772.

☛ Veuf, 73, sérieux, avoir, distingué, refonderait foyer. — *Chasseur Français*, nº 8796.

☛ Industriel mais artiste et intellectuel, cinquantaine, caractère et physique très jeunes, épouserait jeune femme, grande, douce, un peu intellectuelle, pour vie calme et poétique dans grande villa, 5 mn. Paris, grand jardin, arbres centenaires ; aime voyages, Grèce, Italie, étranger, etc., livres, arts, beauté. — *Chasseur Français*, nº 8806.

☛ Retraité S. N. C. F., 65 ans, épouserait dame retraitée pour vie commune campagne. — *Chasseur Français*, nº 8823.

☛ Ouest. — Veuf, soixantaine, sans enfant, propriétaire aisé, bien sous tous rapports. — *Chasseur Français*, nº 8851.

☛ Vieux bonhomme encore jeune, aisé, alerte, sérieux, sobre, dévoué, épouserait personne spirituelle, éduquée, habitant campagne, 80 km. de Paris. — *Chasseur Français*, nº 8859.

☛ Veuf sans enfant, 55 ans, propriétaire, retraité, épouserait dame retraitée ou commerçante. — *Chasseur Français*, nº 8876.

☛ Est. — Veuf, 56 ans, retraité S. N. C. F. 320.000, seul, bonne présentation, correspondrait mariage. Pas sérieux, s'abstenir. — *Chasseur Français*, nº 8885.

☛ 64, divorcé profit, affectueux, sobre, aimant vie familiale, avoir 4 millions. — *Chasseur Français*, nº 8891.

☛ Centre. — Célibataire, cinquantaine, retraite 400.000, avoir, santé, faisant jeune, correspondrait demoiselle, Centre, Touraine, maximum 50, ayant avoir, situation. — *Chasseur Français*, nº 8903.

☛ Touraine. — Veuf sans enfant, soixantaine, rente et logement, prendrait compagne pour vie heureuse. — *Chasseur Français*, nº 8915.

☛ Célibataire, 54, bien, sérieux, cultivé, situation, épouserait dame en rapport. — *Chasseur Français*, nº 8922.

☛ Région Nantes. — 71 ans, retraite, propriétaire, épouserait personne seule, 60-65 ans. — *Chasseur Français*, nº 8927.

☛ Veuf, cinquantaine, 1m,65, retraité aviation 540.000, voiture, propriété banlieue Paris, maison Savoie, épouserait catholique pratiquante. — *Chasseur Français*, nº 8959.

☛ Veuf, 61 ans, allure jeune, sobre, avoir, maison, voiture, désire union retraitée ou commerçante, âge en rapport. — *Chasseur Fais*, nº 9132.

☛ Paris-banlieue. — Veuf, 58 ans, 1m,65, sans enfant, sérieux, affectueux, bonne présentation, annuellement 1.200.000 fr., épouserait dame, sans enfant, pour vie heureuse, avoir indifférent. Lettre détaillée. — *Chasseur Français*, nº 9135.

☛ 60, seul, sans famille, bien tous rapports, rente, avenir autre avantage assuré, pourrait se déplacer, épouserait célibataire, veuve, divorcée, âge, situation ; région, ville, campagne, indifférent. — *Chasseur Français*, nº 9197.

☛ Veuf, soixantaine, sans enfant, santé parfaite, affectueux, retraite 285.000, rente 350.000, villa, épouserait femme sans enfant, parfaite santé, retraitée ou avoir. — *Chasseur Français*, nº 9221.

☛ Grand, sympathique, sportif, sobre, excellente santé, 60 ans, paraissant resté jeune, belle situation immobilière, commerciale, désire épouser dame physique agréable, intelligente, gaie, bonne éducation, situation correspondante. Esprit étroit, ennuyeuse, s'abstenir. — *Chasseur Français*, nº 9296.

Agences.

☛ Institutrice, 48, épouserait instituteur, Gironde. — Mayer, 21, rue Lebrun, Bordeaux.

☛ Je vous mettrai directement en rapport avec la personne que vous aurez choisie, sans vous déplacer. — Le Mariage Pour Tous : Mme Romain, boîte postale nº 117 C, Lyon-Terreaux.

☛ Œuvre catholique privée de mariage. Inscription gratuite. — Écrire à Mme la Directrice de « Relations » (A), boîte postale 188-09, Paris (9e).

☛ Toulouse-Foyer, 9, rue des Prés. — Mariages toutes situations. Formule nouvelle. Renseignements : 100 francs.

☛ Mariages toutes situations. Renseignements : 100 fr. — P. Maria, 18, rue J.-J.-Rousseau, Niort (2-S.).

☛ Mariages sérieux. — Union Familiale, 19, rue Metz, Toulouse.

☛ Mariages par correspondance : tous âges, toutes régions, toutes situations. Notice et listes envoyées gratuitement, sous pli fermé. — Club-Mariage, 38, rue Bénard, Paris (14e).

☛ Cabinet Gérard, 70, rue Michelet, St-Étienne, réalise mariages sérieux, riches, toutes situations. Liste, documentation, envoi discret, 5 timbres.

☛ Les bons mariages se font chez Mme Desmurs, 13e année, 84, rue Nationale, Villefranche (Rhône).

☛ Demandez liste candidats mariages. — Cabinet Sonia, 25, rue Joffre, Pau.

☛ Jeunes gens solitaires qui rêvent d'idéal, écrivez : Mme Berlin, Les Lilas, Boësse-le-Sec (Sarthe).

☛ Gratuitement, je vous envoie un choix de personnes à marier répondant à votre idéal. — Écrivez à Familia D2, boîte postale 36, Rouen.

HORS CLASSIFICATION

☛ Livre original. Reconnaissance facile rapide tous oiseaux. Méthode unique. — Revilliard, Rougemont (Doubs).

☛ Rénovez moteurs autos, motos, tracteurs. Nombreuses attestations. Timbre. — Goislard, Cersay (2-S.).

☛ Vichy. — Ménage âgé, retraité, prendrait au pair dame seule, pour intérieur et vie de famille. — Thévenin, 7, rue Pyrénées.

☛ Améliorez orthographe. — Mme Ferrier, Vic-la-Gardiole (Hérault).

☛ Prospection d'uranium... Défense du propriétaire et du prospecteur. Documentation, analyses, compteurs Geiger. Notice sur simple demande. — Sepuf, 70, rue Fbg-St-Honoré, Paris (8e).

☛ Offre à personnes âgées, catholiques, sans famille, pension complète, soins dévoués, vie famille, campagne angevine, contre somme ou mensualités. Facilités d'essai. — *Chasseur Français*, nº 8239.

☛ Lot. — Ménage honorable prendrait personne âgée, vieillesse heureuse, beau site, bon climat. Somme ou pension. — *Chasseur Français*, nº 8712.

☛ Dijon. — Craignant solitude soirées hiver, dame, éducation, tiendrait compagnie personne seule, âgée, rendrait menus services après travail. — *Chasseur Français*, nº 9190.

☛ Quelle personne âgée, grand cœur, sans famille, léguerait bien contre soins, dévouement assuré ? Très sérieux. — *Chasseur Français*, nº 9222.

☛ Soins dévoués, affection, vie familiale à personne seule, aisée, même infirme. — *Chasseur Français*, nº 9223.

☛ Rentrant France, hôtelier, colonial, 64, permis conduire, apporterait 2 millions, viager, clientèle, à hôtel, autre propriétaire, seconderait. Préférence Sud-Est, Sud-Ouest. — *Chasseur Fais*, nº 9281.

Demandes. — Agriculteur recherche collaborateur dans affaire saine pour augmenter sérieusement ses revenus. — Leroux, Rondet, Montoldre (Allier).

● Hôtelière disposant château Touraine cherche 2 à 4 millions capitaux ou association pour créer pension 40 chambres. — Mabilat, St-Soupplets (S.-et-M.).

● Côte d'Azur. — Veuve prendrait en viager monsieur sérieux, dans agréable propriété, 20 km. mer, soins très dévoués. — *Chasseur Français*, nº 8193.

● Hôtelière cherche association ou commandite pour achat hôtel. — *Chasseur Français*, nº 8240.

● Qui s'intéresserait réfugiés Viets ? — *Chasseur Français*, nº 8417.

● Institutrice titulaire, traitement mensuel 68.000, cherche 100.000 pour 1 an : 12 p. 100. — *Chasseur Français*, nº 8518.

● Officier emprunterait 2 millions remboursables 20 ans, garantie achat appartement. Bon intérêt. — *Chasseur Français*, nº 8526.

● Dame, fonctionnaire enseignement, garanties cherche emprunt 300.000, intérêt au gré du prêteur. — *Chasseur Français*, nº 8586.

● Cherche dans tous départements, sauf Bretagne, correspondants intéressés par connaissance et recherches monuments druidiques. — *Chasseur Français*, nº 8606.

● Ménage fonctionnaires, retraites acquises cherche prêt 1 million, remboursable 3 ans mensualités, intérêt annuel 15 payable avec 1re mensualité. Urgent. — *Chasseur Français*, nº 8687.

● Ex-chef entreprise, 41 ans, bonne instruction, bonne présentation, actif, commerçant, disposant voiture, camionnette, grand terrain, force motrice, à 95 km. nord Paris, 2 km. Soissons, femme 34 ans, secrétaire, permis, pouvant seconder. Que me proposez-vous ?

● Jeune infirmière diplômée, célibataire, soignerait personne âgée ayant capitaux pour fonder maison retraite ou resterait chez eux. — *Chasseur Français*, nº 8753.

● Propriétaire recherche prêt 1.500.000 garantie biens ; offre habitation dans pavillon banlieue parisienne. Très sérieux. — *Chasseur Français*, nº 8759.

● Pharmacien désirerait connaître région manquant d'officine. — *Chasseur Français*, nº 8783.

● Ménage boulanger cherche association avec veuve ou ménage âgé ayant boulangerie, Madagascar, métropole. — *Chasseur Français*, nº 8824.

● Fonctionnaire recherche emprunt 100.000 pendant 6 mois, garanties. — *Chasseur Français*, nº 8865.

● Commerçant ancien, sérieux, honorabilité recherche 100.000 fr. 10 p. 100, 1 an. — *Chasseur Français*, nº 8882.

● Dame retraitée cherche dame amie, vivre ensemble près d'elle, Paris ou climat sec. Frais partagés. — *Chasseur Français*, nº 8940.

● Recherche gérance ou dépôt : teinturerie, chapellerie, lingerie. — *Chasseur Français*, nº 8996.

● Institutrice État titulaire désire emprunter préférence collègue ou particulier 400.000, remboursement en 2 ans. — *Chasseur Français*, nº 8997.

● Retraitée, milieu distingué, cherche logement aménagé à ses frais. Régions lyonnaise, Var, Alpes. — *Chasseur Français*, nº 9000.

● Recherche 4 millions en viager. Garantie par propriété. — *Chasseur Français*, nº 9112.

● Prêtre reconnaissant personne prêt achat auto : 200.000, 5 p. 100. — *Chasseur Français*, nº 9179.

● Fonctionnaire emprunterait 500.000. Urgent. —